Otto Friedrich
Morgen ist Weltuntergang

Otto Friedrich

Morgen ist Weltuntergang

Berlin in den zwanziger Jahren

Aus dem Amerikanischen von
Thomas Rhode

Nicolai

Die Originalausgabe erschien unter dem Titel »Before the Deluge«
by Harper & Row, Publishers, New York; eine Neuauflage 1995
by HarperCollins Publishers, New York.

Umschlaggestaltung: Dorén + Köster, Berlin
Satz: LVD GmbH, Berlin
Druck und Bindung: Clausen & Bosse, Leck
Printed in Germany

ISBN 3-87584-714-8

INHALT

Editorische Notiz

Otto Friedrichs Buch »Before the Deluge. A Portrait of Berlin in the 1920s« ist erstmals 1972 in New York erschienen. Der Autor, 1929 in Boston geboren, war Historiker und Publizist. Er arbeitete als Auslandskorrespondent für große amerikanische Magazine in Deutschland, England und Frankreich, später hatte er leitende Positionen bei Zeitungen und Zeitschriften inne, darunter bei Newsweek und Time – ein gestandener Zeitungsmann also, aber auch Verfasser von Sach- und Kinderbüchern sowie von Romanen. Er starb 1995.

Otto Friedrich schrieb stets über Dinge, die ihn umtrieben, die ihn faszinierten. – »I write about Scarlatti, because I love to play his music, and about Monte Cassino, because the sight moved me«, hat er einmal gesagt. Ein Thema, das ihn besonders bewegte, war Berlin. Mit dieser Stadt verbanden ihn früheste Erinnerungen und familiäre Wurzeln. Nach Kriegsende kehrte er immer wieder hierher zurück. Er mochte die Berliner, ihren Überlebenswillen und ihre rauhe Herzlichkeit.

Otto Friedrichs Berlin-Porträt ist von einem sehr persönlichen Blick des Autors geprägt. Er war ein selbstbewußter Grenzgänger zwischen Geschichtswissenschaft und Journalismus. Sein Bild vom Berlin der zwanziger Jahre ist Beschreibung, Analyse und Liebeserklärung zugleich.

Berlin in den zwanziger Jahren – das ist der Aufstieg zur Weltstadt und der Weg in die Katastrophe des Nationalsozialismus. Um beide Aspekte geht es dem Autor in seinem Buch. Gleichwertig stehen Musik und Philosophie, bildende Kunst und Architektur, Literatur und gesellschaftliches Leben neben politischen Ereignissen. Otto Friedrich ordnet die Vielfalt der Erscheinungen für sich und für seine Leser zu einer folgerichtigen Erzählung. – »Wer war letztlich wichtiger, und an wen wird man sich länger erinnern – an Einstein oder an Goebbels?« fragt er in seinem Vorwort.

Friedrich will auf solche Fragen keine Antworten geben. Er will erzählen. Vom Historiker hat er den Respekt vor Fakten und Folgen, vom Journalisten den Mut zur Verknappung, zur provokanten Verkürzung. Er zitiert viel. Quellen aus den zwanziger Jahren, Berichte und Erinnerungen von Zeitzeugen, Schriften von Historikern. Er weist die Zitate nicht nach (soweit dies möglich war, wurden sie überprüft; eine ausführliche Bibliographie am Ende dieser Ausgabe mag dem Interessierten eine Hilfestellung bieten; aufgrund der Fülle der Namensnennungen wurde auf ein Register verzichtet). Die pointierte Darstellungsweise und das rasante Tempo verschlagen dem Leser manchmal den Atem. Friedrichs Ehrgeiz liegt nicht darin, den Standards historiographischer Wissenschaftlichkeit zu genügen, er will vor allem eine bunte, facettenreiche Geschichte erzählen. Er verblüfft seine Leser, indem er die Parallelität der historischen Ereignisse verdeutlicht.

Otto Friedrich schaut von außen auf Berlin. Es ist der Rückblick auf eine Zeit, die er nicht mehr erlebt hat, und zugleich die unbelastete Sicht eines Amerikaners auf die deutsche Vergangenheit und deren Erbe.

1973 erschien eine deutsche Ausgabe des Buchs. Vorsichtig, aber doch spürbar waren darin Sprünge und gewagte Verknüpfungen im Text geglättet. Offenbar mißtraute man Friedrichs Stil und seiner angelsächsischen Lakonik.

Für heutige Leser ist Otto Friedrichs Buch nicht nur ein originelles historiographisches Werk, sondern selbst schon historisches Dokument. Die Perspektive des amerikanischen Journalisten in den frühen siebziger Jahren ist eine andere als die eines deutschen Lesers an der Schwelle zur Jahrhundertwende. Wir lesen nicht nur, was Otto Friedrich als Ergebnis seiner Spurensuche festgehalten hat, wir erfahren unterderhand auch viel über die Bedingungen, unter denen er sie unternahm, und über die Zeit, in der er seine Berlin-Geschichte verfaßte. Nicht trotz, sondern gerade wegen dieser Perspektive ist Otto Friedrichs Studie so aufschlußreich.

Als das Buch geschrieben wurde, war die Stadt, deren Geschichte Friedrich ergründen wollte, geteilt. Die Tragödie, von der er berichtet, hatte ihre Fortsetzung gefunden. Als Hauptstadt des vereinten Deutschland erlebt Berlin derzeit einen neuen, einzigartigen Aufschwung – eine Art Wiedergeburt. Nicht nur architektonisch muß die Stadt ihre Identität neu finden. Die Erwartungen an das Berlin der Zukunft werden auch aus der Erinnerung genährt. Und keine Epoche spielt dabei eine so große Rolle wie die »Goldenen Zwanziger«, jene spannungsgeladenen Jahre zwischen den Kriegen, die Zeit der Weimarer Republik. Was war so »golden« an dieser Dekade? Was machte Berlin als Metropole aus? Ist davon etwas geblieben, hat etwas überlebt? Oder wird man Deutschlands Hauptstadt als Metropole neu erfinden müssen?

Als Otto Friedrich auf den Spuren vergangener Tage durch das Berlin von 1970 streifte, war von dem großen Aufbruch noch nichts zu spüren. Heute sind wir mittendrin. Täglich verändert sich das Gesicht der neuen Hauptstadt. Otto Friedrichs Geschichte Berlins, die hier in einer Neuübersetzung vorliegt, kann unser Bild vervollständigen und unsere Vision beflügeln.

Alle freien Menschen,
wo immer sie leben mögen,
sind Bürger dieser Stadt
Berlin.
Und daher bekenne ich,
als freier Mensch, mit Stolz:
Ich bin ein Berliner!

JOHN F. KENNEDY

Vorwort

Vielleicht sollte ich's gleich zu Beginn gestehen: Ich bin kein Berliner. Ich bin in Boston geboren und in Cambridge aufgewachsen, und die moralische Integrität, die John F. Kennedy in Berlin zu sehen meinte, entdecke ich für mich eher in den Traditionen der amerikanischen Ostküste, die meine persönlichen Kindheitserinnerungen prägten und mir ein Heimatgefühl gaben.

Berlin ist mir stets als eine Stadt voller Magie, Geheimnisse und unerwarteter Gefahr in Erinnerung geblieben. Ich war vier, als ich im Jahre 1933 zum erstenmal einen Sommer im Grunewald verbrachte. Aber kann man sich an seinen vierten Sommer wirklich erinnern? Ich habe Bilder im Kopf von einem Spaziergang durch den stillen Wald mit meiner Mutter und meinem älteren Bruder, aber natürlich kann ich aus meinem Gedächtnis nichts im Zusammenhang mit den Erfahrungen meines Vaters in jener Zeit abrufen. Er lehrte damals in Heidelberg Politologie, und ich weiß, daß er nach der Machtübernahme der Nationalsozialisten alle Hoffnung auf eine weitere Lehrtätigkeit in Heidelberg verloren hatte und er seine Zukunft in Amerika suchen mußte. Ebenso wenig erinnere ich mich an meine zahlreichen deutschen Verwandten, darunter meine Cousine Lenny, eine meiner Spielgefährtinnen in jenem Sommer, die so groß und so alt war wie ich.

Eine Szene jedoch hat sich mir deutlich eingeprägt: Wir badeten mit einem Freund meines Vaters, einem Professor, in einem See, als wir plötzlich sahen, wie dieser erschreckt zum Ufer blickte und hinkte, immer wieder stehenblieb, um einen Fuß zu heben, der rätselhafterweise mit Blut bedeckt war. Er hatte den Fehler begangen, dem Strand des Nachbarn zu nahe zu kommen, und war auf die Glasscherben getreten, die der Nachbar dort ausgestreut hatte, um Unbefugte zu bestrafen. Ich weiß noch, wie ich verwirrt und verwundert den blutigen Fuß des Professors anschaute.

Bis zum Winter 1946 sah ich Berlin nicht wieder, und da lag die Stadt in Trümmern – es war dunkel und kalt, die Trümmer bedeckte Schnee. Mein Vater arbeitete inzwischen als ziviler Berater des amerikanischen Militärgouvernements. Man erwartete von ihm, daß er wisse, wie man die deutsche Gesellschaft neu organisiert, wie man die Deutschen lehrt, sich selbst zu regieren. Ich hatte mich in jenem Herbst als Student an der Universität von Genf eingeschrieben und fuhr nach Berlin, um meinen Vater zu besuchen. Ich traf meine Cousine Lenny wieder, die zu den Überlebenden der Katastrophe gehörte und noch immer ein hübsches blondes Mädchen war, genauso groß und im gleichen Alter wie ich. Zusammen erkundeten wir die Ruinen. Wir kraxelten die zerstörte Treppe der einstigen Reichskanzlei empor, die sich nun als eine Wüstenei aus abgefallenem Stuck und zerbrochenem Glas und den verstreuten Schreibtischutensilien der gefallenen Führer des Reiches präsentierte.

Wir sollten hier nicht sein, sagte Lenny, als wir uns einen Weg durch den Schutt bahnten.

Wer sagt das? fragte ich, der dreiste junge Amerikaner im eroberten Berlin. *Wer sollte etwas dagegen haben?*

Ja, wen könnte das eigentlich kümmern? stimmte Lenny mir zu.

Besonders gern besuchten wir Konzerte. Musik ist ja für Berlin so wichtig wie das tägliche Brot, und selbst 1946 fanden einige Konzerte statt. Berlin war betäubt von Scham und Furcht, aber in der Musik von Bach oder Beethoven fanden die Menschen etwas *woran man sich halten kann*, wie Brecht es einmal formulierte. In der Winterfinsternis der Marienkirche saßen Lenny und ich zusammen auf einer steinernen Bank und lauschten einer bewegenden Aufführung der MATTHÄUSPASSION.

Ein paar Jahre später, als ich meine ersten Schreibversuche unternahm, ließ ich meinen Roman selbstverständlich in Berlin spielen. Ich war inzwischen zwanzig und schrieb eine jugendlich düstere und zynische Romanze über ein reizendes Berliner Mädchen und einen älteren Amerikaner, Angehöriger der Besatzungsmacht. Mit vielen aufgesetzten literarischen Effekten schickte ich die beiden los, die Reichskanzlei zu erkunden und der MATTHÄUSPASSION zu lauschen. Freundliche Kritiken, aber verschwindend geringe Verkaufszahlen überzeugten mich davon, mir ein anderes Betätigungsfeld zu suchen.

Als ich ein Jahrzehnt später nach Berlin zurückkam, war ich Herausgeber einer Zeitschrift. Aus den notleidenden Berlinern des Jahres 1946 waren die wohlhabend-stolzen Berliner von 1963 geworden. Als *Wirtschaftswunderleute* bezeichnete Lenny verächtlich zwei lautstark angetrunkene Geschäftsleute in einem Restaurant. Und mir schien, sogar die stacheldrahtgekrönte Mauer verlieh den Berlinern ein Gefühl von Größe, Heldentum und Einzigartigkeit. Und obwohl sich der zur Schau gestellte Wohlstand vor allem von Subventionen aus Bonn und Washington nährte, war die Stadt mit Plakaten zugepflastert, die verkündeten: *Berlin bleibt doch Berlin.*

Mein Leben und auch das von Lenny hatte sich inzwischen verändert. Ich war Vater von fünf Kindern. Lenny lebte nach kurzer Ehe allein mit ihrer Tochter. Aber sie hatte einen Beruf gefunden, den sie liebte: Sie schrieb in Berlins größter Morgenzeitung eine Kolumne für unglücklich Verliebte. Ich war erstaunt zu hören, daß meine hübsche Cousine nun Millionen von Lesern als Frau Brigitte, Ratgeberin in allen Lebenslagen, vertraut war.

Wie schon damals besuchten wir wieder Konzerte. Westberlin hatte sein eigenes glanzvolles Opernhaus, wo wir DIE WALKÜRE, PIQUE DAME und einen hervorragenden DON CARLOS erlebten. An eine Szene in der Pause von DON CARLOS erinnere ich mich noch lebhaft: Ich holte an der Bar zwei Cognacs und gab Lenny Feuer für ihre Zigarette. Aus dem Nichts heraus schnellte eine grauhaarige Alte auf Lenny zu, fauchte sie an und huschte wieder davon.

Was war denn das? fragte ich.

Nichts, lächerlich! sagte Lenny, aber ihre Oberlippe bebte.

Was hat sie denn gesagt? beharrte ich.

Sie hat gesagt: Eine anständige Deutsche raucht nicht in der Öffentlichkeit, antwortete Lenny.

Und was hast du geantwortet? wollte ich wissen.

Ich hab' ihr gesagt, sie soll sich um ihren eigenen Kram kümmern.

Irgendwann während dieser Berlin-Begegnungen keimte in mir der Gedanke auf, ein Buch über diese ungewöhnliche Stadt in jener Zeit zu schreiben, die sie als ihre glanzvollste betrachtete: die »Goldenen

Zwanziger«. Möglich, daß die Idee entstand, als ich die DREIGROSCHENOPER sah, die ich ganz besonders mag. Mein Interesse wuchs, je mehr ich über die erstaunliche Vielfalt der bemerkenswerten Menschen erfuhr, die es in den zwanziger Jahren nach Berlin zog: Einstein, Schönberg, Nabokov, Gropius und all die anderen. Aber auch das Berlin, in dem Lenny lebte, spielte eine Rolle, und so kehrte ich 1970 zurück, um den Ort wiederzusehen und die Vergangenheit auszugraben. Und wieder einmal war es Lenny, die mir ihre Stadt begreiflich machte. Ich streifte durch Parks und entdeckte Berlins Vögel, aß typische Speisen und Getränke, versuchte, die Berliner mit ihren Freuden und Ängsten zu verstehen.

Die kulturelle Blütezeit Berlins in den Zwanzigern zu bewundern ist nur die eine Seite. Für jeden meines Alters und meiner Erziehung steht Berlin aber auch für Nationalsozialismus.

Hitler schätzte die Schnoddrigkeit der Berliner nicht sonderlich, und die mochten den Kanzler aus Österreich nicht. Doch Berlin war Hauptstadt und das Zentrum der deutschen Macht. Daher muß in einem Porträt von Berlin vor der Zeit der Eroberung durch die Nazis gleichermaßen von Joseph Goebbels wie von Marlene Dietrich die Rede sein. Historiker neigen dazu, sich zu spezialisieren und jedem journalistischen Versuch zu mißtrauen, der Filmstars, Generäle, Bankiers und Dichter in derselben Chronik behandeln will. Ich denke, die Geschichte Berlins in den zwanziger Jahren erlaubt keine andere Herangehensweise.

Dies schien mir insbesondere der Fall zu sein, als ich 1970 und 1971 mein Buch verfaßte, denn wir befanden uns inmitten der Zeit der Blumenkinder, und alle überkommenen Systeme, die politischen wie auch die intellektuellen, schienen zusammenzubrechen. Politische Attentate waren alltäglich geworden. Studenten begehrten gegen ihre Lehrer auf, und die Polizei eröffnete das Feuer auf sie. Und viele Menschen unterschiedlichster Glaubensrichtungen verteidigten die Gewaltanwendung als durchaus gerechtfertigt, ja notwendig. Als ich die gealterten jüdischen Emigranten über ihre Erinnerungen an Berlin interviewte, kam das Gespräch immer wieder auf die Frage, ob »Es« noch einmal geschehen könne, wobei das undefinierte »Es« stets Hitler und Auschwitz meinte. Die meisten zuckten mit den Schultern und erinnerten sich, daß die jungen Linken in Berlin wild und gewalttätig gewesen waren und daß als Folge Notverordnungen, Verhaftungen, Konzentrationslager gekommen waren. Freilich, Nixon sei kein Hitler, aber trotzdem … Wer könne schon sagen, was geschieht!

Es war damals nicht meine Absicht, zwischen dem Berlin der Zwanziger und dem Amerika in den Siebzigern Parallelen aufzuzeigen. Ebenso wenig ist die Geschichte Berlins in den zwanziger Jahren eine Prophezeiung für die Amerikaner der Neunziger; sie ist lediglich ein großes Drama und eine Tragödie. Wie in den meisten Tragödien triumphieren die Mächte des Bösen, zum Teil wegen der tragischen Fehler der Mächte des Guten. Und dennoch, auch nach all der Gewalt und Zerstörung sind es gerade sie, die weiterleben. Wer war letztlich wichtiger, und an wen wird man sich länger erinnern – an Einstein oder an Goebbels?

Meine Cousine Lenny wohnt nicht mehr in Berlin. Sie ist in ein Haus auf einer kleinen Nordseeinsel gezogen. Sie schreibt, daß Berlin nicht mehr wie früher sei: Auch die berühmte Berliner Luft sei nicht mehr diesselbe und jetzt verdreckt. Aber dann und wann kehrt Lenny noch auf Besuch zurück in unsere Stadt.

Otto Friedrich

Locust Valley, New York März 1995

KAPITEL 1

Die Vögel von Berlin. Prolog

Darum laßt uns hier eine Stadt gründen
und sie nennen Mahagonny
Das heißt: Netzstadt!
Sie soll sein wie ein Netz
Das für die eßbaren Vögel gestellt wird.
Überall gibt es Mühe und Arbeit
Aber hier gibt es Spaß …
Gin und Whisky
Mädchen und Knaben …
Und die großen Taifune kommen nicht bis hierher. …

BERTOLT BRECHT

Wollen Sie es sehen? fragt mich der alte Mann. Professor Edwin Redslob ist wirklich schon sehr alt und hat fast hundert Jahre der Gewalt überlebt. Er war schon Mitte Dreißig, als das zerschlagene deutsche Heer sich aus dem Ersten Weltkrieg zurückschleppte, jetzt ist er sechsundachtzig. Er kann durch die dicken Brillengläser, hinter denen sich seine Augen verschanzen, kaum noch etwas erkennen, aber er wankt durch seine Wohnung, vorbei an dem Fenster, hinter dem die weißblühenden Apfelbäume im Garten stehen, und beugt sich über einen kleinen Bücherschrank mit besonderen Schätzen.

Vor über fünfzig Jahren war Professor Redslob als Kunstexperte am Reichsinnenministerium der in Gründung befindlichen Weimarer Republik damit betraut, ein angemessenes Erscheinungsbild für ein neues Deutschland zu entwickeln. Er beauftragte einen jungen expressionistischen Maler namens Karl Schmidt-Rotluff mit der Neugestaltung des symbolträchtigen Reichsadlers. Professor Redslob beugt sich über die flache Schublade, ächzt, wühlt in einem Stapel von Bildern und zieht schließlich das hervor, wonach er gesucht hatte: den Weimarer Adler. Er hält ihn hoch und betrachtet ihn wohlwollend. Der Adler zeigt mit seinen weit ausgebreiteten schwarzen Schwingen und dem hungrig geöffneten Schnabel all den Stolz und die Würde seiner kaiserlichen Vorfahren, doch gleichzeitig wirkt er fast heiter und freundlicher als der traditionelle Aar und nicht annähernd so grimmig. *Ein prächtiges Exemplar*, sagt Edwin Redslob, *aber Sie glauben gar nicht, wieviel Schmähungen dieses Bild auf sich gezogen hat.*

Vielleicht ist es unangebracht, Symbolen allzuviel Bedeutung beizumessen. Es stimmt ein wenig nachdenklich, wenn man sich im Berliner Zoo einen Eindruck von einem lebenden Adler verschafft, jenem Tier, das als Symbol Deutschlands wie auch Amerikas gilt: Unter einem künstlichen Baum am Rande eines Tümpels senkt der Adler seine Klaue in das trübe Wasser und stillt gierig seinen Aashunger mit einem blutigen Kaninchenkadaver.

In der Abgeschiedenheit des Zoos gibt es Käfige für alle möglichen Großvögel. Stockenten streifen zu Dutzenden frei umher. Sie bleiben nicht auf dem Gelände und schwimmen neben den Schwänen im Kanal vor dem Charlottenburger Schloß oder watscheln unter den Kastanienbäumen im Tiergarten.

Mehr als jede andere Großstadt ist Berlin für mich eine Stadt der Vögel. Man hört nicht nur mitten im Straßenverkehr am Kurfürstendamm die Spatzen tschilpen, sondern auch im Glienicker Park die Drosseln singen. Man entdeckt Vogelarten, die man nie in einer Großstadt vermutet hätte – Elstern, Nachtigallen und Teichhühner. Sogar im Hilton wird der Geschäftsreisende nachts vom Geschrei der Pfauen geweckt.

Einer der Gründe für diese Vogelvielfalt ist die Tatsache, daß Berlin seit jeher *keine Stadt der Gärten, sondern ein einziger großer Garten* gewesen ist, wie es Jean Giraudoux einmal beschrieb. Obwohl Berlin noch immer die größte Metropole zwischen Paris und Moskau ist, finden sich hier ungefähr achthundert Bauernhöfe und an die zweihundert Wasserstraßen, und mehr als die Hälfte ihrer Fläche nehmen Parkanlagen, Wälder und Gärten ein. In den Wäldern leben Wildschweine und Rehe, und an den Landebahnen des Flughafens Tempelhof grasen die Schafe.

Daß sich die Vögel in der Spree-Metropole ausbreiten, hängt sicher auch damit zusammen, daß die Berliner sich um ihre Vögel kümmern.

Im südlichen Stadtteil Lichterfelde begrüßt mich ein alter Herr mit rosigen Wangen und führt mich zu einer Grünanlage hinter einem großen Forschungsinstitut, wo er eine Schaufel Sonnenblumenkerne über den Rasen streut. Sofort watschelt ein grünköpfiger Erpel heran, um sich das Futter zu schnappen, und der alte Mann zeigt auf eine Linde, auf deren Ästen ein Dutzend langschwänziger Tauben erwartungsvoll gurrt. *Türkentauben*, erklärt er. *Sie kommen aus dem Himalaja und machen bei mir Jahr um Jahr Zwischenstation, weil sie hier ihr Futter finden.*

Einer Stadt, die nicht auf jahrhundertelange Traditionen zurückblickt – wie Paris oder London –, geben die immer wiederkehrenden Vögel etwas Dauerhaftes. Im dreizehnten Jahrhundert aus dem Sumpf und Morast am Zusammenfluß von Havel und Spree erstanden, blieb Berlin während der Blütezeit von Venedig, Amsterdam oder Hamburg ein unbedeutender Schnittpunkt. Noch 1860 beschrieb der amerikanische Historiker Henry Adams Berlin als eine abstoßende, schmutzige und ärmliche Provinzstadt. Erst gegen Ende des neunzehnten Jahrhunderts, als die Industrialisierung voranschritt, das Eisenbahnnetz ausgebaut wurde und Berlin seine politischen Triumphe feierte, wuchs die Stadt zur großen Metropole Mitteleuropas heran. Zu jener Zeit beschrieb Mark Twain Berlin als das *Chicago Deutschlands*.

Diese kaiserliche Stadt mit ihren breiten Boulevards und massiven Steinfassaden, neugriechischen Säulen und neurömischen Bögen war unter den verheerenden Bombardements der Alliierten, die dem Zweiten Weltkrieg ein Ende setzten, in Trümmer gesunken. Schon 1943, als die Zeiger der Kaiser-Wilhelm-Gedächtniskirche während eines Angriffs für lange Zeit auf halb acht stehenblieben, wurden etwa vier Quadratkilometer der Stadtlandschaft in einer einzigen Nacht verwüstet. In den letzten Kriegsmonaten donnerten täglich Armadas von amerikanischen Bombern über die Stadt, und die Royal Air Force kehrte jede Nacht an das Schlachtfeld zurück. Die insgesamt dreihundertdreiundsechzig Luftangriffe zerstörten ungefähr sechsundzwanzig Quadratkilometer der Berliner Innenstadt sowie ein Drittel der eineinhalb Millionen Bauten und forderten ungefähr einhundertfünfzigtausend Tote und Schwerverletzte. Dies war der wohl schwerste Angriff, der je gegen eine Hauptstadt geführt wurde, und als die Luftangriffe im April 1945 endeten, brachten die Russen noch über zwanzigtausend Geschütze in Stellung und beschossen systematisch alles, was übriggeblieben war. Im Regierungsviertel an der Wilhelmstraße schlug durchschnittlich alle fünf Sekunden eine russische Granate ein. Das Stadtschloß ging in Flammen auf, die Reichstagskuppel stürzte in einem Regen von splitterndem Stahl in sich zusammen, und als eine Salve den Reitstall im Tiergarten traf, raste eine Horde durchgegangener Pferde mit lodernden Mähnen und Schweifen den Kurfürstendamm hinunter.

Aber die Berliner überlebten, und mit ihnen überlebte das, was so typisch »berlinerisch« ist. Die Berliner sind ein Völkchen für sich; sie unterscheiden sich deutlich von den übrigen Deutschen. Für mich sind sie die New Yorker Mitteleuropas. Sie sprechen ihren höchst eigenen und unverkennbaren Dialekt, und viele von ihnen sind nicht in Berlin geboren. In manchen Gegenden Deutschlands, vor allem im Süden, mag man die Berliner nicht sonderlich. Sie gelten als rauh, vorlaut und ungehobelt. Die Berliner zahlen mit gleicher Münze zurück. Für sie sind die übrigen Deutschen provinzielle Spießer und von gestern. Was andere als Zynismus verstehen, nennen die Berliner Witz, was andere als Unverfrorenheit empfinden, ist für die Berliner Stolz. Und sie sind gewaltig stolz auf ihre Stadt, auf ihre gerissene Cleverneß, auf die Berliner Luft, die vielen Bäume, ihren Zoo und ihre bemerkenswert zahlreichen Blondinen. Sie finden sich sogar in einer gewissen pervertierten Art von Stolz mit ihrem Elend ab – einst mit den Ruinen, jetzt mit der Mauer. Dieser Stolz gründet sich allerdings vorwiegend auf Berlins große Vergangenheit, und so ist er heute nicht ganz frei von einer gewissen Selbsttäuschung.

In den fünfundzwanzig Jahren seit Kriegsende hat Berlin eine Reihe von Wandlungen durchgemacht: von der besiegten Feindstadt zur belagerten Festung unter der Sowjetblockade, vom Schaufenster westlicher Demokratie zu der Inselstadt, die Berlin heute ist. Mit der Mauer, die die Ostdeutschen schließlich um Westberlin zogen, schienen die Kommunisten anfänglich ihr Scheitern eingestanden zu haben, doch stehen die rauhen Betonklötze nun schon seit zehn Jahren, der Stacheldraht ist rostig, doch die Todesstreifen erfüllen nach wie vor ihre unrühmliche Aufgabe.

Die Berliner trösten sich nicht nur mit ihren unzähligen Vögeln und den alten Bäumen in den Parks, sondern auch mit ihren Erinnerungen. Die Ältesten reden noch immer von der Kaiserzeit, als noch *Frieden und Ordnung* herrschte und eine *christliche Weltanschauung*. Unleugbar gibt es auch einige, die die Erinnerung an die Hitlerzeit pflegen, als eine fragwürdige Ordnung regierte und eine kreischende Stimme aus dem Volksempfänger alle Deutschen dazu aufrief, für die höhere Ehre des Vaterlands zu kämpfen. Weitaus mehr Berliner schauen jedoch mit leichter Wehmut auf eine andere Epoche zurück, die ihnen als glanzvoll in Erinnerung geblieben ist – die »Goldenen Zwanziger«.

Freilich waren diese Jahre nicht für alle golden, denn sie brachten auch Inflation, Streiks und Aufruhr, Arbeitslosigkeit und Wirtschaftskrise und Straßenschlachten zwischen Nationalsozialisten und Kommunisten. Dennoch sind so klangvolle Namen wie Marlene Dietrich, Greta Garbo, Josephine Baker im Gedächtnis geblieben oder Max Reinhardt und seine großartigen Inszenierungen im Großen Schauspielhaus mit seinen fünftausend Sitzplätzen. Man erinnert sich an die drei Opernhäuser unter der Leitung von Bruno Walter, Otto Klemperer und Erich Kleiber, an die Uraufführungen des WOZZECK von Alban Berg und der DREIGROSCHENOPER von Bertolt Brecht. Beinahe über Nacht war die selbstgefällige Hauptstadt Wilhelms II. zum Mittelpunkt Europas geworden, zog Wissenschaftler wie Einstein an, Schriftsteller wie W. H. Auden und Christopher Isherwood, die Architekten und Gestalter des Bauhauses und eine vitale Kolonie von über fünfzigtausend Russen. Vladimir Nabokov gab hier Tennisstunden, und tollkühne Männer rasten mit mehr als hundertfünfzig Sachen über die neue Avus. Damen in Abendkleidern begaben sich von der Theatervorstellung direkt ins Pandämonium der Sechstagerennen. Nirgends in Europa ging es so hemmungslos zu wie in den Nachtklubs von Berlin. Vor allem aber stand das Berlin der zwanziger Jahre für eine Geisteshaltung, die von einem Gefühl für Freiheit und weltstädtischer Lebensart geprägt war. Und weil dieses Berlin nach einer Blütezeit von weniger als fünfzehn Jahren so restlos zerstört wurde, ist es zu einem Mythos geworden, zu einem verlorenen Paradies.

Es gibt greifbare Relikte dieser untergegangenen Stadt, doch bedarf es einer gewissen Phantasie, sich die Dinge so vorzustellen, wie sie einmal waren. An einer trostlosen Ecke der Wilhelmstraße findet man zum Beispiel das Portal eines Gebäudes, das nicht mehr existiert. Dort stehen drei Bogentore, und vom Dach des Portals schauen zwei steinerne, kopflose Göttinnen auf den Verkehr der Anhalter Straße herab. Diese Ruinen gehörten einmal zum Anhalter Bahnhof, der Endstation für alle Züge aus Österreich, Bayern und den Städten im Süden. Nahezu vierzigtausend Menschen passierten einst täglich diese Torbögen. Heute kommen hier keine Züge mehr aus dem Süden an, und das Bahnhofsportal steht verlassen in einem Unkrautfeld. In einem der oberen vier Fenster haben die Vögel ein Nest gebaut. Ein paar Straßenecken weiter nördlich, unmittelbar hinter der Mauer, steht das zerbombte Gebäude, in dem der Preußische Landtag tagte, als es noch ein Preußen und eine Landesversammlung gab. Der letzte, dem der Bau nützte, war ein ostdeutscher Ingenieur, der eines Nachts von den oberen Fenstern aus ein Seil zur Mauer spannte und sich in die Freiheit gleiten ließ. Seitdem ist die Ruine zugemauert.

Berlin hat sich entlang einer Ost-West-Achse entwickelt. Im Mittelpunkt stand – und steht – das Brandenburger Tor. Östlich davon, Unter den Linden, ließen die Könige und Kaiser Repräsentationsbauten errichten: die Reichskanzlei, die Oper, die Staatsbibliothek, die Universität, das Zeughaus, den Dom und das Stadtschloß. Dahinter ziehen sich die ungeordneten Alleen durch die Altstadt, gesäumt von langen Reihen trister Mietskasernen, in denen die Arbeiter wohnten. Westlich des Brandenburger Tors führt die Lindenallee in die Charlottenburger Chaussee durch den Tiergarten, vorbei am Zoo und dem Geschäftszentrum rund um den Ku'damm und reicht bis zu den Villenvierteln im Grunewald.

In Ostberlin wurde die zerbombte Staatsoper nach dem Zweiten Weltkrieg originalgetreu wiederaufgebaut, dafür riß man das Stadtschloß ab, und der einstige Lustgarten wurde in Marx-Engels-Platz umbenannt. Nur ein Fragment des Gebäudes blieb erhalten, das man an der Südseite des Platzes in die Front des neuen Staatsratsgebäudes integrierte. Dazu gehört der Balkon, von dem aus Karl Liebknecht die Novemberrevolution ausrief, nachdem er im Chaos des Jahres 1918 in das verlassene Schloß hineinmarschiert war. Für die Reichskanzlei am anderen Ende der Lindenallee brachte man keine nostalgischen Gefühle auf. Heute dehnt sich dort nur noch ein leeres Feld, und der Führerbunker, in dem Hitler und Goebbels Selbstmord begingen, zeigt sich als ein rätselhafter grasüberwachsener Hügel inmitten dieses Feldes.

Auch im Westen Berlins stößt man allerorten auf verborgene Spuren der Vergangenheit. Am Steinplatz, nördlich vom Kurfürstendamm, erinnert ein zwei Meter hohes steinernes Denkmal an die Opfer des Nationalsozialismus. Die Inschrift besagt, daß es aus Steinen der Ruine der früheren Hauptsynagoge Berlins errichtet wurde, die in der Reichspogromnacht dem Wüten der SS zum Opfer gefallen war. Nur wenige Schritte entfernt, in der Fasanenstraße, wo die Synagoge einst stand, sind – ähnlich dem historischen Balkon – Überreste des zerstörten Tempels in den modernen grauen Bau des Jüdischen Gemeindehauses eingefügt worden. In den zwanziger Jahren lebten etwa zweihunderttausend Juden in Berlin, 1970, beinahe fünfzig Jahre später, sind es nur noch ungefähr sechstausend.

Der Wiederaufbau ist in Deutschland mit Besessenheit betrieben worden, und so findet man auch in Berlin zahlreiche moderne Hochhäuser aus Stahl und Glas. Einige sehr bekannte alte Unternehmen und Firmen der Stadt sind in diese neuen Viertel gezogen und haben nur ihren alten Namen beibehalten. Das Bristol zum Beispiel war einst ein berühmtes Hotel Unter den Linden und das Kempinski ein nicht weniger bekanntes ganz in der Nähe. Heute, da Unter den Linden die roten Fahnen wehen, ist das Bristol Hotel Kempinski das luxuriöseste gastronomische Unternehmen am Kurfürstendamm. Andere Markenzeichen des alten Berlin stehen noch an ihren angestammten Plätzen, aber sie sind ihrer ehemaligen Funktion enthoben. Das mächtige Reichstagsgebäude in der Nähe des Brandenburger Tors zeigt noch immer die Einschußlöcher von 1945 und die ein wenig ironisch anmutende Inschrift *Dem Deutschen Volke.* Abgesehen von einem jährlichen symbolischen Besuch aus Bonn, tagen hier keine Parlamentarier mehr. Hier, wo Karl Liebknecht als erster seine Stimme zu den deutschen Fehlern im Ersten Weltkrieg erhob, hier, wo der ermordete Walther Rathenau aufgebahrt war, hier, wo Gustav Stresemann seine berühmten Reden für die Versöhnung Deutschlands und Frankreichs hielt und wo die Abgeordneten das Ermächtigungsgesetz verabschiedeten – hier installiert man bei meinem Besuch gerade eine Klimaanlage, um die Räumlichkeiten des alten Hauses als Büros nutzen zu können.

Und nicht weit davon entfernt, wo am Ufer des Landwehrkanals die Kastanien blühen, ist auch der berüchtigte Bendler-Block in ein Bürogebäude umgewandelt worden. Ein ganzes Häuserkarree umfaßte hier einst das Reichswehrministerium, und die Bendlerstraße galt als Synonym für militärische Macht. Hier, in der zweiten Etage dieses Gebäudes, in einem schönen Büro mit Balkon und Parkettfußboden, entwickelte Graf Stauffenberg den Plan, Hitler am 20. Juli 1944 zu beseitigen. Und hier, in einem der Innenhöfe des Bendler-Blocks wurden Stauffenberg und drei weitere Verschwörer erschossen. Eine Gedenktafel bezeichnet den Ort, und mit mir stehen einige Studenten davor, um die Inschrift zu lesen. Die Bendler-Straße ist in Stauffenbergstraße umbenannt worden.

Ein Teil des alten Berlin lebt in seinen Ruinen fort – wie das antike Rom im Forum. Aber dort sind nur die Trümmer geblieben. Hier nimmt die verlorene Stadt wieder Gestalt an in den Erinnerungen der Menschen, die einmal in ihr lebten. Viele von ihnen hat Hitlers Tyrannei aus ihrer Stadt in die Welt hinausgetrieben Am Tag seiner »Machtergreifung« begann die Diaspora der Berliner. Die meisten von ihnen sind inzwischen gestorben, und die Überlebenden verspüren wenig Lust, hierher zurückzukehren, wo kaum noch etwas von dem wiederzufinden ist, was sie an ihrer Stadt so schätzten. Aber was Hemingway von Paris sagte, gilt auch für das Berlin der zwanziger Jahre: Für alle, die es in ihrer Erinnerung tragen, war es ein *Fest fürs Leben.*

Ich erlebte es als Renaissance, sagt der einundachtzigjährige Impresario Sol Hurok. In seinem Büro an der Fifth Avenue steht ein großer Konzertflügel, an den Wänden hängen Fotos von schönen Ballerinen, und der alte Mann erinnert sich, wie er jeden Sommer das Eden-Hotel zu seinem Hauptquartier erkor und wie er Artur Schnabel und Rudolf Serkin *und all die anderen großen Künstler* verpflichtete. *Eine Renaissance*, wiederholt er mit seinem unverkennbaren russischen Akzent, *die größte Renaissance in diesem Jahrhundert. Wie soll man das in Worte fassen?*

Könnte ich mir eine Zeit wünschen, in der ich leben möchte, und dürfte ich einen Ort bestimmen, so wäre das Berlin in den zwanziger Jahren, sagt Rabbi Joachim Prinz. Er ist ein freundlicher Mann, ehemaliger Präsident des American Jewish Congress. Umgeben von den schweren Thora-Bänden seiner Bibliothek in Orange, New Jersey, erzählt er mir von seinem Leben als junger Student, spricht über das Theater, über Konzerte und das Nachtleben von damals. *Mittelpunkt von alledem war das Romanische Café – ein mächtiger häßlicher Schuppen gegenüber der Kaiser-Wilhelm-Gedächtniskirche, aber alle kamen sie dahin, Schriftsteller, Schauspieler, einfach alle.* Natürlich war er nicht selten selbst dort anzutreffen. *Stellen Sie sich vor – jeden Abend!* erzählt der Rabbi. *Bis zwei Uhr morgens. Ich weiß nicht, ob es überhaupt je zugemacht hat.*

Auch Yehudi Menuhin schwärmt von der Stadt. *Ich liebte Berlin*, sagt der Musiker, der dort mit dreizehn Jahren sein berühmtes Debüt gab. Er ist heute vierundfünfzig und wohnt in London. Immer noch wirkt er jungenhaft, mit seinem graublonden Haar und seinen leuchtend blauen Augen. *Berlin hatte ein höchst anspruchsvolles und neurotisches Publikum*, erinnert sich Menuhin. *Nicht die wirklich vornehme Gesellschaft, sondern eine neue Gesellschaftsschicht, deren Stellung sich auf neuem Geld gründete, gab sich extravagant, unverfroren und aufgeschlossen. Die Neurose entstand aus dem Widerstreit der Werte, der alten und der neuen. Alles wurde möglich. Ständig andere Sensationen – darauf allein kam es an.*

Ich kam 1926 nach Berlin, und alles, was ich je darüber gehört hatte, stellte sich als wahr heraus, erzählt mir der Pianist Abram Chasins, ein kleiner zerbrechlicher Mann mit großen Ohren und einem flinken Lächeln. Wir sitzen in seinem Studio in der Upper East Side von Manhattan, und draußen wird es langsam dunkel. Er steht von seinem Stuhl auf, geht einige Schritte hin und her und versucht mir zu erklären, was er damals erlebt hat: *Alles war so elegant, so sauber, so voller Leben. Die schönsten Mädchen der Welt habe ich nicht in Paris gesehen, sondern in Berlin. Sie waren einfach hinreißend.*

Nun muß man sich das Berlin der zwanziger Jahre nicht als eine Stadt vorstellen, die sich unablässig in einem Taumel von Genuß und Verschwendung bewegte und wo man an jeder Ecke über halbnackte Charlston-Tänzerinnen stolperte. Wie in jeder Metropole versammelten sich auch in Berlin eine Menge ernst zu nehmender Menschen: von Theologen wie Dietrich Bonhoeffer, der von den Nationalsozialisten hingerichtet wurde, bis zu Raketenkonstrukteuren wie Wernher von Braun, der in Amerika zu hohen Würden gelangte. Aber natürlich war Berlin nicht ausschließlich eine Stadt von Intellektuellen, denn die meisten Leute lebten wie andere Menschen auch auf dieser Welt – sie gingen morgens zur Arbeit und kamen abends von der Arbeit nach Hause, hatten Steuerprobleme oder auch keine, aßen und tranken, heirateten und starben. Das ist wenig spektakulär, doch in diesem alltäglichen Lebensfluß können wir die Schicksale erkennen, die uns miteinander verbinden.

Trotzdem bleibt das Berlin der »Goldenen Zwanziger« eine Stadt wie keine andere, nicht nur weil Berlin war, was es einmal gewesen ist, sondern weil wir uns an die Stadt vor dem Hintergrund des Verhängnisses erinnern, das ihr bevorstand. Im Rückblick könnten wir meinen, die Brutalität der Nazis wäre die Konsequenz eines ausschweifenden, zügellosen Lebenstaumels gewesen. Aber wir wissen, daß der Aufstieg des Faschismus keineswegs unvermeidlich war, daß er noch bis zum Tag von Hitlers Machtübernahme hätte verhindert werden können. Weil das Verhängnis aber seinen Lauf nahm, meinen wir, Berlin sei dem Untergang geweiht gewesen – wie einst Pompeji –, selbst in der Zeit seiner höchsten Blüte unter dem wohlwollenden Auge des Weimarer Adlers. Und so sind nur die Vögel in den Parks der Stadt irgendwie die gleichen geblieben …

KAPITEL 2

»Der Kaiser hat abgedankt«

1918

Es starben Millionen,
Darunter die Besten,
Für eine alte Sau mit Zahnfäule,
Eine verfahrene Zivilisation.

EZRA POUND

Hermann Ullstein, der zusammen mit seinen vier Brüdern Deutschlands größtes Presseimperium leitete, erinnerte sich Jahrzehnte später, daß die Abdankungsnachricht telefonisch vom Büro des Reichskanzlers Max von Baden übermittelt wurde.

Nachrichten von größter Bedeutung werden in Kürze bekanntgegeben, sagte der Anrufer.

Am anderen Ende der Leitung, im Redaktionsbüro von Berlins größter Boulevardzeitung, der BZ AM MITTAG, befahl Dr. Emil Leimdörfer den Druckern, die Maschinen anzuhalten. Nach wenigen Augenblicken verstummte jäh das vertraute Rattern im Kellergeschoß. In der unheimlichen Stille standen einige Redakteure von ihren Schreibtischen auf, versammelten sich zu Grüppchen und fragten einander mit unterdrückten Stimmen, was wohl jetzt geschehen würde. Es war kurz vor Mittag am 9. November 1918.

Die Tür flog auf, und der Druckereileiter eilte herein, um gegen Leimdörfers Anordnung zu protestieren.

Herr Doktor! rief er. *Warum in aller Welt sind die Maschinen angehalten? Die Öffentlichkeit muß ihre Zeitung bekommen! Lieber weniger drucken, als sie warten lassen!*

Der Herausgeber, Graf Max von Monteglas, antwortete feierlich: *Dies ist ein Augenblick, wie er sich nur einmal in hundert Jahren ereignet. Versuchen Sie noch ein oder zwei Minuten auszuhalten!*

Wieder schrillte das Telefon, und die aufgebrachte Stimme eines Geheimrats aus der Reichskanzlei rief die Nachricht in die Leitung: *Herr Doktor! Seine Majestät der Kaiser hat abgedankt!*

Leimdörfer schickte die Nachricht unverzüglich mit der Rohrpost in die Setzerei, wo der Chef vom Dienst neben einem Setzer an der Setzmaschine wartete und diesem den Artikel direkt in die Maschine diktierte. Der Setzer lief mit dem heißen Zeilenguß zu einem Steintisch, auf dem die Seitenform bereitlag. Es dauerte nur fünf Minuten, bis die neuen Platten in sieben Druckmaschinen eingesetzt waren. *Und innerhalb einer Viertelstunde nach jenem Anruf aus der Reichskanzlei verkündeten unsere Zeitungen in Hunderttausenden von Exemplaren als erste das Ende des Deutschen Kaiserreiches*, berichtete Ullstein stolz. *Draußen hören wir die Zeitungsverkäufer rufen: »Der Kaiser dankt ab! Ebert zum Kanzler ernannt! Waffenstillstand steht unmittelbar bevor!« ... Die Zeitungen werden den Verkäufern aus den Händen gerissen. Obwohl alle wild vor Freude über das bevorstehende Kriegsende sind, sind sie dennoch schockiert, daß es ein solches Ende nimmt.*

Es waren kaum vier Jahre vergangen, seit Kaiser Wilhelm II. in den euphorischen Augusttagen des Jahres 1914 die Parade seiner Heerscharen abgenommen hatte, als sie durch das Brandenburger Tor in den Krieg marschierten. Die Deutschen hatten, aus welchen Gründen auch immer, geglaubt, sie müßten das Vaterland gegen die aggressive Bedrohung und Einkreisung der mißgünstigen Entente-Mächte verteidigen. Sogar ein so rationaler und sorgfältiger Beobachter wie der Historiker Friedrich Meinecke schaute voll Stolz auf die Tage des Kriegsbeginns zurück: *Noch einmal schien ein guter Geist das deutsche Volk auf seine Wege zurückführen zu können ... Die Erhebung der Augusttage 1914 gehört für alle, die sie miterlebt haben, zu den unverlierbaren Erinnerungswerten höchster Art.*

In den vier Jahren der »Erhebung« wurden nahezu zwei Millionen Deutsche getötet und mehr als vier Millionen verwundet. Damit hatte Deutschland die traurige Bilanz eines Krieges zu ziehen, der wenigstens achteinhalb Millionen Tote forderte. Bertolt Brecht, während des Krieges als Pfleger in einem Militärlazarett eingesetzt, erinnerte sich an die Versorgung der Verwundeten wie an ein surrealistisches Fließband-Szenario: *Hätte der Stabsarzt mir den Befehl gegeben: »Brecht, amputieren Sie das Bein«, hätte ich geantwortet: »Zu Befehl, Herr*

Stabsarzt«, und hätte das Bein abgesägt. Hätte er gesagt: »Brecht, trepanieren Sie«, ich hätte den Schädel aufgebohrt und im Gehirn herumgewühlt. Ich habe gesehen, wie man einen Menschen in aller Eile zusammenflickt, um ihn schnellstens wieder an die Front zu schicken ...
In einem von Brechts berühmtesten Gedichten, der LEGENDE VOM TOTEN SOLDATEN, für das er auch die Melodie komponierte, gipfelt die künstlerische Auseinandersetzung mit dem »Heldentod« in einer erschütternden, makabren Phantasie:

Und als der Krieg im vierten Lenz
Keinen Ausblick auf Frieden bot
Da zog der Soldat seine Konsequenz
und starb den Heldentod.

Der Krieg war aber noch nicht gar
Drum tat es dem Kaiser leid
Daß sein Soldat gestorben war:
Es war noch vor der Zeit.

Der Sommer zog über die Gräber her
Und der Soldat schlief schon
Da kam eines Nachts eine militär-
ische ärztliche Kommission.

Es zog die ärztliche Kommission
Zum Gottesacker hinaus
Und grub mit geweihtem Spaten den
Gefallenen Soldaten aus.

Und der Doktor besah den Soldaten genau
Oder was von ihm noch da war
Und der Doktor fand, der Soldat war k. v.
Und er drückte sich vor der Gefahr.

Und sie nahmen sogleich den Soldaten mit
Die Nacht war blau und schön
Man konnte, wenn man keinen Helm aufhatte
Die Sterne der Heimat sehn.

Sie schütteten ihm einen feurigen Schnaps
In den verwesten Leib
Und hängten zwei Schwestern in seinen Arm
Und ein halbentblößtes Weib.

Und weil der Soldat nach Verwesung stinkt
Drum hinkt ein Pfaffe voran
Der über ihn ein Weihrauchfaß schwingt
Daß er nicht stinken kann.

Voran die Musik mit Tschingdrara
Spielt einen flotten Marsch
Und der Soldat, so wie er's gelernt
Schmeißt seine Beine vom Arsch.
...
So zogen sie mit Tschingdrara
Hinab die dunkle Chaussee
Und der Soldat zog taumelnd mit
Wie im Sturm eine blasse Flocke Schnee.
...
Die Sterne sind nicht immer da.
Es kommt ein Morgenrot.
Doch der Soldat, so wie er's gelernt
zieht in den Heldentod.

Obwohl die Blockadepolitik der Entente die Deutschen in eine Situation gebracht hatte, daß sie Steckrüben stehlen mußten, um nicht zu verhungern, und obwohl viele Menschen gründlich kriegsmüde geworden waren, ließen die meisten von ihnen noch immer nicht von dem Irrglauben ab, ihre Entbehrungen würden schließlich doch zum Sieg führen. Von Osten drohte keine Gefahr mehr. Die Schlachten von Verdun, an der Somme und an der Marne hatten schreckliche Opfer gefordert, aber die Deutschen waren bis ins Herz von Frankreich vorgedrungen. Die Frage blieb, wie lange die Franzosen noch standhalten würden. Generalfeldmarschall Hindenburg und sein Erster Generalquartiermeister Ludendorff wollten Paris im Triumph stürmen. Anfang des Jahres 1918 hatte Hindenburg dem Kaiser sogar versprochen, er werde die französische Hauptstadt bis zum ersten April erobern, und

Ludendorffs dritte große Frühjahrsoffensive hatte fünf französische Verteidigungslinien durchbrochen. Das deutsche Heer stand schon sechzig Kilometer vor Paris – aber dort, in der Kleinstadt Château Thierry, wurde es von zwei kampffrischen Einheiten der US-Marine zum Stillstand gebracht. Mit zwei Millionen amerikanischen Soldaten, die die USA-Kampfverbände an der Front stärkten, begann die Gegenoffensive der Alliierten. Britische Truppen griffen mit ihrer neuen Tankwaffe die Hindenburg-Linie an. Franzosen und Amerikaner brachen sich an der Argonne Bahn. Dem Schwadroneur General Erich Ludendorff war das Kanonenfutter ausgegangen, und er sah sich gezwungen, einen Waffenstillstand herbeizuführen. Für den Nachmittag des 29. September bestellten die beiden Befehlshaber den Kaiser und seine führenden Minister ins Hauptquartier und setzten sie darüber in Kenntnis, daß der Krieg verloren sei.

Es ist für eine Nation offenbar schwierig, sich mit der Tatsache abzufinden, daß ein moderner Krieg nicht zu gewinnen ist und die Toten ihr Leben umsonst gegeben haben. *[I]ch möchte den Trauernden zurufen: für nichts ist er gestorben*, schrieb Kurt Tucholsky, *für einen Wahnsinn, für nichts, für nichts, für nichts.*

Die verantwortlichen Generäle schoben in der Folge die Schuld für ihre Niederlage auf Defätismus und Sabotage im Reich, auf jene schattenhaften Mächte, die sie des *Dolchstoßes in den Rücken* bezichtigten, jene Mächte, die Hitler später *die Novemberverbrecher* nannte. Und vielen Deutschen kam jede Art von Erklärung nur allzu recht, weil diese Niederlage so plötzlich, so unerklärlich, so niederschmetternd über sie hereingebrochen war und so weittragende Konsequenzen hatte.

Nachdem General Ludendorff dem Kaiser schonungslos die Lage offenlegte, blieb keine andere Möglichkeit, als sie zu akzeptieren. Und weil die Alliierten erklärten, daß es keine Verhandlungen mit *den Militärherrschern und monarchischen Autokraten Deutschlands*, wie der amerikanische Präsident Woodrow Wilson die deutschen Machthaber genannt hatte, geben könne, stimmte der Kaiser der Bildung einer leidlich demokratischen Koalition unter der Führung des weltgewandten und liberalen Prinzen Max von Baden und der Beteiligung der sozialdemokratischen Opposition zu.

Am 3. Oktober 1918 ersuchte die deutsche Regierung förmlich um einen Waffenstillstand auf der Grundlage von Wilsons Vierzehn Punkten. Die Verhandlungen begannen. Ludendorff war offenbar immer noch der Auffassung, dieser Waffenstillstand sei lediglich eine vorübergehende Waffenruhe, in der beide Seiten neue Kräfte sammeln könnten.

Die Alliierten sahen das freilich ganz anders. In einer Erklärung vom 24. Oktober an das deutsche Heer verkündete Ludendorff, daß der Feind eine bedingungslose Kapitulation fordere, was für jeden Soldaten unannehmbar sei. Als Folge wurde er vom Kaiser seines Postens enthoben. Der Zeitpunkt war gekommen, an dem der stolze General seinen Abschied nehmen mußte. Die letzten Kriegstage verbrachte er in einer Berliner Fremdenpension, von der aus er, mit falschem Paß und dunkler Sonnenbrille getarnt, nach Schweden floh.

Nicht nur die Generäle hatten kapituliert. Die große Masse der Deutschen war längst kriegsmüde und hatte keinerlei Verlangen, einen sinnlosen Kampf weiterzuführen. Schon im April 1917 und im Januar 1918, als die Nahrungsration auf durchschnittlich eintausend Kalorien pro Tag gekürzt wurde, war es zu gewalttätigen Streikaktionen der Berliner Metall- und Munitionsarbeiter gekommen. Sie forderten nicht nur mehr Brot, sondern auch die unverzügliche Einstellung aller Kriegshandlungen. Es mangelte ihnen jedoch an Führung, so daß der Streik nur wenige Tage dauerte. Dieser Mangel an Führung kam nicht von ungefähr, denn der Mann, der sich an ihre Spitze hätte stellen können, mußte eine Haftstrafe im Zuchthaus von Luckau absitzen.

Im Rückblick scheint es schwer vorstellbar, daß ein Mann wie Karl Liebknecht zum Anführer der Novemberrevolution werden konnte. Eine zeitgenössische Fotografie zeigt ihn, wie er mit einem dicken Papierstapel unter dem Arm eine Straße überquert – ein kleiner schlanker Mann mit einem Zwicker und einem fast militärisch wirkenden schwarzen Schnurrbart. Mit seinem breitkrempigen schwarzen Hut und dem steifen Vatermörderkragen sieht er eher aus wie ein Buchhalter auf dem Weg zur Reichsbank.

Liebknecht war damals um die vierzig und ein unbequemer Einzelgänger. Sein Vater, ein Vertrauter von Karl Marx, hatte die deutsche Sozialdemokratie mitbegründet, und die Parteiälteren sahen den Neuling weniger als Genossen denn als Sohn eines Genossen an. Was Liebknecht von jenen Parteiälteren unterschied, war seine Leidenschaftlichkeit oder, anders ausgedrückt, sein Fanatismus. Schon 1907 hatte er einen scharfen Angriff auf das militaristische System veröffentlicht und dafür achtzehn Monate wegen Hochverrats eingesessen. In der Krise von 1914, als die Sozialdemokraten von ihrem traditionellen Internationalismus abwichen, um für die Kriegskredite zu stimmen, beugte sich Liebknecht widerwillig der Forderung der Partei, aber am Ende desselben Jahres scherte er aus und stimmte als erster Reichstagsabgeordneter gegen die Kriegskredite. Das Militär vergalt es ihm mit seiner Einberufung als Reservist und steckte ihn sogar in ein Strafbataillon. Als Reichstagsabgeordneter hatte Liebknecht allerdings das Recht, jeder Sitzung beizuwohnen, und oft erhob er sich von seinem Sitz, um eindringliche Fragen über die Erschießung belgischer Geiseln oder die eigentlichen Ursachen des Krieges zu stellen, was die anderen Abgeordneten regelmäßig mit Zwischenrufen wie *Unsinn* oder *Wahnsinn* quittierten.

Als die Sozialdemokraten ihn 1916 letzten Endes aus der Partei ausschlossen – erst im darauffolgenden Jahr begehrte eine Gruppe Gleichgesinnter gegen den Krieg auf und formierte sich die Unabhängige Sozialdemokratische Partei Deutschlands –, publizierte Liebknecht eine radikale Zeitung unter dem Titel SPARTAKUS und sammelte im Spartakusbund Gleichgesinnte um sich. Der SPARTAKUS war ein unspektakuläres Blatt mit einer Auflage von nur fünfhundert Exemplaren, und Liebknecht war zu weit wirksameren Maßnahmen entschlossen. Am 1. Mai 1916 veranstaltete er eine Kundgebung auf dem Potsdamer Platz, auf der er ausrief: *Nieder mit dem Krieg! Nieder mit der Regierung!* Dieser Auftritt endete mit seiner Festnahme. Wegen versuchten Hochverrats und Beleidigung der Staatsmacht wurde der radikale Einzelgänger zu vier Jahren Zuchthaus verurteilt.

Aber nun, Ende Oktober 1918, bröckelte die alte Herrschaft, und es wurde eine Generalamnestie erlassen, so daß Karl Liebknecht nach Berlin zurückkehren konnte, das von revolutionärer Unruhe geschüttelt war. Er hatte die Stadt als isolierter Abweichler verlassen, zurück kam er als Prophet, der sich in seinen Ahnungen bestätigt sah und dem die volle Unterstützung von Lenins neuer Führung in Rußland zuteil wurde. Gewaltige Menschenmassen hießen ihn willkommen und kutschierten ihn in einem blumengeschmückten Wagen durch die Straßen. *Liebknecht ist von Soldaten mit dem Eisernen Kreuz auf die Schultern gehoben worden*, wunderte sich der zweite Mann der SPD, Philipp Scheidemann. *Wer hätte das noch vor drei Wochen für möglich gehalten!*

Die deutschen Truppen hatten bis an den Rand der Niederlage gekämpft, nicht so die Hochseeflotte. Schon seit der Schlacht am Skagerrak im Jahre 1916 hatte die britische Blockade die gesamte deutsche Flotte in den Häfen von Kiel, Wilhelmshaven und Hamburg festgesetzt. Als am 28. Oktober aus Berlin der Befehl zu einer letzten großen Schlacht gegen die britische Flotte einging, gab ihn Admiral Franz von Hipper in Kiel unverzüglich an seine Männer weiter. Bis heute ist ungeklärt, wer diese Entscheidung getroffen hatte – der Reichskanzler Prinz Max war noch nicht einmal informiert worden. Ebenso prompt, wie der Befehl sie erreichte, weigerten sich die Matrosen, dieses »Himmelfahrtskommando« auszuführen. In den Heizräumen der Schlachtschiffe THÜRINGEN und HELGOLAND wurden die Öfen gelöscht. Die meuternden Matrosen sangen Revolutionslieder, hißten die rote Fahne auf ihren Schiffen und marschierten schließlich in Kiel ein, wo sie die Kontrolle über die Stadt an sich rissen.

Unter normalen Verhältnissen hätte diese Meuterei nicht viel länger als einen Tag gedauert, aber dies war eine Zeit der Zerrüttung, in der eine Revolte nicht durch ihre eigene Stärke, sondern durch die Schwäche der herrschenden Autoritäten glückt. Während der vier Kriegsjahre war das Reich des Kaisers »runtergewirtschaftet«, so daß der nur mäßig organisierte Matrosenaufstand mühelos auf die anderen Häfen und innerhalb einer Woche auf Berlin übergreifen konnte.

Der Kaiser hatte Berlin Ende Oktober verlassen, um im belgischen Spa mit der Obersten Heeresleitung zusammenzutreffen. Hier konnte er immer noch seine Generalfeldmarschallsuniform tragen und sich an seinem Titel ALLERHÖCHSTER KRIEGSHERR erfreuen. Weder General Wilhelm Groener, Ludendorffs Nachfolger, noch Prinz Max konnten den Kaiser dazu bewegen abzudanken. *Wenn der Kaiser nicht abdankt, dann ist die soziale Revolution unvermeidlich*, warnte Ebert den Prinzen Max.

Doch schon am selben Tag konfrontierten die Sozialdemokraten Prinz Max mit einer Reihe neuer Forderungen und drohten, ihre Regierungsposten zu verlassen, wenn der Kaiser und der Kronprinz nicht bis zum 8. November mittags abgedankt hätten. Prinz Max mühte sich, sein bröckelndes Kabinett bis zum Waffenstillstandsbeschluß zusammenzuhalten. Aber das Kabinett hatte seinerseits kaum noch Kontrolle über die Nation. Innerhalb weniger Tage entmachtete ein Aufstand in München die bayerische Monarchie, Arbeiter- und Soldatenräte übernahmen in Frankfurt, Leipzig, Stuttgart und Düsseldorf die Macht, und Züge voll meuternder Matrosen kamen aus Kiel und den Nordseehäfen nach Berlin. Aufsässige Soldaten suchten auf den Straßen die Auseinandersetzung mit Offizieren und rissen ihnen die Epauletten von den Schultern. Das Kabinett befahl dem Stadtkommandanten von Berlin, die Eisenbahnverbindung nach Hamburg zu unterbrechen, die Gas- und Stromwerke zu besetzen und in den Hauptstraßen zu patrouillieren – aber auch die Truppen des Stadtkommandanten waren in Aufruhr. Währenddessen versuchte Prinz Max vergeblich, den Kaiser per Telefon zur Aufgabe seines Throns zu überreden.

Deine Abdankung ist notwendig geworden, um den Bürgerkrieg in Deutschland zu verhindern, teilte er dem Kaiser in der Nacht zum 8. November mit. *Die Haltung der Truppen ist nicht zuverlässig ... Das Militär hat sich nirgends bewährt ... Es ist die letzte Stunde ... Wenn die Abdankung heute nicht erfolgt, so kann ich nicht mehr mitarbeiten.*

Der Kaiser weigerte sich nachzugeben. Er drohte, sein eigenes Reich gewaltsam zurückzuerobern, und machte Prinz Max für den Zusammenbruch der Regierung verantwortlich.

Was Stendhals Romanfigur Fabrizio in DIE KARTAUSE VON PARMA auf dem Schlachtfeld von Waterloo erlebte, ist wahrscheinlich eine weitaus realistischere Schilderung der Ereignisse als die eines Napoleon oder eines Wellington. Fabrizio verbringt diesen berühmten Tag vornehmlich damit, auf der Suche nach einem neuen Pferd durch die belgischen Dörfer zu streifen, wobei er seine Muskete verliert, in Gräben stürzt und einige ebenso verwirrte Soldaten fragt: *[I]ch bin heute zum ersten Mal in einer Schlacht dabei. Das ist doch eine richtige Schlacht?* Ähnlich war es am Tag des Umsturzes in Deutschland.

Der Pianist Artur Schnabel zum Beispiel hielt sich am 8. November im Rheinland auf, wo er sich auf einer Konzerttournee befand. Als ihm zu Ohren kam, daß in der Hauptstadt eine Revolution ausgebrochen sei, rief er seine Frau in Berlin an, um zu hören, ob sie sich in Sicherheit befinde. *Für diesen Tag, einen Samstag, hatte sie unseren beiden Jungen versprochen, nachmittags in die Oper zu »Hänsel und Gretel« zu gehen,* erinnerte sich Schnabel später. *Man riet ihr, das Haus nicht zu verlassen, doch als sie sah, wie enttäuscht die Kinder waren, brachte sie es nicht übers Herz, ihnen die versprochene Freude vorzuenthalten; also gingen sie hin und sahen am Tag der Revolution*

»Hänsel und Gretel«. Es waren viele Kinder dort, und sie genossen es aus vollem Herzen.

Am selben Tag veranstaltete die Ufa in Berlin einen Presseempfang zur Voraufführung ihres neuesten Films CARMEN unter der Regie von Ernst Lubitsch und mit der schönen jungen Pola Negri in der Hauptrolle. *Mein Lamékleid war an diesem Abend ein großartiger Erfolg*, beschrieb Pola Negri ihre Eindrücke vom Vorabend der Revolution. *Der Champagner war absolut perfekt gekühlt … Das Studio-Orchester spielte Ausschnitte aus »Carmen«, um uns in die richtige Stimmung zu bringen … Wir setzten uns in den Vorführraum, und der Film begann. Bei meinem ersten Auftritt gab es Applaus. Einen Augenblick später hörte ich ein ungenaues Geräusch in der Ferne … Gewehrschüsse.* Niemand sonst schien es zu bemerken, und als der Lärm lauter wurde, wandte sich die Negri fragend an Lubitsch. *Ja, psst*, soll Lubitsch gesagt haben. *Wir können nichts dran ändern. Schauen Sie sich den Film an.*

Am Ende der Vorführung applaudierten alle enthusiastisch und verharrten zögerlich im Vorführraum, um ihre Glückwünsche loszuwerden und die unbekannten Gefahren der offenen Straße zu meiden. Bis zu diesem Moment hatten die eifrigen Filmproduzenten offenbar vergessen, daß sich ihr Land im Zusammenbruch befand. *Wenn die Zeitungen jeden Tag von Katastrophen schreien, hört man bald nicht mehr zu*, beobachtete die Negri. Sie selbst beschloß in dieser Nacht, zur U-Bahn zu laufen, die noch immer in Betrieb war. *Die Straßen waren wie leergefegt*, erinnerte sie sich. *Das einzige Geräusch waren Schüsse, die direkt über meinem Kopf mit ohrenbetäubendem Lärm durch die Luft schlugen. Um nicht von einem Querschläger getroffen zu werden, ging ich mit kleinen Schritten, an die Hauswände gepreßt … Als ich [an der U-Bahn-Station] ankam, war ich triefnaß.*

Der Generalstreik begann um neun Uhr morgens an einem kalten und grauen 9. November. Er war von den Unabhängigen Sozialisten ausgerufen worden, die von Liebknecht und den Spartakisten dazu gedrängt wurden. Der Kaiser sollte zur Abdankung gezwungen werden. Während auf den Straßen Menschenmengen zusammenströmten, mußten sich die Sozialdemokraten entscheiden, ob sie sich am Streik beteiligen oder an ihren Posten in Max von Badens wankender Regierung festhalten wollten.

In aller Frühe hatte Philipp Scheidemann an diesem Novembermorgen mit der Reichskanzlei telefoniert, um herauszufinden, ob der Kaiser nachgegeben hatte. Die Antwort war nach wie vor negativ. Scheidemann teilte der Kanzlei mit, daß die Sozialdemokraten nur bis zum offiziellen Streikbeginn um neun Uhr warten könnten. Dann würden sie sich aus der Regierung zurückziehen. Um neun Uhr nahm Scheidemann abermals telefonisch Verbindung zur Kanzlei in Spa auf, erhielt aber keine neuen Informationen und verkündete, daß die Sozialdemokraten die Regierung mit sofortiger Wirkung verlassen würden. Vor der Reichskanzlei war die Menge der Streikenden auf Zehntausende angewachsen. Die Arbeiter schwenkten rote Fahnen und forderten lautstark den Rücktritt der Regierung. Isoliert und hoffnungslos entschied Prinz Max, die Abdankung des Kaisers aus eigener Machtbefugnis zu verkünden. Die Meldung wurde von seinen Mitarbeitern telefonisch an die Nachrichtendienste der Zeitungen durchgegeben.

Aber der Kaiser hatte nicht abgedankt! Er saß noch immer vor dem Kamin seiner Villa in Spa, vertrat sich dann und wann im Garten die Beine, kehrte zurück, um sich mit seinen Generälen zu beratschlagen. Der einundsiebzigjährige Generalfeldmarschall von Hindenburg schwieg oder antwortete ausweichend. Er überließ es General Groener, die Angelegenheit zu regeln. Als einige Untergebene in ihrer fanatischen Blindheit behaupteten, die Armee könne die aufständischen Städte zurückerobern, war es General Groener, der dem Kaiser mitteilte: *Das Heer wird unter seinen Führern und kommandierenden Generälen geschlossen und in Ordnung in die Heimat zurückmarschieren, aber nicht unter der Führung Eurer Majestät, denn es steht nicht mehr hinter Eurer Majestät.* Daraufhin wurden in aller Eile telefonisch die Offiziere befragt, was eindeutig ergab, daß die Armee nichts als Frieden wolle. Der Kaiser warf den Generälen Eidbruch gegenüber ihrem Obersten Kriegsherrn vor. *In Zeiten revolutionärer Gärungen sind die Begriffe Fahneneid und Oberster Kriegsherr wirkungslos und werden zur Fiktion*, reagierte Groener auf die Vorwürfe. Angesichts der ausweglosen Situation begab sich der Kaiser auf den Weg zum Mittagessen, in der Hoffnung, danach würden die Dinge günstiger aussehen. Doch nach dem Essen kam die Nachricht, daß Prinz Max die Abdankung bereits verkündet hatte. *Verrat*, rief der Kaiser, *schamloser, empörender Verrat!* Erst nach einer langen Unterredung mit seinen Generälen erklärte er sich schließlich bereit, in einen Sonderzug zu steigen, der ihn zu seiner letzten Zuflucht ins Exil nach Holland bringen sollte.

Auch Philipp Scheidemann nahm an jenem Tag eine stärkende Mahlzeit zu sich. Er hatte sich seinen Weg durch die turbulente Stadt in den relativ ruhigen Reichstag gebahnt, wo er sich niederließ und eine Kartoffelsuppe bestellte. *Am 9. November 1918 glich der Reichstag schon in den Morgenstunden einem großen Heerlager*, erinnerte sich Scheidemann später. *Mit Ebert, der nun auch aus der Staatskanzlei in den Reichstag gekommen war, und anderen Freunden saß ich hungrig im Speisesaal ... Da stürmte ein Haufen von Arbeitern und Soldaten in den Saal, gerade auf unseren Tisch zu. Fünfzig Menschen schrien zugleich: »Scheidemann, kommen Sie gleich mit!« – »Philipp, du mußt herauskommen und reden!« Ich wehrte ab – ach, wieviel hatte ich schon reden müssen! »Du mußt! Du mußt, wenn Unheil verhütet werden soll!« – »Draußen stehen Zehntausende, die verlangen, daß Sie reden.« – »Jawohl, Scheidemann, komm schnell, vom Schloßbalkon aus redet Liebknecht! ... Nun sah ich die Situation klar vor Augen. Ich kannte seine Forderung: »Alle Macht den Arbeiter- und Soldatenräten!« Deutschland also eine russische Provinz, eine Sowjet-Filiale? Nein! Tausendmal nein! ... Schon stand ich am Fenster ... Ich sprach nur wenige Sätze, die mit großem Beifall aufgenommen wurden: »Arbeiter und Soldaten! ... Der unglückselige Krieg ist zu Ende ... Der Kaiser hat abgedankt ... Es lebe das Neue! Es lebe die Deutsche Republik!«*

In Wahrheit hatte weder der Kaiser abgedankt, noch war Liebknecht zu diesem Zeitpunkt bereits am Stadtschloß angekommen. Er fuhr noch durch Berlin und hielt in den Straßen flammende Reden vor den Arbeitern. Aber die Stadt war derartig in Aufruhr und die Lage so verworren, daß Scheidemanns spontane Erklärung aus einem Fenster des Reichstags von einer jubelnden Menge als Verkündung einer neuen Ordnung akzeptiert wurde. Fast aus Versehen war Deutschland plötzlich eine Republik geworden, während Scheidemann in aller Seelenruhe zu seiner Kartoffelsuppe zurückkehrte. Er war sich noch nicht einmal bewußt, daß sein eigener Parteivorsitzender, Friedrich Ebert, auf eine Regentschaft hoffte. *Ebert war vor Zorn dunkelrot im Gesicht geworden, als er von meinem Verhalten hörte*, sagte Scheidemann später. *Er schlug mit der Faust auf den Tisch und schrie mich an: »Du hast kein Recht, die Republik auszurufen!«*

Aber für Rechts- und Zuständigkeitsfragen blieb keine Zeit. Die lärmende Menge wogte nach Osten, zum verlassenen Stadtschloß. Zu Beginn des Generalstreiks war das Schloß noch schwerbewacht, und die Truppen hatten Befehl, scharf zu schießen, aber als ruchbar wurde, daß der Kaiser abgedankt hatte, erließ der Berliner Stadtkommandant den Befehl: *Truppen haben nicht von den Waffen Gebrauch zu machen, auch nicht bei der Verteidigung von Gebäuden.* Gegen halb drei Uhr nachmittags, als die Menschenmenge auf den Schloßplatz drängte, setzte sich ein Ladenbesitzer namens Schlesinger dafür ein, daß der Herrschaftssitz nicht geplündert werde, da er jetzt Volkseigentum sei. Ein Stück roten Stoffes auf dem Balkon, von dem aus der Kaiser einst die Parade seiner getreuen Truppen abgenommen hatte, bekräftigte seine Argumentation.

Gegen vier Uhr nachmittags erreichte Liebknecht endlich das Schloß. *Ein Jubelruf ertönte*, berichtete Ben Hecht, der gerade als junger Reporter für die Chicagoer DAILY NEWS in Berlin eingetroffen war. *Ich beobachtete, wie ein schwarzäugiger, flinker kleiner Mann aus einem ... Taxi stieg und durch den Schnee auf den Palasteingang zuging. Die großen rotwangigen Matrosen salutierten, als er vorüberschritt.* Liebknecht marschierte ins Schloß, gefolgt von etwa hundert Marinesoldaten. *Es wurden keine Befehle erteilt*, heißt es bei Ben Hecht weiter. *Es sah aus wie eine Revolution, bei der jeder machen konnte, was er wollte ... Ich stellte keine Fragen und folgte Liebknecht. Die riesigen Säle des Palastes waren verlassen, abgesehen von einem verwirrten älteren Burschen in einer Lederschürze*, schrieb Hecht. Vom zentralen Balkon des Schlosses hielt Liebknecht eine Rede. *[D]ie Freiheit für das Proletariat ist angebrochen – [D]ie Arbeiter sind die neue Dynastie.*

Ben Hecht verstand nur wenig Deutsch, so daß ihm große Teile der Rede entgingen, aber als eifriger Reporter folgte er dem Redner ins verlassene Schlafzimmer des Kaisers: *Liebknecht begann sich auszuziehen. In seinen schwarzen Augen lag ein starker und zugleich verklärter Blick ... Nach wenigen Minuten stand Liebknecht barfüßig in langer Winterunterwäsche. Einige Knöpfe fehlten, und das ausgebeulte Gesäßteil war vom vielen Waschen abgenutzt. Er nahm seine prallvolle Aktentasche und vier umfangreiche Bücher auf. Mit diesen Sachen unter dem Arm näherte er sich dem kaiserlichen Bett ... Die Matrosen waren wie erstarrt. Sie standen da und beobachteten, [wie ...] Liebknecht ... seine volle Aktentasche und die vier Nachschlagewerke auf dem kleinen Nachttisch [plazierte] und zwischen die kühlen königlichen Laken [kroch]. Im Raum lastete ein Schweigen. Ich hörte die königlichen Sprungfedern quietschen, als Liebknecht seine Beine ausstreckte. Dann, als er sich umdrehte, um ein Buch zu nehmen, gab es plötzlich ein krachendes Geräusch. Der zierliche Nachttisch, eine Antiquität auf spindeldürren Beinen, war unter dem ungewohnten Gewicht revolutionärer Literatur zusammengebrochen. Die Lampe schlug auf den Boden, und eine der Birnen explodierte. Und die Soldaten der Revolutionsgarde flohen. Bis auf den letzten Mann flitzten die hundert Matrosen halb in Panik aus dem Schlafzimmer, von mehr Geistern in die Flucht geschlagen, als ich mir je hatte vorstellen können.*

Für einen Tag des Umsturzes gab es überraschend wenig Gewalt. Hier und da fielen Schüsse, aber die große Menge blieb verhältnismäßig friedlich – insgesamt zählte man fünfzehn Tote. Nach der Episode im Schloß kehrte Liebknecht zurück auf die Straße und begab sich zu den Redaktionsbüros des konservativen LOKAL-ANZEIGERS, die er als Hauptquartier für eine neue, radikale Zeitung, DIE ROTE FAHNE, beschlagnahmte. Vor dem Polizeipräsidium am Alexanderplatz, das von den Menschenmassen verbarrikadiert worden war, erschien Emil Eichhorn, Angehöriger der USPD, und ernannte sich kurzerhand zum Polizeipräsidenten. Die verschreckte Polizei leistete keinerlei Widerstand, auch dann nicht, als Eichhorn durch die Zellenblocks ging und sechshundertfünfzig Häftlinge freiließ, die während der Demonstrationen an den vergangenen Tagen festgenommen worden waren.

Gegen Abend gab es keinen Zweifel mehr daran, daß das alte Regime des verbannten Kaisers gestürzt war, wenngleich niemand genau wußte, wer in Berlin eigentlich die Macht hatte. Prinz Max kam zu Friedrich Ebert in die Reichskanzlei und übergab ihm, was an Regierungsgewalt noch zu übergeben war. Ebert ersuchte Prinz Max, zur Abwicklung der Angelegenheiten des Hohenzollernhauses in Berlin zu bleiben, doch dieser lehnte höflich, aber bestimmt mit den Worten ab:

Herr Ebert, ich lege Ihnen das Deutsche Reich ans Herz!

Ich habe zwei Söhne für dieses Reich verloren, antwortete Ebert bewegt.

Damit gab es kein Kaiserreich mehr. Friedrich Ebert, allein im Reichskanzlerbüro des Palais in der Wilhelmstraße, machte sich – erschüttert von den Ereignissen – bewußt, daß ihm das höchste Staatsamt angetragen worden war. Ebert wuchs in ärmlichen Verhältnissen als Sohn eines Schneiders in Heidelberg auf und hatte das Sattlerhandwerk erlernt. Später arbeitete er als Redakteur einer sozialdemokratischen Zeitung in Berlin. Als Sekretär des Berliner sozialdemokratischen Parteivorstands führte er solche Neuerungen wie Buchhaltung und Registratur ein, und die Zahl der Parteimitglieder stieg rapide an. 1912 zog Ebert als Vorsitzender der SPD in den Reichstag ein. Jetzt war er achtundvierzig und trotz seines verwegenen Ziegenbärtchens ein grundsolider Mann, der eher wegen seiner Redlichkeit und seines Pragmatismus als wegen seines Intellekts oder seiner Leidenschaftlichkeit geschätzt wurde. Für ihn hatte Sozialismus zunächst nur bessere Löhne und bessere Arbeitsbedingungen unter einer fortschrittlichen Monarchie bedeutet. Und nun fand er sich, unter eigenartigen Umständen, in die Position gedrängt, die einst Bismarck innehatte.

Als plötzlich eines der Diensttelefone – Apparat 988 – in seinem Büro klingelte, nahm Ebert verblüfft den Hörer ab und stellte fest, daß es sich um eine offenbar von Ludendorff eingerichtete Privatleitung zum Hauptquartier in Spa handelte.

Hier Groener, meldete sich die Stimme von Ludendorffs Nachfolger.

Ebert erkundigte sich vorsichtig, wie sich die Streitkräfte in dieser Krisensituation verhalten würden. Die Antwort war ermutigend. Der Kaiser hatte einer Flucht nach Holland zugestimmt. Hindenburg hatte den Oberbefehl über die Heeresgruppen an der Front und wollte ihren Rückzug nach Deutschland organisieren.

Und was erwarten Sie von uns? fragte Ebert.

Der Herr Generalfeldmarschall erwartet von der Reichsregierung die Unterstützung des Offizierskorps bei der Aufrechterhaltung der Disziplin und der straffen Ordnung im Heer …

Was noch? fragte Ebert weiter.

Das Offizierskorps erwartet, sagte Groener, *daß die Reichsregierung den Bolschewismus bekämpfen wird, und stellt sich hierfür zur Verfügung.*

Übermitteln Sie dem Herrn Generalfeldmarschall den Dank der Regierung, beendete Ebert das Gespräch.

Damit stellte Groener die Reste der kaiserlichen Armee für den Kampf um die neue Republik zur Verfügung, während Ebert die Republik der Obhut des alten Offizierskorps anvertraute. Sie waren sich darüber einig, gemeinsam und mit aller Macht die Revolution zu bekämpfen, die sie beide *haßten wie die Sünde*. Als in späteren Jahren bekannt wurde, daß es eine geheime Telefonverbindung zur Obersten Heeresleitung gegeben hatte, wurde Ebert wegen seines Pakts mit Groener scharf angegriffen. Friedrich Ebert sah das zweifelsohne ganz anders. Bis zu jenem Tag hatte der Kaiser verkündet, seine Streitkräfte würden die aufständischen Städte zurückerobern. Daß die Republik auf die Unterstützung des Militärs bauen konnte, bedeutete für Ebert nicht die Zerstörung, sondern die Rettung der Demokratie in Deutschland.

Wirklich wichtig bei jeder Krise ist, ob die Straßenbahn fährt, erklärt mir ein Berliner, der sich an die Tage des Umsturzes erinnert. *Solange die Straßenbahn noch fährt, läßt sich's leben.* Deshalb soll hier festgestellt werden, daß am 9. November 1918, dem Tag, als das Deutsche Reich zusammenbrach, die Berliner Straßenbahnen tatsächlich fuhren. Auch die Telefonverbindungen funktionierten, ebenso wie die Gas-, Wasser- und Stromversorgung.

Friedrich Eberts Vorstellung von einer Revolution unterschied sich fundamental von der Karl Liebknechts, doch das bedeutet bei weitem nicht, daß keine Revolution stattgefunden hätte. Der Sturz einer Monarchie zieht zwangsläufig grundsätzliche politische Veränderungen nach sich, und Ebert ließ der Abdankung rasch eine Reihe sozialer Reformen folgen, von denen man ein Jahr zuvor kaum zu träumen gewagt hätte. *Die aus der Revolution hervorgegangene Regierung ... setzt sich die Aufgabe, das sozialistische Programm zu verwirklichen*, begann der Erlaß, den Eberts Rat der Volksbeauftragten aus sechs SPD- und USPD-Vertretern am 12. November verkündete.

Der Aufruf beinhaltete eine sofortige Amnestie für politische Gefangene und deklarierte die uneingeschränkte Meinungs-, Presse- und Versammlungsfreiheit. Alle politischen Institutionen sollten bei freier, gleicher und geheimer Abstimmung von allen Männern und Frauen über neunzehn Jahren gewählt werden. Weiterhin versprach das Dekret, daß die Regierung Ebert ihr möglichstes tun werde, um Nahrung, Arbeit und Obdach sowie die Verstaatlichung der Schlüsselindustrien sicherzustellen. Zwar wurde der letzte Punkt nie umgesetzt, aber im Rückblick erscheinen Eberts Ziele weitaus respektabler, als linksgerichtete Kritiker es je zugaben. Eberts politisches Handeln entsprach den bescheidenen Zielen der überwiegend konservativen Bevölkerung. Sogar in den Wirren der Revolution, als am Stadtschloß Schießereien ausbrachen, sollen die Menschen auf der Suche nach Deckung angeblich auf den Wegen geblieben sein. Die Schilder am Wegesrand gaben nämlich die klare Anweisung: *Betreten des Rasens verboten!*

Es blieb das nüchterne Geschäft, den Krieg offiziell zu beenden. Bis zur letzten Minute konnte die zivile Führung nur schwer begreifen, daß ihre mächtigen Armeen versagt hatten. Noch am 7. Oktober veröffentlichte Walther Rathenau, der erfolgreiche Wirtschaftsexperte, Leiter der Rohstoffabteilung während des Krieges, einen leidenschaftlichen Appell zu einer letzten Mobilmachung: *Die nationale Verteidigung, die Erhebung des Volkes muß eingeleitet, ein Verteidigungsamt errichtet werden … kein Tag [darf] verlorengehen … es gibt ältere Männer genug, die gesund, voll Leidenschaft und bereit sind, ermüdeten Brüdern an der Front mit Leib und Seele zu helfen. Zweitens müssen alle die Feldgrauen zur Front zurück, die man heute in Städten, auf Bahnhöfen und in Eisenbahnen sieht … Drittens müssen in Ost und West, in Etappen und im Hinterland aus Kanzleien, Wachstuben und Truppenplätzen die Waffentragenden ausgesiebt werden … Schwerlich ist in diesem Augenblick mehr als die Hälfte unserer Truppen an der Westfront. Einer erneuerten Front werden andere Bedingungen geboten als einer ermüdeten.*

Prinz Max nahm Rathenaus Vorschlag ernst genug, um an die Oberste Heeresleitung die Frage zu richten, ob eine solche Mobilmachung irgendeine Aussicht auf Erfolg haben könne. Die OHL verneinte prompt. Andererseits war die Heeresleitung auch nicht zur Kapitulation bereit. Prinz Max beauftragte deshalb einen Zivilisten, das Kabinettsmitglied Matthias Erzberger, die dreiköpfige Delegation zur Unterzeichnung des Waffenstillstands zu leiten. Er hatte damit seines Erachtens eine passende Wahl getroffen, war Erzberger doch einer der frühesten Gegner des Krieges und Verfechter eines Verständigungsfriedens, aber sie bürdete ihm eine Verantwortung auf, die die Streitkräfte selbst hätten tragen müssen – die Entscheidung zur Kapitulation.

Auf dem Weg von Berlin machte Erzberger einen Zwischenstopp im Hauptquartier von Spa, um von Hindenburg letzte Weisungen einzuholen. Man kann sich den Haß vorstellen, den der alte Generalfeldmarschall gegen seinen Besucher hegte. Erzberger war fähig und intelligent, aber er galt allgemein als Intrigant und Defätist. Hindenburg befürchtete offenbar, Erzberger könne den Generalstab auffordern, die Kapitulation ebenfalls zu unterzeichnen. Mit Tränen in den Augen ergriff Hindenburg Erzbergers Hand und drängte ihn, seiner Patriotenpflicht genüge zu tun.

In einem Wagen mit weißer Flagge, auf dessen Trittbrett ein Trompeter kurze Signale gab, fuhr Erzberger gen Westen in den Wald von Compiègne. Es fiel ein leichter Nieselregen, und die ersten Blätter schwebten von den silbrig hellen Birken herab, als die Deutschen an ein abgelegenes Eisenbahngleis kamen, wo sie Generalissimus Foch erwartete. Die Waffenstillstandsbedingungen übertrafen selbst schlimmste Befürchtungen: Rückzug aller deutschen Streitkräfte hinter den Rhein, Auslieferung der Flotte und aller schweren Waffen. Verhandelt wurde nicht. Die Deutschen hatten eine Frist von zweiundsiebzig Stunden. Erzberger unterzeichnete am Morgen des 11. November.

General Groener sollte sein Versprechen halten. In weniger als einem Monat hatte er die schwierige Operation vollbracht, zwei Millionen deutscher Soldaten aus Frankreich abzuziehen. Anfang Dezember war er deshalb in der Lage, in Berlin *die Ordnung wiederherzustellen.*

Während des ersten Friedensmonats war Eberts Deklaration kaum über die Mauern der Reichskanzlei hinausgedrungen, denn die Berliner Garnison hatte sich nahezu aufgelöst, und ein halbes Dutzend militärischer und paramilitärischer Gruppen durchstreiften die Straßen, wie es ihnen in den Sinn kam. Ebert atmete auf, als er am 11. Dezember schließlich die Vorhut von neun Heeresdivisionen Unter den Linden aufmarschieren sah. Der Himmel war bleifahl, und die Infanteristen machten einen erschöpften Eindruck, trotzdem gaben General von Lequis und seine Kavalleristen ein beeindruckendes Bild ab, wie sie mit flatternden Standarten in die Stadt einritten und ihre Kapelle DEUTSCHLAND, DEUTSCHLAND, ÜBER ALLES intonierte. Euphorisch begrüßte Ebert die geschlagene Armee am Brandenburger Tor: *Kein Feind hat euch überwunden! Nun liegt Deutschlands Einheit in eurer Hand!* sagte er.

Die Formationen lösten sich jedoch rasch auf. Die Soldaten irrten durch die Straßen oder packten ihre Sachen und gingen nach Hause. So hielt die Krise der Regierung an. Fünf Tage nachdem das Heer Berlin erreicht hatte, bildete sich der Vollzugsrat der Arbeiter- und Soldatenräte, der als Vertretung des deutschen Volkes Geltung beanspruchte. Obwohl die Sozialdemokraten im Vollzugsrat die Mehrheit hatten, forderte das Gremium in einer Resolution, daß alle Offiziere von ihren Soldaten gewählt werden sollten, daß das Vorgesetztenverhältnis außerhalb des Dienstes aufgehoben und die Berufsarmee durch eine Volkswehr ersetzt werden solle. General Groener und sein Adjutant Major Kurt von Schleicher fuhren umgehend in vollem Ornat nach Berlin und protestierten bei Ebert gegen die ihrer Meinung nach untragbare Resolution. Ebert reagierte diplomatisch geschickt und ignorierte die radikalen Forderungen. Viel wichtiger war ihm, daß der Vollzugsrat ihn in seiner Führungsrolle bestätigt hatte und zusammen mit ihm zur Wahl einer neuen Nationalversammlung schritt, die aller Voraussicht nach nicht nur die Radikalen, sondern das ganze Volk repräsentieren würde.

General Groener stand mit seiner Parteinahme für das alte Heeressystem nicht allein, und die Offiziere, die nun demobilisiert wurden, waren noch verbitterter als die Berufsoffiziere. Als ein Regierungsvertreter bei einer Militärversammlung in der Berliner Philharmonie im ersten Nachkriegsmonat für die Unterstützung der neuen Republik warb, protestierte ein fünfundzwanzigjähriger Fliegerhauptmann namens Hermann Göring lautstark. In voller Uniform, ausgezeichnet mit Deutschlands höchsten Orden und Ehrenzeichen, erklomm der ehemalige Kommandeur des Jagdgeschwaders Richthofen das Podium und erklärte: *Wir Offiziere haben jahrelang unsere Pflicht getan. Wir haben unser Leben fürs Vaterland eingesetzt. Nun kehren wir in die Heimat zurück – und wie behandelt man uns? Man spuckt uns an, man nimmt uns alles, was uns heilig ist. Aber – das kann ich Ihnen versichern – nicht das Volk ist für so eine Führung verantwortlich zu machen ... Schuld sind nur die, die das Volk aufstacheln, die Männer, die unseren ruhmreichen Armeen in den Rücken fielen, die nichts anderes wollten als Macht und die sich auf Kosten des Volkes bereichert haben ... Aber der Tag wird kommen, an dem wir solche Leute aus Deutschland herausjagen werden.*

Ein anderer, der es allerdings nur zum Gefreiten gebracht hatte, war bereits erfüllt von Haß und Vergeltungsideen und fühlte sich zu Höherem berufen. Der neunundzwanzigjährige Adolf Hitler, durch Giftgas halb erblindet, lag nördlich von Berlin in einem Lazarett in Pasewalk, als ihm ein Geistlicher von Revolution und Waffenstillstand berichtete. *Während es mir um die Augen wieder schwarz ward*, schrieb Hitler später in MEIN KAMPF, *tastete und taumelte ich zum Schlafsaal zurück, warf mich auf mein Lager und grub den brennenden Kopf in Decke und Kissen … Es war also alles umsonst gewesen. Umsonst all die Opfer und Entbehrungen … und vergeblich der Tod von zwei Millionen … Was folgte, waren entsetzliche Tage und noch bösere Nächte … In diesen Tagen wuchs mir der Haß, der Haß gegen die Urheber dieser Tat. In den Tagen darauf wurde mir auch mein Schicksal bewußt … Ich aber beschloß, Politiker zu werden.*

Friedrich Ebert besaß nicht die Fähigkeit, die Konsequenzen dieses Hasses zu erkennen. Sein vordringlichstes Problem in den letzten Tagen des Jahres 1918 war der Aufstand der Volksmarinedivision, einer undisziplinierten Ansammlung von ungefähr dreitausend meuternden Matrosen. Die Division verkörperte die größte linksgerichtete Kraft in Berlin. Die Matrosen hatten das Stadtschloß unter ihre Gewalt gebracht und plünderten es gründlich aus. Ebert sah keine Möglichkeit, sie aus dem Schloß zu zwingen, so daß er Mitte Dezember mit ihnen übereinkam, hundertfünfundzwanzigtausend Reichsmark für die »Bewachung« des Stadtschlosses zu zahlen, wenn sie im Gegenzug ihre Stärke auf sechshundert Mann verringern würden und in den benachbarten Marstall zögen. Fünf Tage später hatten die Matrosen weder ihre Stärke reduziert noch das Stadtschloß verlassen; statt dessen forderten sie weitere achtzigtausend Reichsmark Weihnachtsgeld. Als sie sich das Geld aus der Reichskanzlei holen wollten, eröffneten nervös gewordene Wachposten das Feuer. Ebert fügte sich schließlich ihrer Forderung, verlangte dafür aber die Schlüssel für das Stadtschloß. Die Matrosen drangen daraufhin in die Reichskanzlei ein und marschierten ins Büro des Stadtkommandanten von Berlin, Otto Wels. Nachdem sie dessen Büro verwüstet hatten, verhafteten sie den Zivilisten Wels und zwei seiner Untergebenen und verschleppten beide ins Schloß. Weil die Eindringlinge die Telefonzentrale der Reichskanzlei besetzt hielten, nutzte Ebert die geheime Telefonverbindung zum Truppenhauptquartier, das sich jetzt in Kassel befand. Er machte seinem Gesprächspartner Major Kurt von Schleicher, dem Adjutanten Groeners, folgende Mitteilung:

Die Regierung ist in der Reichskanzlei gefangen, Major. Sie haben mir immer zugesagt, daß Sie mir, wenn es zu solchen Zwischenfällen wie jetzt kommen würde, helfen würden. Handeln Sie jetzt.

Ich werde sofort veranlassen, daß die regierungstreuen Truppen des Generalkommandos Lequis in Berlin und Umgebung zu Ihrer Befreiung in Marsch gesetzt werden, antwortete Schleicher.

Dennoch verhandelte Ebert weiter mit den Matrosen. Spät am Abend konnte er sie durch das Versprechen, die geforderten achtzigtausend Reichsmark würden bedingungslos gezahlt werden, dazu bewegen, die Reichskanzlei zu verlassen. Aber als den Matrosen zu Ohren kam, daß achthundert Gardekavalleristen aus Potsdam nach Berlin einritten, eilten sie zurück in die Reichskanzlei. Ebert wollte verhandeln, wollte die Soldaten zurückbeordern, doch General Groener hatte andere Pläne. *Sie können dem Kanzler sagen, daß ich nicht dazu neige, die Entscheidung des Kongresses in Hinsicht auf die Ausführungsgewalt unserer Offiziere anzuerkennen; daß ich mich aber mit allen Mitteln, die mir zur Verfügung stehen, wehren werde und daß ich es nicht zulassen werde, daß mir meine Epauletten oder mein Degen genommen werden*, erwiderte dieser.

Gegen Mitternacht erreichte die Gardekavallerie den Platz vor dem Stadtschloß. Verstärkt von weiteren tausend Mann, die im Tiergarten kampiert hatten, machten sie sich daran, ihre Maschinengewehre und Artilleriegeschütze aufzustellen. Die ganze Nacht hindurch warteten die Matrosen mit zunehmender Furcht auf den Angriff. Sie versuchten mehrmals, mit der Kavallerie zu verhandeln, aber ohne Erfolg. Um fünf Uhr morgens betrat ein Führer der Unabhängigen Sozialisten das Stadtschloß und überredete die Matrosen, Wels und seine Mitarbeiter aus dem Kohlenkeller zu befreien. Aber die Garde hatte ihre Befehle. Um sieben Uhr früh marschierte ein Kavalleriehauptmann vor das Tor des Stadtschlosses und forderte die Matrosen auf, innerhalb von zehn Minuten zu kapitulieren. Andernfalls werde die Garde mit dem Beschuß beginnen. Die Matrosen, denen Verstärkung von anderen Marinedivisionen zugesagt worden war, antworteten nicht. Die erste Geschützsalve sprengte den Haupteingang des Stadtschlosses auf. Die Matrosen konterten mit sporadischem Gewehrfeuer aus den zersplitterten Fenstern. Aber als eine Vorhut von hundert Gardisten den Torweg stürmte, fand sie das Stadtschloß nahezu verlassen. Die Matrosen waren durch einen unterirdischen Gang in den benachbarten Marstall geflüchtet.

Die Kavallerie konzentrierte ihr Geschützfeuer nun auf die kaiserlichen Ställe, bis die Matrosen zur Kapitulation bereit waren. Der Beschuß hatte bereits dreißig Matrosen getötet und über hundert verwundet. Die Überlebenden hatten kaum Munition und nichts zu essen. Doch keine der beiden Seiten wußte, daß Liebknechts Spartakisten seit dem frühen Morgen in der Stadt unterwegs waren und an jeden appellierten, das Stadtschloß vor einer monarchistischen Gegenrevolution zu retten. Tausende folgten dem Ruf und füllten bald alle Straßen in Richtung Schloß, nur der Geschützdonner hielt sie zurück. Sobald die Waffenruhe ausgerufen wurde, schwärmten die Menschen auf den Platz und appellierten an die Belagerer. Die Wirkung war überwältigend. Soldaten, die jederzeit auf einen unbekannten Feind zu schießen bereit waren, standen diskutierenden Studenten und vorwurfsvollen alten Frauen hilflos gegenüber. Einige warfen ihre Waffen voll Abscheu zu Boden, andere machten sich an den Rückzug, und kurz darauf mußten die Offiziere den Rest ihrer Truppen vom Schloßplatz abziehen, auf dem die Menge triumphierte.

Es war eine verheerende Niederlage für die stolzen Generäle – die letzte Niederlage der kaiserlichen Streitkräfte. Aber es war auch Heiligabend, und Weihnachten nahmen viele Berliner wichtiger als politische Wirren. Harry Graf Kessler, der als Diplomat, Verleger, Mäzen und Lebemann durch die zwanziger Jahre wandelte, beobachtete das Schlachtfeld vor dem Stadtschloß und vermerkte in seinen Tagebüchern gleichzeitig, daß *[w]ährend dieser blutigen Ereignisse [der Weihnachtsmarkt] unbekümmert seinen Gang [geht]: Leierkasten spielen in der Friedrichstraße, Straßenverkäufer bieten Salonfeuerwerk, Lebkuchen und Silberflitter an, die Juwelierläden Unter den Linden sind sorglos geöffnet, hell erleuchtet funkeln ihre Schaufenster; in der Leipziger Straße, bei Wertheim, Kayser usw. drängt sich das übliche Weihnachtspublikum. Gewiß brennen in Tausenden von Häusern Christbäume, und Kinder spielen drum herum mit Geschenken von Papa, Mama und der lieben Tante. Daneben liegen im Marstall die Toten, und in der Weihnachtsnacht klaffen frisch gerissen die Wunden des Schlosses und des deutschen Staates.*

Am folgenden Tag, dem ersten Weihnachtsfeiertag, riefen die Spartakisten zu einer weiteren Großdemonstration auf, und die Menschenmenge zog vom Tiergarten zum Stadtschloß und weiter zur Redaktion der sozialdemokratischen Parteizeitung VORWÄRTS. Die Spartakisten besetzten das Gebäude und druckten Flugblätter mit dem Titel DER ROTE VORWÄRTS: *Alle Macht den Arbeitern und Soldaten! Nieder mit der Regierung Ebert-Scheidemann!* war darauf zulesen. Ebert verfügte kaum noch über eine Regierungsgewalt. Die USPD verließ die Koalition am 29. Dezember und machte ihn für das Blutbad am Marstall verantwortlich. Der Unabhängige Eichhorn hielt an seinem Posten als Polizeipräsident fest, und als Ebert sich einen Überblick über die verbliebenen Polizeikräfte verschaffte, mußte er feststellen, daß ihm in ganz Berlin gerade noch hundertfünfzig Mann treu geblieben waren.

Unweigerlich schien die Macht über die Straßen von Berlin in die Hände von Liebknechts Spartakisten überzugehen. Inzwischen war Liebknechts Position als Anführer der Linken durch die Wiederkehr einer seiner frühesten und herausragendsten Verbündeten gestärkt worden. Rosa Luxemburg kam aus Polen, wo sie führend in der sozialistischen Bewegung gekämpft hatte und dank ihres faszinierenden Redetalents und glänzender Stilisitk sogar eine Rivalin von Lenin gewesen war. Als sie während der Kriegsjahre wegen ihrer Unterstützung Liebknechts im Gefängnis saß, schrieb sie eine Reihe einflußreicher BRIEFE AUS DEM GEFÄNGNIS, in denen sie versuchte, die Doktrin des Spartakusbundes zu formulieren: militanter, aber demokratischer Sozialismus, Internationalismus und Frieden um fast jeden Preis. Ungeachtet ihrer radikalen Überzeugungen war Rosa Luxemburg eine überlegte Taktikerin. Sie vertrat wiederholt die Ansicht, daß es zur Revolution erst kommen dürfe, wenn sich die Kräfte der Linken vereinigt hätten und die Arbeiterklasse zum Aufstand bereit wäre.

Jetzt, in den letzten Wochen des Jahres 1918, schien dieser Zeitpunkt nahe. Der Spartakusbund rief zu einer Versammlung auf, um durch einen Zusammenschluß mit dem linken Flügel der USPD seine Macht auszubauen. Die Kommunistische Partei Deutschlands wurde gegründet. Tag für Tag grassierte in Berlin das Gerücht, Liebknecht wolle einen Putsch anzetteln. Der erschöpfte Ebert suchte sein Heil in der Flucht.

KAPITEL 3

»Einige Schüsse fallen. Man weiß nicht warum«

1919

Ein Bund von Kriegern waren wir
[im Freikorps], durchtränkt mit aller
Leidenschaft der Welt, toll im Begehren,
jauchzend im Nein und Ja.
Was wir wollten, wußten wir nicht, und was
wir wußten, wollten wir nicht.

ERNST VON SALOMON

Der Winter in Berlin ist selten heiter. Manchmal hängt der graue Himmel tagelang über der Stadt, düster und klobig stehen die Häuser in abweisenden, steinernen Reihen entlang der breiten Boulevards. Als das neue Jahr 1919 anbrach, sammelten sich in der bezwungenen Stadt verbitterte ehemalige Soldaten und Flüchtlinge aus dem Osten. Die Menschen hatten Kälte und Hunger verzweifelt durchlitten. Eine Grippeepidemie tötete Tausende; ein einziger Tag forderte mehr als siebzehnhundert Opfer. Und der Waffenstillstand war noch keineswegs der Frieden. Während die Diplomaten der Alliierten in Paris die Bedingungen für einen Friedensvertrag erörterten, blockierten die alliierten Seestreitkräfte weiterhin die deutschen Küsten.

Allerdings schien das Bild, das im ersten Jahr nach dem Zusammenbruch auf der einen Seite die siegreiche Entente, auf der anderen Seite Deutschland bot, die äußersten Befürchtungen zu rechtfertigen, schrieb Graf Kessler. *Drüben ein zur Schau getragener Vernichtungswille, ein zähnefletschender Haß, der sich für alle Ewigkeit in Clemenceaus Wort »Es gibt zwanzig Millionen Deutsche zuviel« sein Denkmal gesetzt hat. In Deutschland als Teilerfüllung dieses Wunsches des fran-*

zösischen Ministerpräsidenten siebenhunderttausend Kinder, Frauen und Greise, die nach dem Waffenstillstand durch die fortbestehende Blockade den Hungertod starben … Und dieses hungernde, sterbende Volk, in Fieberschauern hin und her taumelnd zwischen Verzweiflung und Karneval! Berlin ein Alptraum, in dem man nur noch Tanzdielen und Maschinengewehre sah. Die Regierung ein Häuflein, das gegen drohende Gewalt seine Existenz nur von Stunde zu Stunde fristete und eines Tages, in ein Stück der Wilhelmstraße zusammengedrängt, Mann für Mann dem Tod ins Auge blickte. Drei blutige, blutig niedergeschlagene Aufstände im Dezember, Januar, März, die mehr Menschenleben kosteten als die ganze Französische Revolution; doch in das Maschinengewehrfeuer nachts in den dunklen Straßen der Friedrichstadt, aus Bars und Kabaretts hineintönend, die neuesten Schlager, die »Peruanerin« und der Walzer aus dem »Schwarzwaldmädel«. Der schauerliche Mord an den Matrosen in der Französischen Straße, und am gleichen Tage Plakate an den Mauern: »Wer hat die schönsten Beine von Berlin? … Caviar-Mäuschen-Ball da und da, achteinhalb Uhr.« Schieber überall und ihre Kokotten, die im Wanken nicht nur des Staates, nicht nur der Wirtschaft, sondern auch jeder Sitte, zwischen Hungernden dick und reich wurden, Gesichter, die für alle Zeit festgehalten worden sind von George Grosz.

George Grosz hatte sich 1914 in der *Massenbegeisterung*, wie er es nannte, als Kriegsfreiwilliger gemeldet, schon bald aber begriffen, was für ein schmutziges Geschäft der Krieg war. Als er nach seiner vorzeitigen Entlassung nach Berlin zurückkehrte, begann er, das Grauen, das er erlebt hatte, in seinen Zeichnungen festzuhalten. 1917 wurde er wieder einberufen und reagierte mit einem Anfall von Amnesie. Graf Kessler kannte den jungen Künstler und sorgte dafür, daß er in eine Nervenheilanstalt eingewiesen wurde, bis er später nach Berlin und an seine Arbeit zurückkehren konnte. *Was ich sah, erfüllte mich mit Abscheu und Menschenverachtung*, beschreibt Grosz seine Eindrücke vom Moloch Berlin in jenen Jahren. *Alle um mich her hatten Angst – ich hatte auch Angst, aber nicht davor, mich gegen diese Angst zu wehren. Ich könnte Seiten über dieses ewige, oft behandelte Thema schreiben, aber alles, was ich dazu noch zu sagen hätte, steht schon in meinen Zeichnungen. Ich zeichnete Betrunkene, Kotzende, Männer, die mit geballter Faust den Mond verfluchen, Frauenmörder, die skatspielend auf einer Kiste sitzen, in der man die Ermordete sieht. Ich zeichnete ... einen angstvoll guckenden Mann, der sich die Hände wäscht, an denen Blut klebt ... Ich zeichnete fliehende Männchen, die einsam und wie wahnsinnig durch leere Straßen liefen. Oder einen Querschnitt durch ein Mietshaus: in einem Fenster geht einer mit einem Besen auf seine Frau los, im zweiten lieben sich zwei, im dritten hängt jemand, von Fliegen umsummt, am Fensterkreuz. Ich zeichnete Soldaten ohne Nase, Kriegskrüppel mit krebsartigen Stahlarmen, zwei Sanitäter, die einen tobsüchtigen Infanteristen in eine Pferdedecke eindrehen ... Ich dichtete auch.*

In dieser Zeit voller Verzweiflung fand Friedrich Ebert in Gustav Noske überraschend einen wichtigen Verbündeten. Noske war in den ersten Tagen der Novemberrevolution Eberts Abgesandter bei den Meuterern in Kiel gewesen, und als nach dem Ausscheiden der USPD aus der Regierung der Posten des Reichswehrministers neu zu besetzen war, schlug General Groener Noske vor. Die Streitkräfte hatten allen Grund, Noske zu vertrauen, denn er vertrat eine jener vorsichtigen und nüchternen Spielarten des Sozialismus, deren Anhänger niemals Namen und Begriffe wie MARX oder MARXISMUS im Munde führten. Wie für Ebert bedeutete Sozialismus auch für Noske, aus der Armut aufzusteigen und am Glanz des Kaiserreichs teilzuhaben. Rosa Luxemburg und anderen Linksintellektuellen von jenseits der Elbe begegnete er mit Verachtung. Schon vor dem Krieg war er ein glühender Anhänger der Kolonialpolitik, und sein Nationalismus äußerte sich derartig militant, daß eine Zeitung es sich nicht nehmen ließ, ein Gedicht darauf zu verfassen.

Noske schnallt den Säbel um,
Noske geht aufs Ganze,
Noske feuert, bum, bum, bum,
Noske stürmt die Schanze.

Als man ihn fragte, ob er den Posten des Reichswehrministers übernehmen wolle, antwortete er: *Meinetwegen, ich scheue die Verantwortung nicht, einer muß der Bluthund sein.*

Noske war ein tatkräftiger Organisator, und er machte sich umgehend daran, die regierungstreuen Streitkräfte neu zu ordnen. Er hörte von einem Plan, den Major Kurt von Schleicher entwickelt hatte, um gegen den Zerfall der alten Herrschaft anzukämpfen. Schon Mitte Dezember billigte die Oberste Heeresleitung Schleichers Vorhaben, eine Freiwilligentruppe zu organisieren, die unter dem Namen Freikorps bekannt werden sollte. General Ludwig von Maercker wurde für diese Aufgabe abgestellt. Schleicher wollte nur die loyalsten und diszipliniertesten Veteranen, die zu äußerst beweglichen Sturmeinheiten mit eigenen Lastkraftwagen und Geschützen zusammengestellt werden sollten. Um eine gute Truppenmoral zu gewährleisten, strebte Maercker einen Kompromiß an zwischen dem blinden Gehorsam der alten kaiserlichen Armee und der aufrührerischen Insubordination der neuen Soldatenräte. Jeder Rekrut der Freikorps sollte sich nur für kurze Zeitabschnitte verpflichten und das Recht haben, Vertreter zu wählen, die die Soldaten in Angelegenheiten wie Sold, Urlaub und Beschwerden gegenüber Vorgesetzten vertreten würden.

Am 4. Januar demonstrierte Noske dem demoralisierten Ebert während einer Spazierfahrt ins nahegelegene Zossen auf einem schneebedeckten Exerzierplatz ein Landjägerkorps, das strammen Schrittes zur Musik einer Militärkapelle über den Platz marschierte. Der Truppe gehörten auch Grenadiere und Maschinengewehrschützen an – insgesamt viertausend Mann –, alle in Reih und Glied, alle im tadellosen Gleichschritt der Vorkriegsarmee. Jeder einzelne aus dieser Truppe, erläuterte General Maercker dem erstaunten Ebert, habe einen persönlichen Gehorsamseid auf die vorläufige Regierung des Reichskanzlers Ebert unterschrieben.

Maerckers Landjägerkorps war nur eines von ungefähr einem Dutzend Freikorps, und es sollten noch mehr werden. Ursprünglich verkörperten die Freikorps den leidenschaftlichen Wunsch der Berufsoffiziere, wieder eine schlagkräftige Streitmacht zu befehligen. Doch binnen kurzer Zeit verkamen sie zu wilden Horden von Landsknechten. Bald waren es ungefähr zweihundert Freikorps, die gnadenlos gegen die Zivilbevölkerung vorgingen und sich kaum ihren eigenen Kommandeuren gegenüber loyal verhielten. In den ersten Januarwochen jedoch sah Ebert in den neuen Wehrverbänden die einzige Macht, die in der Lage war, einen kommunistischen Putsch zu vereiteln. Keine achtundvierzig Stunden nach Eberts Ausflug Richtung Zossen sollte die Feuerprobe anstehen.

Emil Eichhorn, der Unabhängige Sozialist, der am 9. November das Polizeipräsidium übernommen hatte, weigerte sich, von seinem Posten zurückzutreten, als die USPD Ende Dezember aus der Regierung ausgeschieden war. Vielmehr lancierte er seine Anhänger in Führungspositionen der Berliner Polizei und ignorierte die Raubzüge linksradikaler Gruppierungen wie der Volksmarinedivision. Am 4. Januar setzte die Regierung Eichhorn über seine Entlassung in Kenntnis, woraufhin er sich schnurstracks in die Zentrale der USPD begab, die sich einem Teil der Revolutionären Obleute und den Spartakisten Liebknechts anschloß. Der Zeitpunkt zum Sturz der Regierung schien ihnen gekommen, und so riefen sie zum Massenprotest auf.

Der folgende Tag war ein Sonntag, und Tausende Berliner waren vor dem Polizeipräsidium am Alexanderplatz auf den Beinen. Als Eichhorns Nachfolger vorfuhr, versperrte ihm die Menge den Zutritt und griff ihn tätlich an. Eichhorn selbst erschien auf einem Balkon und versicherte den Demonstranten, daß er seinen Posten niemals aufgeben werde. Drinnen berieten die Anführer der Linken Stunde um Stunde darüber, ob die Zeit für eine Revolution endlich reif sei.

Unter den einundsiebzig Führern der Linken waren nur zwei Kommunisten – Liebknecht und Pieck –, und die offizielle Richtlinie lautete, die Revolution so lange hinauszuzögern, bis die Arbeiter geschlossen hinter ihr stünden. Liebknecht aber konnte nur schwer der Versuchung widerstehen, der »Lenin Deutschlands« zu werden. Als es dunkel wurde, trat er auf den Balkon des Schlosses und sprach zu der Menge von seinen großartigen Plänen. In der Nacht bildeten die Anführer der Linken einen provisorischen Revolutionsausschuß mit dreiundfünfzig Mitgliedern und riefen einen Generalstreik aus, der am nächsten Morgen beginnen sollte. Sie erklärten Eberts Regierung für abgesetzt und ließen Waffen verteilen, die sie seit dem Waffenstillstand in ihren Besitz gebracht hatten.

Damit begann die sogenannte Spartakuswoche. Durch den Streik am Montag früh blieben die meisten Berliner Fabriken und Geschäfte geschlossen, der öffentliche Personennahverkehr und die Elektrizitätsversorgung brachen zusammen. Mehr als zweihunderttausend Demonstranten zogen durch die Straßen, besetzten die meisten Bahnhöfe, die Zeitungsredaktionen, und für eine Weile sogar das Brandenburger Tor, von wo aus Scharfschützen auf alles schossen, was sich Unter den Linden regte. Aus heutiger Sicht – mehr als fünfzig Jahre später – ist es schwer zu sagen, ob diese marodierenden Banden tatsächlich das klassenbewußte Proletariat repräsentierten oder ob nicht vielmehr viele von ihnen Flaneure und Schaulustige waren, wie sie sich bei jedem Zwischenfall in einer Großstadt ansammeln. Zu jener Zeit hatte Berlin etwa zweihundertfünfzigtausend Arbeitslose, und viele von ihnen waren hungrig und in ihrer Verzweiflung zu allem bereit. Schaut man sich Fotos von den Truppen der Spartakisten an, kann man vorwiegend eine Menge frierender Arbeiter in abgetragenen Anzügen und halboffenen Mänteln, mit Galoschen, Mützen und alten Filzhüten erkennen – keiner von ihnen im Gleichschritt, die Gewehre hängen ihnen lose über der Schulter.

Bertolt Brecht hat in einem seiner frühesten Stücke, TROMMELN IN DER NACHT, ein genaues Szenario dieser revolutionären Wirrnisse gezeichnet. Den aus Gefangenschaft heimgekehrten Kragler, Hauptfigur des Stückes, treibt es durch die Stadt. Er weiß nicht so recht, wo die Revolution eigentlich stattfindet. Er kommt am Gebäude des VORWÄRTS vorbei und landet in einer Kneipe. Der *besoffene Mensch* aus Brechts Stück sitzt in einer Ecke und singt:

Meine Brüder, die sind tot
Und ich selbst wär's um ein Haar
Im November war ich rot
Aber jetzt ist Januar.

Während der Tumulte wanderte der überaus neugierige Graf Kessler durch die Straßen Berlins und notierte akribisch, was er sah:

6. Januar 1919. Montag

Elf Uhr Ecke Siegesallee und Viktoriastraße: Zwei Demonstrationen ziehen aneinander vorüber, die eine nach der Siegesallee, die andere nach der Wilhelmstraße. Beide bestehen aus den gleichen, genau gleich gekleideten grauen Kleinbürgern und Fabrikmädchen, schwingen dieselben roten Fahnen, marschieren den gleichen Familienmarschtritt. Nur tragen sie verschiedene Inschriften, höhnen einander im Vorbeiziehen und werden heute noch vielleicht aufeinander schießen. Um diese Zeit ist Spartakus in der Siegesallee noch ziemlich dünn. Aber als ich zehn Minuten später am Brandenburger Tor bin, kommt er in unabsehbaren grauen Scharen die Linden herunter vom Osten. An der Wilhelmstraße kreuzt er sich mit einem ebenso gewaltigen Strom von Regierungssozialisten ... Plötzlich, kurz nach ein Uhr, ein großer Tumult: »Liebknecht, Liebknecht! Liebknecht ist hier.« Ich sehe einen zarten blonden Jungen laufen, verfolgt von einer Menschenmenge; sie umringen ihn, er bekommt den ersten Faustschlag. Noch immer läuft der blonde Kopf ... Man schreit überall: »Der junge Liebknecht, Liebknechts Sohn!« Jetzt stolpert er, verschwindet unter einer siedenden Menschenmasse ... Plötzlich taucht er wieder auf, blutig, mit zerfetztem Gesicht, aufgedunsen, gestützt und gehalten von Spartakusleuten, die blitzschnell herangelaufen sind und ihn herausholen.

Inzwischen ist eine Droschke von der Menge eingekeilt worden zwischen der Rampe und der Mauer des Palais. Man versucht die Insassen herauszuzerren. Der eine von beiden soll Liebknecht sein; ein alter Bourgeois in einer Droschke. Ich sehe ihn ziemlich deutlich, seine Brille, seinen Schlapphut. Die Menge reißt die Droschke hin und her; der Gaul, ein magerer Fuchs, schwankt nach rechts, nach links wie ein Betrunkener. Plötzlich kommt auch hier Sukkurs. Spartakus ist heran, reißt die Angreifer mit Faustschlägen herunter, läuft im Triumph mit dem müden trabenden Fuchs und der alten Droschke davon ...

Ich gehe zum Mittagessen nach Hause durch die Mauerstraße und Leipziger Straße. Vor Wertheim steht aufgereiht eine Schar bewaffneter Zivilisten, Gewehr bei Fuß; man weiß nicht, ob Regierung, ob Spartakus. Auf dem Potsdamer Platz ungeheure Menschenmengen; ein gewaltiger Regierungszug bewegt sich, meistens im Laufschritt, um aufzuschließen, in der Richtung nach dem Belle-Alliance-Platz. Fortwährend wird geschrien ...

Auf dem Rückwege, kurz nach vier (es war noch ziemlich hell), gehe ich einen Augenblick ins [Außenministerium]. Der Posten vor der Tür läßt mich nur ungern durch. Drinnen ist alles leer; kein Beamter, kein Diener, geschweige denn ein Diplomat; die Zimmer öde und verlassen, nur Soldaten in einigen Fenstern ... Ich gehe hinunter; einige Schüsse fallen. Man weiß nicht warum ...

Ich gehe zum »Kaiserhof«, wo ich mir für alle Fälle ein Zimmer geben lasse. Im Inneren ist um diese Zeit der Betrieb noch wie gewöhnlich ... Ich höre die Soldaten unten auf der Straße, die diese halten sollen, einander zurufen; einige laufen über das nasse, glänzende Pflaster und suchen Deckung. Dann Stille.

Plötzlich um halb sechs geht eine gewaltige Schießerei los, Maschinengewehre, Artillerie oder Minenwerfer, Handgranaten ... Auf den Treppen sind jetzt Soldaten. Man erwartet, daß das Hotel von Spartakus angegriffen, vielleicht gestürmt werde ... Ein Soldatenführer sagt mir, daß wir auf drei Seiten umzingelt sind. Die Regierungstruppen hielten sich noch im Zentrum der Stadt ...

7. Januar 1919. Dienstag

... Als ich um elf durch die Siegesallee komme, ist dort große Spartakusparade ... In der Königgrätzer Straße fallen gerade Schüsse. Auf dem Brandenburger Tor stehen Regierungstruppen und ein Maschinengewehr ... Die Wilhelmstraße ist wieder schwarz von Menschen, Regierungstreue. Alle Fenster der Reichsämter und Palais starren von Soldaten ...

Nachmittags um vier auf dem Wege zu meinem Arzt beim Brandenburger Tor heftige Knallerei mit Handgranaten und Gewehren; Panik des Publikums. Hunderte von Menschen kommen durch das Tor gelaufen und fliehen nach dem Tiergarten. Ich bleibe unter dem Tore stehen und kann erkennen, daß die Spartakusleute von den Linden in die Wilhelmstraße einzudringen versuchen. Angeblich soll auch eine Gruppe von Spartakusleuten in dem Tor hinaufgeklettert sein und den Regierungszug mit dem Maschinengewehr oben genommen haben. Jedenfalls schießt dieses Gewehr nicht auf die vorgehenden Spartakusse ...

Eben um neuneinviertel fällt ein Schuß vor meiner Tür ... Gegen ein Uhr kurzes, lebhaftes Feuergefecht in meiner Straße; Infanterie und Maschinengewehr. Gegen zwei wieder Gewehrschüsse.

8. Januar 1919. Mittwoch

... Die Wilhelmstraße ist abgesperrt. Vor der Reichskanzlei wird auf dem Fahrdamm ein Geschütz eingebaut. Vom Balkon des Reichsamts des Innern schießt von Zeit zu Zeit ein Maschinengewehr auf das Haus von Loeser und Wolf an der Ecke der Neuen Wilhelmstraße, um Spartakus zu hindern, dort auf dem Dache ein Maschinengewehr in Stellung zu bringen. Ich gehe an den Häusern entlang nach der Behrenstraße und durch die kleine Passage nach den Linden. Hier, am oberen Teil der Linden, spielt sich bei fernem Maschinengewehrrattern das Leben fast normal ab; viel Verkehr, einzelne Läden, namentlich Cafés und Konditoreien, offen. Auch die Leierkästen und Straßenverkäufer wie gewöhnlich.

Was Kesslers Tagebuch so interessant macht, ist nicht allein die Beschreibung der anarchischen Zustände auf den Straßen als vielmehr seine völlige Ahnungslosigkeit, was die Zielsetzungen der sich bekämpfenden Lager angeht. Die Zeitungen veröffentlichten zweifelhafte Artikel über ergebnislose Verhandlungen zwischen Ebert und den Führern der USPD, aber die meisten Berliner erlebten die Spartakuswoche als eine Kette von verwirrenden Zusammenrottungen und Zusammenstößen – ähnlich wie Kessler und die Figuren in Brechts Stück. Auch unter den Anführern der Linken herrschte Verwirrung. Als Rosa Luxemburg erfuhr, daß Liebknecht ohne jede ernst zu nehmende Vorbereitung die Revolution in Gang gesetzt hatte, protestierte sie aufgebracht: *Karl, wo bleibt unser Programm?* Der provisorische Revolutionsausschuß beriet stundenlang über dieses Programm, und die kommunistische Zeitung DIE ROTE FAHNE beschwerte sich bitterlich über den Mangel an Führung: *Die Massen standen von früh um 9 Uhr in Kälte und Nebel. Und irgendwo saßen die Führer und berieten. Der Nebel stieg, und die Massen standen weiter. Aber die Führer berieten. Der Mittag kam, und dazu die Kälte und der Hunger. Und die Führer berieten. Die Massen fieberten vor Erregung: Sie wollten eine Tat, auch nur ein Wort, das ihre Erregung besänftigte. Doch keiner wußte welches. Denn die Führer berieten. Der Nebel fiel wieder und mit ihm die Dämmerung. Traurig gingen die Massen nach Hause: Sie hatten Großes gewollt und nichts getan. Denn die Führer berieten. Im Marstall hatten sie beraten, dann gingen sie weiter ins Polizeipräsidium und berieten weiter. Draußen standen die Proletarier auf dem leeren Alexanderplatz, die Knarre in der Hand, mit leichten und schweren Maschinengewehren. Und drinnen berieten die Führer. Im Präsidium wurden die Geschütze klargemacht; Matrosen standen an jeder Ecke der Gänge, im Vorderzimmer ein Gewimmel, Soldaten, Matrosen, Proletarier. Und drinnen saßen die Führer und berieten. Sie saßen den ganzen Abend und saßen die ganze Nacht und berieten, sie saßen am nächsten Morgen, als der Tag graute, teils noch, teils wieder, und berieten. Und wieder zogen die Scharen in die Siegesallee, und noch saßen die Führer und berieten. Sie berieten, berieten, berieten.*

Nein! Diese Massen waren nicht reif, die Gewalt zu übernehmen, sonst hätten sie aus eigenem Entschluß Männer an ihre Spitze gestellt, und die erste revolutionäre Tat wäre gewesen, die Führer im Polizeipräsidium aufhören zu machen zu beraten.

Der einzige, der genau wußte, was er wollte, war Reichswehrminister Noske. Am ersten Morgen des Generalstreiks, dem 6. Januar, verließ er die gefährdete Reichskanzlei und ging durchs Brandenburger Tor zum Ziegelbau des Generalstabs. Da auch dieses Gebäude von den

Mengen bedrängt wurde, ließ er einen Wagen rufen und fuhr in den südwestlichen Vorort Dahlem. Dort richtete er im Klassenzimmer einer höheren Mädchenschule sein Hauptquartier ein. Unter der tatkräftigen Mitwirkung des Berliner Stadtkommandanten General von Lüttwitz verbrachte Noske den ersten Tag mit der Einrichtung von Funkverbindungen und der Einberufung aller regulären Truppen und Freikorps. Am 9. Januar konnte er eine Streitmacht von über tausend Mann zum Gebäude des VORWÄRTS, einem der Hauptstützpunkte der Spartakisten, entsenden. Hier hatten sich ungefähr dreihundertfünfzig bewaffnete Aufständische hinter Papierwalzen verschanzt, aber es gelang den Regierungstruppen schnell, die Tür mit zwei Haubitzen aufzusprengen. Als sie das Gebäude, ungeachtet der von den Verteidigern aufgezogenen weißen Flagge, räumten, machten sie dreihundert Gefangene, von denen sie einige sofort erschossen.

In der Nacht des 11. Januar führte Noske persönlich eine Streitmacht von ungefähr dreitausend Freikorpssoldaten von Dahlem aus ins Stadtzentrum. In der Potsdamer Straße und Wilhelmstraße trafen sie auf keinerlei Widerstand, sogar die einst so mächtige Volksmarinedivision blieb im Marstall. Noske entsandte eine Abteilung nach Osten, um das Polizeipräsidium am Alexanderplatz zurückzuerobern. Die Freikorps sprengten sich einen Zugang zum Gebäude frei, stürmten hinein und erschossen jeden, der Widerstand leistete, aber auch viele, die das nicht taten. Teile von Noskes Streitkräften marschierten zu den Kasernen von Moabit, nördlich vom Tiergarten, und schlugen dort ihr Quartier auf.

Am folgenden Tag zogen die Truppen des »Bluthunds« von Moabit aus nach Westen und Osten. Sie räumten jedes Haus, aus dem Widerstand geleistet wurde, und zerschlugen alle Demonstrationen mit Maschinengewehren und gepanzerten Fahrzeugen. Der Streik hielt nur noch zwei Tage an, die letzte Gegenwehr der Spartakisten nur zwei Tage länger. Es waren mehr als eintausend Tote zu beklagen, vor allem auf seiten der Aufständischen.

Im Lichthof des Polizeipräsidiums hinter dem arg zerschossenen Hauptportal und zwischen Glastrümmern spielte die Kapelle … Lohengrin, schrieb Graf Kessler am 14. Januar. *Massen stauten sich auf der Straße, teils um die Verwüstungen, teils um Lohengrin zu hören. Dabei wird immer noch geschossen.*

Jetzt begann die Jagd der Freikorps auf Liebknecht. In den letzten

Tagen der Spartakuswoche hatte sich der Kommunistenführer vom Schauplatz zurückgezogen und war bei einer Arbeiterfamilie in Neukölln untergetaucht. Liebknecht ignorierte die Zerschlagung der von ihm angezettelten Revolte und verbrachte seine Zeit damit, der kleinen Tochter der Familie Märchen vorzulesen. Als er hörte, daß seine Frau und sein Sohn gefangengenommen waren, zeigte er keinerlei Regung. Es schien, als hätte ihn eine Lähmung befallen.

Auf der Suche nach Liebknecht kamen die Militärs seinem Unterschlupf in Neukölln mit jedem Tag gefährlich näher. In der Nacht des 14. Januar floh Liebknecht ins bürgerliche Wilmersdorf. Er fand Zuflucht in der Wohnung einer Verwandten, wo zwei andere Flüchtlinge zu ihm stießen, die erschöpfte Rosa Luxemburg und Wilhelm Pieck, ein bislang unbedeutender Funktionär der Kommunisten, der ihnen gefälschte Papiere mitbrachte. Auch jetzt noch ließ Liebknecht nicht davon ab, ein siegesgewisses Manifest für die ROTE FAHNE zu verfassen: *Wir sind nicht geflohen, wir sind nicht geschlagen. Unser Programm wird die Welt der erlösten Menschheit beherrschen …*

Rosa Luxemburg ihrerseits attackierte die Regierung mit einer Schrift, in der sie die Behauptung der Regierung, daß die Ordnung wiederhergestellt sei, scharf angriff: *Ihr stumpfen Schergen! Eure »Ordnung« ist auf Sand gebaut. Die Revolution wird sich morgen schon »rasselnd wieder in die Höh' richten« und zu eurem Schrecken mit Posaunenklang verkünden: Ich war, ich bin, ich werde sein!*

Die Zuflucht blieb nur einen Tag lang unentdeckt. Ein Nachbar informierte die Polizei über die Fremden im Haus, und um neun Uhr abends an jenem 15. Januar kam eine Abteilung Gardekavalleristen in die Wohnung und verhaftete die Flüchtigen. Die Gardekavallerie-Schützendivision hatte ihr Hauptquartier im Eden-Hotel am Zoo aufgeschlagen, wohin die drei Gefangenen zum Verhör gebracht wurden. Karl Liebknecht und Rosa Luxemburg verschwanden nach einem Spießrutenlauf durch eine drohende Menschenmenge und eine dichte Postenkette von Soldaten in einer Suite im zweiten Stock, während Wilhelm Pieck wartend auf dem Flur zurückblieb. Das Verhör durch Hauptmann Waldemar Pabst begann ziemlich formell, doch, wie man sich denken kann, blieb es nicht dabei. *Nein, ich werde den Augenblick nie wieder los, wo man die arme Frau niedergeschlagen und umhergeschleift hat*, sagte eines der Zimmermädchen später. Pieck indessen wurde merkwürdigerweise nicht mißhandelt, und es gibt Vermutungen, er hätte seine eigene Haut gerettet, indem er andere Anführer der Spartakisten verriet.

Als das Verhör von Liebknecht und Luxemburg beendet war, erweckte Hauptmann Pabst den Anschein, als wolle er die beiden ins Untersuchungsgefängnis Moabit bringen lassen, wo bereits einige andere Anführer der Aufständischen inhaftiert waren. In Wahrheit hatten Pabst und die Gardekavallerieschützen vor, die Angelegenheit schnell und brutal zu beenden. Die beiden mißhandelten Gefangenen wurden einzeln zu einem Seitenausgang des Eden-Hotels geführt, wo ein stämmiger Husar namens Otto Runge mit seinem Gewehr auf sie wartete. Liebknecht kam als erster durch die Tür, und Runge schlug ihm seinen Gewehrkolben über den Kopf. Die Gardeschützen warfen Liebknecht in ein bereitstehendes Auto und rasten in Richtung Tiergarten davon. Dann kam Rosa Luxemburg, von den Mißhandlungen, die sie bereits erlitten hatte, halb betäubt. Wiederum schlug Runge mit seinem Gewehrkolben zu, und die Gardeschützen warfen die Sterbende in einen zweiten Wagen.

Das erste Auto, mit Liebknecht und sechs Offizieren, hielt in einem dunklen Nebenweg des Tiergartens. Die Offiziere gaben vor, der Wagen habe eine Panne. Sie stießen Liebknecht auf die Straße, wo ein gewisser Kapitänleutnant Horst von Pflugk-Hartung ihn erschoß. Die sechs Offiziere schleppten die Leiche wieder in den Wagen und lieferten sie als *Leiche eines unbekannten Mannes* in einem nahegelegenen Leichenschauhaus ab. Beim Rapport im Eden-Hotel berichteten sie Hauptmann Pabst, daß sie ihren Gefangenen *beim Fluchtversuch* erschossen hätten.

Rosa Luxemburg war schon zu schrecklich zugerichtet, als daß die Soldaten im zweiten Wagen gleichermaßen mit ihr hätten verfahren können. Ein gewisser Leutnant Karl Vogel jagte ihr ohne weitere Umstände eine Kugel in den Kopf. Dann fuhren die Offiziere zur Lichtensteinbrücke und warfen die Leiche in den Landwehrkanal. Auch sie hatten eine fragwürdige Geschichte parat. Im Eden-Hotel gaben sie an, ihr Wagen sei von einer aufgebrachten Menge angehalten worden, die Rache an der berüchtigten Kommunistenführerin nehmen wollte. Sie hätten ihre Gefangene dem Mob überlassen und wüßten nicht, was mit ihr geschehen sei. Nachdem diese Geschichte publik gemacht wurde, gab es eine Zeitlang Gerüchte, Rosa Luxemburg sei noch am Leben und warte in einem Versteck auf den richtigen Zeitpunkt für eine siegreiche Rückkehr in die Schlacht um Berlin. Erst vier Monate später wurde ihre aufgeschwemmte und beinahe schon unkenntliche Leiche an einer Schleuse des Landwehrkanals angespült.

Friedrich Ebert war entsetzt über die Morde. Er ordnete eine gerichtliche Untersuchung an, die freilich nahezu ergebnislos blieb. Lediglich der Husar Otto Runge wurde zu einer Haftstrafe verurteilt. Er saß mehrere Monate wegen Mordversuchs ein. Leutnant Vogel, der Mörder von Rosa Luxemburg, wurde überführt, gesetzwidrig eine Leiche beiseite geschafft zu haben, aber er floh nach Holland und wurde schließlich begnadigt. Hauptmann Pabst, der bis 1970 unbescholten lebte, gab zu, die Erschießungen gebilligt zu haben, beharrte jedoch bis zum Schluß darauf, daß sie eine Exekution gemäß Kriegsrecht gewesen seien.

Was Ebert anging, so hatte er beschlossen, das gesamte deutsche Volk über seine kurze Amtszeit und die Zukunft des Reiches bei den für den 19. Januar angesetzten Wahlen zur Nationalversammlung entscheiden zu lassen. Es gab gute Gründe für diese Taktik, hatten die Sozialdemokraten doch bei jedem Wahlgang seit der Jahrhundertwende mindestens ein Viertel der Stimmen gewonnen. Jetzt, nur eine Woche nach der Niederschlagung des Spartakusaufstandes, waren dreißig Millionen Deutsche zur Wahl aufgerufen, und Ebert errang einen triumphalen Erfolg. Die vielgeschmähten Sozialdemokraten gewannen über elf Millionen Stimmen – das waren achtunddreißig Prozent – und erhielten einhundertdreiundsechzig der vierhundertdreiundzwanzig Sitze im Reichstag. An zweiter Stelle stand die katholische Zentrumspartei mit neunundachtzig Sitzen, gefolgt von der liberalen Deutschen Demokratischen Partei mit vierundsiebzig. Die rechtsgerichteten Nationalisten, die Ebert noch immer des Verrats am Kaiser bezichtigten, gewannen nur zweiundvierzig Sitze, und die Unabhängigen Sozialisten, die sich in den Berliner Straßenkämpfen so stark erwiesen hatten, lediglich zweiundzwanzig. Die Kommunisten hofften immer noch auf einen Machtzuwachs durch die sich inzwischen auflösenden Arbeiter- und Soldatenräte und boykottierten die Wahl.

Der Erfolg der Sozialdemokraten war eine klare Bestätigung für die umstrittene Regierung Ebert-Scheidemann. Vor allem aber fand sich Ebert in seiner Meinung bestätigt, daß die Regierungsgewalt nicht von selbsternannten Revolutionsgruppen in Berlin und im Reich, sondern nur durch das deutsche Volk als Ganzes errungen werden konnte. Mit seinem Mandat ausgestattet, nahm Ebert nun die Schaffung einer legitimierten parlamentarischen Regierung und einer neuen Reichsverfassung in Angriff. Berlin war noch immer ein unsicherer Ort, so daß Ebert die konstituierende Versammlung in Weimar zusammentreten ließ. Weimar besaß eine lange kulturelle und humanistische Tradition, aber Eberts Entscheidung hatte durchaus auch praktische Gründe. Maerckers Landjägerkorps konnten vor der Stadt Quartier nehmen und mit starken Patrouillen vor Bahnhof, Postamt und Nationaltheater für Sicherheit sorgen.

Im Theater von Weimar, wo Franz Liszt einst die Uraufführung von Wagners LOHENGRIN dirigiert hatte, saßen nun Ebert und seine fünf Volksbeauftragten auf der mit Blumen geschmückten Bühne. In seiner Eröffnungsansprache am 6. Februar sprach sich Ebert für eine Ära von Frieden und Versöhnung aus. Es gab vereinzelte Zwischenrufe von den Deutschnationalen und den Unabhängigen Sozialisten, aber die überwältigende Mehrheit der Delegierten wählte Ebert zum ersten Reichspräsidenten der Weimarer Republik. Ebert seinerseits ernannte Scheidemann zum Reichskanzler, der an der Spitze der sogenannten Weimarer Koalition aus SPD, Zentrum und DDP stehen sollte. Danach wandten sich die Delegierten der Erörterung der neuen Verfassung zu.

Der Verfassungsentwurf stammte aus der Feder des liberalen jüdischen Staatsrechtsprofessors Hugo Preuß. Da man in Deutschland – wie in den meisten anderen Staaten auch – nur wenig Erfahrung mit der parlamentarischen Regierungsform besaß, hatte Preuß die seiner Ansicht nach überzeugendsten Wesensmerkmale bisheriger Verfassungssysteme zusammengetragen. Wie in Amerika sollte es in der zukünftigen Republik einen, vom ganzen Volk gewählten, starken Präsidenten geben; wie in England sollte ein Kanzler für die Legislative verantwortlich zeichnen, und wie in Frankreich sollten Minoritätsinteressen durch die Verhältniswahl gewahrt werden. Die Autonomie der Länderregierungen sollte wie im deutschen Kaiserreich, wenn auch in gewissen Grenzen, gewahrt bleiben. Aus heutiger Perspektive wissen wir, daß die Weimarer Verfassung gefährliche Schwächen aufwies. Die Autonomie der Länder ermöglichte es den Nationalsozialisten, sich unter dem Schutz willfähriger Landesbehörden in Bayern breitzumachen. Das Verhältniswahlrecht ließ die Zahl der kleinen Parteien anwachsen – am Ende waren mehr als vierzig verschiedene Gruppierungen im Reichstag –, was die Regierung handlungsunfähig machte. Und der Artikel 48 der Verfassung, der es dem Reichspräsidenten ermöglichte, per Notverordnung zu regieren, führte 1933 letztlich zu Hitlers Einzug in die Reichskanzlei.

All das vorauszuahnen lag jedoch jenseits der prophetischen Kräfte der Weimarer Delegierten. Sie hatten wochenlang über den Schutz lokaler Interessen und die Farben der republikanischen Flagge debattiert. Preuß hatte eine im Grunde solide und demokratische Verfassung entworfen, und nach einer Reihe geringfügiger Abänderungen wurde sie offiziell verabschiedet. Die zukünftigen Probleme lagen nicht in der Verfassung selbst begründet, sondern in der Gesellschaft, die diese Verfassung mit Leben erfüllen sollte. Es war eine im Innersten schmerzlich zersplitterte Gesellschaft, gespalten nicht nur in Radikale und Konservative, sondern auch in Klassen, Regionen und Konfessionen. Sie war durch die Kriegsniederlage psychologisch und wirtschaftlich zerrüttet, und ihr standen noch die Krisen der Reparationszahlungen, der Inflation, fremder Invasion und intellektueller Demoralisierung bevor. *Die Geschichte der demokratischen Verfassungen war bis zu dieser Zeit die Geschichte von Völkern auf der Suche nach einem vernunftmäßigen politischen Dokument, unter dem sie ihr Leben führen konnten*, schrieb der Historiker Richard Watts. *Die Verfassung ... die in Weimar entworfen wurde ... war von Anfang an ein Dokument auf der Suche nach einem Volk – und sollte auch so enden.*

Während in Weimar die Debatten der Nationalversammlung unter dem Schutz der Freikorps geführt wurden, entschlossen sich die angeschlagenen Kommunisten in Berlin zu einem letzten Versuch, die Herrschaft an sich zu reißen. *Arbeiter, Proletarier!* prangte es vom Titelblatt der ROTEN FAHNE am 3. März. *Wieder ist die Stunde gekommen. Wieder stehen die Toten auf ... Versammelt Euch in den Betrieben! ... Auf zum Generalstreik!* Der KPD-Vorsitzende Leo Jogiches, ein polnischer Intellektueller und ehemaliger Kampfgefährte und Geliebter Rosa Luxemburgs, bestand darauf, daß es keine Ausschreitungen geben dürfe, die Noskes zunehmend mächtigere Freikorps veranlassen könnten, die Gemetzel vom Januar zu wiederholen. Aber die Kommunistenführer hatten – wie schon zuvor – auch diesmal kaum Kontrolle über die aufgebrachten Rebellen. Viele Arbeiter waren bewaffnet und griffen mehrere Polizeiwachen an – fand doch ihr verzweifelter Widerstand und ihr unorganisierter Protest hier ein greifbares Ziel. Die Volksmarinedivision gab ihre vormalige Neutralität auf und belagerte das Polizeipräsidium am Alexanderplatz. Diesmal warteten Noske und seine Freikorps geradezu darauf, die Revolte niederzuschlagen. Eberts Kabinett hatte Noske mit beinahe unbeschränkten Machtbefugnissen ausgestattet, und Einheiten der Freikorps rückten zu Zehntausenden mit Panzern, Geschützen und Flammenwerfern in die Stadt ein.

Wieder war Graf Kessler als Beobachter unterwegs:

6. März 1919. Donnerstag

… am Molkenmarkt und Alexanderplatz schwere Kämpfe … mit Minenwerfern. In der Neuen Friedrichstraße seien mehrere Häuser demoliert. In der Stadt sind seit gestern überall Barrikaden und Drahtverhaue, teils von den Spartakisten, teils von den Regierungstruppen errichtet. Zeitungen sind heute früh nicht erschienen. Beim Rathaus stehen bewaffnete Patrouillen der republikanischen Sicherheitswehr. Diese greift mit der Volksmarinedivision zusammen das Polizeipräsidium an, in dem sich Reinhardtsche Regierungstruppen verteidigen. An der Ecke der Königstraße und der Neuen Friedrichstraße steht hinter einer Absperrung von republikanischer Sicherheitswehr eine ziemlich phlegmatische Menge und hört zu, wie geschossen wird; zu sehen ist nichts, aber am Alexanderplatz ist Infanteriefeuer und von Zeit zu Zeit der dumpfe Einschlag einer Mine zu hören …

8. März 1919. Sonnabend

… Die letzten beiden Tage sind die seit Beginn der Revolution blutigsten in Berlin gewesen … fünfhundert bis sechshundert Tote … Der Generalstreik ist vorläufig unterbrochen … Kerstenberg, der gestern in meinem Auftrage in der Reichskanzlei war, sagt, es herrsche dort ein Siegesrausch … Im Norden Berlins soll dagegen der Haß gegen die Regierung und den »Westen« rasen; Reinhardt-Soldaten, die allein gehen, werden von der Menge in Stücke gerissen …

Als ich gegen drei Viertel fünf die Wilhelmstraße hinunterging, hielt im Hofe der Reichskanzlei ein Lastauto, auf das gefangene Zivilisten und Soldaten geladen wurden … Plötzlich sprang ein Soldat mit einer Peitsche von der Seite auf das Auto hinauf und schlug auf einen der Gefangenen mehrere Male ein. Dann fuhr das Auto an und auf die Straße heraus … Alle Scheußlichkeiten des erbarmungslosen Bürgerkrieges sind auf beiden Seiten im Gange …

9. März 1919. Sonntag

... Heute vormittag steht der Kampf an der Frankfurter Allee. Diese wird von den Spartakisten unter Maschinengewehrfeuer gehalten und von der Regierung mit 15,5-cm-Haubitzen beschossen. Flieger greifen in den Kampf ein. Es ist eine regelrechte Schlacht ...

Nachmittags Gang durch die innere Stadt, um die Verwüstungen der letzten Kämpfe zu sehen ... überall liegt viel Glas auf den Straßen, stellenweise auch eine dicke Schicht Ziegelstaub. Das Polizeipräsidium hat zu den alten einige neue Kratzwunden hinzubekommen. Dem Warenhaus von Tietz sind alle Fensterscheiben kaputtgegangen. Davor ist auf dem Straßendamm eine Blutlache. Gegenüber ist das Eckhaus an der Prenzlauer Straße vom Dach aus zwei Etagen tief eingerissen durch eine Fliegerbombe oder Granate ... Überall sind Stacheldrahtverhaue und Barrikaden, die Regierungstruppen halten. Es wird auch noch viel geschossen; man weiß aber nicht recht, von wem oder wozu.

10. März 1919. Montag

Noske hat das Standrecht über Berlin verhängt. Er hat gestern angeordnet: »Die Grausamkeit und Bestialität der gegen uns kämpfenden Spartakisten zwingen mich zu folgendem Befehl: Jede Person, die mit den Waffen in der Hand gegen Regierungstruppen kämpfend angetroffen wird, ist sofort zu erschießen ...«

Und die Regierung gibt heute abend bekannt, daß die standrechtlichen Erschießungen begonnen haben; gleich als Anfang dreißig Mann auf einen Haufen ...

13. März 1919. Donnerstag

... Den Maler Grosz haben ... Soldaten in seinem Atelier verhaften wollen; er hat sich aufgrund eines falschen Ausweises für einen anderen ausgegeben und ist seitdem ein Flüchtling: schläft eine Nacht hier, die andre dort ...

Der weiße Schrecken wütet ungehemmt. Die Erschießung von vierundzwanzig Matrosen durch Regierungstruppen auf dem Hofe eines Hauses in der Französischen Straße scheint ein grauenhafter Mord gewesen zu sein: Die Leute wollten in dem Hause bei ihrer Kassenverwaltung bloß ihre Löhnung holen.

14. März 1919. Freitag

Die Erschießung der vierundzwanzig Matrosen in der Französischen Straße ... will mir nicht aus dem Kopf ... Ich versuchte abends, mir »Wie es euch gefällt« bei Reinhardt anzusehen; kam aber nicht in

Stimmung. Diese Morde und Erschießungen an der Tagesordnung in Berlin wollten mir nicht aus dem Sinn.

16. März 1919. Sonntag

Vormittags George Grosz in seinem Atelier besucht … Dann schilderte er einige Erlebnisse der letzten Tage, die ihn offenbar tief erschüttert haben: Er hat gesehen, wie in der Nähe des Eden-Hotels ein Leutnant einen Soldaten, der keinen Ausweis hatte und in rüdem Ton antwortete, totschoß. Die Kameraden des Erschossenen hätten heiß geweint, aus Schmerz oder Wut. Er bekennt sich jetzt als Spartakist. Auch Gewalt sei nötig, um die Idee durchzusetzen; denn anders könne man die Trägheit des Bourgeois nicht überwinden …

Geschichte wird im allgemeinen unter vorwiegend politischen Aspekten dargestellt. In jenen Tagen aber erreichte das alltägliche Leid ein Ausmaß, das alle politischen Differenzen in den Hintergrund drängte. In einem Buch des britischen Nationalökonomen und Politikers John Maynard Keynes ist der Augenzeugenbericht eines Mitarbeiters bei einem Hilfswerk für hungernde Kinder in Deutschland festgehalten: *Sie meinen, dies sei ein Kindergarten für die Kleinsten? Gemach! Dies hier sind Sieben- und Achtjährige … Winzige Gesichtchen, in denen große matte Augen schimmern, überstürmt von mächtig aufgedunsenen rachitischen Stirnen, Ärmchen, die Haut und Knochen sind, und – über den krummen, gelenkverquollenen Beinen – die gedunsenen Spitzbäuche der Hungerwassersucht … Dieses Kind da, erklärte uns ein Spitalsarzt, benötige unglaubliche Mengen Brotes und wurde doch nicht kräftiger. Ich fand, daß es alles Brot, das es bekam unter seinem Strohsack versteckte. Eine so tiefe Angst vor dem Hunger war in ihm, daß es Vorräte sammelte, statt zu essen, daß ein mißleitender tierischer Instinkt die Angst vor dem Hunger stärker machte als die Qualen des Hungers selbst.*

Als das Morden vorüber war, gingen die Frauen daran, die Leichen zu bergen. Käthe Kollwitz berichtet die folgende Szene aus dem Berliner Leichenschauhaus: *Dichtes Vorbeidefilieren der Menschen an den Glasfenstern, hinter denen die nackten Leichen liegen. Jede trägt ihr Kleiderbündel auf dem Leib. Darauf liegt ihre Nummer. Ich las die Nummer 244. Hinter den Glasfenstern lagen etwa zwanzig bis dreißig Tote … einzelne der Wartenden wurden an mir vorbei hinten hinein geführt, und ich hörte da lautes Weinen – o, welch jammervoll trauriger Ort ist das Leichenschauhaus!*

Noske hatte also dieses dritte und letzte Kräftemessen zwischen den Sozialdemokraten und der Linken bestanden. Das Berliner Stadtzentrum war ein blutiger Scherbenhaufen, auf dem weitere zweitausend Tote zu beklagen waren, aber Eberts Regierung stand endlich siegreich im Schutz der Kanonen und der wiedererstandenen Reichswehr. Unter den Hingerichteten befand sich auch der KPD-Vorsitzende Leo Jogiches, und mit seinem Tod begann für die Kommunisten eine Zeit der Reorganisation und des inneren Rückzugs. Die Spartakusbewegung war tot. Hinfällig war auch Eberts Versprechen, die Republik würde sich auf soziale Gerechtigkeit gründen.

Der Waffenstillstand von 1918 hatte noch nichts Wesentliches geregelt; mehr als drei Monate verhandelten die Siegermächte untereinander über die Friedensbewegungen.

Deutschlands offenbarer Ohnmacht zum Trotz begab sich Außenminister Ulrich von Brockdorff-Rantzau in die Friedenskonferenz von Versailles im April 1919 mit einer Reihe von Vorschlägen, die heute bemerkenswert, aber auch irreal wirken. Deutschland wollte im gleichen Maße wie seine Nachbarstaaten abrüsten. Es war bereit, einige Grenzregionen abzutreten – darunter Elsaß-Lothringen und Nordschleswig –, aber nur unter der Bedingung, daß die Bewohner sich in Volksentscheiden damit einverstanden erklärten. Deutschland wollte Reparationen zahlen, doch lediglich für die Schäden der Zivilbevölkerung. Es verlangte die Rückgabe seiner Kolonien in Afrika und seiner Handelsflotte.

Brockdorff-Rantzau, ein hagerer, blutarmer Preuße mit Monokel, war Berufsdiplomat, und der Empfang, den ihm die Franzosen bereiteten, muß ihn mit Grauen erfüllt haben. Sie ließen seinen Sonderzug im Schneckentempo fahren, damit die Deutschen den eindrucksvollen Blick auf die Verwüstung in Nordfrankreich »genießen« konnten. In Versailles angekommen, wurden die Deutschen in ein abgelegenes und von Stacheldraht umzäuntes Hotel geführt, wo sie ihr Gepäck höchstselbst die Treppen hinaufschleppen durften. Erst nach einer Woche Zwangsaufenthalt wurde Brockdorff-Rantzau schließlich in den Spiegelsaal einbestellt, wo der französische Premierminister Georges Clemenceau ihn mit den Worten begrüßte: *Die Stunde der schweren Abrechnung ist gekommen*. Den Deutschen wurde kein Verhandlungsspielraum zugestanden. Es blieb ihnen lediglich, die Bedingungen zu akzeptieren, auf die die Alliierten sich geeinigt hatten.

Und diese Bedingungen waren niederschmetternd. Frankreich sollte Elsaß-Lothringen vorbehaltlos zurückerhalten und alle deutschen Gebiete westlich des Rheins auf fünfzehn Jahre hinaus besetzen. Außerdem wurden den Franzosen die reichen Kohlegruben des Saargebiets zugeschlagen. Polen sollte die wichtige Industrieregion Oberschlesien sowie Posen und Westpreußen in Besitz nehmen. Dänemark und Belgien begradigten einige Grenzregionen, und der Völkerbund kontrollierte die deutschen Kolonien in Afrika. Abgerüstet werden sollte nur in Deutschland. Seine Streitkräfte wurden auf hunderttausend Mann festgeschrieben, sein Generalstab sollte abgeschafft werden. Deutschland wurde es untersagt, Kriegsflugzeuge, Tanks oder gepanzerte Fahrzeuge zu besitzen. Die Weimarer Republik sollte in aller Form eingestehen, daß Deutschland allein *für alle Verluste und Schäden verantwortlich [sei], die die alliierten und assoziierten Regierungen ... infolge des Krieges, der ihnen durch den Angriff Deutschlands und seiner Verbündeten aufgezwungen wurde, erlitten haben.* Eine interalliierte Kommission wurde eingesetzt, um die endgültige Höhe der Reparationszahlungen festzulegen. Und schließlich sollten Kaiser Wilhelm II. und alle anderen *Kriegsverbrecher* den Alliierten ausgeliefert werden.

Brockdorff-Rantzau versuchte vergeblich, Gegenvorschläge einzubringen, und kehrte mit dem Friedensvertrag nach Berlin zurück. Er schlug vor, ihn abzulehnen. Mit Unterstützung sämtlicher Parteien, die sich auf Massenkundgebungen gegen den Vertrag aussprachen, lehnte Scheidemann nicht nur den Vertrag ab, sondern erklärte mit den Worten *Welche Hand müßte nicht verdorren, die sich und uns in diese Fessel legt?* seinen Rücktritt. Die Alliierten zeigten sich von den Protesten nicht sonderlich beeindruckt. Sie blieben bei ihrer Forderung nach Unterzeichnung des Vertrages innerhalb der gesetzten Frist. Sie stellten den Deutschen ein Ultimatum von einer Woche, bis zum 23. Juni, sieben Uhr abends.

Zwei Tage vor Ablauf des Ultimatums bildete Ebert schließlich ein Kabinett, Reichskanzler wurde der relativ unbekannte Sozialdemokrat Gustav Bauer. Vizekanzler und Finanzminister Erzberger – dominantes Mitglied des Kabinetts – war in verschiedenen Sondierungsgesprächen mit Alliierten zu der Meinung gelangt, wenn Deutschland den Vertrag unterschriebe, ließe sich vielleicht über die Kriegsschuldklauseln verhandeln. Nach einer heftigen Debatte erklärte sich das Kabinett bereit, unter diesen Bedingungen den Friedensvertrag zu unterzeichnen. Die Alliierten wiesen jedoch jeden Einwand mit der Begründung zurück, daß die Zeit für Debatten vorbei sei, und machten den Deutschen warnend deutlich, daß die Frist bis zum Einmarsch nur noch vierundzwanzig Stunden bestehe. Nachdem aus der Obersten Heeresleitung zu vernehmen war, daß eine Wiederaufnahme des Kampfes und ein Enderfolg aussichtslos seien, sandte die Regierung den Alliierten ihre Antwort. Deutschland betrachte das Abkommen nach wie vor als eine *unerhörte Ungerechtigkeit*, stand in der Note, aber man weiche der *übermächtigen Gewalt* und sei zur Unterzeichnung bereit. Die Nachricht von der Unterzeichnung erreichte Paris nur eineinhalb Stunden, bevor das Ultimatum verstrichen war und der Einmarsch beginnen sollte.

Wenn wir aus späteren Zeiten Rückschau halten, bemerken wir gelegentlich mit Verblüffung, daß die politischen Krisen einer bestimmten Epoche nicht unbedingt auch die bedeutendsten jener Zeit waren. Wir erinnern uns noch nicht einmal an die Namen der einst so mächtigen Fürsten, die Michelangelos DAVID oder Bachs BRANDENBURGISCHE KONZERTE in Auftrag gaben. Und in jenem Frühling 1919, als Einheiten der Freikorps sich einen Weg durch Berlin kämpften und die deutsche Regierung über einen Friedensvertrag zu verhandeln versuchte, galt das Interesse der Wissenschaftler im Kaiser-Wilhelm-Institut für Physik in Dahlem etwas Fundamentalerem: einer bevorstehenden Sonnenfinsternis.

Es sollten erste wissenschaftliche Beweise für die bahnbrechenden Hypothesen des jungen Institutsdirektors Albert Einstein gefunden werden. Die ersten Ergebnisse seiner Theorie, die sich vor allem mit Zeit und Bewegung beschäftigte, waren schon 1905 veröffentlicht worden, als Einstein, kaum sechsundzwanzigjährig, noch als Gutachter am Eidgenössischen Patentamt in Bern arbeitete. Eine darauffolgende Aufsatzreihe hatte zur Allgemeinen Relativitätstheorie von 1915 geführt. Zwei Jahre zuvor war Max Planck in die Schweiz gereist und hatte dem Emigranten jedwede wissenschaftliche Unterstützung zugesichert, wenn er nach Deutschland zurückkehre und sich in der Hauptstadt seinen Forschungen widme. Mit vierunddreißig Jahren kam Einstein also nach Deutschland zurück und wurde nicht nur Direktor des Kaiser-Wilhelm-Instituts, sondern auch Professor an der Berliner Universität und ordentliches Mitglied der Preußischen Akademie der Wissenschaften. Er zog in eine große und gut ausgestattete Wohnung nach Dahlem, hielt einmal wöchentlich ein Seminar für seine Mitarbeiter ab und spielte dann und wann auf seiner Geige. Zudem unterlag er keinen bindenden Pflichten. So konnte er sich konsequent der Arbeit an seiner revolutionären Theorie widmen.

Die Physiker waren fasziniert von Einsteins genialen Berechnungen, mit denen er unter anderem zeigte, daß Masse und Energie dasselbe ist, daß die Lichtgeschwindigkeit eine Konstante ist und die Energie einer Masse durch das Quadrat der Lichtgeschwindigkeit errechnet werden kann. Aber seine Theorie war nicht nur schwer zu begreifen, sondern noch schwerer zu beweisen. Im März 1917 hatte der britische Hofastronom Frank Dyson darauf hingewiesen, daß die zu erwartende Sonnenfinsternis am 29. März 1919 eine hervorragende Gelegenheit für einen solchen Beweis biete, da die verdunkelte Sonne eine außergewöhnlich helle Sterngruppe, die Hyaden, durchqueren werde. In diesem Moment könnten die Lichtstrahlen der Sterne beim Passieren der Sonne gemessen werden. Ein Schlüsselargument in Einsteins Theorie besagte, daß Licht Masse habe und daher dem Einfluß der Anziehungskraft unterstehe. Die Lichtstrahlen der Hyaden mußten sich also krümmen, wenn sie die Sonne während der Eklipse passierten.

Das größte Problem bei der Planung des Unternehmens bestand darin, daß Deutschland und England sich damals noch im Kriegszustand befanden, aber für Wissenschaftler ist ein Krieg kein wirkliches Hindernis für ihre Forschungsarbeit. Sobald der Waffenstillstand unterzeichnet war, erklärte die Royal Astronomical Society, daß sie zwei Expeditionen nach Sobral in Nordbrasilien und Principe im Golf von Guinea entsende, von wo aus die Sonnenfinsternis am besten zu beobachten sein werde. Als Einstein gefragt wurde, um wieviel die Lichtstrahlen der Hyaden durch die Gravitation der Sonne abgelenkt werden würden, schätzte er auf Grund seiner Berechnungen die Spanne von 1,75 Bogensekunden. Die Astronomen kamen rechtzeitig in den Tropen an, sorgten sich, daß Wolkenbrüche den Blick auf die Eklipse versperren könnten, und richteten ihre primitiven Kameras auf die Sonne. Während der brasilianischen Expedition entstanden keine brauchbaren Fotos, auf der afrikanischen nur sechzehn. Es dauerte acht Monate, bis die Wissenschaftler nach London zurückgekehrt waren und die Fotos ausgewertet hatten. Als sie die Ergebnisse berechneten, stellte sich heraus, daß die Lichtstrahlen während der Sonnenfinsternis tatsächlich durch die Anziehungskraft der Sonne von ihrer gewöhnlichen Bahn abgelenkt worden waren und daß der Abweichungswinkel der Gradzahl beinahe identisch war mit Einsteins Voraussage: nämlich 1,64 Sekunden. Der britische Mathematiker und Philosoph Alfred North Whitehead, der bei der Verkündung dieser Ergebnisse in der Royal Astronomical Society anwesend war, berichtete: *Die ganze Atmosphäre gespannter Teilnahme war genau wie bei einem griechischen Drama: Wir waren der Chor, der zu dem Schicksalsspruch sich äußerte, wie er in der Entwicklung eines überragenden Falles sich enthüllt.* Die Schlagzeile der TIMES vom nächsten Tag lautete etwas lakonischer: *Revolution in der Wissenschaft. Newtons Lehre überholt.*

Barrikade der Spartakisten in der Berliner Innenstadt, 1919

Barrikadenkämpfe in der Großen Frankfurter Straße, Nähe Alexanderplatz

Spartakisten Unter den Linden bringen eroberte Maschinengewehre in Stellung

Philipp Scheidemann, Ministerpräsident der Weimarer Republik

Reichspräsident Friedrich Ebert

Reichsaußenminister Walther Rathenau

Führer des Spartakusbundes Karl Liebknecht

Verkehrschaos am Potsdamer Platz während des Generalstreiks gegen den Kapp-Putsch, 1920

Verkehrsstreik am Alexanderplatz

Straßenbahnhaltestelle am Wittenbergplatz, im Hintergrund links das KaDeWe

Käuferschlangen vor einer Lebensmittelhandlung während der Inflation, 1922/23

Spielende Kinder auf dem Hinterhof einer Berliner Mietskaserne

Verarmte und Arbeitslose vor der Pfandkammer in der Münzstraße hinter dem Alexanderplatz

Geldtransport in Waschkörben zu einer Berliner Bank in den Zeiten der Inflation

Ein Zweihundert-Milliarden-Mark-Schein, Zahlungsmittel vom 5. November 1923

KAPITEL 4

»Wie lange werde ich leben?«

1920

Es ist unmöglich, sich eine Zahl oder auch einen Namen willkürlich einfallen zu lassen. Wenn man dem scheinbar freiwilligen Einfall nachforscht, stellt sich immer wieder heraus, daß er in ungehemmter Assoziation geäußert, streng determiniert ist.

SIGMUND FREUD

Ludendorff blieb nur wenige Monate im Exil in Schweden. Als die dortigen Sozialdemokraten gegen seine Flucht nach Stockholm protestierten, nahm der General Notiz von der wachsenden Macht der Freikorps und kehrte nach Berlin zurück. Unter dem Namen Karl Neumann mietete er sich im Hotel Adlon ein, und da die Alliierte Kontrollkommission im gleichen Hotel tagte und ihn zum Kriegsverbrecher erklärt hatte, stellten die Besitzer des Adlon ihrem pseudonymen Gast einen Hinterausgang zur Wilhelmstraße zur Verfügung.

Ludendorff hegte verschwörerische Pläne. *Komme ich mal wieder zur Macht, dann gibt's kein Pardon. Mit ruhigem Gewissen würde ich Ebert, Scheidemann und Genossen aufknüpfen und baumeln sehen!* hatte dieser sich geäußert. Das Adlon war freilich ein viel zu prominenter und öffentlicher Platz für eine Verschwörung. Freunde verhalfen Ludendorff zu einer Wohnung in der Viktoriastraße, wo er eine rege politische Aktivität entfaltete und ungewöhnlich viele Besucher empfing. Es kamen zum Beispiel General von Lüttwitz, der Noske bei der Niederschlagung des Spartakistenaufstands geholfen, Hauptmann Pabst, der die Morde an Liebknecht und Luxemburg veranlaßt hatte, und Wolfgang Kapp, Mitbegründer der kurzlebigen Vaterlandspartei, und viele andere, darunter ein arbeitsloser Journalist namens Handke, der sich Dr. Schnitzler nennen ließ und als Pressechef fungierte.

Ziel der Verschwörer war der Sturz der Regierung, aber eine Zeitlang schien es weder eine klare Taktik noch die notwendigen bewaffneten Kräfte dafür zu geben. Korvettenkapitän Hermann Ehrhardt beschaffte ihnen beides. Seit dem Matrosenaufstand hatte Ehrhardt revolutionsfeindliche Soldaten zur fünftausend Mann starken Brigade Ehrhardt mobilisiert. Ehrhardt kämpfte im Frühjahr 1919 schonungslos gegen einen Spartakistenaufstand in Braunschweig, marschierte weiter nach München, wo er die Zerschlagung der Räterepublik Bayern anführte, und zog schließlich auf der Jagd nach polnischen Freischärlern durch Schlesien. Aber als der Versailler Vertrag in Kraft trat und die deutschen Truppen auf einhunderttausend Mann begrenzte, erließ das Reichswehrministerium Befehl, die Brigade Ehrhardt aufzulösen.

Ehrhardts Soldaten, die inzwischen in Döberitz bei Berlin stationiert waren, begehrten dagegen auf. Sie sprachen davon, die Hauptstadt einzunehmen und Ebert zu stürzen. Kapitän Ehrhardt holte sich beim Stadtkommandanten von Berlin Unterstützung. General Lüttwitz versprach ihm, für den Erhalt der Truppe zu sorgen.

Am 1. März wiederholte von Lüttwitz sein Versprechen in aller Öffentlichkeit, als er eine Parade der Brigade Ehrhardt abnahm und erklärte: *Ich werde nicht dulden, daß mir eine solche Kerntruppe in einer so gewitterschwülen Zeit zerschlagen wird.* Lüttwitz' politische Ansichten beschränkten sich im wesentlichen auf die Sehnsucht nach der Monarchie und die Verachtung für alle republikanischen Politiker, deren Manöver er verspottete – er verließ sich auf seine Truppen.

Wenn es irgend etwas gab, was Matthias Erzberger noch verhaßter gemacht hatte als die Unterzeichnung des Waffenstillstandsvertrags, dann war es seine energische Steuererhöhungspolitik, mit der er die Republik vor dem Bankrott retten wollte. Die Finanzbeamten des deutschen Kaiserreichs hatten nie auch nur eine Mark Sondersteuern erhoben, um die gigantischen Kosten des Ersten Weltkriegs zu decken. Insgesamt beliefen diese sich auf einhundertvierundsechzig Milliarden Mark. Davon stammten dreiundneunzig Milliarden aus Kriegsanleihen und neunundzwanzig aus Schatzbriefen. Den Rest hatte die Regierung auf ihren Druckmaschinen herstellen lassen. Die Großmächte der gegnerischen Seite waren kaum vorsichtiger.

Die deutsche Regierung hatte offenbar vor, die Ausgaben durch die Reparationszahlungen der Feinde zu decken, wenn Deutschland siegreich aus dem Krieg hervorgegangen wäre. Jetzt, da die Deutschen sich den Gegebenheiten stellen mußten, jetzt, da die Alliierten es waren, die Reparationen verlangten, ging Reichsfinanzminister Matthias Erzberger das Problem mit charakteristischer Härte an. Er schuf zum erstenmal eine gesetzliche Grundlage für eine einheitliche Besteuerung im ganzen Reich. Damit war die Oberhoheit der Länder aufgehoben, und staatliche Finanzämter arbeiteten auf der Grundlage einer Reichsabgabenordnung. Erzberger verhängte hohe Abgaben auf Kriegsgewinne und diverse Luxusgüter. Seinen Vorgänger, den Leiter des kaiserlichen Reichsschatzamtes, Karl Helfferich, nannte er nachträglich den *leichtfertigsten aller Finanzminister.*

Helfferich, der als Abgeordneter der DNVP im Reichstag saß, antwortete mit einer Serie wütender Artikel in der konservativen KREUZZEITUNG. Jeder Artikel trug dieselbe Überschrift: *Fort mit Erzberger!* Und im Text hieß es: *Das ist Herr Erzberger, der nicht doppelt und dreifach, sondern zehn- und zwanzigfach von allen Seiten der bewußten Unwahrheit geziehen wird; der sich eine unsaubere Vermischung politischer Tätigkeit und eigener Geldinteressen zum Vorwurf machen lassen muß; der auf alle diese Anschuldigungen trotz schärfster Herausforderung nicht klagt, sondern kneift und nach Art des bedrohten Tintenfisches das Wasser trübt, um zu entwischen … Das ist Herr Erzberger, dessen Name mit Recht unter dem elenden Waffenstillstandsvertrag steht. Das ist Herr Erzberger, der das deutsche Volk … zur gänzlichen Vernichtung führen wird, wenn ihm nicht endlich das Handwerk gelegt wird.*

Nach dieser Herausforderung blieb Erzberger keine andere Wahl, als Anzeige wegen Beleidigung zu erstatten. Im Januar 1920 standen sich die Finanzminister des Kaiserreichs und der Republik als Kontrahenten vor der Strafkammer des Landgerichts Berlin-Moabit gegenüber. Im Sitzungssaal prunkte ein Porträt König Friedrich Wilhelms III., was bezeichnend war für die politisch aufgeheizte Atmosphäre und alles andere als unparteiisch. Viele Konservative, vor allem wohlhabende Damen, die Helfferich zujubelten und Erzberger ausbuhten, drängten sich auf den Bänken. Am Ende der ersten Verhandlungswoche folgte ein zwanzigjähriger Fähnrich namens Oltwig von Hirschfeld Erzberger aus dem Gerichtsgebäude, stieg auf das Trittbrett seines Wagens und gab zwei Schüsse auf ihn ab. Ein Projektil verwundete Erzberger an der rechten Schulter, das andere hätte fast seine Lunge durchlöchert, prallte aber an seiner goldenen Uhrkette ab. Hirschfeld, der später angab, daß Helfferichs Artikel ihn davon überzeugt hätten, daß Erzberger für den verlorenen Krieg verantwortlich sei, wurde zu lediglich achtzehn Monaten Haft verurteilt, und der Verleumdungsprozeß nahm seinen Fortgang.

Helfferich nutzte geschickt alle Möglichkeiten zu Gegenattacken, und das parteiische Gericht gab ihm eine Menge Gelegenheiten dazu. Helfferich kämpfte mit allen Mitteln und großer Unterstützung seiner rechtsgesinnten Mitstreiter. Einer von ihnen stahl und veröffentlichte sogar Erzbergers Steuererklärung. Und im Verlauf des zweimonatigen Prozesses stellte sich heraus, daß Erzberger tatsächlich in einige dubiose Geschäfte verwickelt war. Am 12. März verurteilte das Gericht Helfferich wegen formaler Beleidigung zu einer Geldstrafe von dreihundert Mark. Es erklärte aber gleichzeitig, daß Helfferich viele seiner Anschuldigungen gegen Erzberger unter Beweis gestellt und aus vaterländischen Beweggründen gehandelt habe.

Erzberger trat unverzüglich zurück und verbrachte die restliche Zeit seines Lebens damit, seine Reputation wiederherzustellen. Dazu sollte ihm wenig mehr als ein Jahr vergönnt sein.

Am Tag des Urteils stand die Brigade Ehrhardt bereit zum Marsch auf Berlin. Reichswehrminister Noske hatte angesichts der bedrohlichen Proklamationen von General Lüttwitz erstaunlich wenig Besorgnis gezeigt. Er glaubte, daß er mehr Anhänger unter den Militärs habe als Lüttwitz, und seine einzige Reaktion auf die Turbulenzen in der Garnison von Döberitz bestand darin, die Brigade Ehrhardt wieder dem Kommando von Flottenkommandeur Vizeadmiral Adolf von Trotha zu unterstellen.

General Lüttwitz forderte ein sofortiges Treffen mit Reichspräsident Ebert. Er bestand darauf, daß die Brigade unter seiner Kontrolle bleibe und alle Befehle zur Auflösung des Freikorps für nichtig erklärt würden. Auf die Frage Eberts nach einem politischen Programm wiederholte Lüttwitz die Vorstellung der beiden Rechtspolitiker, die ihn in der zurückliegenden Woche aufgesucht hatten: Neuwahlen von Reichstag und Reichspräsident, Formierung eines Kabinetts von nichtparlamentarischen Fachleuten, Ernennung eines »härteren« Mannes zum

Kommandanten der Reichswehr. Während Ebert noch mit den Generälen über ihre Forderungen diskutierte, schlug der ebenfalls anwesende Noske eine wesentlich deutlichere Tonart an: *Die Dinge sind weit genug gediehen. Die Zeit ist gekommen, wo Sie die Wahl haben, zu gehorchen oder Ihren Abschied zu nehmen*, sagte er zu Lüttwitz.

Ohne ein weiteres Wort marschierte Lüttwitz aus dem Saal. Es ist zu vermuten, daß Noske damit rechnete, dieser würde umgehend sein Abschiedsgesuch einreichen, doch als Lüttwitz bis zum darauffolgenden Tag nicht reagiert hatte, erließ Noske den Befehl, den General vom Kommando über Berlin zu entbinden. Außerdem ordnete er an, die Führer der Nationalen Vereinigung, einer rechtsgesinnten Gruppe von Militärs, verhaften zu lassen. Aber als die Polizei in deren Hauptquartier eintraf, fand sie es verlassen. Die Nationale Vereinigung war mit Ludendorffs Einverständnis organisiert worden, der aber nicht öffentlich als Kopf der Bewegung auftreten wollte.

Statt dessen machten die Verschwörer Wolfgang Kapp zu ihrer politischen Galionsfigur. Kapp war in New York zur Welt gekommen, wohin sein liberalgesinnter Vater nach der mißglückten 1848er Revolution geflohen war. Nach Deutschland zurückgekehrt, galt Kapp zur Kriegszeit als einer der glühendsten Nationalisten im Reichstag. Als Gründer der rechtsgerichteten Vaterlandspartei hatte er sich im Parlament zum Sprachrohr für Ludendorffs aggressive Ansichten gemacht. Nach dem Krieg bekleidete er das unbedeutende Amt des Generallandschaftsdirektors von Ostpreußen, aber Ludendorff hielt ihn anscheinend nach wie vor als Kanzler geeignet. Die aufständischen Generäle hatten dagegen keine besondere Achtung vor ihm. Lüttwitz informierte Kapp nicht einmal über seine Vergeltungspläne, nachdem ihn Noske unter Druck gesetzt hatte.

Am 12. März, dem Tag nach Lüttwitz' Entlassung, war die Berliner Presse voll von Gerüchten über einen von der Brigade Ehrhardt vorbereiteten Staatsstreich. Noske entsandte Admiral von Trotha, um zu erkunden, was in Döberitz vorgehe. *In Döberitz alles ruhig*, lautete die Meldung an Noske. Eine Stunde später setzte sich die Brigade Ehrhardt nach Berlin in Marsch. Die Rebellen schwenkten die schwarzweißrote Kaiserflagge und trugen eines der beliebtesten Embleme der Freikorps auf ihren Helmen: das Hakenkreuz.

Um ein Uhr nachts informierte ein Zeitungsreporter Ebert und Noske, daß die Brigade Ehrhardt auf dem Weg nach Berlin sei. Ebert und

Noske versammelten ihre militärischen Kommandeure, um zu entscheiden, wie sie Widerstand leisten könnten. Zwar setzte sich der neue Kommandant der Reichswehr, General Walter Reinhardt, loyal für die Verteidigung der Republik ein, aber Reinhardts Kommando über seine Kommandanten war unsicher, und die Politiker wandten sich an den Stabschef, General Hans von Seeckt. Zu ihrem Entsetzen mußten sie hören, daß dieser die Reichswehr neutral halten wollte. *Reichswehr schießt nicht auf Reichswehr*, hatte sich Seeckt geäußert. *Wollen Sie eine Schlacht am Brandenburger Tor zwischen Truppen, die noch vor anderthalb Jahren Schulter an Schulter gegen den Feind gekämpft haben?*

Noske war außer sich und drohte, die Polizei zu mobilisieren. Seeckt warnte davor, daß sich die Polizei auf die Seite der Aufständischen stellen könnte.

Dem Reichswehrminister blieb keine andere Wahl, als sämtliche Truppen anzuweisen, in den Kasernen zu bleiben. Dort sollten sie – wie Seeckt es gewollt hatte – abwarten, wer gewinnen würde.

Verzweifelt entschloß sich die Regierung, die einzige Waffe, die ihr noch geblieben war, anzuwenden und den Generalstreik auszurufen. Mit Worten, die von Rosa Luxemburg hätten stammen können, verfaßte die Regierung einen Aufruf: *Arbeiter! Genossen! Wir haben die Revolution nicht gemacht, um uns heute wieder einem blutigen Landsknechtsregime zu unterwerfen ... Es geht um alles! ... Legt die Arbeit nieder! Streikt! ... Keine Hand darf sich mehr rühren! Kein Proletarier darf der Militärdiktatur helfen! Generalstreik auf der ganzen Linie!* Die Minister, die den Aufruf unterzeichneten, hatten offenbar nur wenig Vertrauen auf einen Erfolg, denn sie flohen noch in der gleichen Nacht aus der Hauptstadt. Um fünf Uhr morgens fuhr eine kleine Wagenkolonne mit dem gesamten Kabinett von Berlin in Richtung Dresden.

Um diese Zeit hatte die Brigade Ehrhardt bereits die westlichen Vororte von Berlin erreicht. Ehrhardt hatte eingewilligt, der Regierung eine Frist bis sieben Uhr zur Annahme von Lüttwitz' Forderung zu gewähren, so daß die Truppen an der Pichelsdorfer Brücke rasteten und sich einen Kaffee kochten. Anschließend marschierten sie durch die Bismarckstraße in den Tiergarten, wo sie auf General Ludendorff trafen, der später behauptete, gerade auf seinem Morgenspaziergang gewesen zu sein. Der General und sein Schützling Kapp, der ihn begleitete, begrüßten die Invasoren und wünschten ihnen Erfolg. Um Schlag sieben marschierte die Brigade Ehrhardt durchs Brandenburger Tor, schwenkte rechts zur Reichskanzlei. Sie besetzte das leere Gebäude und plazierte Maschinengewehre an den großen Straßenkreuzungen. Mittags hatte sie Berlin in ihrer Gewalt. Kein einziger Schuß war gefallen.

Am Tag des Kapp-Putsches wurde im Marmorhaus am Kurfürstendamm ein neuer Film aufgeführt, eine Geschichte von Mord, Blut und Wahnsinn, die ein sensationeller Erfolg werden sollte: DAS KABINETT DES DR. CALIGARI.

Während des Krieges war das Interesse an dem neuen Medium Film sehr gewachsen. Die Zahl der deutschen Lichtspielhäuser stieg bis 1919 auf zweihundertfünfundvierzig, und sogar die deutsche Regierung hatte die politischen Möglichkeiten dieses Phänomens erkannt. General Ludendorff höchstpersönlich schlug 1917 vor, die vielen kleinen Filmstudios zu einem nationalen Filmmonopol zu vereinigen. Daraufhin wurde die mächtige Universum Film AG (Ufa) zur Schaffung von Propagandafilmen gegründet. Als der Krieg vorüber war, zogen sich die Sozialdemokraten jedoch aus dem Filmgeschäft zurück. Sie verkauften die Regierungsanteile an der Ufa, verzichteten auf jegliche Zensur und gaben den Filmproduzenten die Freiheit, ihre eigenen künstlerischen Ideen zu verwirklichen.

Was das Publikum auf der Leinwand sehen wollte, war natürlich Sex. Pionier auf diesem Gebiet wurde der Regisseur Richard Oswald, der 1917 den ersten Aufklärungsfilm drehte. ES WERDE LICHT warnte die Bevölkerung vor den Gefahren der Syphilis. Der Film, den Oswald mit Unterstützung der Deutschen Gesellschaft zur Bekämpfung der Geschlechtskrankheiten drehte, war ein solcher Erfolg, daß er bis 1919 drei Fortsetzungen herausbrachte, zusammen mit einem nicht minder aufklärerischen Film unter dem Titel PROSTITUTION. Aber nachdem die Regierung die Zensur abgeschafft hatte, ließen Oswalds Konkurrenten das Feigenblatt der Aufklärung fallen. Sie warfen Streifen wie VERLORENE TÖCHTER, VOM RANDE DES SUMPFES und HYÄNEN DER LUST auf den Markt. Für den ausgefalleneren Geschmack produzierten sie ANDERS ALS DIE ANDEREN und AUS EINES MANNES MÄDCHENJAHREN. *Mehr als einmal sah ich, mit welcher Ergriffenheit die blassen und schmächtigen Halbwüchsigen auf die Leinwand starrten, wo Rat-*

ten einen Mann totbissen oder eine Giftschlange ein schönes Mädchen biß, berichtete der junge Ilja Ehrenburg.

Das Publikum wollte jedoch auch das große Drama, und so begann Ernst Lubitsch mit einer Serie monumentaler Historienfilme: MADAME DUBARRY (mit der jungen Pola Negri), ANNA BOLEYN und DAS WEIB DES PHARAO. Tag für Tag zogen in den Straßen Berlins Demonstranten auf, um gegen ihre bittere Not zu protestieren, aber in der Zuflucht des Ufa-Palastes am Zoo flohen die Berliner unter den Klängen eines siebzigköpfigen Symphonieorchesters in eine Phantasiewelt.

Das neue Medium zog auch ernsthaftere Künstler an, die in der freibeweglichen Kamera Möglichkeiten sahen, die keine andere Kunstgattung bot. Unter ihnen war ein junger tschechischer Dichter namens Hans Janowitz, der in Berlin auf den Österreicher Carl Mayer traf.

Die beiden jungen Männer redeten immer wieder davon, ein Drehbuch zu schreiben, das Janowitz' Erinnerungen an einen rätselhaften Sexualmord, dessen Zeuge er vermutlich war, mit Mayers Haß gegen die Psychiatrie verbinden sollte. Inspiriert vom Besuch einer Ausstellung auf dem Rummelplatz in der Kantstraße, die sich MENSCH ODER MASCHINE nannte, begannen sie noch in derselben Nacht mit der Niederschrift ihres Drehbuchs. Sie ahnten vermutlich nicht, daß sie am Szenarium des ersten großen Horrorfilms und zugleich eines Meisterwerks des Expressionismus arbeiteten. Die Autoren dachten an eine revolutionäre Allegorie. Caligari sollte nach Janowitz' Aussage die verstandeslose Bosheit einer *unbegrenzte[n] Autoritätssucht, die die Macht als solche vergöttert,* darstellen und Cesare *den Mann aus dem Volk … der unter Druck der allgemeinen Wehrpflicht gedrillt wird, zu töten und selbst getötet zu werden.*

Erich Pommer, einer der erfolgreichsten Produzenten jener Tage, kaufte den beiden jungen Dichtern ihr Drehbuch ab und beauftragte den Regisseur Robert Wiene mit seiner Verwirklichung – ursprünglich hatte er Fritz Lang gewinnen wollen. Pommer hatte die Absicht, einen *künstlerischen* Film zu produzieren, koste es, was es wolle. Er fand eine erstklassige Besetzung, darunter Conrad Veidt als Cesare und Werner Krauß als Dr. Caligari, eine Figur von bedrohlicher Absurdität, mit Brille, langem weißen Haar und Zylinderhut. Er engagierte drei hochbegabte Bühnenbildner zur Gestaltung der Kulissen, die mit ihren schrägen Fenstern, kippenden Schornsteinen, den unheimlichen Licht- und Schatteneffekten noch heute von stärkster Faszination sind. DAS

Kabinett des Dr. Caligari war tatsächlich der erste deutsche »Kunstfilm«, der ganz im Studio gedreht, der erste auch, bei dem die Möglichkeiten der beweglichen Kamera voll genutzt wurden.

Der Filmkritiker Siegfried Kracauer schrieb: »*Caligari*« *ist insofern eine sehr spezifische Vorahnung, als er Hypnose anwendet, um sich sein Werkzeug zu Willen zu machen, ein Verfahren, das sowohl seinem Inhalt wie seinem Zweck nach auf jene Manipulation der Seelen vordeutet, die Hitler als erster im Riesenmaßstab praktizieren sollte.*

Jetzt regnet es in Berlin, und das Marmorhaus zeigt neue Filme. Auf einem riesigen Plakat vor dem Kino sieht man ein dralles Mädchen mit einer Trompete in der Hand, das sich dem Griff eines halbnackten Mannes entzieht. Der Film trägt den Titel Frau Wirtin bläst auch gern Trompete. Weiter unten am Kurfürstendamm, im zweiten Stock eines Bürogebäudes, zeigt die Deutsche Kinemathek Das Kabinett des Dr. Caligari. Der alte Film flimmert knirschend über die kleine Leinwand. Der Projektor gibt laute Schleifgeräusche von sich, und es liegt etwas Absurdes in den Zwischentiteln, die vor uns aufblinken:

Wie lange werde ich leben?

Bis zum Morgen.

Das kleine Kino hat ungefähr fünfzig Plätze, aber davon ist nur ein Dutzend besetzt, und die Hälfte des Publikums besteht aus jungen Amerikanern, die die Zwischentitel lautstark übersetzen und sich über das Melodrama amüsieren. Im Berlin des Jahres 1970 ist die mystische Allegorie von 1920 nur noch ein unterhaltsames Stück Filmhistorie.

Als die Vorstellung vorbei ist, gehen die Zuschauer in den Regen hinaus. Die Deutsche Kinemathek ist eine Art Heiligtum. In der Eingangshalle stehen maßstabgerechte Modelle der Kulissen, die für diesen Klassiker gebaut wurden. Man erkennt den Rummel wieder, sechzig Zentimeter hoch, und die Dächer, über die Cesare die schreiende Jane getragen hat, und die winzigen Schienen, auf denen die Kamera für die Nahaufnahmen vorwärts geschoben wurde. Zwischen all den Ausstellungsstücken findet man die Kopie einer Filmkritik, die Kurt Tucholsky an jenem Tag, als der Kapp-Putsch stattfand, in der Weltbühne veröffentlichte. Er schrieb: *Dieser Film ... ist etwas ganz Neues.*

Während ich die Ausstellungsstücke im jetzt verlassenen Kinofoyer betrachte, taucht neben mir ein Mann auf und sagt: *Interessiert Sie der Film? Hier, bitte, ein Buch, ich habe es selbst geschrieben. Sie kön-*

nen es haben, wenn Sie möchten. Sie brauchen mir nichts dafür zu bezahlen. Ich schau' mir das Buch an, es heißt CALIGARI UND CALIGARISMUS. Als ich aufblicke, um ihm zu danken, ist der Mann verschwunden.

Reichspräsident Ebert und seine Regierung kamen gegen Mittag in Dresden an, ihre neue Zuflucht bot jedoch nicht mehr Sicherheit als Berlin. Standortkommandant General Maercker führte den Befehl, das gesamte Kabinett zu verhaften, nicht aus, und so konnten Ebert und Noske sich in Richtung Stuttgart absetzen.

Der unglückselige Kapp hatte in Berlin mit anderen Problemen zu kämpfen. Der von der fliehenden Regierung ausgerufene Generalstreik war lähmender, als alle erwartet hatten. Dieses eine Mal verband der Streik die mächtigen sozialdemokratischen Gewerkschaften, die militante Linke, Bürger und Regierung. Fabriken stellten ihre Arbeit ein, Geschäfte hielten ihre Läden dicht, Straßenbahnen und Busse fuhren nicht mehr. Es gab kein Wasser, keinen Strom, kein Gas. Schulen blieben geschlossen. Beamte gingen nicht in ihre Büros. *Der Kapp-Putsch, ach ja*, sagt eine alte Berlinerin nachdenklich. *Das war der Tag, an dem meine Tante nicht heiraten konnte. Alles war für diesen Tag arrangiert, aber es kam nicht so wie bei den Streiks zuvor, weil nichts mehr funktionierte. Wir sind alle zu Hause geblieben und haben bei Kerzenlicht herumgesessen.*

In der halbverwaisten Reichskanzlei hastete Kapp in Anzug und Gamaschen herum und versuchte die unerwarteten Probleme der Herrschaft über eine Nation in den Griff zu bekommen. An jenem Sonnabend hatte er seine Tochter damit beauftragt, sein Manifest an das Volk abzuschreiben, aber Fräulein Kapp brachte Stunden damit zu, eine Schreibmaschine aufzutreiben. Als sie endlich eine gefunden und die Grundsatzerklärung des neuen Kanzlers in die Maschine »gehämmert« hatte, waren die Sonntagszeitungen bereits im Druck. Der Entwurf einer neuen Verfassung verzögerte sich ebenfalls. Kapp hatte einen Anwalt namens Dr. Herrmann mit dem Entwurf betraut, doch war von den Beamten wenig Unterstützung für die Usurpatoren zu erwarten. Einer der obersten Beamten der Reichskanzlei, Arnold Brecht – später ein angesehener Professor an der New School for Social Research –, schuf heftige Verwirrung, indem er alle Telefonistinnen anwies, eine Woche Urlaub zu nehmen, und dann die Reichskanzlei verließ, mit sämtlichen Stempeln und Dienstsiegeln der Regierung in seinen Manteltaschen. Als die Brigade Ehrhardt ihren Sold einforderte, empfahl Kapp dem Brigadeführer, in die Reichsbank einzubrechen, aber Ehrhardt zeigte in diesem Fall Skrupel. Für die Bewältigung solcher Verwaltungsprobleme hatte Kapp auf die Unterstützung des Journalisten Handke, alias Schnitzler, gehofft, doch den konnte er nirgendwo finden. So irrte Kapp hilflos und überfordert durch die leeren Korridore der Kanzlei und rief vergeblich nach Schnitzler.

Vielleicht wäre alles anders gekommen, wenn die Putschisten brutaler vorgegangen wären, aber Kapp und Lüttwitz schreckten davor zurück, in die Menge der Streikenden schießen zu lassen. Statt dessen ließen sie sich auf komplizierte Verhandlungen mit Ludendorff und Seeckt ein, mit schwankenden Reichswehrkommandeuren in der Provinz und konservativen Politikern.

Keiner versteht den Kapp-Putsch heutzutage, sagt Hans Staudinger, der damals im Reichswirtschaftsministerium arbeitete und später nach Amerika floh und an die New Yorker New School for Social Research ging. *Der Kapp-Putsch richtete sich nicht nur gegen die Regierung. Er richtete sich gegen den Kapitalismus. Ludendorff stand hinter Kapp. Er wollte, daß die Militärs und die Arbeiter eine neue Regierung bildeten, eine Arbeiterregierung. Dann hätte es erstmals einen Zusammenschluß von Nationalismus und Sozialismus gegeben – gemeinsam mit der Jugend.*

Staudinger war einst Führer einer Deutschen Jugendbewegung, der Wandervögel, jener merkwürdigen »Proto-Hippies«, die singend durch die Wälder zogen, Essen schnorrten und in den Feldern schliefen. Im Krieg waren viele dieser Idealisten umgekommen, und der Rest spaltete sich in Linke und Rechte. Staudinger zählte zu den Sozialisten und mißbilligte den Hang der anderen zu den Freikorps. *Wir haben wenigstens keine Menschen umgebracht*, erinnert er sich an seine Jugendzeit.

Als der Kapp-Putsch anfing, war Staudinger unter den vielen Beamten, die die neuen Herrscher sabotierten. *Ich sagte meinen Untergebenen, daß kein Dokument ohne die Zustimmung des Ministers gültig sei, und der war ja schließlich nicht da. Das funktionierte. Ich hatte ja den Befehl gegeben*, sagt Staudinger mit einem Lächeln, *und was befohlen wurde, war auszuführen.*

Und was sagten Sie den Kapp-Leuten?

Ich sagte ihnen, daß alles in Ordnung sei, antwortet mir Staudinger und lächelt wieder. *Wie sollten die wissen, was wirklich vorging?*

Wie konnte denn überhaupt jemand an einen Sieg für Kapp glauben?

Kapp hatte einen Sinn für die Bedürfnisse der jungen Leute, sagt Staudinger. *Aber das sollten Sie besser Dr. Lowe fragen.*

Dr. Adolph Lowe, auch er Wirtschaftsexperte an der New School for Social Research, nahm ebenfalls an den verzweifelten Verhandlungen und Zusammenkünften zwischen Beamten, Arbeiterführern und Gewerkschaftsvertretern während des Kapp-Putsches teil.

Am ersten Tag des Kapp-Putsches fing ich mir die Spanische Grippe ein, erzählt Lowe. *Ich weiß nicht, wie ich überhaupt überlebt habe, aber mein Krankenbett wurde zum beliebten Treffpunkt. Einige Aufständische hofften, daß die Gewerkschaften Kapp unterstützen würden, was ein völlig verrückter Gedanke war. Und während ich mit hohem Fieber im Bett lag, kam ein ehemaliger Vorgesetzter von mir herein, der mit Ludendorff verschwägert war. Er sagte: »Ich komme von Ludendorff. Er ist sehr in Sorge wegen dem Streik.« Ich antwortete: »Er hat ganz recht, sehr in Sorge zu sein. Ich glaube, dieses eine Mal werden sich die sozialistischen Parolen über die Stärke der vereinten Arbeiterschaft bewahrheiten.« Also ging er zurück zu Ludendorff, und vielleicht habe ich dazu beigetragen, Ludendorffs Meinung zu ändern.*

Natürlich waren die Gewerkschaften mit der sozialdemokratischen Regierung keineswegs zufrieden, fährt Lowe fort. *Und es war gar nicht so abwegig, wenn einige Offiziere glaubten, sie könnten daraus Kapital schlagen. Sogar zu Bismarcks Zeiten hatte es bei den Militärs ein soziales Bewußtsein gegeben, und außerdem waren die Arbeiter selbst ziemlich militaristisch, an Befehle gewöhnt. Aber der Gedanke, diese beiden Kräfte politisch zusammenzubringen – die reinste Traumtänzerei.*

Kapps Unfähigkeit zu Regierungsgeschäften nahm geradezu absurde Züge an. Am ersten Sonnabend seiner Herrschaft erklärte er die preußische Landesversammlung für aufgelöst. Um verhandeln zu können, machte er die Entscheidung am Montag unwirksam. Er ließ das gesamte preußische Kabinett verhaften und wieder auf freien Fuß setzen. Er ordnete die Absetzung aller Prüfungen innerhalb der Berliner Universität an und ließ alle Mehlvorräte, die man zur Herstellung von Matze für das bevorstehende Passahfest gebraucht hätte, beschlagnahmen. Als am Mittwoch in Kapps erster Amtswoche der Regierungsapparat noch immer stillstand, versammelte sich die Berliner Sicherheitspolizei und verkündete, daß sie das Vertrauen in den Kanzler verloren habe. Kapp mußte aufgeben. Er gab eine letzte Erklärung ab, in der er mitteilte, alle seine Ziele erreicht zu haben und zu Gunsten von General Lüttwitz zurückzutreten. Ein Taxi nahm ihn vor der Reichskanzlei in Empfang. Seine persönlichen Sachen hatte man in ein Bettlaken gebündelt, und dieses Bündel schleuderte nun irgend jemand auf das Taxidach. Dann trippelte das Fräulein Kapp heulend die Treppe der Reichskanzlei herunter und schloß sich der Flucht an. Das Taxi fuhr zum Flughafen Tempelhof, wo eine Maschine bereitstand, um den »Fünftagekanzler« an einen sicheren Ort nach Schweden zu bringen.

Lüttwitz' Versuch, die Herrschaft zu übernehmen, scheiterte ebenfalls kläglich. Eine Delegation des Reichswehrministeriums legte ihm den Rücktritt schon nach wenigen Stunden nahe.

Kapitän Ehrhardt wurde die letzte Bitte gewährt, seine Brigade in militärischer Formation aus Berlin abzuziehen. Am Abend des 17. März marschierten die schwergestiefelten Freikorps-Verbände auf dem gleichen Wege, auf dem sie gekommen waren, wieder aus Berlin hinaus. Unter den Linden versammelte sich eine Menschenmenge und schaute dem Abzug der geschlagenen Truppe mit schadenfrohem Schweigen zu. Als die letzte Einheit der Brigade das Brandenburger Tor passierte, brach plötzlich ein kleiner Junge in Gelächter aus. Zwei Soldaten verließen die Formation und schlugen mit ihren Gewehrkolben auf den Jungen ein. Anschließend feuerten sie mit ihren Maschinenpistolen mehrere Salven in die Zuschauerreihen und marschierten singend weiter.

Ich habe gesehen, wie sie schossen, erzählt Staudinger. *Ich war am Reichstagsgebäude, als ich sah, wie sie durchs Brandenburger Tor marschierten. Ich bin hingelaufen, um zuzuschauen, und dann fingen sie zu schießen an. Keiner der Offiziere hatte den Befehl dazu gegeben. Diese Entscheidung fällten ganz allein die jungen Soldaten. Junge Leute sind sehr brutal. Sie glauben immer, sie handeln in Gottes Namen.*

Ebenfalls am ersten Tag des Kapp-Putsches, als der Generalstreik in vollem Gange war, versammelte sich eine kleine Gruppe Enthusiasten in einem Haus an der Spichernstraße, um einem Vortrag zu lauschen. Der Redner war Karl Abraham, der keine Erklärung für den Wahnsinn bieten wollte, der sich in Berlin ausbreitete, dafür aber eine neue Theorie zur Erklärung der Grundvoraussetzungen irrationalen Verhaltens. Sein Vortrag hatte den Titel ELEMENTE DER PSYCHOANALYSE, und Abraham, der erste in Deutschland praktizierende Psychoanalytiker, hielt damit am neugegründeten Berliner Institut für Psychoanalyse den einleitenden Vortrag.

Für die psychoanalytische Bewegung bedeutete dies einen großen Schritt nach vorn inmitten einer recht verworrenen Periode. Sigmund Freud hatte bereits die meisten seiner Hauptschriften veröffentlicht, doch bei Kollegen an Universitäten und Hospitälern Europas wenig Anerkennung gefunden. Einige von Freuds talentiertesten Anhängern – Jung, Adler und Stekel – hatten sich schon von ihm losgesagt und waren eigene Wege gegangen. Der vierundsechzigjährige Freud litt bereits an einer Krebserkrankung, die ihn während seiner letzten zwanzig Lebensjahre quälen sollte. Außerdem galt er in erster Linie als Theoretiker, der lediglich einige interessante Bücher verfaßt hatte. Doch Freuds engste Schüler bildeten eine außergewöhnlich eifrige Gruppe. Aus dieser Keimzelle erwuchs eine Organisation, die sich zum Ziel gesetzt hatte, das Werk Sigmund Freuds gegen das seiner abtrünnigen Anhänger streng zu bewahren, und die ihm schließlich zu seiner heutigen Weltgeltung verhalf.

Die Organisation wurde in Berlin gegründet, weil hier drei von Freuds Anhängern lebten: Karl Abraham, Hanns Sachs und Max Eitingon. Unter diesen kam Eitingon besondere Bedeutung zu, denn fast als einziger der frühen Psychoanalytiker verfügte er über ein gewisses Vermögen. Er war ein zurückhaltender Mann, dessen Einkommen es ihm erlaubte, eine große Wohnung zu führen, und hier nun richteten die Mitglieder der Gruppe die Berliner Psychoanalytische Gesellschaft nebst Poliklinik ein. Eitingon stellte nicht nur die Räumlichkeiten zur Verfügung, er kam auch für alle Rechnungen auf.

Es ging dort alles sehr zwanglos zu. Es gab keine offizielle Einschreibung. Die abendlichen Vorträge standen allen Interessenten offen. Patienten zahlten wenig oder gar nichts. *Manchmal bezahlten wir sogar die Patienten*, berichtet einer, der diese Zeit miterlebt hat. *Und viele Patienten erhielten von uns sogar das Fahrgeld.* Was das Institut einmalig machte, war seine standardisierte Ausbildung aller Analytiker. Abraham persönlich analysierte viele der neu Hinzukommenden, darunter Theodor Reik, Karen Horney, Sandor Rado, Helene Deutsch, und diese gaben ihr Wissen an andere weiter. In kurzer Zeit wurde Berlin zum Zentrum der Psychoanalyse.

Es ist eine interessante Frage, warum gerade Berlin und nicht das Wien Sigmund Freuds eine solche Anziehungskraft auf die jungen Psychoanalytiker ausübte. *Die politische Atmosphäre war angenehmer*, meint Dr. Henry Lowenfeld, ein bedächtiger, grauhaariger Analytiker, der einst an dem Berliner Institut studierte und jetzt in New York praktiziert. *Die politische Situation war nicht hervorragend, aber sie war besser als in Wien.*

Und in Wien standen alle im Schatten des Meisters, ergänzt Frau Lowenfeld, selbst Ärztin.

Nein, es ist komplizierter, erwidert Dr. Lowenfeld. *Viele von diesen jungen Männern waren Marxisten, und sie fühlten sich befreit, als sie nach Berlin kamen.*

Viele waren auch Juden, sagt Frau Lowenfeld.

Ja, und es gab immer Antisemitismus in Österreich, nickt Lowenfeld, *in Berlin nicht oder doch erst sehr viel später.*

Während die Organisation in Berlin rasch wuchs, wandte sie sich in Führungsfragen noch immer nach Wien. Freud bestand auf einer hierarchischen Organisation der Psychoanalytischen Gesellschaft – vielleicht als Zeichen einer monarchistischen Gesinnung, wie sie für Wiener typisch ist.

Als Hitler an die Macht kam, wurden die *Praktiken* der *jüdischen Psychoanalyse* eines seiner ersten Angriffsziele, aber da war die Organisation längst Max Eitingons Wohnung entwachsen und hatte sich zu einer internationalen Einrichtung ausgeweitet. Die erste psychoanalytische Klinik in Amerika wurde 1930 in New York gegründet, die zweite kurze Zeit später in Boston, dann folgte Chicago. Alle wurden sie von Emigranten aus Berlin organisiert und betrieben.

Mit dem Scheitern des Kapp-Putsches ergab sich für Ebert und die Sozialdemokraten die letzte große Chance, die versprochenen grundsätzlichen Reformen durchzuführen: Liberalisierung der Armee und der Beamtenschaft, Gründung der Regierungsmacht auf die Gewerkschaften statt auf die Freikorps. Der Gewerkschaftsführer Karl Legien – obwohl ein Sozialdemokrat, eher konservativ – war Befürworter des Krieges und Gegner Liebknechts. Er rechnete sich das Verdienst an, den Putsch durch den Streik verhindert zu haben, und wollte dafür belohnt werden. Er forderte nicht nur Noskes Entlassung, sondern auch eine maßgebliche Mitwirkung der Gewerkschaften bei der Erneuerung der Regierung, eine strenge Bestrafung aller Putschisten sowie die Säuberung der Polizei von antirepublikanischen Elementen. Solange diesen Forderungen nicht entsprochen werde, sagte Legien, werde der Streik fortgesetzt.

Das Ausmaß seines Erfolgs läßt sich an dem Schicksal ablesen, das vor allem die Putschisten traf. General Ludendorff flüchtete als ein Herr Lange nach München, wo er seine Verschwörungen in einer luxuriösen Villa wiederaufnahm, die ihm ein adliger Sympathisant zur Verfügung stellte. General von Lüttwitz fand Zuflucht auf einem ungarischen Anwesen, wo er bis 1925 blieb, als ihm eine Generalamnestie die Rückkehr nach Deutschland ermöglichte. Viele seiner Offiziere mußten ein ähnlich komfortables und kurzzeitiges Exil auf sich nehmen. Nur drei der Putschisten wurden wegen Hochverrats vor Gericht gestellt. Zwei von ihnen wurden freigesprochen. Der dritte, Traugott von Jagow, ehemaliger Polizeipräsident von Berlin und Kapps Innenminister, wurde zu fünf Jahren Haft verurteilt, von denen er aber nur einen Teil absitzen mußte. Später klagte er mit Erfolg auf eine rückwirkende Erstattung seiner Pension. Nur Wolfgang Kapp, der nach Deutschland zurückkehrte und sich in der Hoffnung auf mildernde Umstände stellte, starb jämmerlich im Gefängnis, während er auf seinen Prozeß wartete.

Zwar gelang es den Gewerkschaften, Noske von seinem Ministeramt entbinden zu lassen, aber das war ein Pyrrhussieg. General Reinhardt, der einzige General, der Widerstand gegen den Putsch leisten wollte, trat aus Protest zurück, und sein Posten als Chef der Heeresleitung fiel an Hans von Seeckt, der es abgelehnt hatte zu kämpfen. Was die Brigade Ehrhardt anging, die nach Kräften versucht hatte, die Regierung Ebert zu stürzen, so garantierte die Regierung ihr nicht nur Straffreiheit, sondern zahlte auch noch jedem aus der Brigade eine Prämie von sechzehntausend Mark, die Kapp für die Eroberung Berlins versprochen hatte.

Der Grund für diese erstaunliche Milde war erneut die Unfähigkeit der sozialistischen Gewerkschaften, ihre extremistischen Minoritäten unter Kontrolle zu halten. Wieder einmal ergriffen die Kommunisten die Gelegenheit, sich zu profilieren, und die SPD-Führer fühlten sich gezwungen, die Freikorps einzusetzen. Unter dem Deckmantel des Generalstreiks hatten die Kommunisten an der Ruhr eine gutausgerüstete Miliz von über fünfzehntausend Arbeitern organisiert, die sich selbst als Rote Ruhrarmee bezeichneten. Während des Kapp-Putsches griff die Rote Ruhrarmee mehrere Kasernen in der Region an, besetzte Dortmund, Düsseldorf und Essen und massakrierte in mindestens zwei Fällen die Freikorps-Einheiten, die ihnen Widerstand leisteten. Auch als der Kapp-Putsch in Berlin schon gescheitert war und die SPD-Führer einen Kompromiß mit den Gewerkschaften aushandelten, erklärte eine kommunistische Zeitung an der Ruhr: *In ganz Deutschland muß die rote Fahne siegreich wehen, Deutschland muß Räterepublik werden und im Verein mit Rußland eine sichere Bürgschaft für den nahen Sieg der Weltrevolution, für eine nahe Verwirklichung des Weltsozialismus werden.* Zwei Wochen lang versuchte die SPD-Spitze, zwischen der Roten Ruhrarmee und den Freikorps zu vermitteln. Zweimal kam es zu Waffenstillstandsvereinbarungen. Dann schlugen die Freikorps zu. *Die Begeisterung ist großartig, fast unglaublich*, schrieb ein junger Freikorps-Soldat an die Seinen. *Alles, was uns in die Hände kommt, wird mit dem Gewehrkolben zuerst abgefertigt und dann noch mit der Kugel.*

Wie nach dem Spartakusaufstand wollten Ebert und seine Regierung erneut das Volk entscheiden lassen. Reichskanzler Bauer, der vor allem zur Unterzeichnung des Versailler Vertrags in dieses Amt berufen wurde, trat nach dem Kapp-Putsch zurück. Sein Außenminister und Parteifreund Hermann Müller wurde sein Nachfolger und legte umgehend den Termin für die Wahlen auf den 6. Juni fest. Vermutlich hoffte er, die Niederschlagung der rechten und linken Extremisten würde den Sozialdemokraten eine deutliche Bestätigung einbringen. Die Wahlergebnisse waren jedoch erschreckend. Die Stimmen für die Weimarer Koalition sanken von neunzehn auf elf Millionen. Die Sozialdemokraten blieben zwar die stärkste Partei, verloren aber fünfzig Sitze und stellten von den vierhundertsechsundsechzig Abgeordneten im Reichstag nur noch einhundertdreizehn. Ihre kleineren Koalitionspartner, das Zentrum und die Deutsch-Demokraten, mußten ebenfalls erhebliche Verluste hinnehmen. Die beiden konservativen Parteien konnten ihren Stimmenanteil ebenso verdoppeln wie die Linksextremen.

Zum erstenmal hatte sich mit dieser Wahl die tiefgreifende Spaltung der deutschen Gesellschaft gezeigt. Ein politischer Sachverhalt war geschaffen, an dem sich, abgesehen von geringen Verschiebungen, während der zwanziger Jahre nichts ändern sollte – ein Reichstag ohne demokratisch gesinnte Mehrheit, ein Reichstag, der praktisch regierungsunfähig war. Nach komplizierten Verhandlungen gaben die Sozialdemokraten die Regierungsgewalt ab. Der neue Kanzler, der wenig profilierte Führer der Zentrumspartei Konstantin Fehrenbach, konnte keine parlamentarische Mehrheit hinter sich vereinen und beantragte nicht einmal ein Vertrauensvotum im Reichstag.

George Grosz war kein Freund der Reichswehr. Er zeichnete ihre Offiziere in endlosen Variationen. Er zeichnete marschierende Offiziere, saufende und brüllende Offiziere, Offiziere beim Spaziergang. Sie alle entsprachen Abwandlungen des gleichen, abstoßenden Typs.

Die Offiziere ihrerseits hatten verständlicherweise ebenso wenig für den Künstler übrig, und 1920 konfiszierte die Berliner Polizei eine Serie von Grosz-Zeichnungen. Sein Verleger und er wurden wegen Angriffs auf die Reichswehr verklagt und zu Geldstrafen verurteilt. Kurt Tucholsky faßte das Urteil folgendermaßen zusammen: *Das Gericht verurteilte den Zeichner Grosz zu dreihundert und den Verleger Herzfelde zu sechshundert Mark Geldstrafe, also zusammen zu ungefähr der Geldbuße, die in Deutschland die Aufforderung zum Mord (von Pazifisten) kostet.*

KAPITEL 5

»In einer Flut von Tränen und Wodka«

1921

Der Autor, der mich am meisten interessierte, war natürlich Sirin. Er gehörte meiner Generation an. Unter den jungen Schriftstellern, die das Exil hervorbrachte, war er der einsamste und arroganteste ... Über den dunklen Himmel des Exils zog Sirin wie ein Meteor dahin ... und er verschwand, wenig mehr als ein vages Gefühl der Beunruhigung hinterlassend.

VLADIMIR NABOKOV

General Hans von Seeckt soll einmal erklärt haben, daß drei seiner charakteristischen Eigenschaften Eitelkeit, Schönheitssinn und Ritterlichkeit seien. Das war eine merkwürdige Selbsteinschätzung für einen Monokel tragenden preußischen General, aber Seeckt war tatsächlich eine außergewöhnliche Person: ein zartgebauter Mann mit langem Hals und schmalen Händen, ein Kunst- und Weinkenner, der nicht nur Europa, sondern auch Afrika und Indien ausgiebig bereist hatte. Seit seinem neunzehnten Lebensjahr war er Berufssoldat, und im Krieg hatte er sich als brillanter Stabsoffizier einen Namen gemacht. Als der Krieg verloren war, brach er in Tränen aus, denn der militärische Kampf bedeutete für ihn eine Art mystisches Selbstopfer. *Krieg ist die höchste Steigerung menschlicher Leistungen. Er ist die natürliche, letzte Entwicklungsstufe in der Geschichte der Menschheit,* schrieb er. Und über den Zweck des Krieges war zu lesen: *Das Reich! In diesem Wort liegt etwas Übersinnliches. Es enthält viel mehr und trägt in sich etwas anderes als den Staatsbegriff.*

Seeckt hatte an den Verhandlungen von Versailles teilgenommen, so daß er aus eigener Anschauung wußte, mit welcher Strenge die Franzosen die Entmilitarisierung der Deutschen durchsetzen wollten. Zwar hatte er sich in die Unterzeichnung des Friedensvertrages gefügt, aber nun, da er Chef der Heeresleitung geworden war, betrachtete er es als seine Pflicht, den Vertrag nach Kräften zu unterlaufen. Er war sich im klaren darüber, daß er die marodierenden Freikorps auf lange Sicht würde zerschlagen müssen. Aber andererseits glaubte er, daß die Truppenbegrenzung auf hunderttausend Mann es ihm unmöglich mache, die Ostgrenze gegen die aufmüpfigen Polen zu verteidigen. Deshalb organisierte er im Osten eine geheime Armee von zwanzigtausend sogenannter Arbeitskommandos, die bald als »Schwarze Reichswehr« bekanntwerden sollten. Und obwohl der Versailler Vertrag den deutschen Generalstab abgeschafft hatte, richtete ihn Seeckt ungerührt unter der unaufdringlichen Bezeichnung Truppenamt wieder ein. Aber all das waren nur taktische Manöver. Auf lange Sicht wollte Seeckt eine neue Streitmacht aufbauen, die die Franzosen bezwingen konnte, wenn der nächste Krieg käme – was ihm unausweichlich schien. Er plante das Heer, das schließlich Hitlers Blitzkrieg führen sollte.

Im Vertrag von Versailles war es Deutschland ausdrücklich untersagt worden, die für einen Blitzkrieg notwendigen Panzer und Kampfflugzeuge zu erwerben oder zu besitzen. Doch auch dafür fand Seeckt einen Ausweg. Jenseits von Polen gab es ebenfalls Generäle, die eine moderne Armee aufbauen wollten. Rußland hatte sich ohnehin nicht am Vertrag von Versailles beteiligt, so daß Seeckt ganz legal einige seiner besten Offiziere dorthin schicken konnte, die die Russen (und sich selbst) im Umgang mit modernem Kriegsgerät ausbilden sollten. Darin steckte außerdem geopolitische Strategie: Schon seit langem hatten sich die Deutschen von Osten und Westen her gleichermaßen bedroht gefühlt, was die Entfaltung des preußischen Militarismus befördert hatte. Dennoch hätte kein vernünftiger deutscher Stratege einen Zweifrontenkrieg führen wollen, wie es ihn verhängnisvollerweise im Ersten Weltkrieg gegeben hatte und im Zweiten freilich wieder geben sollte. Der General war fest davon überzeugt, daß die größere Gefahr von den Franzosen ausgehe, was um so schlimmer war, da Frankreich die Polen unterstützte. *Polens Existenz ist unerträglich, unvereinbar mit den Lebensbedingungen Deutschlands. Es muß verschwinden und wird verschwinden durch eigene innere Schwäche und durch Rußland –*

mit unserer Hilfe ... Dieses Ziel zu erreichen muß einer der festesten Richtungspunkte der deutschen Politik sein, weil er ein erreichbarer ist. Erreichbar nur durch Rußland oder mit seiner Hilfe.

Es störte den konservativen Seeckt nicht im geringsten, daß Rußland das Zentrum des Bolschewismus war, und die Rote Armee nahm offensichtlich genauso wenig Anstoß daran, daß Seeckts Truppen aktiv an der Bekämpfung des deutschen Kommunismus beteiligt waren. Seeckt beauftragte eine Gruppe von Stabsoffizieren – darunter, wie nicht anders zu erwarten, den umtriebigen Major Kurt von Schleicher –, mit den Sowjets Kontakt aufzunehmen. Das erste greifbare Ergebnis dieser Kontakte war ein deutsch-russisches Handelsabkommen, das am 6. Mai 1921 unterzeichnet wurde. Darüber hinaus ließ Seeckt geheime Verhandlungen für ein Militärabkommen führen. Sowohl Reichskanzler Josef Wirth als auch Außenminister Walther Rathenau wußten um die geheimen und halblegalen Verhandlungen in Schleichers Berliner Wohnung, aber es wurde nie eine offizielle Verlautbarung veröffentlicht. Die Gespräche führten indes zur Schaffung der staatlich finanzierten Gesellschaft zur Förderung gewerblicher Unternehmungen (GEFU). Die gewerblichen Unternehmungen, die sie förderten, waren der Aufbau von Junkers Flugzeugwerken bei Moskau und Charkow, die Fertigung von dreihunderttausend Artilleriegranaten und die Produktion von Giftgas in der fernen Provinz Samara. Die beiden Streitkräfte einigten sich auch auf die Einrichtung einiger Schulen in Rußland, in denen russische und deutsche Kampfpiloten und Panzerkommandanten ausgebildet werden sollten.

Keiner der beiden Seiten scheint klar gewesen zu sein, daß auch dies lediglich eine kurze Phase in der Geschichte ihrer langen und wechselvollen Beziehungen sein würde.

Jahrhundertelang hatten Deutsche und Russen einander bewundert, gefürchtet und bekämpft. Jetzt, im Jahre 1921, waren sie durch eine *Kameradschaft im Mißgeschick* miteinander verbunden, wie Churchill es genannt hatte. Beide Seiten waren so schwach, daß die säbelrasselnden Polen sie ernsthaft einschüchterten. Schließlich sollten sich die Offiziere, die ihre Ausbildung in Seeckts russischen Schulen erhalten hatten, zusammentun, um Polen zu überrollen und einander anschließend zwischen Elbe und Wolga in den massivsten Schlachten, die je auf der Erde geschlagen wurden, zu bekämpfen.

Ilja Ehrenburg, einer der vielen Intellektuellen, die sich aus dem revolutionären Rußland abgesetzt hatten, und einer der wenigen, die später zurückkehren sollten, kam 1921 nach Berlin. *Die Deutschen lebten wie in einem Wartesaal,* schrieb er, *niemand wußte, was morgen geschehen werde. Die Geschäftsinhaber änderten täglich die Preisschilder: Die Mark fiel. Über den Kurfürstendamm streiften Rudel von Ausländern, sie kauften für ein Spottgeld die Reste einstiger Pracht auf. In den Armenvierteln wurden einige Bäckerläden gestürmt. Alles sah nach Zusammenbruch aus, doch die Fabrikschlote qualmten, die Bankangestellten notierten gewissenhaft vielstellige Zahlen, die Huren legten Rouge auf. Überall gab es Tanzdielen, wo sich abgemagerte Pärchen methodisch durcheinanderschütteln ließen. Es donnerte der Jazz. Ich entsinne mich zweier Modeschlager: »Ausgerechnet Bananen« und »Schwarze Sonja«. Irgendwo in einer Tanzdiele heulte ein heiserer Tenor: »Morgen ist Weltuntergang …«. Aber die Welt hatte es offenbar nicht sehr eilig unterzugehen.*

Ehrenburg quartierte sich in einer Pension am Prager Platz ein und begann, durch die Stadt zu streifen. Er bemerkte, daß die Bekleidungsgeschäfte rosafarbene und blaue Chemisette statt teurer Hemden anboten. Im Café »Josty« aß er Kuchen aus gefrorenen Kartoffeln. Ihm entging nicht, daß die Zigarren mit der Havanna-Banderole nikotingetünchte Kohlblätter waren. Er wurde von einem Mann angesprochen, der ihm ein pikantes Nachtvergnügen versprach. *Wir fuhren mit der U-Bahn … und landeten schließlich in einer durchaus gutbürgerlichen Wohnung. An den Wänden hingen die Porträts der männlichen Familienmitglieder in Offiziersuniform sowie die Darstellung eines Sonnenuntergangs. Man reichte uns Sekt, das heißt: Limonade mit etwas Alkohol drin. Dann kamen die beiden Töchter des Hauses in unbekleidetem Zustand herein und begannen zu tanzen. Eine der Töchter kam mit Lidin ins Gespräch; sie hatte, wie sich herausstellte, eine Vorliebe für Dostojewski. Die Mutter blickte die ausländischen Gäste hoffnungsvoll an: Vielleicht würden sie Gefallen an ihren Töchtern finden und gut bezahlen, selbstredend in Dollars … »Und so was nennt sich Leben«, seufzte die ehrbare Familienmutter, »dabei ist das der reinste Weltuntergang!«*

Ehrenburg interessierten vor allem die Russen, die in Scharen nach Berlin gekommen waren: Monarchisten, Anarchisten, Poeten, Geschäftsleute, die allesamt vor den Unruhen daheim geflüchtet waren und wenigsten eine Zeit lang Asyl in dieser Stadt suchten. *Ich weiß nicht, wie viele Russen es damals in Berlin gab; wahrscheinlich sehr viele, denn auf Schritt und Tritt hörte man russisch reden. Dutzende von russischen Restaurants öffneten ihre Pforten: mit Balalaikas, mit Zigeunern, mit Gerstenfladen, mit Schaschliks und natürlich mit dem obligaten Sprung in der Seele. Es gab ein Kleinkunst-Theater. Es gab drei Tageszeitungen und fünf Wochenblätter. Innerhalb eines einzigen Jahres waren siebzehn russische Verlage aus dem Boden geschossen ...*

Ins Café »Prager Diele« kamen manchmal russische Schriftsteller. Ihre Gespräche waren laut und verworren ... Einmal gerieten Andrey Bely und Schestow in Streit. Sie redeten über den Zerfall der Person, und zwar in jener Sprache, die nur von berufsmäßigen Philosophen verstanden wird. Doch es kam die verhängnisvolle Polizeistunde, die Lichter im Café verlöschten, der philosophische Disput war aber noch nicht zu Ende. Die nun folgende Szene ist mir unvergeßlich. In je zwei Vierteln der Drehtür schrien Schestow und Bely aufeinander ein. Jeder der beiden stieß, ohne es zu merken, die Tür nach vorn – und sie kamen und kamen nicht auf die Straße hinaus. Schestow glich mit seinem Hut, seinem langen Bart und seinem kräftigen Stock dem Ewigen Juden. Bely war außer sich; seine Arme wirbelten umher, auf seinem Kopfe hob sich der Flaum. Ein alter lebenserfahrener Kellner sprach zu mir: »Dieser Russe ist sicher ein berühmter Mann.«

Erbitterte Gegensätze gab es immer wieder unter den Russen, die sich damals in Berlin eingefunden hatten. Fjodor Schaljapin etwa, der noch in Revolutionszeiten in seiner Heimat Konzerte für eine Gage von Mehl und Kartoffeln gegeben hatte, nahm kein Blatt vor den Mund, als ihn westliche Reporter fragten, was er über das bolschewistische Regime dachte. Schaljapins Kritik verärgerte Maxim Gorki so sehr, daß dieser mit seinem alten Freund nicht mehr redete, doch Schaljapins Agent Sol Hurok war entschlossen, die beiden zu versöhnen. *Eines Tages klopfte ich mit Schaljapin neben mir an die Tür von Gorkis Suite im Hotel Adlon*, erinnerte sich Hurok. *Ich hatte Gorki angerufen und gefragt, ob ich Schaljapin mitbringen dürfte. »Wo ist der Narr?« grölte mir Gorki ins Ohr ... Schaljapin trat vor und faltete Gorki wie ein Riesenbär in seine Arme. So begrüßten sie sich. Wie sie sich verabschiedeten, weiß ich nicht, denn ich blieb nur sechs oder acht Stunden und ließ die beiden in einer Flut von Tränen und Wodka zurück.*

Russen blieben Russen – auch in dieser Stadt. Sie blieben miteinander verbunden trotz aller Gegensätze, ganz gleich, ob sie vor Lenins Regime geflüchtet waren oder ihren Frieden mit ihm gemacht hatten. Stanislawski brachte sein Moskauer Künstlertheater zu einem Gastspiel nach Berlin, und Sergei Eisenstein kam, um in den Babelsberger Ufa-Studios die neuesten Filmtechniken zu studieren. Wassily Kandinsky wollte mit dem Erlös vom Verkauf einiger Bilder, die er vor dem Krieg in einer Berliner Galerie gelassen hatte, ein neues Leben beginnen. Zwar waren die Gemälde veräußert worden, aber die Inflation hatte den größten Teil des Geldes geschluckt. Und Isadora Duncan, die 1921 von den Sowjets nach Rußland eingeladen worden war, kam mit einem neuen Ehemann nach Berlin zurück – dem brillanten, an der Grenze zum Wahnsinn dahintreibenden Poeten Sergei Jessenin, der schnurstracks eine Sauftour über den Kudamm antrat. Auch Majakowski kam und der junge Vladimir Horowitz, dessen erstes Konzert in Berlin fast unbemerkt blieb.

Sie alle trafen sich in den russischen Restaurants, Kneipen und Kabaretts, die überall wie Pilze aus dem Boden schossen: »Der Bär«, das »Coq d'Or«, die »Russische Teestube« oder, allen voran, das »Allaverdi«. Dort war stets ein Ecktisch für die Sowjets reserviert, an dem Lenins Gesandter Karl Radek oftmals anzutreffen war und sich mit dem gelegentlich anwesenden ehemaligen russischen Adel anlegte. Hinter der Theke führte eine Wendeltreppe hinab in den Kellerklub, wo die betuchteren Emigranten nach der Sperrstunde bei Geigenmusik Champagner und eingelegte Champignons bis in den frühen Morgen genießen konnten.

Eines Nachts, als der junge Carl Zuckmayer im Kellerklub zu Gast war, ging ein aufgeregtes Flüstern von Tisch zu Tisch. *Dann wurde es ganz still*, beschrieb Zuckmayer das Erlebnis, *und viele Herren standen auf, um sich vor einem kleinen Ecksofa tief zu verbeugen. Dort saß eine unauffällig gekleidete Dame, die einen seidenen Schal um ihren Kopf gewunden hatte. Es war die Pawlowa, die frühere Partnerin Nijinskis, die berühmteste Tänzerin des alten russischen Balletts. Sie fühlte sich durch diese Kundgebungen klassenloser Verehrung offensichtlich nicht belästigt, sondern erhob sich plötzlich und nahm mit einer weiten Geste ihren Schal und ihre Kostümjacke ab, unter der sie eine ärmellose weiße Bluse trug. Im Nu waren sämtliche Tische und Stühle in einen Nebenkeller geräumt, alles drängte sich dicht an den Wänden und Flaschenschränken zusammen, die Pawlowa flüsterte kurz mit dem Geiger, der die Melodie des »Sterbenden Schwans« anstimmte, und fünf Minuten schwebte sie auf engem Raum wie eine Erscheinung umher, um dann mit einem tiefen Neigen des ganzen Körpers auf die Kellerfliesen zu sinken. Der Jubel, der nun ausbrach, schien das Gewölbe zu sprengen, aber sie beschwichtigte ihn wieder mit einer weiten Geste ihrer schönen Arme und kehrte auf das kleine Sofa und zu ihren Begleitern zurück. Niemand schaute dann mehr zu ihr hin.*

Einer der talentiertesten russischen Flüchtlinge in Berlin war der neunzehnjährige Cellist Gregor Piatigorsky. Mit dem Cello über dem Kopf hatte er den Grenzfluß durchschwommen, während die Schüsse der Soldaten um ihn herum das Wasser peitschten. Piatigorsky wird heute als ein bedeutender Cellist verehrt, doch als er jung war, mußte er in den Restaurants und Nachtklubs von Lemberg und Warschau spielen, um sich auf seinem Weg in den Westen auf diese Weise durchzuschlagen. In Berlin waren die Jobs rar, und Piatigorsky blieb es nicht erspart, auf einer Parkbank im Tiergarten zu schlafen. Eines Nachts regnete es, und er suchte Zuflucht auf der Herrentoilette im Bahnhof Zoo. Als der Regen schließlich nachließ, wollte er nicht auf seine Parkbank zurück und machte sich statt dessen auf den Weg zur Philharmonie. Er trug sein Cello wie einen Dienstausweis vor sich her und marschierte ohne Probleme durch den Bühneneingang. Dann schlich er in den Zuschauerraum und kam gerade rechtzeitig, um mitzuerleben, wie der große Busoni Beethovens achte Symphonie dirigierte.

Nach dem Konzert, erinnerte sich Piatigorsky später, *nahm ich mein Cello, ohne daß irgend jemand mich etwas fragte. Schon wollte ich das Haus verlassen, aber als mir der eisige Wind entgegenschlug, kehrte ich um. Mein Hemd und meine Socken waren feucht, und mir war erbärmlich kalt … Die letzten Besucher waren im Weggehen. Kurz darauf wurden die Türen geschlossen, und es herrschte vollständiges Dunkel. Die Stille und Leere in dem riesigen Gebäude waren gespenstisch. Lange Zeit stand ich klopfenden Herzens still. Ich fühlte mich wie in einer Falle und wollte beinahe um Hilfe schreien. Niemand konnte mich hören, das wußte ich, und doch wagte ich kaum zu atmen, als ich mich tiefer in die Finsternis hineintastete. Alle paar Schritte blieb ich stehen, um mich zurechtzufinden und meine Augen an die Dunkelheit zu gewöhnen. Ich mußte mich langsam vorfühlen, bis ich einen Lichtstreifen entdeckte, geheimnisvoll und matt, der die*

Größe des Saals noch zu betonen schien. Ich sah eine Tür, die zu einer Loge führte ... bald war ich ausgezogen und legte mich für die Nacht nieder. Wie warm und bequem es hier war, und um wieviel besser als auf der Bank im Tiergarten ... Ich war im Einschlafen, aber ... ein plötzliches, unwiderstehliches Verlangen zu spielen packte mich. Ich stand auf, ergriff mein Cello und strebte unbekleidet, wie ich war, der Bühne zu. Ich konnte weder die Tür noch die Treppe zum Podium finden, und so kletterte ich vom Saal aus hinauf ... und begann zu spielen. Der Celloklang, unheimlich, doch mit menschlich voller Stimme, hallte aus der dunklen Größe des Saals zu mir zurück. Im Banne dieses einzigartigen Erlebnisses spielte ich, bis meine Kraft zu Ende war. Dann kehrte ich erschöpft, doch in gehobener Stimmung in meine Loge zurück. Am Morgen wurde ich vom Orchester geweckt, das eine Schumann-Symphonie spielte. Ich genoß es sehr, von niemandem gesehen, auf der Couch zu ruhen und gute Musik zu hören ... Das Orchester probte noch, als ich das Gebäude verließ.

Ja, ich kannte Nabokov damals, erzählt mir Michael Josselson. *Ich glaube, ich habe ihn auf dem Tennisplatz kennengelernt. Ich sehe ihn noch ganz genau vor mir, auf einem Tennisplatz in der Lietzenburger Straße, ganz bei uns in der Nähe. Er war ein sehr guter Tennisspieler, und er war bereits bekannt als – nun ja, er konnte ganz hervorragend schreiben. Wir alle lasen seine Kurzgeschichten und Zeitungsartikel, die er unter dem Namen Sirin schrieb.*

Josselson kam aus Estland nach Berlin, studierte und ging in die Wirtschaft. Er war als Einkäufer für die Bekleidungskette Gimbels and Saks tätig. Als er in den dreißiger Jahren nach New York ging, verlor er die Lust am Textilgeschäft – *Die interessieren sich nur für Geld, für nichts sonst!* – und kehrte zum Kriegsende mit der amerikanischen Armee zurück nach Berlin. Er spielte, zusammen mit dem Komponisten Nicholas Nabokov, einem Cousin des Schriftstellers, eine bedeutende Rolle beim Aufbau des Kongresses für kulturelle Freiheit. Der Kongreß sollte die Antwort der sogenannten Freien Welt auf die offiziellen Kulturorganisationen der Sowjets sein. Später stellte sich heraus, daß er vom CIA finanziert wurde. Die Stellung der russischen Emigranten in Berlin war eben immer zwielichtig.

Zur russischen Kolonie im Berlin der zwanziger Jahre zählten fünfzigtausend oder mehr Emigranten, sagt Josselson beim Kaffee in seinem Genfer Appartement mit Blick auf einen kleinen Park. *Nicht nur Intellektuelle. Es war eine ganze Welt für sich. Ärzte, Anwälte, Geschäftsleute, darunter übrigens auch einige hervorragende Tennisspieler. Einer von ihnen, Prenn, kam in die deutsche Davis-Cup-Mannschaft. Ich habe ihn einmal gegen Tilden spielen sehen. Er hat außerdem in einer von unseren Fußballmannschaften mitgespielt. Es gab zwei russische Fußballmannschaften in Berlin. Sie gehörten nicht zur offiziellen Liga, aber sie traten gegen die anderen Berliner Mannschaften an. Ich war selbst Mittelfeldspieler bei den Junioren.*

Aber zurück zu Nabokov. Er sah sehr gut aus. Und war ausgesprochen nett. Das ist er auch heute noch, wenn er will, wenn er beschließt, daß er jemanden mag. Haben Sie versucht, ihn zu treffen? Er lebt in Montreux, gleich am anderen Ende des Sees. Aber es ist trotzdem immer sehr kompliziert, ihn ausfindig zu machen. Zuerst muß man den Concierge im Palasthotel von Montreux anrufen, und der Concierge sagt dann: »Bitte warten Sie einen Augenblick«, weil er sich mit Vera, Frau Nabokov, besprechen muß. Und manchmal, wenn Nabokov offiziell in Montreux ist, versteckt er sich lieber in Bex, einem Kurort in der Nähe. Aber davon weiß nur der Concierge.

Das »Palasthotel« von Montreux ist das erste Haus am Platz. Seine mit dickem Teppich ausgelegten Korridore ziehen sich endlos hin, die Balkone geben nicht nur den Blick frei auf den See, sondern auch auf die Hotelgärten, den Swimmingpool, die Tenniscourts und den Golfplatz. Aber der schwarzlivrierte Empfangschef besteht darauf, daß Nabokov nicht hier sei, und auch nicht in Bex. Er sei auf Sizilien, wo jetzt die beste Saison für die Schmetterlingsjagd wäre.

In seinen Büchern ist der Romancier jedoch sehr gegenwärtig, denn er hat viel über seine vierzehn Jahre in Berlin geschrieben, und über mehr noch hat er vielleicht geschwiegen. *Wenn ich auf jene Jahre des Exils zurückschaue*, sagte er einmal, *sehe ich mich und Tausende anderer Russen ein seltsames, aber keineswegs unangenehmes Leben in materieller Armut und intellektuellem Luxus führen, ein Leben unter völlig belanglosen Fremden, geisterhaften Deutschen und Franzosen, in deren mehr oder minder unwirklichen Städten wir Emigranten zufällig unser Domizil genommen hatten. Diese Einheimischen schienen genauso flach und durchsichtig wie aus Zellophanpapier geschnittene Figuren, und obwohl wir ihre Einrichtungen benutzten, ihren Clowns Beifall klatschten und am Straßenrand ihre Pflaumen und Äpfel pflück-*

ten, bestand zwischen uns und ihnen keine wirkliche Beziehung von der herzlichen, menschlichen Art, wie sie in unserer eigenen Mitte so verbreitet war. Zuzeiten schien es, als ignorierten wir sie so, wie ein entweder arroganter oder aber sehr dummer Eroberer eine form- und gesichtslose Menge von Eingeborenen ignoriert; doch gelegentlich, recht häufig sogar, überkam ein schrecklicher Krampf diese Geisterwelt, durch die wir in heiterer Gelassenheit unsere Kümmernisse und Künste trugen, und sie zeigte uns, wer der immaterielle Gefangene war und wer der wahre Herr.

Nabokovs Romane durchzieht das Motiv des plötzlichen und absurden Todes. Erstaunlicherweise aber ist der erste schreckliche *Krampf*, den Nabokov in Berlin erlebte, in seiner Autobiographie SPEAK, MEMORY kaum erwähnt. Lediglich in einem Halbsatz schreibt er, daß sein Vater bei einer öffentlichen Versammlung erschossen wurde. Nabokov war damals zweiundzwanzig, studierte noch in Cambridge und besuchte gerade seine Familie in Berlin. Nabokovs Vater, ehemals Abgeordneter im russischen Parlament, war Herausgeber der größten russischen Tageszeitung in Berlin – RUL (DAS RUDER) – und beteiligte sich lebhaft an der Emigrantenpolitik. Die Kadettenpartei, eine gemäßigt liberale Gruppierung, war über die Frage, ob man auf unabsehbare Zeit in Verbannung bleiben oder nach Rußland zurückkehren und seinen Frieden mit den Bolschewiki machen sollte, in zwei Lager zerbrochen. Nabokovs Vater agierte als Wortführer der Gruppe, die zu keinem Kompromiß bereit war. Der Anführer des anderen Lagers war ein alter Freund, Pavel Miliukow. Um die Angelegenheit in bester liberaler russischer Tradition zu debattieren, mieteten die Kontrahenten die Philharmonie und verschickten zahlreiche Einladungen.

Das drang schließlich bis nach München durch, wo zwei rechtsextreme Emigranten, Schabelsky und Taboritsky, sich entschlossen, Miliukow als einen Verräter des gestürzten Zaren zu ermorden.

Gleich nach Eröffnung der Sitzung in der Berliner Philharmonie standen Schabelsky und Taboritsky von ihren Plätzen in der zweiten Reihe auf, marschierten mit patriotischen Gesängen auf das Podium zu und wirbelten mit ihren Pistolen. Mehrere Zuschauer schrien Warnungen, und Frauen fingen an zu kreischen. Als Schabelsky die Pistole auf Miliukow anlegte, stürzte sich Nabokov dazwischen, und Schabelskys Schuß traf ihn in die Seite. Taboritsky kletterte auf die Bühne und gab drei weitere Schüsse auf Nabokov – das falsche Ziel – ab, bevor ihn ein Zuschauer überwältigte. Nabokov war bereits tot, als jemand bei ihm zu Hause anrief und seinen Sohn in die Philharmonie bestellte, damit er selbst sehen könne, was geschehen war.

Der junge Vladimir Nabokov zog im folgenden Jahr nach Deutschland und begann unter dem Namen Sirin seine Berlin-Romane zu schreiben, darunter KÖNIG, DAME, BUBE; DER SPÄHER; GELÄCHTER IM DUNKEL; VERZWEIFLUNG und DIE GABE. Nabokov hat wiederholt behauptet, daß es sich dabei nicht um Berlin-Romane handele beziehungsweise daß die Romanfiguren keine Berliner seien. *Ich sprach nicht Deutsch, hatte keine deutschen Freunde, hatte keinen einzigen deutschen Roman gelesen, weder im Original noch in der Übersetzung*, schrieb er einmal. *Aber in der Kunst wie in der Natur kann sich ein krasser Nachteil als eine raffinierte Schutzeinrichtung erweisen.* Tatsächlich sind die meisten Charaktere in Nabokovs Berlin-Romanen Russen, verbrachte er doch viel Zeit in dieser geschlossenen Gesellschaft. Er gab nicht nur Tennis- und Englischstunden, sondern übersetzte ALICE IM WUNDERLAND ins Russische und tüftelte für die Zeitung seines Vaters das erste russische Kreuzworträtsel aus. Die Russen spielten im Berlin der zwanziger Jahre eine wichtige Rolle, und Nabokov hat uns ein unvergleichliches Porträt ihrer sonderbaren Gesellschaft – mit ihren Nachmittagstees, ihren Intrigen und ihren endlosen Dichterlesungen – überliefert: *Ein hervorstechendes Merkmal des Emigrantendaseins, das mit seiner Vagantenhaftigkeit und Theatralik ganz im Einklang stand, war die ungewöhnliche Häufigkeit dieser literarischen Lesungen bei Privatleuten oder in gemieteten Sälen. Die verschiedenen Kategorien der Vortragenden heben sich in dem Puppentheater, das sich in meinem Geist abspielt, deutlich voneinander ab. Etwa die welke Schauspielerin mit den Edelsteinaugen, die einen Augenblick lang ein zusammengeknülltes Taschentuch an ihren fiebernden Mund drückte und dann anfing, sehnsüchtige Echos des Moskauer Künstler-Theaters heraufzurufen, indem sie irgendeine berühmte Dichtung mit ihrer langsamen, klaren Stimme halb sezierte und halb liebkoste, oder der hoffnungslos zweitrangige Schriftsteller, dessen Stimme sich durch einen Nebel rhythmischer Prosa schleppte und dessen plumpe, aber behutsame Finger man zittern sehen konnte, wenn er ein beendetes Blatt unter die noch bevorstehenden schob, so daß sein Manuskript während des ganzen Vortrags seine erschreckende und mitleiderregende Dicke behielt. Oder der junge Dichter, in dem seine neidischen Ordensbrüder einen beunruhigenden Anflug von Genie erkennen mußten, ebenso augenfällig wie der Streifen eines Skunks; aufrecht auf der Bühne, bleich, glasigen Blicks und nichts in der Hand, was ihn in dieser Welt verankerte, warf er den Kopf zurück, rezitierte sein Gedicht in einem höchst irritierenden wogenden Singsang und kam brüsk zum Ende, als werfe er die Tür der letzten Zeile ins Schloß und warte darauf, daß Applaus die Stille fülle.*

Nabokov sah sich inmitten einer Stadt, die zu beschreiben er nicht widerstehen konnte. So steht Fjodor, der Held aus seinem Roman DIE GABE, auf dem Kurfürstendamm und wartet auf einen Autobus: *Auf der Terrasse eines benachbarten Cafés fläzten sich in Korbsesseln Geschäftsleute in identischer Haltung, die Hände auf gleiche Weise giebelförmig vor sich, alle einander sehr ähnlich in puncto Schnauzer und Schlips, wahrscheinlich aber verschieden im Maß ihrer Solvenz; und an der Bordsteinkante stand ein kleiner Wagen mit einem schwerbeschädigten Kotflügel, zerbrochenen Fenstern und einem blutigen Taschentuch auf dem Trittbrett; ein halbes Dutzend Müßiggänger lungerte noch immer herum und glotzte ihn an. Alles war sonnengesprenkelt; auf einer grünen Bank, mit dem Rücken zum Straßenverkehr, sonnte sich ein kraftloser alter Mann mit gefärbtem Bärtchen und Tuchgamaschen, und ihm gegenüber, jenseits des Bürgersteigs, verkaufte eine alte Bettlerin mit rosigem Gesicht, deren Beine am Becken amputiert waren und die man wie eine Büste am Fuß einer Mauer niedergesetzt hatte, paradoxe Schnürsenkel.* An einer anderen Stelle ergeht sich Fjodor unter Sonnenanbetern im Grunewald und betrachtet *graue Beine alter Männer, mit Wucherungen und geschwollenen Venen bedeckt; Plattfüße; braungelbe Hornhaut von Hühneraugen; rosige Schweinsbäuche; nasse, zitternde, bleiche Halbwüchsige mit rauhen Stimmen; die Kugeln der Brüste; dicke Hintern; schlaffe Oberschenkel; bläuliche Krampfadern; Gänsehaut; die pickligen Schulterblätter krummbeiniger Mädchen; die fetten Nacken und Gesäße muskulöser Rowdys; die hoffnungslose, gottlose Leere zufriedener Gesichter.*

Nabokov brachte seiner Umwelt wenig Sympathie entgegen, und als er sich in KÖNIG, DAME, BUBE daranmachte, erstmals deutsche Figuren zu gestalten, bekannte er: *Auf einer Stufe der schrittweisen Loslösung, auf der ich die sehr spezielle Methode der Wiedererschaffung einer geschichtlichen Situation noch nicht gefunden hatte oder noch nicht anzuwenden wagte, die ich zehn Jahre später in »Die Gabe« benutzte, kamen das Fehlen jeder gefühlsmäßigen Einbindung und die jedem unbekannten Milieu innewohnende Märchenfreiheit meinen Träumen von reiner Erfindung entgegen. Ich hätte KDB auch in Rumänien oder Holland inszenieren können. Aber die Kenntnis von Karte und Wetter Berlins gaben schließlich den Ausschlag.* Trotz seiner inneren Distanz zeichnet Nabokov mit KÖNIG, DAME, BUBE ein glänzendes Porträt Berliner Lebens. Die geschmeidige, maßlose und sinnenfreudige Protagonistin Martha ist beispielhaft für das genußsüchtige Bürgertum. Ihr Mann, Kurt Dreyer, Inhaber des Dandy-Kaufhauses, träumt vom schnellen Gewinn durch die Erfindung eines Mannequin-Roboters. Und keine andere Figur hätte die jungen, ahnungslosen »Landeier«, die nach Berlin kamen, um das große Geld zu machen, grausamer und treffender charakterisieren können als die Romanfigur des Neffen Franz – mit seiner Kurzsichtigkeit, seinen komischen langen Unterhosen, seinen Briefen an die Mama und seiner Unfähigkeit, irgend etwas richtig zu machen.

Als die gelangweilte Martha den Deppen verführt, beginnt eine der groteskesten Liebesgeschichten der modernen Literatur.

Die russischen Einflüsse auf Berlin umfaßten mehr als General von Seeckts militärische Projekte oder die vielen künstlerischen Impulse der Emigranten. Es wehten auch bösartige politische Winde von Osten her.

Die Kommunisten begriffen die Russische Revolution von vornherein als ein Vorspiel der Deutschen Revolution und machten die sowjetische Botschaft Unter den Linden kurzerhand zum Hauptquartier für die kommende Schlacht. Schon im Frühjahr 1918, während Ludendorff noch seine letzten großen Offensiven gegen Frankreich führte, kam Adolf Joffe, ein reicher junger Jude von der Krim und ein Neurotiker, der bei Alfred Adler in Wien in Behandlung gewesen war, als Lenins Botschafter nach Berlin. Er brachte einen gigantischen Stab von mehr als dreihundert Assistenten mit, die er unverzüglich in alle Teile Deutschlands entsandte, um die Revolution voranzutreiben. In seinem Diplomatengepäck führte er große Geldsummen und Propagandamaterial ein und machte keinen Hehl aus seinen Absichten. Über dem Botschaftsgebäude ließ er eine große rote Flagge hissen, die die Worte trug: *Arbeiter aller Länder, vereinigt euch!* Joffe war noch radikaler als Liebknecht, und als dieser anzweifelte, daß die Revolution unmittelbar bevorstehe, verkündete der Russe selbstbewußt, daß binnen einer Woche die rote Flagge über dem Berliner Stadtschloß wehen werde.

Die krisengeplagten Sozialdemokraten sahen die Aktivitäten des neuen Botschafters jedoch gar nicht gern, und während der kritischen Tage Anfang November 1918 veranlaßte Scheidemann, daß einige Frachtstücke des Russen durch einen »unglücklichen Zufall« aufgebrochen wurden. Prompt fiel der Polizei eine Menge belastender Unterlagen in die Hände – es gibt Hinweise darauf, daß die Polizei sie selbst in der Fracht deponiert hatte –, und Joffe wurde umgehend ausgewiesen. Er versuchte schon im nächsten Monat nach Berlin zurückzukehren, wurde aber von deutschen Grenztruppen mit vorgehaltener Waffe zur Umkehr gezwungen. Einer seiner Begleiter, der ehrgeizige Pole Karl Radek, verkleidete sich als verwundeter deutscher Soldat und wurde zusammen mit einer Gruppe deutscher Kriegsgefangener »repatriiert«.

Radek war, wie viele der frühen Revolutionäre, Jude. Er war ein Mann von großem Organisations- und Redetalent. Als Lenins persönlicher Gesandter nahm er bald in der Führung der deutschen Radikalen neben Liebknecht eine gleichwertige Stellung ein, aber er hatte auch Gegner. Vor allem Rosa Luxemburg griff ihn wegen des Terrors der Bolschewisten an. Radek hatte die Standardantwort parat, Lenin wende den Terror nur gegen Klassen an, die die Geschichte zum Tode verurteilt habe. Wieder andere hielten Radek für einen reinen Opportunisten.

Wie Rosa Luxemburg hatte auch Radek den Spartakistenaufstand für verfrüht gehalten, und als die Freikorpstruppen, auf Vergeltung bedacht, Berlin stürmten, mußte Lenins Gesandter um sein Leben fürchten. Er floh und wurde schließlich gefaßt und in Einzelhaft genommen, aber im Gefängnis gewann er größeren Einfluß als je zuvor. Nicht nur die verbleibenden Führer der schwer getroffenen Kommunistischen Partei besuchten ihn in seiner Zelle in der Justizvollzugsanstalt Moabit und holten seinen Rat ein, auch merkwürdig zusammengesetzte Gruppen von Gemäßigten und Rechten. Walther Rathenau kam, um den einsitzenden Bolschewisten zu konsultieren, Ludendorffs Adjutant Oberst Walter Bauer wie auch eine ganze Reihe anderer Geschäftsleute und Offiziere. Radek predigte ihnen allen dieselbe Doktrin – eine Allianz über die Ideologiegrenzen hinweg zwischen Rußland und Deutschland. Vor seiner Verhaftung hatte Radek Ebert sogar ein formelles Bündnis angetragen, aber der Vorschlag wurde abgelehnt und Lenins Botschafter schließlich zurück nach Rußland geschickt. Seine politischen Pläne lebten jedoch weiter, denn sie waren auch die Pläne des Generals Hans von Seeckt.

Damals glaubten die braven Bürger der Weimarer Republik, daß der Einfluß radikaler Bolschewisten wie Joffe und Radek die größte Gefahr sei, die von Rußland ausgehe. Aber aus einer späteren Perspektive läßt sich erkennen, daß dem Westen noch eine ganz andere »Infektion« von Rußland drohte. Die meisten russischen Flüchtlinge waren entweder gemäßigt liberal oder ohne jegliche politische Gesinnung, aber die Auswanderungswelle erfaßte auch Monarchisten, Reaktionäre und sogar Faschisten jeder Couleur. Auch sie spielten eine Rolle im Berliner Leben. Harry Graf Kessler notierte in seinem Tagebuch über einen Abend im reaktionären russischen Kabarett Stehaufmännchen am Kurfürstendamm: *Extrem moderne Ausstattung und Vorführung: eine ins Kabaretthafte sublimierte Klage über Altrußlands Untergang kontrastierend mit dem unbesieglichen Glauben an Rußlands Zukunft. Die Süße und Leichtigkeit hebt alles Nationalistische ins Menschliche! Mitten hinein platzte schreckenerregend die Nachricht, daß … Nabokov während eines Vortrages … in der Philharmonie ermordet worden sei[en] … Das Gerücht trug wie eine große Meereswelle den größten Teil des fast nur russischen Publikums aus dem Kabarett hinaus. Wir saßen im bisher überfüllten Theaterraum nach wenigen Minuten fast allein. Nur am Nebentisch blieben drei junge elegante Russen (ein russischer Großfürst wirkt hier im Chor mit). Als ich den einen fragte, was am Gerücht wahr sei, antwortete er: »Na ja … Gemein, daß die fünfzehntausend russischen Offiziere sich wie die Hammel von der Revolution haben abschlachten lassen, ohne sich zu wehren! Warum haben sie es nicht gemacht wie die Deutschen, die Rosa Luxemburg so umgebracht haben, daß nicht einmal der Duft von ihr übrigblieb?«*

Das Kabarett war ein angemessener Ort für solche Äußerungen, denn viele der militantesten russischen Reaktionäre waren die reinsten Operettenfiguren. Da war zum Beispiel Fürst Bermont-Avalov, der von einer Privatarmee prahlte, mit der er die Bolschewiki bekämpft hätte, wohingegen viele sagten, daß er kein General und noch viel weniger ein Fürst sei. Um einiges ernst zu nehmender war General Vassily Biskupsky, ein Gewohnheitsspieler, der einst das Dritte Armeekorps in Odessa befehligt hatte und der auch die beiden jungen Männer, die

Nabokov ermordeten, angestellt hatte. Er fühlte sich dazu berufen, mit General Ludendorff einen russisch-deutschen Bündnisvertrag zu paraphieren, der in Kraft treten sollte, sobald die beiden an die Hebel der Macht zurückkehren würden. Dann war da noch Nikolai Markow, ein Grundbesitzer aus Kursk, der im russischen Parlament gegen den Sozialismus gewettert hatte. In Berlin schrieb er nun Traktate über Ritualmorde und Freimaurer-Machenschaften, worin er unter anderem Karl Radek als einen Agenten des Obersten Rabbi von Konstantinopel hinstellte.

In den Reihen dieser Propheten und Krieger war der ehemalige zaristische Offizier Fjodor Vinberg, der in Berlin die kleine Zeitung PRIZYV gründete, eine besondere Figur. Vinberg war ein früher Verfechter der *Endlösung*. Er forderte unumwunden, daß alle Juden ermordet werden sollten. Um seine Theorien zu untermauern, brachte er die ersten Exemplare eines absonderlichen russischen Machwerks mit dem Titel DIE PROTOKOLLE DER WEISEN VON ZION nach Deutschland. Die PROTOKOLLE waren ein 1895 vermutlich von der zaristischen Geheimpolizei zusammengebrauter Schwindel: ein vierzig Jahre alter Roman, BIARRITZ, von Hermann Goodsche, dazu ein ebenso angejahrter und fiktiver Bericht, DIALOGUES AUX ENFERS ENTRE MACHIAVEL ET MONTESQUIEU, von Maurice Joly, dazu einige Anmerkungen des anonymen Autors.

Das gesamte Werk sollte das wortgetreue Protokoll von vierundzwanzig geheimen Führern der jüdischen Weltverschwörung darstellen, die ihren Entschluß verkünden, alle Staaten und Kirchen durch solche Tricks wie Demokratie und Sozialismus zu Fall zu bringen, um statt dessen die jüdische Weltherrschaft zu errichten. Sollte ihre Verschwörung auffliegen, hätten die Weisen von Zion den Plan, sämtliche größeren Städte mit einem Netz von U-Bahnen zu untergraben, mit dem sie alle Heiden in die Luft sprengen wollten. Die unglaubwürdige Schrift fand im Vorkriegsrußland recht wenig Beachtung, aber als sie mit der russischen Emigrationswelle nach Deutschland kam, wurden dort rasch mehr als hunderttausend Exemplare einer Neuausgabe abgesetzt. Und nicht nur dort; auch eine von Henry Ford finanzierte amerikanische Ausgabe fand weite Verbreitung.

Die Aktivitäten der russischen Emigranten waren für manchen Deutschen nicht ohne Interesse – einige Redakteure von Vinbergs PRIZYV waren in die Vorbereitung des Kapp-Putsches verwickelt, was zum

Verbot des Blattes führte, als Eberts Regierung wieder nach Berlin zurückgekehrt war –, aber ihr Hang zum Intrigenspiel und die vielen internen Auseinandersetzungen schreckten die meisten Deutschen ab. Die Emigranten hatten sogar zwei Anwärter auf den nicht mehr existierenden Russischen Thron. Im Juni 1921 wurde eine Tagung in Bad Reichenhall veranstaltet, um die Russen auf eine gemeinsame Linie zu bringen. Zu den Förderern dieses Treffens zählte General Ludendorff, und als einer der Hauptorganisatoren trat der ziemlich rätselhafte Max von Scheubner-Richter (mit bürgerlichen Namen Max Richter) in Erscheinung, der wenig später politischer Berater des jungen Adolf Hitler wurde.

Etwa hundertdreißig russische Delegierte aus verschiedenen Ländern versammelten sich im Gasthof zur Post von Bad Reichenhall und boten den bayrischen Kleinstädtern mit den Generälen Biskupsky und Sacharow, dem Bischof Antoni aus Kiew und den Senatoren Bellegarde und Rimski-Korsakow ein großartiges Spektakel. Sie traten jeden Tag pünktlich um zehn Uhr morgens zusammen und erörterten die Notwendigkeit eines wirtschaftlichen Wiederaufbaus und einer Bodenreform, sobald die russische Monarchie wiedererrichtet sein würde. Daneben diskutierten sie auf den Gängen, wer von den Delegierten deutscher Spion sei und wer in französischem Sold stehe. Eine Einigung vor allem darüber, welchen Kronprätendenten sie unterstützen sollten, konnte nicht erreicht werden, auch bei anderen wichtigen Fragen bestand kein Konsens. So löste sich die etwas seltsame Gesellschaft schließlich auf, und die Teilnehmer kehrten in ihre jeweilige Exilheimat zurück.

Aber das Gift wirkte fort. Scheubner-Richter versuchte weiter, eine antikommunistische Koalition der deutschen Nationalisten zu organisieren, und die PROTOKOLLE DER WEISEN VON ZION hatten großen Einfluß auf den Nazivordenker Alfred Rosenberg. Beide hatten sie ihrerseits einen beachtlichen Einfluß auf die sich entwickelnden Pläne von Adolf Hitler. Anfänglich stand Hitler dem Sowjetkommunismus ziemlich gleichgültig gegenüber; selbst für die Juden hegte er nur die gewöhnliche Feindseligkeit des ungebildeten österreichischen Dörflers. Es waren die Franzosen, denen sein grenzenloser Haß galt. Allmählich und auf Umwegen übernahm er von den russischen Emigranten, die gegen Kriegsende nach Berlin strömten, die Doktrinen, die letztlich Seeckts Panzerdivisionen an die Wolga und in ihre Vernichtung führen sollten.

KAPITEL 6

»Ein gewisses Mousseux«

1922

Knallt ab den Walther Rathenau,
Die gottverfluchte Judensau!

MARSCHLIED DER FREIKORPS

Im Mai 1922 empfing Reichskanzler Josef Wirth einen katholischen Geistlichen, der ihm eine erschreckende Warnung übermittelte. Die nationalistische Hetze gegen den Reichsaußenminister Walther Rathenau – einen wahrhaft außerordentlichen Mann, feinsinniger Musikkenner und Literat, millionenschwerer Fabrikant, aber eben ein Jude – blieb nicht länger eine Sache üblicher Parolen. Einige junge Extremisten hätten den Plan gefaßt, Rathenau zu töten, berichtete der Priester. Der Mordanschlag könne jederzeit passieren.

Der entsetzte Wirth ließ Rathenau kommen und bestand darauf, daß dieser sich massivem Polizeischutz unterstelle. *Meine Mitteilung machte auf Minister Rathenau einen tiefen Eindruck*, erinnerte sich Wirth später. *Bleich und regungslos stand er wohl zwei Minuten vor mir. Keiner von uns wagte auch nur mit einem Wort die Stille zu unterbrechen. Rathenaus Augen waren wie auf ein fernes Land gerichtet. Er kämpfte sichtlich lange mit sich. Plötzlich nahmen sein Gesicht und seine Augen den Ausdruck unendlicher Güte und Milde an. Mit einer Seelenruhe, wie ich sie nie an ihm gesehen hatte … näherte er sich mir, legte beide Hände auf meine Schultern und sagte: »Lieber Freund, es ist nichts. Wer sollte mir denn etwas tun?«*

Etwa zur gleichen Zeit, an einem späten Nachmittag, saßen drei junge Männer auf einer Bank im Zoologischen Garten. Einer von ihnen war der fünfundzwanzigjährige Erwin Kern, ein gutaussehender blonder und blauäugiger ehemaliger Seeoffizier. Er befand sich in Gesellschaft zweier Gefolgsleute, dem eher stillen Ingenieur Hermann Fischer, auch er fünfundzwanzig Jahre alt, und Ernst von Salomon, ein zwanzigjähriger ehemaliger Kadett. Sie alle hatten an den Feldzügen der Freikorps teilgenommen und sich dem Einzelkampf gegen die Republik verschrieben. Kern schmiedete Pläne, die er aber seinen Verbündeten nicht preisgeben wollte. Doch als die anderen ihn drängten, bekannte er seine Absicht: *Wir wollen die Revolution. Wir sind frei von der Belastung von Plan, Methode und System. Darum ist es an uns, den ersten Schritt zu tun, die Bresche zu schlagen. Wir müssen abtreten in dem Augenblick, da unsere Aufgabe erfüllt ist. Unsere Aufgabe ist der Anstoß, nicht die Herrschaft. Ich habe die Absicht, den Mann zu erschießen, der größer ist als alle, die um ihn stehen.*

Rathenau? fragte Salomon.

Rathenau, erwiderte Kern.

Mit Rathenau hatten die Verschwörer ihr Ziel bestens gewählt, war er doch einer der bemerkenswertesten und prominentesten Männer im damaligen Deutschland. Er wurde 1867 in einem Arbeiterviertel im Norden Berlins als Sohn des technisch außerordentlich interessierten Emil Rathenaus geboren. Als der Vater seine Gießerei verkaufte und sich nach neuen Möglichkeiten umsah, weckte auf einer der Industrieausstellungen um 1870 die neue Erfindung eines Amerikaners namens Thomas Edison seine Aufmerksamkeit. Die Entscheidung Emil Rathenaus, die europäischen Patente für elektrische Beleuchtung zu kaufen, sollte für die Entwicklung der deutschen Industrie von weitreichender Bedeutung sein. Mit Hilfe von Darlehen gründete er die Deutsche Edison-Gesellschaft für angewandte Elektrizität, die Stammgesellschaft der späteren Allgemeinen Elektricitäts Gesellschaft (AEG).

Walther Rathenau tat sein möglichstes, dem Einfluß seines Vaters zu entfliehen. Er studierte Physik und Chemie und war danach sieben Jahre lang Leiter der Elektrochemischen Werke in Bitterfeld, wodurch er sich finanziell unabhängig machen konnte. *1899 beschloß ich, mich von der Industrie zurückzuziehen, um literarisch zu arbeiten*, schrieb Rathenau. *Die AEG schlug mir vor, in ihr Direktorium einzutreten und die Abteilung für den Bau von Zentralstationen zu übernehmen. Ich übernahm die Arbeit drei Jahre, baute viele Zentralen, u. a. in Manchester, Amsterdam, Buenos Aires und Baku … 1902 verließ ich die AEG, um in der Finanz zu arbeiten … und gehörte damals nahezu hundert Unternehmungen an.* Anno 1914 war aus Walther Rathenau ein Vertrauter des Kaisers und ein einflußreiches Mitglied des internationalen kapitalistischen Überbaus geworden. *Dreihundert Männer, von denen jeder jeden kennt*, schrieb Rathenau, *leiten die wirtschaftlichen Geschicke des Kontinents.*

Diese bedeutungsschwere Gemeinschaft zerbrach im Herbst 1914. Jetzt jubelten engstirnige Volksmassen den Soldaten auf ihrem Weg an die Front zu. Rathenau, Visionär wie nur wenige, blickte wenig optimistisch in die Zukunft. *Rathenau war wie vernichtet*, schrieb sein Freund und Biograph Harry Graf Kessler. *Zeugnisse bestätigen, daß, während draußen ein noch nie dagewesener Taumel das Volk ergriff, er in Verzweiflung die Hände rang. Eine alte Freundin ... schildert, wie er zu ihr kam, stumm dasaß, während ihm die Tränen über die Wangen rollten ... Der Kriegsausbruch war ein Schlag, von dem Rathenau sich nie erholt hat. Er war die Krisis seines Lebens.*

Rathenau war aber gewiß kein Pazifist. Er hatte sich seit längerem schon Gedanken über die Beschaffung kriegsnotwendiger Rohstoffe gemacht und trug das Problem dem Kriegsministerium vor. Es wurde eine Kriegsrohstoffabteilung eingerichtet, der neben Rathenau ein Oberst a. D. und fünf Sekretäre angehörten. Sie überwachte die Produktion von Metallen, Chemikalien, Wolle, Gummi, Baumwolle und Leder. Rathenaus Organisation ermöglichte es letztendlich, daß Deutschland den Krieg mindestens ein Jahr länger durchhalten konnte, als es ohne diese Anstrengungen möglich gewesen wäre.

Rathenaus Pläne reichten jedoch weit über den Krieg und auch die Konzeptionen der Industriellen seiner Zeit hinaus. *Eigentum, Verbrauch und Anspruch sind nicht Privatsache*, schrieb er in seinem Buch VON KOMMENDEN DINGEN. *Eine kommende Zeit wird schwer begreifen, daß der Wille eines Toten die Lebenden band; daß ein Mensch befugt war, Meilen irdischen Landes abzusperren; daß er ohne staatliche Genehmigung Äcker brachlegen, Bauten vernichten oder aufführen, Landschaften verstümmeln, Kunstwerke beseitigen oder schänden konnte, daß er sich berechtigt hielt, jeden beliebigen Teil des Gesamtvermögens durch geeignete Geschäfte an sich zu bringen und, sofern er einige Abgaben zahlte, nach Gutdünken zu verwenden, jegliche Zahl von Menschen zu beliebiger Arbeitsleistung in seine Dienste zu nehmen, sofern seine Kontrakte nicht widergesetzliche Bestimmungen enthielten, jegliche Geschäftsform zu praktizieren, sofern sie nicht staatliches Monopol oder im Gesetzbuch als Schwindel erklärt war, jeden noch so unsinnigen Aufwand zum Schaden des Gesamtver-*

mögens zu treiben, solange er im zahlenmäßigen Verhältnis zu seinen Mitteln blieb.

Kurzum, der Millionär Rathenau fragte sich, wie die Gesellschaft noch immer das auf den Profit gegründete System der Privatwirtschaft tolerieren konnte. Rathenau argumentierte, daß die für die Herstellung feiner Konfektion benötigte Arbeitskraft den Fabriken, die Textilien für die ärmeren Schichten herstellten, entzogen würde und daß die Kräfte, die manche Menschen beispielsweise zum Segeln oder anderem Zeitvertreib einsetzten, statt dessen in der kommerziellen Schifffahrt genutzt werden könne und solle. Die Lösung dieser Fragen sah er in der hohen Besteuerung aller Luxusartikel wie Tabak, Spirituosen, abgesperrte Parkanlagen, Reitpferde, Equipagen und Automobile, anspruchsvolle Gebäude und Wohnräume oder kostbares Mobiliar.

Darüber hinaus trat Rathenau für strenge Wettbewerbsbeschränkungen ein, für die Fusionierung von Betrieben der gleichen Branche, die Beteiligung von Regierung und Gewerkschaften an der Leitung von Großunternehmen und für eine Neuverteilung der politischen Macht nach allgemeinen wirtschaftlichen Gesichtspunkten statt nach regionalen Gegebenheiten. Es nimmt kaum wunder, daß Rathenaus Kollegen ihn für einen Bolschewiken hielten, aber seine gesellschaftstheoretischen Hauptwerke VON KOMMENDEN DINGEN (1917) und DIE NEUE WIRTSCHAFT (1918) waren Bestseller, und seine Bücher wurden leidenschaftlich diskutiert.

Obwohl Rathenau eher Zurückhaltung pflegte, drängte sich ihm der Gedanke an politische Macht auf. Vielleicht war es ein gewisser Ehrgeiz, der ihn zu seinen unbesonnensten nationalistischen Äußerungen und Handlungen bewegte.

Schon 1911 war der Vorschlag aufgekommen, Rathenau als Delegierten von Frankfurt an der Oder für den Reichstag kandidieren zu lassen, aber nachdem Lokalpolitiker von den Vorbehalten vieler Wähler gegen einen Liberalen, der noch dazu Jude war, berichtet hatten, rückte Rathenau von seiner Kandidatur ab. Als die Nationalversammlung in Weimar 1919 Vorschläge für die Nominierung des Reichspräsidenten entgegennahm, war von einem in Stockholm lebenden expatriierten Deutschen auch Rathenau vorgeschlagen worden. Die Nominierung wurde, dem offiziellen Sitzungsprotokoll zufolge, mit *großer Heiterkeit rechts* aufgenommen. Rathenau distanzierte sich von der *unbedachten und höchst abwegigen* Nominierung und tadelte verbittert und hochmütig das Gelächter der Delegierten: *Das Parlament eines anderen Kulturstaates hätte aus Achtung für jeden beliebigen Vertreter geistiger Arbeit es angemessen erachtet, die abgeschmackte Verlesung einer abgeschmackten Kundgebung zu überhören oder stillschweigend zu erledigen. Das Erste Deutsche Republikanische Parlament ... schüttete sich aus vor Lachen. Minutenlange Heiterkeit verzeichneten die Blätter, und Augenzeugen erzählen, daß Männlein und Weiblein zum Gruß an einen Deutschen, dessen geistige Arbeit sie kannten oder nicht kannten, sich beseligt auf ihren Sitzen kugelten.*

Rathenau war offenbar eine Karriere in den Turbulenzen der noch jungen demokratischen Republik nicht unbedingt vorbestimmt. Er spielte gern Klavier, malte, verfaßte Aphorismen und veröffentlichte sie unter einem Pseudonym, und selbst sein Freund Kessler berichtete, daß er *jede allzu intime Annäherung fürchtet[e]. Widerspruch verstimmte ihn; ein Angriff konnte ihn aus der Fassung bringen.* Auf Abbildungen vermittelt Rathenau den Eindruck eines außergewöhnlich großen Mittfünfzigers, gutaussehend, mit einem kurzen graumelierten Bart und auffallend dunklen Augen. Seine Anzüge waren immer von vornehmer Eleganz.

Stefan Zweig, der Rathenau sehr verehrte, porträtierte ihn mit folgenden Worten: *Er hatte ständig seinen Tag bis auf die einzelne Minute eingeteilt und konnte doch jederzeit mühelos aus einer Materie in die andere umschalten, weil sein Gehirn immer parat war, ein Instrument von einer Präzision und einer Rapidität, wie ich es nie bei einem anderen Menschen gekannt ... Ebenso sicher wie deutsch sprach er französisch, englisch und italienisch – nie ließ ihn sein Gedächtnis im Stich ... Wenn man mit ihm sprach, fühlte man sich gleichzeitig dumm, mangelhaft gebildet, unsicher, verworren angesichts seiner ruhig wägenden, alles klar überschauenden Sachlichkeit.*

Für einen solchen Mann war die Berufung in ein hohes Amt der einzig denkbare Weg zu einer Machtposition im Staate, und so hatte Reichskanzler Josef Wirth Rathenau den Posten des Wiederaufbauministers angeboten. Rathenau nahm dieses Amt vor allem an, weil er die nutzlosen Diskussionen über den Versailler Vertrag beenden wollte: *Ich bin eingetreten in ein Kabinett der Erfüllung*, sagte er in seiner ersten Rede vor dem Reichstag. *Wir müssen Wege finden, uns mit der Welt wieder zusammenzubringen.* Die diplomatischen Auseinandersetzungen mit den westlichen Alliierten erwiesen sich bald als überaus schwierig, und es zeigte sich, daß Außenminister Friedrich Rosen, der sich als feiner Kenner und Übersetzer persischer Poesie einen Namen gemacht hatte, ihnen nicht mehr gewachsen war. Als Rosen zurücktrat, wandte sich Wirth an Rathenau. Rathenaus Mutter, zu der er ein inniges Verhältnis hatte, versuchte verzweifelt, ihn davon abzubringen, in einer Zeit nationalistischer Hetze gegen die Würdenträger der Republik einen solchen Posten zu übernehmen. Deshalb informierte sie Rathenau nicht über seine Entscheidung, und sie erfuhr erst aus den Zeitungen, daß er das Außenministerium übernehmen würde.

Als Rathenau wie gewöhnlich zum Mittagessen zu seiner Mutter kam, berichtete eine Freundin der Familie, *saßen sich beide gegenüber und stocherten in ihrem Essen herum, bis endlich die Mutter fragte: »Walther, warum hast du mir das angetan?« Und er antwortete: »Ich mußte es ja, Mama, weil sie keinen anderen gefunden haben.«*

Eigentlich, äußerte sich einer aus der Verschwörergruppe viele Jahre später, *war der einzige politische Nenner, auf den die gesamte »nationale Bewegung« damals zu bringen war, ein negativer; er hieß: Schluß mit der Erfüllungspolitik! ... Ich glaube, es war Kern selbst, der schließlich in die erhitzte Diskussion den vom Temperament her logischen Gedanken warf, dann sei eben jeder Erfüllungspolitiker zu beseitigen. »Beseitigen«, das hieß natürlich schlichtweg: töten ... Dort wie hier tauchten »Listen« auf, und auf einer dieser Listen stand bei uns, neben vielen anderen auch, der Name Rathenau.*

Die Liste, sagte ein anderer der Verschwörer, *diese Liste! Die ganze Liste bestand aus einem kleinen schmutzigen Stück Papier, auf welchem mit Bleistift kreuz und quer Namen standen, manche durchgestrichen, manche wieder hinzugefügt. Die meisten von den Namen waren mir überhaupt kein Begriff, ich mußte mich erst mühsam mit ihnen befassen ... Es war auch reiner Zufall, daß ich am Rathenau-Mord teilnahm ... Tatsächlich war Rathenau ja der einzige Jude, der von uns ermordet wurde.*

Wir waren aber Antisemiten, sagte der andere.

Dieser andere, Ernst von Salomon, der später das dringende Bedürfnis verspürte, über diese Ereignisse zu schreiben, verbündete sich mit dem ehemaligen Seeoffizier Kern in Hamburg, wo sie endlos darüber diskutierten, wie und auf welchem Wege die Regierung am besten zu stürzen sei. Beide hatte der Ausgang des Krieges mit Scham und Wut erfüllt. Salomon, ein junger Kadett, der nie an die Front gekommen war, fragte Kern, wie ein Seeoffizier die Erniedrigung von Niederlage und Kapitulation überstehen könne. Kern antwortete: *Ich überstand ihn nicht ... Ich bin tot.* In seinem Drang nach Zerstörung zielte Kern ganz bewußt nicht auf den unfähigsten Mann, sondern auf den besten. Rathenau, äußerte er sich während einer nächtlichen Diskussion in einem Versteck, wo sie Gewehre und Handgranaten verborgen hatten, sei die reifste und letzte Frucht dieser Zeit: Er vereinige in sich alles, was seine Zeit an Wert und an Gedanken, an Ethos und an Pathos, an Würde und an Glaube in sich berge.

Eben diese Überlegenheit veranlaßte die jungen Nihilisten, Rathenau zu ermorden. *Ich könnte es nicht ertragen, wenn aus dem zerbröckelnden, aus dem verruchten Bestande dieser Zeit noch einmal Größe wüchse ... Wir fechten nicht, damit das Volk glücklich werde. Wir fechten, um es in seine Schicksalslinie zu zwingen*, sagte Kern.

Die Verschwörer lasen in den Zeitungen über den Triumph Rathenaus auf der Konferenz von Genua, einer Zusammenkunft, die vorgeblich Welthandelsprobleme erörtern sollte. Für die Deutschen war sie die erste Gelegenheit, als gleichberechtigte Partner an einer internationalen Konferenz teilzunehmen. Die Franzosen bemühten sich redlich, ihnen diese Gelegenheit zu verbauen, und veranstalteten eine Reihe von Zusammenkünften hinter verschlossenen Türen ohne die Deutschen, in deren Verlauf der Umfang der deutschen Reparationen an Rußland bestimmt werden sollte. Als diese internen Konferenzen ins Stocken gerieten, schlugen die Russen einen separaten Freundschaftsvertrag mit Deutschland vor. Rathenau kam mit der sowjetischen Delegation in einem nahegelegenen Badeort zusammen und formulierte den berühmten Vertrag von Rapallo.

Nichts davon hatte große praktische Auswirkungen, aber die Wege der Diplomatie sind langsam und verschlungen. Graf Kessler, der selbst an der Konferenz von Genua teilgenommen hatte, kommentierte die Ergebnisse für Deutschland als *Gewinn an Vertrauen für die deutsche Außenpolitik, die in Rathenau und Wirth verkörpert war.* Gescheitert sei, nach Meinung Kesslers, die Lösung der Reparationsfrage und damit der europäische Wiederaufbau. *Zieht man das Fazit*, schrieb Kessler weiter, *so erscheint als einziger Gewinner bei der Konferenz Deutschland ... Die intellektuelle Kraft und Zähigkeit, mit der Rathe-*

nau es verstand, einem Teil unserer früheren Feinde die Überzeugung von der Ehrlichkeit seiner Verständigungspolitik beizubringen, hat entscheidend dazu beigetragen, Deutschland in den furchtbaren Jahren, die bevorstanden, zu retten und seinen späteren, überraschend schnellen Wiederaufstieg vorzubereiten.

Kern war nicht der einzige junge Extremist, der einen Mordanschlag auf Rathenau plante. Hans Stubenrauch, ein siebzehnjähriger Schüler und Generalssohn, hatte sich derselben Mission verschrieben. Er war besessen von einer recht zweideutigen Prophezeiung, die Rathenau im Krieg gewagt hatte: *Niemals wird der Tag kommen, an dem der Kaiser auf weißem Roß durch das Brandenburger Tor als Sieger einziehen wird. An diesem Tage hätte die Weltgeschichte ihren Sinn verloren.*

Stubenrauch galt diese delphische Vorhersage als Beweis für die Tatsache, daß Rathenau Deutschlands Niederlage gewollt hatte und deshalb den Tod verdiene. Stubenrauch vertraute seine Pläne einem gewissen Günther an, und der stellte eine Verbindung zu Kern her, dem zwar die Idee gefiel, nicht aber der junge Stubenrauch. Kern ging professioneller vor. Er und sein Freund Fischer gehörten der Organisation Consul an, einer terroristischen Vereinigung, die vom hinlänglich bekannten Kapitän Ehrhardt geführt wurde. Kern ließ den Schulbuben einige kleinere Aufgaben im Zusammenhang mit dem Anschlag erfüllen. Um die technischen Einzelheiten der Verschwörung zu klären, verbündete sich Kern mit dem Leiter der Organisation Consul in Berlin, dem einundzwanzigjährigen Beamtensohn Ernst-Werner Techow, der seinen kleinen Bruder, den sechzehnjährigen Gerd, mitbrachte.

Am 18. Juni heckten Kern, Fischer und Günther im Haus von Techows verwitweter Mutter den Plan für den Anschlag aus. Sie wollten Rathenaus Wagen auflauern, wenn er von seiner Villa in Grunewald zum Büro im Reichsaußenministerium fuhr. Am 20. Juni trafen sich die Jugendlichen im Steglitzer Ratskeller und besprachen alle Einzelheiten. Kern hatte Bedenken, daß eine gewöhnliche Pistole nicht effektiv genug für einen schnellen Angriff wäre. Um die Probleme vor Ort zu überprüfen, liehen sich die jungen Männer einen sechssitzigen Wagen und fuhren am nächsten Tag nach Grunewald, um das Attentat zu proben. Dabei kam Kern zu der Überzeugung, daß sie eine Maschinenpistole brauchten. Er fuhr nach Schwerin, um eine solche Waffe zu holen, die er dort einem früheren Seekadetten in Verwahrung gegeben hatte.

Ein oder zwei Tage vor dem Anschlag hörten sich die Verschwörer im Reichstag noch eine Rede Rathenaus über die Ergebnisse der Konferenz von Genua an. Als sie nach Hause schlenderten, blieben sie vor dem Laden eines Fotografen Unter den Linden stehen, der ein Porträt von Rathenau in seinem Schaufenster ausstellte. *Die dunklen, merkwürdig warmen und gesammelten Augen blickten aus dem schmalen und gepflegten Gesicht uns beinahe forschend an*, erinnerte sich Salomon. *Fischer sagte nach langem Zögern: »Er sieht sehr anständig aus.«* Das hielt die drei nicht davon ab, alle Vorbereitungen für das Attentat zu treffen und sich in der Nacht zum 23. Juni in einer Kneipe mit Unmengen von Bier, Wein und Cognac zu betrinken und damit vielleicht ihre letzten Skrupel hinunterzuspülen.

Am gleichen Abend hielt sich Rathenau als Gast in der amerikanischen Botschaft auf. Er war erregt, weil Karl Helfferich, Sprecher der Deutschnationalen, ihn im Reichstag scharf angegriffen hatte. Rathenau hatte gehofft, ihr Zwist sei während eines Abendessens zwei Tage zuvor beigelegt worden, doch nun war Helfferich wieder in die Offensive gegangen. *Die Politik der Erfüllung hat uns ... die furchtbare Entwertung des deutschen Geldes gebracht, hat unseren Mittelstand zermalmt, hat zahllose Menschen und Familien in Not und Elend gebracht, hat zahllose Menschen in Verzweiflung und Selbstmord getrieben*, hatte Helfferich an diesem Nachmittag im Reichstag verkündet.

In der amerikanischen Botschaft wurde über die Schwierigkeiten gesprochen, die Deutschland mit seinen Kohlelieferungen an die Alliierten hatte. Rathenau schlug vor, noch den Industriellen und Ruhrkohlemagnaten Hugo Stinnes zum Gespräch hinzuzuziehen. Stinnes war ein alter Widersacher Rathenaus, aber er nahm die späte Einladung an. Er kam um zehn Uhr an, und es entwickelte sich, wie ein Teilnehmer berichtete, eine lebhafte Debatte, die bis nach Mitternacht dauerte und nach dem Verlassen der Botschaft im Hotel Esplanade bis vier Uhr morgens fortgesetzt wurde.

Am nächsten Tag, dem 24. Juni, gegen zehn Uhr früh wartete der hellgraue Sechssitzer der Verschwörerbande in einer Seitenstraße der Koenigsallee in Berlin-Grunewald. Die Attentäter hatten sich mit Ledermänteln und -kappen ausstaffiert. Fischer hielt an der Straßenecke nach Rathenaus offenem Wagen Ausschau. Die Mörder wußten, daß der Außenminister immer dieselbe Strecke nahm und sein Chauffeur langsam fuhr (der preußische Polizeichef hatte Rathenau noch am Tag zuvor gewarnt, daß ihn keine Polizei der Welt beschützen könne, wenn er darauf beharre, in einem langsamen, offenen Wagen zur Arbeit zu fahren).

Techow ließ den Wagen an, und das Auto der Verschwörer setzte sich in Bewegung, fuhr die kleine Straße hinab und bog um die Ecke.

Im Rückblick, über die Feuer von Auschwitz hinweg, ist es eine geläufige Annahme, daß die Deutschen seit je eine mörderische Feindseligkeit gegenüber den Juden hegten, und man meint, der Raum irgendwo zwischen Rhein und Elbe sei schon immer eine Brutstätte für den unheilvollen Bazillus des Antisemitismus gewesen. Diese Ansicht mag nicht völlig falsch sein, aber sie ist von der Wahrheit weit entfernt.

Die leidvolle Beziehung zwischen Juden und Nichtjuden in Deutschland erstreckt sich bereits über zwei Jahrtausende. Die erste jüdische Siedlung am Rhein wurde im zweiten Jahrhundert nach Christus gegründet, und die deutschen Juden waren immer stolz auf ihre an bestimmte Orte gebundenen Traditionen.

Die älteste urkundliche Erwähnung von Juden in Berlin geht zurück auf das Jahr 1295, als die Stadt aus wenig mehr als einer Ansammlung von Hütten bestand, und diese Urkunde war prophetischerweise ein diskriminierender Erlaß. Er verbot den Berliner Webern, ihr Garn bei Juden zu kaufen. Wenn die Zahl der Juden auch nur gering blieb, lastete man ihnen doch jede unglückliche Schicksalsfügung an. Während der Pestepidemie des Jahres 1348 gab man ihnen die Schuld am Schwarzen Tod und verbannte die Juden aus der Stadt. Die Zahl der Verbannungen und Wiederansiedlungserlasse seit dieser Zeit ist groß, deren Gründe und Einzelheiten sind heute vergessen. Im Jahre 1500 beschuldigte man sieben Juden, einen Ritualmord an einem kleinen Jungen begangen zu haben, viele andere sollten sich daran beteiligt haben. Mehr als dreißig von ihnen wurden auf dem Scheiterhaufen am Neuen Markt verbrannt, genau dort, wo heute das Rote Rathaus seinen Platz hat. Dieser Anlaß hatte zur Folge, daß wieder alle Juden aus Berlin verbannt wurden. Ein halbes Jahrhundert nach den Verbrennungen rehabilitierte man die hingerichteten *Ritualmörder*, woraufhin der Kurfürst von Brandenburg den Juden die Ansiedlung in Berlin wiederum gestattete. Nach seinem Tod kam es zu einer Welle antisemitischer Gewalttaten. 1573 verbannte man die Juden erneut – diesmal sollte es auf ewig sein.

Diese leidvolle Geschichte von Verfolgung und Zerstörung kann durch nichts gesühnt werden. Man geht aber fehl in der Annahme, es gäbe eine historische Beziehung zwischen den Feuern am Neuen Markt und den Massakern in Hitlers Todeslagern. Damals herrschte die Heilige Römische Kirche, und es wurden in ganz Europa nicht nur die Juden, sondern auch christliche Häretiker jeder Couleur gefoltert und auf den Scheiterhaufen gebracht. Auch Luthers Reformation war für die Juden alles andere als ein Segen. Die Religionskriege, die auf die Reformation folgten, forderten von den Juden keine geringeren, aber auch keine größeren Opfer als von der restlichen Bevölkerung, denn die brandschatzenden Armeen, die über Deutschland hinwegzogen, mordeten gleichermaßen Katholiken und Protestanten.

Die neuere Geschichte der jüdischen Gemeinde in Berlin beginnt anno 1671, als fünfzig Familien die Erlaubnis erhielten, sich in der angrenzenden Kurmark anzusiedeln. Aus den fünfzig Familien wurden rasch sechsundneunzig, und immer mehr Juden kamen illegal hinzu und wurden wieder vertrieben. Friedrich der Große versuchte die jüdische Bevölkerung zu begrenzen, indem er anordnete, daß nur ein Sohn aus jeder Familie heiraten und einen eigenen Haushalt gründen dürfe. Jeder dieser Ehemänner war verpflichtet, einen langen Bart zu tragen. Sie durften weder Landwirtschaft noch ein Handwerk betreiben. Auch war es ihnen verboten, mit Leder, Holz, Fellen und verschiedenen anderen Waren zu handeln. Trotz dieser Beschränkungen florierte eine jüdische Subkultur. Moses Mendelssohn übersetzte 1783 den Pentateuch ins Deutsche und wurde zu einem der maßgeblichsten Befürworter einer deutsch-jüdischen Assimilation – (als Mendelssohn selbst für eine Mitgliedschaft in der Preußischen Akademie der Wissenschaften vorgeschlagen wurde, strich König Friedrich höchstpersönlich seinen Namen von der Kandidatenliste).

Die Ideen der Französischen Revolution von der Gleichheit aller Menschen fanden auch in Deutschland Verbreitung. Obwohl ein preußisches Edikt von 1812 den Juden die volle Bürgerschaft zusicherte, gewährte man ihnen aber nicht alle Rechte. Erst mit der Bismarckschen Verfassung von 1871 erlangten die Juden uneingeschränkte Bürgerrechte – und auch dann noch ohne einhellige Zustimmung. Bismarck, der seine Kriege durch Kredite des jüdischen Bankiers Gerson Bleichröder finanziert hatte, bemerkte einmal, die Juden brächten in die verschiedenen deutschen Stämme *ein gewisses Mousseux* – ein

Champagnerfunkeln also, das nicht unterschätzt werden dürfe. Dafür bezeichneten ihn die deutschen Nationalisten postwendend als *Judenknecht*.

Als die Juden in den achtziger Jahren des vergangenen Jahrhunderts im Geschäfts- und Geistesleben immer erfolgreicher wurden, kam es zu antisemitischen Ausschreitungen, und der berühmte Professor Heinrich von Treitschke von der Berliner Universität schrieb, Antisemitismus sei die natürliche Reaktion des germanischen Volksgefühls gegen ein fremdes Element, das in anderem Leben einen allzu breiten Raum eingenommen hat. Treitschke prägte eine Phrase, die Joseph Goebbels später als Slogan übernahm: *Die Juden sind unser Unglück*. Diese Verunglimpfungen blieben nicht unbeantwortet. Als der kaiserliche Hof- und Domprediger Adolf Stoecker seine Christlich-Soziale Arbeiterpartei gründete und die Zwangskonversion der Juden forderte, initiierten liberaler gesinnte Christen einen Verein zur Bekämpfung des Antisemitismus.

Zu Beginn des Ersten Weltkriegs brachten die Juden ihr deutsches Nationalgefühl zum Ausdruck, indem sie sich mit dem gleichen selbstmörderischen Eifer wie die Nichtjuden in Scharen zum Militär meldeten. Etwa hunderttausend Juden traten in die Reichswehr ein. Achtzigtausend von ihnen leisteten Dienst an der Front, zwölftausend verloren ihr Leben. *Die Juden waren geradezu pathologisch in ihrem Patriotismus*, sagt Rabbi Prinz. *Mein Vater diente im Krieg, und mein Großvater wurde anno 1866 im Krieg mit Österreich verwundet. Darauf war er ungeheuer stolz.*

Erst nach dem Krieg erhielten die Juden endlich die volle Gleichstellung, die ihnen bereits 1812 und 1871 versprochen worden war. Sie blieben eine kleine Minderheit von nie mehr als einem Prozent der Gesamtbevölkerung. Diese wenigen zog es allerdings nach Berlin. Aus fünfzig Familien des Jahres 1671 wuchs bis 1800 eine Gemeinde von mehr als dreitausend Personen, 1900 waren es über neunzigtausend – ein Ansteigen der Bevölkerungszahl, die 1925 mit hundertdreiundsiebzigtausend ihren Höhepunkt erreichte. Aber auch damit machten die Juden in Berlin nie mehr als fünf Prozent der Stadtbevölkerung aus, eine Minderheit, die es allerdings zu Ansehen und attraktiven Positionen brachte. Besonderen Einfluß nahmen sie auf das Handels- und Bankwesen – als Direktoren der Deutschen, der Dresdner und der Darmstädter Bank sowie als Inhaber so großer Kaufhäuser wie Wertheim und Tietz. Die wichtigsten Zeitungsverlage, Ullstein und Mosse, waren in jüdischem Besitz. Das spektakuläre kulturelle und geistige Leben im Berlin der zwanziger Jahre wurde in großem Maße von jüdischen Künstlern und Wissenschaftlern wie Max Reinhardt, Bruno Walter und Albert Einstein dominiert.

Darauf waren die Juden natürlich stolz, und sie konnten mit gutem Recht darauf hinweisen, daß ein Viertel der im ersten Drittel dieses Jahrhunderts an Deutsche verliehenen Nobelpreise deutschen Juden zuerkannt wurde. Für viele Nichtjuden, auch für diejenigen, die sich gegen jeden Vorwurf des Antisemitismus verwahrt hätten, bedeutete dieses Aufblühen jüdischen Lebens jedoch den Triumph einer fremden und unbestimmt bedrohlichen Macht. Wie groß die jüdischen Hoffnungen auf eine Assimilation auch sein mochten – und sie waren beachtlich –, ihr Status als religiöse Minderheit in Deutschland hielt sie dauerhaft separat.

Einer durch Niederlage und Revolution erschütterten Nation erschien das verstärkte Auftreten der Juden im öffentlichen Leben, ganz unabhängig von der alten Religionsfeindschaft, als unheilvolle Entwicklung. War denn Trotzki etwa kein Jude? Und Rosa Luxemburg? Und Karl Radek? Der Erfolg jüdischer Verleger, Ärzte und Anwälte war für viele nicht allein durch die Tatsache begründet, daß sie eben in ihrem Fach die Besten waren. *Die zwanziger Jahre wurden in Wissenschaft, Medizin und Kultur von den Juden beherrscht*, behauptet ein noch heute verbitterter Zeitzeuge. *Die Universitätsprofessoren waren Juden. Wenn ein Student Jude war, bekam er die beste Anstellung. Hatte man einen jüdischen Anwalt, gewann man seinen Prozeß, wenn nicht, verlor man ihn. Und jede Position, in der sich viel Geld verdienen ließ, war unter jüdische Kontrolle. Für uns, für die Deutschen, war das wirklich schlimm.*

Für solche Leute waren die Werke heute vergessener »Kulturphilosophen« wie Houston Stewart Chamberlain eine Offenbarung. In seinem Buch DIE GRUNDLAGEN DES XIX. JAHRHUNDERTS, das zuerst 1899 veröffentlicht wurde und von dem insgesamt über eine Million Exemplare verkauft wurden, verkündete der Autor so dilettantisch wie für schlichte Gemüter überzeugend den absoluten Führungsanspruch der *arisch-germanischen Rasse*. Chamberlains Theorie von der *jüdischen Weltverschwörung* wurde bestens gestützt von verlogenen Machwerken wie den PROTOKOLLEN DER WEISEN VON ZION.

Wer hätte diese angeblich obskuren Mächte treffender personifizieren können, wer dem Bild solcher weitverbreiteten Wahnvorstellungen überzeugender entsprechen als der intellektuelle Millionär, der einst gesagt hatte, daß *dreihundert Männer, von denen jeder jeden kennt, die wirtschaftlichen Geschicke des Kontinents* leiten? Und doch ist es die eigentliche Tragik im Schicksal Walther Rathenaus, daß er nicht nur als Außenminister Nationalist, sondern als Jude auch Antisemit war. So stand Rathenau den Ostjuden, von denen es in ganz Deutschland nie mehr als achtzigtausend gab, argwöhnisch gegenüber und forderte ein *Ereignis ohne geschichtlichen Vorgang: die bewußte Selbsterziehung einer Rasse zur Anpassung an fremde Anforderungen. Das Ziel des Prozesses sollen nicht imitierte Germanen, sondern deutschgeartete und erzogene Juden sein.*

Er selbst habe diesen Prozeß schon durchgemacht, erklärte Rathenau: *Meine Vorfahren und ich selbst haben sich von deutschem Boden und deutschem Geist genährt und unserem, dem deutschen Volk, erstattet, was in unseren Kräften stand ... Ich habe und kenne kein anderes Blut als deutsches, keinen anderen Stamm, kein anderes Volk als deutsches. Vertreibt man mich von meinem deutschen Boden, so bleibe ich deutsch, und es ändert sich nichts.*

Rathenau war am Morgen des 24. Juni ein wenig später als gewöhnlich aufgestanden, so daß es schon Viertel vor elf war, als sein offener Wagen die Stelle erreichte, die die Attentäter für den Hinterhalt ausgewählt hatten. Ernst-Werner Techow erwartete ihn schon. Er nahm die Verfolgung des Ministerwagens auf, und als Rathenaus Chauffeur abbremste, um Straßenbahnschienen zu kreuzen, überholte Techow das Auto.

Ein Maurer namens Krischbin, der an einem Neubau in der Nähe arbeitete, sah die Wagen vorüberfahren und bemerkte die jungen Männer in ihren nagelneuen Ledermänteln. Als der Sechssitzer der Attentäter Rathenau um eine halbe Wagenlänge überholt hatte, erinnerte Krischbin sich später, schaute Rathenau nach rechts herüber, weil er vermutlich einen Zusammenstoß befürchtete. *In diesem Augenblick bückte sich der eine Herr in dem feinen Ledermantel nach vorn, ergriff eine lange Pistole, deren Kolben er in die Achselhöhle einzog, und legte auf den Herrn in dem anderen Wagen an. Er brauchte gar nicht zu zielen, so nah war es; ich sah ihm sozusagen direkt ins Auge. Es war ein gesundes offenes Gesicht, wie man so bei uns sagt: so 'n Offiziersgesicht. Ich nahm Deckung, weil die Schüsse auch uns hätten treffen können. Da krachten auch schon die Schüsse ganz schnell, so schnell wie bei einem Maschinengewehr. Als der eine Mann mit dem Schießen fertig war, stand der andere auf, zog ab – es war eine Eierhandgranate – und warf sie in den anderen Wagen, neben dem er dicht herfuhr. Vorher war der Herr schon auf seinem Sitz zusammengesunken und lag auf der Seite. Jetzt hielt der Chauffeur an, ganz nah an der Erdener Straße, wo ein Schutthaufen war, und schrie: »Hilfe, Hilfe!« Der fremde große Wagen sprang plötzlich mit Vollgas an und brauste durch die Wallotstraße ab. Das Auto mit dem Erschossenen stand inzwischen an der Bordschwelle. In dem gleichen Augenblick gab's einen Krach, und die Eierhandgranate explodierte. Der Herr in dem Fond wurde von dem Druck ordentlich hochgehoben, sogar das Auto machte einen kleinen Sprung.*

Eine junge Frau, die vorüberging, sprang auf den Rücksitz des Wagens und stützte den schwerverletzten Rathenau. Der Chauffeur raste zu einer nahegelegenen Polizeiwache davon. Die Passantin, eine Krankenschwester namens Helene Kaiser, tat alles, was in ihren Kräften stand, um dem Sterbenden zu helfen.

Von der nur dreißig Meter entfernten Polizeiwache brachte der verstörte Fahrer den Verletzten zurück in die Villa. Die Bediensteten trugen den Außenminister in sein Arbeitszimmer und riefen einen Arzt. Rathenau öffnete noch einmal die Augen – als der Arzt kam, war er aber schon tot. Fünf Schüsse hatten seinen Kiefer und seine Wirbelsäule durchschlagen.

Rathenaus Antlitz verbreitete den Worten Kesslers nach *einen sehr friedlichen Ausdruck und doch eine unermeßliche Tragik in dem tief gefurchten, toten, wunden Gesicht, über dessen untere zerschmetterte Hälfte ein feines Taschentuch gebreitet war; nur der graue, kurz gestutzte, zerzauste Schnurrbart sah darüber hinaus.*

Der Motor des Attentäterwagens setzte offenbar aus, denn das Auto blieb nur einige hundert Meter vom Tatort in einer Nebenstraße stehen. Techow sprang heraus und klappte die Motorhaube auf, Kern schleuderte seine Waffe über eine Gartenmauer. Alle drei rissen sich ihre Ledermäntel vom Leib. Als die Polizei um die Ecke raste, ignorierte sie die Jugendlichen, die an ihrem Auto herumbastelten, und nahm die Verfolgung der Mörder direkt an ihnen vorbei auf. Kern und seine Freunde begaben sich zurück in die Stadt, wo sich bereits Menschenmengen versammelten, um gegen den Mord zu protestieren.

Es war eine außergewöhnliche Demonstration. Als sich gegen Mittag die Nachricht vom Tod Rathenaus herumgesprochen hatte, strömten Hunderttausende Arbeiter aus ihren Fabriken auf die Straßen. *Vom frühen Morgen bis zum späten Nachmittag unter schwarzrotgoldenen und roten Fahnen in vier Kolonnen nebeneinander schweigend in Trauer durch die Straßen des Westens*, wie Kessler später berichtete.

Am Nachmittag trat der Reichstag zusammen, und Karl Helfferich, der Rathenau am Tag zuvor scharf angegriffen hatte, wurde mit den Rufen *Mörder, Mörder! Hinaus mit den Mördern!* empfangen. Helfferich verharrte eine Zeitlang in der Hoffnung, der Sturm würde sich legen. Dann erhob er sich und verließ den Saal. Reichskanzler Josef Wirth sprach seine Verbitterung über die Attentäter und ihre Sympathisanten aus: *Von dem Tage an, wo wir unter den Fahnen der Republik aufrichtig diesem neuen Staatswesen dienen*, sagte er, *wird mit Millionengeldern ein fürchterliches Gift in unser Volk geleitet ... und dann wundert man sich, wenn verblendete Buben nachher zur Mordwaffe greifen.*

Kern und seine Komplizen ließen sich in der Innenstadt durch die erboste Menschenmenge treiben. Bevor sie zurück in Richtung Westen an den Wannsee fuhren, von wo aus sie einen Dampfer zum Ostseehafen Warnemünde nahmen. Sie wollten an Bord eines Schiffes gehen, das sie nach Schweden in Sicherheit bringen sollte. In Warnemünde suchten sie aber vergeblich nach dem Schiff. Sie kauften sich Fahrräder und radelten in die mecklenburgischen Wälder.

Rathenaus Leiche lag an den ersten beiden Tagen dieser Woche aufgebahrt im Reichstag. Seine Mutter saß während der Trauerfeier bleich und starr in der Loge, die einstmals für den Kaiser reserviert war. *Ich ließ das Orchester den Trauermarsch aus »Siegfried« spielen*, erzählt Edwin Redslob, damals Reichskunstwart, der mir zuvor schon den Adler für die Weimarer Republik gezeigt hatte. *Rathenau war kein Siegfried, aber alle deutschen Helden werden, wie Rathenau, durch einen Dolchstoß in den Rücken getötet. Wir zollen Figuren wie Hagen eben alle Ehre.* Reichspräsident Ebert hielt die Grabrede. *Die verruchte Tat traf nicht den Menschen Rathenau allein, sie traf Deutschland in seiner Gesamtheit*, sagte er. Die Gewerkschaften hatten einen landesweiten Trauertag ausgerufen. Gewaltige Demonstrationszüge zogen durch alle deutschen Großstädte. Allein in Berlin wurde die Teilnehmerzahl auf eine Million geschätzt.

Techow, der Fahrer des Mörderwagens, floh zu einem Landgut am Stadtrand von Berlin, das seinem Onkel gehörte. Er flehte um Unterschlupf und Beistand, aber sein Onkel rief die Polizei. Kern und Fischer waren schwerer zu fassen. Auf ihren Fahrrädern fuhren sie kilometerweit durch die Wälder, verbrachten die Nächte in Scheunen oder gelegentlich bei Freunden. Sie waren inzwischen identifiziert, und man fahndete nach ihnen, denn ein unbedeutender Mitverschwörer war zur Polizei gegangen und hatte für Geld geredet. Die Regierung hatte eine Belohnung von einer Million Mark für die Ergreifung der Flüchtigen ausgesetzt. Um ein Haar wären sie gefaßt worden, als sie einen Fährmann anheuerten, sie über die Elbe zu setzen. Eine Meute von Verfolgern beschimpfte sie vom nördlichen Ufer her. Doch der Bootsmann setzte seine Fahrt hartnäckig fort, und die beiden flohen weiter nach Süden, Richtung Thüringen.

Fast einen Monat lang konnten sich die Flüchtigen in den Wäldern verbergen. Einmal wurden sie erkannt und verraten, als sie von einem einsamen Bauern Essen erbetteln wollten. Die Polizei suchte mit mächtigem Aufwand nach ihnen. Hundertschaften kreisten die Gegend ein und schlugen sich einen Weg durchs Dickicht, aber Kern und Fischer konnten abermals entkommen. Sie gelangten immer weiter nach Süden und erreichten nach wochenlanger Flucht schließlich die Burg Saaleck, warfen ihre Räder in die Saale und verkrochen sich in ihrem Versteck.

Weil die Burg als unbewohnt galt, fiel Einheimischen eines Nachts auf, daß Licht im Ostturm brannte. Sie gingen der Sache auf den Grund und erkannten Kern, dessen Bild inzwischen an den Plakatwänden in ganz Deutschland prangte. Die Dorfbewohner riefen die Polizei, die zunächst skeptisch reagierte. Als die Einwohner auf ihre Belohnung hinwiesen, die sich durch Spenden auf über vier Millionen Mark erhöht hatte, schickten die Behörden aus Halle zwei Kriminalbeamte zur Burg.

Am dunkelgrauen Morgen des 17. Juli stiegen die beiden Beamten die enge Steintreppe des Ostturms der Burg hinauf. Oben erwartete sie Kern mit einer Pistole. Die beiden Fahnder gingen in Deckung und riefen Verstärkung. Innerhalb einer Stunde war die Burg von hundert Polizisten umzingelt. Der Himmel hatte sich bezogen, und jetzt fegte ein gewaltiger Sturm über die Burg hinweg. Windböen rissen Äste von den Bäumen, und der Regen prasselte auf die Belagerer. Aus dem Saaletal stiegen dicke Nebelschwaden in die Wälder rings um die Burg auf. Während die Polizisten auf einen Wetterumschwung hofften, versammelte sich eine Menschenmenge am Fuß der Burg. Die Bewohner der umliegenden Dörfer wollten sich die Verhaftung der Attentäter nicht entgehen lassen.

Auch Kern und Fischer hatten die Menge bemerkt und kletterten auf eine Brustwehr, um von dort aus laut rufend die Motive ihrer Tat zu erklären. *Wir leben und sterben für unsere Ideale*, schrie einer von ihnen. *Andere werden uns folgen.* Sie warfen sogar geschriebene Mitteilungen hinunter, die sie mit Steinen beschwert hatten, aber der Wind wehte die Fetzen in die Wälder, so daß sich die beiden Mörder in ihre Behausung in der Spitze des Ostturms zurückzogen. Inzwischen hatte die Polizei den Westturm eingenommen und eröffnete das Feuer. Kern, der am Fenster hockte, wurde unterhalb der rechten Schläfe getroffen. Fischer riß ein Bettlaken in Streifen und versuchte Kerns Wunde zu verbinden, aber der war schon tot. Fischer hob Kern auf und trug ihn zum Bett. Er störte sich offenbar daran, daß Kerns Schuhe die Laken verschmutzten, und legte Packpapier unter dessen Füße. Er schloß ihm die Augen. Dann sackte er auf das andere Bett und erschoß sich selbst. Die Polizei fand also zwei Leichen, als sie in die Turmkammer einbrach.

Dreizehn der Mitverschwörer wurden vor Gericht gestellt. Techow sagte pflichtschuldig aus, daß Kern ihm erklärt hätte, Rathenau sei einer der dreihundert Weisen von Zion. Er wurde zu fünfzehn Jahren Gefängnis verurteilt, die später auf sieben herabgesetzt wurden. Tatsächlich saß er nur vier Jahre, nahm dann sein Studium wieder auf und wurde Rechtsanwalt. Gegen Ende des Zweiten Weltkriegs kam er in einem russischen Gefangenenlager zu Tode. Salomon blieb fünf Jahre in Haft und arbeitete später als Autor. Auch die übrigen verbüßten verhältnismäßig kurze Haftstrafen.

Einige wanderten nach Übersee aus, andere richteten sich in geordneten bürgerlichen Leben ein, aber keiner von ihnen konnte sich vor dem Hintergrund der späteren politischen Entwicklung in Deutschland der Frage entziehen, wie sie verantworten wollten, was sie getan hatten. Zu Zeiten, als sich die Naziherrschaft unwiderruflich ankündigte, schlug einer der Verschwörer Joseph Goebbels ins Gesicht und erklärte dazu: *Wegen euch Schweinehunden haben wir Rathenau nicht erschossen!*

Aber die Nationalsozialisten wußten noch aus den fragwürdigsten Märtyrern Kapital zu schlagen. Am 17. Juli 1933, genau elf Jahre nach dem Tod der beiden Attentäter, rief die NSDAP zu einer Trauerfeier an ihren Gräbern auf. Heinrich Himmler als Reichsführer der SS vollzog die offizielle Kranzniederlegung, und Ernst Röhm hielt die Trauerrede.

Der Mord an Rathenau war beileibe kein Einzelfall. Wenn die Weimarer Republik an fehlender Führungskompetenz scheiterte, so steht das unter anderem in Zusammenhang mit den zahlreichen Opfern des politischen Terrors: Karl Liebknecht und Rosa Luxemburg, erschossen und erschlagen von Reichswehroffizieren; Matthias Erzberger, Reichsfinanzminister und Unterzeichner des Waffenstillstands, erschossen auf einer Wanderung durch den Schwarzwald; Kurt Eisner, bayerischer Ministerpräsident, erschossen auf einer Münchner Hauptstraße; Hugo Haase, Vorsitzender der USPD, erschossen auf den Stufen des Reichstagsgebäudes.

Nicht jeder Angriff endete tödlich, aber auch die gescheiterten Versuche zeigten ihre Wirkung. Philipp Scheidemann, der erste Kanzler der Republik, wurde von einem Angreifer verwundet, der ihn mit Blausäure blenden wollte. Maximilian Harden, Herausgeber der Wochenschrift ZUKUNFT, wurde von einem Schläger mit einem Stahlrohr niedergeschlagen. Die meisten der Opfer waren Linke und viele von ihnen Juden. Die Aussicht auf Gewalt, die alltäglich wurde, verfehlte ihre einschüchternde Wirkung nicht.

Diese Einschüchterung funktionierte um so nachhaltiger, als man sich darüber bewußt war, daß die konservativen Bürokraten in den Reihen der Polizei und Justiz an einer Bestrafung der Attentäter nur wenig Interesse hatten. Der klassischen Studie Emil Justus Gumbels zufolge wurden während der ersten vier Nachkriegsjahre über dreihundertfünfzig politisch motivierte Morde von Rechtsradikalen und demgegenüber zweiundzwanzig von Linksextremisten verübt, die wiederum in siebzehn Fällen mit schweren Strafen belegt wurden – in zehn Fällen sogar mit der Todesstrafe. Im Gegensatz dazu steht die Tatsache, daß bis auf zwei Fälle die rechtsgerichteten Mörder ungestraft davonkamen.

Dennoch wohnte dem Mord an Rathenau ein besonderer Schrecken inne, so daß jeder, der an diesem Tag in Berlin war, den Moment mit einer Lebhaftigkeit erinnert, die dem Vergessen widerstanden hat. *Ich war in einem Seminar von Professor Troeltsch, dem Theologen, und er kam an jenem Tag zu spät in den Seminarraum*, erzählt Rabbi Prinz. *Er war bleich, vollkommen bleich im Gesicht, zitterte und teilte dem Seminar mit: »Unser Freund Walther Rathenau ist soeben ermordet worden.« Ich erinnere mich, daß ich mit einigen Freunden in den Wald ging, einfach um nachzudenken. Für uns bedeutete dies das Ende des Judentums in Deutschland.*

Ich war im Ufa-Palast am Zoo, erzählt Fritz Bamberger, der heute an einem College in New York arbeitet, *und ich kann mich erinnern, daß wir aufs Dach des Gebäudes stiegen und die Arbeiter für Rathenau marschieren sahen. Es war merkwürdig. Er war ein hochkomplizierter Mensch, ein Produkt der kapitalistischen Gesellschaft, in der er lebte, ein ziemlich esoterischer Mensch, der sich nie ohne Anstrengung und Befangenheit einem Arbeiter hätte nähern und mit ihm reden können. Trotzdem strömten die Arbeiter auf die Straßen, Tausende von ihnen, um für Rathenau und gegen die Gewalt zu demonstrieren. Es war allen klar, daß diese schreckliche Tat keine Ausnahmeerscheinung, sondern programmatisch war. Wir ahnten, daß dieses Ereignis Konsequenzen nach sich ziehen würde.*

In der Koenigsallee ist der Geist von Walther Rathenau nur mehr ein blasser Schatten. Seine Villa steht noch, doch sie soll demnächst abgerissen werden. Der Besitzer ist nicht mehr in der Lage, das Haus zu unterhalten, und konnte keinen Käufer finden. Bald soll an seiner Stelle ein Haus mit Eigentumswohnungen entstehen.

Die Gegend in Berlin-Grunewald, in der Rathenau lebte, galt einst als ländlich. Heute ist die Koenigsallee eine vielbefahrene Hauptstraße, die in Richtung Kurfürstendamm führt. Rathenau ist am Tag auf seiner letzten Fahrt nicht so weit gekommen. Seine Route ließ ihn nur drei Straßenecken passieren, bis zu der schicksalhaften Kurve, wo die Koenigsallee nach rechts schwenkt und wo die Attentäter den Wagen überholten.

An jener Stelle ist für den Ermordeten ein fast zwei Meter hoher Gedenkstein aus dunklem Granit errichtet worden. Die Inschrift einer Metallplatte erinnert an das tragische Ereignis: *Walther Rathenau … fiel an dieser Stelle durch Mörderhand am 24. Juni 1922.* Dazu der Satz: *Die Gesundheit eines Volkes kommt nur aus seinem inneren Le-*

ben – aus dem Leben seiner Seele und seines Geistes. Der Stein ist von einigen niedrigen Eiben umwachsen, und ganz in der Nähe laden zwei Bänke zum nachdenklichen Verweilen ein. Heute, an einem verregneten Frühlingsmorgen, stoppt hier jedoch keines der vielen Autos, und auch sonst sind die Bänke meistens leer.

Vereidigung für Reichspräsident Hindenburg im Plenarsaal des Berliner Reichstags am 12. Mai 1925

Spontane Sympathiekundgebung für den neuen Präsidenten bei seiner Abfahrt vom Reichstag

Luftschiff LZ 127 »Graf Zeppelin« am Landemast in Berlin-Staaken, 1928/29

Das Hotel Adlon Unter den Linden, um 1928

Vor dem Café König Unter den Linden, 1931

Anzeige für Liköre, erschienen 1928 in der Zeitschrift »Querschnitt«

Auf der Terrasse der Konditorei Zietemann am Kurfürstendamm

Szenenfoto mit Lotte Lenya als Jenny aus der Verfilmung der »Dreigroschenoper« von Bertolt Brecht

Carl Zuckmayer

Bertolt Brecht mit Herbert Ihering, Carola Neher und Erwin Piscator (von rechts nach links)

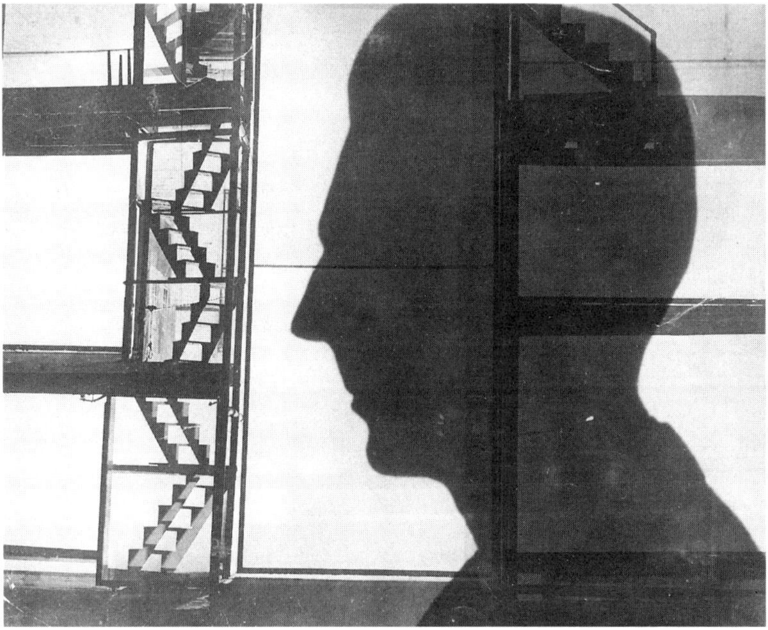

Fotomontage von 1927 mit Piscators Profil für die Uraufführung von Ernst Tollers Revue »Hoppla, wir leben«

Szenenfoto aus dem Film »Das Cabinett des Dr. Caligari« von 1919, Darsteller: Ludwig Rex (Mitte)

Szenenfoto aus »Das Cabinett des Dr. Caligari« mit Werner Krauss

Martha Westerns »Lebende Bilder« im Berliner Wintergarten

Die »Haller-Revue« im Berliner Admiralspalast

Blick auf Bühne und Zuschauerraum vom Wintergarten im Central-Hotel

Revue im Nelson-Theater

Die Bauhausmeister: Josef Albers, Hinnerk Scheper, Georg Muche, László Moholy-Nagy, Herbert Bayer, Joost Schmidt, Walter Gropius, Marcel Breuer, Wassily Kandinsky, Paul Klee, Lyonel Feininger, Gunta Stölzl, Oskar Schlemmer (von links nach rechts)

Walter Gropius

KAPITEL 7

»Eine Art Irrsinn«

1923

Es gab nichts, was die zynische Beziehung
der kraftlosen Bevölkerung zur grimmigen
Bauweise besser ausdrücken konnte
als der Glaube der Berliner, daß einer
der steinernen Löwen vor dem Schloß
am Ende der Linden aufbrüllte,
wenn eine Jungfrau an ihm vorbeiging.

STEPHEN SPENDER

In meiner Collegezeit, in den vierziger Jahren, hatte ich eine Phase, in der ich mich gern extravagant gab, erzählt mir ein konservativ gekleideter Anwalt, der heute eine Kanzlei in New York führt. *Das war damals anders als heute, wo ausgefallene Kleidung beinahe schon zum guten Ton gehört und zur Uniform wird. Seinerzeit fiel ich noch auf, wenn ich mit einem Borsalino auf dem Campus auftauchte, mit Windsor-Krawatten, einem florentinischen Spazierstock und verschiedenen Umhängen, mit Stiefeln und Tüchern. Meine Mutter hatte auch Spaß daran und schenkte mir die alte Taschenuhr ihres Vaters, die schon seit Jahren nicht mehr ging, sich aber besonders schick in meiner Westentasche machte. Mein Vater trennte sich von einer alten deutschen Uhrkette, die aus kleinen, aneinandergeketteten Eisenplättchen bestand, auf denen je ein Wort stand: »Gold für Wehr, Eisen für Ehr«. Wissen Sie, seine Eltern hatten nämlich während des Ersten Weltkriegs ihr gesamtes Gold hergeben müssen, darunter auch die goldene Uhrkette meines Großvaters, und das hatten sie dafür bekommen. Dieser Umtausch – wertbeständiges Gold gegen wertloses Eisen und dazu patriotische Phrasen – ist symbolisch für die Geschichte einer ganzen Generation deutscher Mittelstandsbürger.*

Die Leute hatten gearbeitet und gespart und ihr Gespartes in Gold angelegt. Gold, so glaubten sie, würde alle Unwetter von Krieg und Revolution überleben. Als diese Stürme dann hereinbrachen, war das Kriegskabinett des Kaisers zu zaghaft – oder vielleicht selber zu sehr Mittelstand –, das benötigte Gold kurzerhand zu beschlagnahmen. Da sie es aber dringend brauchten, »borgten« sie es und gaben dafür Papiernoten, nahmen Gold und gaben den Menschen dafür eiserne Uhrketten. *Durch fortgesetzte Inflation können Regierungen sich insgeheim und unbeachtet einen wesentlichen Teil des Vermögens ihrer Untertanen aneignen*, beobachtete der englische Ökonom Keynes. *Dieser Vorgang stellt alle geheimen Kräfte der Wirtschaftsgesetze in den Dienst der Zerstörung, und zwar auf eine Weise, die nicht einer unter Millionen richtig zu erkennen imstande ist.*

Die endgültige Rückzahlung, so meinten die Deutschen, würden letzten Endes die besiegten Franzosen und Engländer zu leisten haben. Bismarck hatte ja schließlich anno 1871 den geschlagenen Franzosen eine Reparationsleistung von fünf Milliarden Franc auferlegt, womit nicht nur die Kosten des Krieges gedeckt waren, sondern auch der rapide Aufschwung der Gründerjahre ausgelöst wurde. Für die ungleich höheren Ausgaben des Ersten Weltkriegs sollte der kaiserliche Finanzminister Karl Helfferich tatsächlich hundertfünfzig Milliarden Mark einfordern, sobald die Kampfhandlungen eingestellt wurden. Unglücklicherweise war es jedoch Clemenceau, der in Versailles verkündete, daß die Stunde der Abrechnung geschlagen habe. Clemenceau verlangte vollständigen Ausgleich für die französischen Kriegsschäden, für fünf Millionen Tote und Verwundete, für viertausend zerstörte Gemeinden und zwanzigtausend ruinierte Unternehmen. Er erklärte, daß die Deutschen, wenn nötig, auf hundert Jahre hinaus zu zahlen haben würden – mit Zinsen –, und die Briten blieben mit ihren Forderungen kaum dahinter zurück. In London machte man sich lediglich realistischere Vorstellungen von der deutschen Zahlungsfähigkeit. Trotzdem einigte sich eine Kommission britischer Experten auf die Summe von achthundert Milliarden Mark, erheblich mehr als das gesamte deutsche Staatsvermögen. Die Deutschen boten an, hundert Milliarden ohne Zinsen zu zahlen, aber die Alliierten lehnten verächtlich ab. Statt dessen dekretierten sie eine anfängliche Zahlung von fünf Milliarden Dollar in Gold und dazu die Lieferung beträchtlicher Mengen Kohlen, Chemikalien und anderer Sachleistungen, zu realisieren bis Mai 1921. Die endgültige Summe der Reparationen sollte bei späteren Verhandlungen festgelegt werden. Und weil die Unterhändler sich in diesem Punkt nicht einig werden konnten, wurde die Reparationsfrage nicht nur zur Ursache für endlose Auseinandersetzungen zwischen den Deutschen und den Alliierten, sondern trug auch zum ruinösen Verfall der deutschen Mark bei.

In den ersten beiden Jahren machte sich das noch nicht in vollem Ausmaß bemerkbar. Von 1918 bis zum Sommer 1921 rutschte der Kurs der Mark von den gewöhnlichen vier Mark zwanzig je Dollar auf fünfundsiebzig Mark ab. Das war schlimm, aber vergleichsweise noch nicht bedrohlich. Außerdem waren die Menschen mit näherliegenden Problemen beschäftigt. *Der Hunger ist es, woran ich mich am eindringlichsten erinnere, wenn ich an die Jahre 1919 und 1920 denke*, erzählt Salka Viertel, damals eine dunkelhaarige schöne Schauspielerin. Heute lebt die inzwischen weißhaarige Dame im Schweizer Luftkurort Klosters. *Ich war ständig hungrig und fror. Manchmal war ich ein wenig beschwipst, denn Alkohol konnte man immer bekommen, auch wenn man nur wenig Geld hatte.*

Auch diejenigen, die noch mehr Geld besaßen, mußten erleben, wie es an Wert verlor und sich gewissermaßen in Luft auflöste. *Mein Vater hinterließ ein Vermögen von achthunderttausend Mark*, erinnert sich ein Harvard-Professor an jene Zeiten, *aber im Sommer 1922 war der Kurs auf vierhundert Mark für einen Dollar gefallen. Von Monat zu Monat wurde es schlimmer. Von den letzten fünfundsechzigtausend Mark kaufte meine Mutter schließlich eine Schreibmaschine und begann, Abschlußarbeiten für Studenten zu tippen, um ihre jüngsten Kinder durchzubringen. Ich ging in jenem Frühjahr nach Holland und suchte nach irgendeiner Möglichkeit, an harte Währung zu kommen. In den Kohlegruben bei Limburg fand ich Arbeit. Wir arbeiteten ganz unten, auf der Sohle der Mine, und hackten mit Spitzhacken, was wir konnten. Es war ungeheuer heiß, um die vierzig Grad, und staubig, aber am Ende der Frühlingsferien hatte ich fünfzig Gulden zusammengespart und dachte darüber nach, wie ich der Inflation ein Schnippchen schlagen könnte. Ich benutzte die Gulden als Sicherheit für einen kurzfristigen Bankkredit, den ich mit den abgewerteten Märkern zurückzahlte. Dann nahm ich einen neuen Kredit auf. Auf diese Weise finanzierte ich mir ein ganzes Semester in Heidelberg und hatte am Ende immer noch dieselben fünfzig Gulden.*

Der Mordanschlag auf Walther Rathenau erschütterte den restlichen Glauben an eine Verbesserung der deutschen Verhältnisse. Von vierhundert Mark pro Dollar im Sommer 1922 fiel der Kurs auf siebentausend am ersten Januar 1923 und sank Woche um Woche mehr. In jenem kalten Januar 1923 spitzte sich die Krise zur Katastrophe zu. Das Kabinett von Reichskanzler Wirth war Ende 1922 auseinandergebrochen, nachdem die Sozialdemokraten ihm die Zusammenarbeit aufgekündigt hatten. Reichspräsident Ebert versuchte, eine konservativere Koalition zusammenzubringen, die die Unterstützung der Großindustrie gewinnen und mit den ökonomischen Problemen fertig werden könnte. Zum Reichskanzler berief er den höheren Ministerialbeamten und Generaldirektor der Hamburg-Amerika-Linie, Wilhelm Cuno, dessen elegante Manieren und gewandtes Auftreten für gewisse Zeit darüber hinwegtäuschten, daß er für die politische Führung einer aus den Fugen geratenen Nation denkbar ungeeignet war. *Auch diese Zigarre wird wegen ihres vorzüglichen Deckblattes eines Tages geraucht werden müssen,* hatte Rathenau einmal in Anspielung auf Cuno geäußert.

Unterdessen hielten die Auseinandersetzungen über die Reparationsfrage weiter an. Die Deutschen baten um ein Moratorium und reduzierten die Rohstofflieferungen, um Zeit zu gewinnen und bessere Bedingungen auszuhandeln. Der unnachgiebige französische Premier Raymond Poincaré ließ sich auf diese Taktik nicht ein. Er suchte geradezu nach einem Vorwand, der den Franzosen erlaubte, einen Bruch des Vertrags von Versailles zu konstatieren und einen neuerlichen Einmarsch nach Deutschland zu rechtfertigen. Dem britischen Premierminister Bonar Law gegenüber verkündete er, daß er am 15. Januar ins Ruhrgebiet einmarschieren werde, ganz gleich, was geschehe. Als die Deutschen weiter auf Zeit spielten, führten die Franzosen offizielle Beschwerde über die ausstehende Lieferung von Telefonmasten aus Deutschland. Die Briten nahmen die französische Beschwerde nicht sonderlich ernst – der englische Gesandte Sir John Bradbury äußerte, es gebe in der Geschichte keine vergleichbare politische Verwendung von Holz zu politischen Zwecken, seit die Griechen vor Troja ihr Pferd gezimmert hatten. Darüber hinaus monierten die Franzosen nun Kürzungen in den Kohlenlieferungen von der Ruhr. Ungeachtet britischer Proteste entsandten sie am 11. Januar 1923 eine französisch-belgische Kontrollkommission an die Ruhr, die eine pünktliche Auslieferung überwachen sollte.

Zu ihrem Erstaunen stellte die Kommission fest, daß das deutsche Kohlensyndikat seine Zelte im Ruhrgebiet abgebrochen und sich in Hamburg angesiedelt hatte. Die Franzosen hatten bisher nur wenige Truppen zum »Schutz« der Kommissionsmitglieder entsandt und stießen nun mit zusätzlichen Einheiten nach. Daraufhin setzte die deutsche Regierung alle Reparationsleistungen aus und rief dazu auf, der französischen Invasion im Ruhrgebiet mit passivem Widerstand zu begegnen. Im Gegenzug entließen die Franzosen daraufhin jeden Beamten im Ruhrgebiet, der sich ihren Befehlen widersetzte. Wer den Anordnungen nicht folgte oder versuchte, Gewalt anzuwenden, wurde festgenommen. Am 31. März kam es in den Krupp-Werken in Essen zu Zusammenstößen, in deren Verlauf französische Einheiten das Feuer auf eine Versammlung von Arbeitern eröffneten und dreizehn von ihnen töteten. Inzwischen hatten die Franzosen das gesamte Ruhrgebiet unter ihre Militärherrschaft gebracht. Deutschland verlor sein industrielles Zentrum und war damit an seiner empfindlichsten Stelle getroffen und büßte allein achtzig Prozent seiner Stahlproduktion ein.

Die Mark verlor rasanter als je zuvor an Wert. Wurden im Januar noch siebentausend Mark für einen Dollar notiert, fiel der Kurs bis Juli auf hundertsechzigtausend. Einen Monat später lag er bei einer Million. Die deutsche Regierung fühlte sich jetzt verpflichtet, die arbeitslos gewordenen Ruhrarbeiter zu unterstützen, und druckte immer mehr Geld. In der Verlagszentrale der Ullstein-Zeitungen an der Kochstraße requirierten Beamte die Druckmaschinen, um das zunehmend wertlose Papier auszustoßen. *Alle Türen wurden verschlossen, und die Reichsbankbeamten bezogen Wachposten*, erinnerte sich Hermann Ullstein. *An den Maschinen saßen ältere Frauen, die gebannt auf jene Teile der Maschinen starrten, aus denen die fertigen Produkte herausschossen. Die Pflicht dieser Frauen war es, dafür zu sorgen, daß die Milliarden-Mark-Scheine in die richtigen Körbe verstaut und den Beamten ausgehändigt wurden. Sie mußten auf jede einzelne Milliarde aufpassen. Beamte sind manchmal etwas kleinlich.*

Mitte 1923 war ganz Deutschland wie von einem Fieberwahn geschüttelt. Wer eine Anstellung hatte, wurde täglich bezahlt, gewöhnlich zur Mittagszeit, um dann mit einem Sack voller Banknoten in den nächstgelegenen Laden zu rennen und zu kaufen, was man ergattern konnte, koste es, was es wolle. In ihrem Wahn und auf der Jagd nach

Sachwerten bezahlten die Leute Millionen und Milliarden für Kuckucksuhren oder Schuhe, die nicht paßten. Entscheidend war allein der Tauschwert der Dinge. Der berühmte Dirigent Bruno Walter mußte seine Proben mit dem Orchester für den täglichen Mittagsrun unterbrechen, und es konnte passieren, daß seine Musiker ihm nach der Pause triumphierend einen Beutel Salz präsentierten: den Lohn für die Arbeit eines ganzen Tages. In der Schlacht ums Überleben bekamen die Menschen ihren Sold auch in anderen merkwürdigen Währungen. *Ich habe drei Chinesen Anatomieunterricht gegeben*, erzählt die Frau des Psychoanalytikers Henry Lowenfeld. *Ich konnte kein Wort Chinesisch, und sie sprachen kein Wort Deutsch, so daß ich sie mit Hilfe von Zeichnungen und einer Zeichensprache unterrichten mußte. Nach jeder Stunde wurde ich mit Tee bezahlt – wunderbarem Tee – und kleinen Küchlein.*

Artur Schnabel wurde nach einem Konzert in der Philharmonie mit einem Koffer voller Scheine ausgezahlt. *Ich … mußte … einen Mann bitten, mir meine Gage nach Hause tragen zu helfen,* schrieb er später. *Unterwegs kamen wir an einem Feinkostgeschäft vorbei, und um meinen Helfer zu entlasten, investierte ich die Hälfte in ein Paar Würstchen. Am nächsten Morgen entnahm ich der Zeitung, daß ich nun für die andere Hälfte nicht einmal mehr ein einziges Würstchen bekommen würde.*

Lebensmittel waren längst zum eigentlichen Zahlungsmittel erhoben worden. *Alle Gespräche drehten sich damals ums Essen,* kann man bei George Grosz nachlesen. *[B]eim Frühstück (Kohlrübenkaffee und kunsthonigbeschmierte, graugrüne Schrippe) sprach man vom Mittagessen, und beim Mittagessen (Kohlrübenkoteletts, Muschelpudding und Kohlrübenkaffee) vom Abendbrot (Muschelwurst, graugrüne Schrippe mit Kunsthonig und kalter Kohlrübenkaffee).* Weil Lebensmittel eine echte Währung geworden waren, etablierte sich bald ein neues Gewerbe, das der Hamsterer. Eine dieser Gestalten nahm Grosz mit in sein Hauptquartier – eine mit Butterfässern, Mehlsäcken und anderen Reichtümern vollgestopfte Wohnung. Dort sah Grosz *blaue, russisch beschriftete Blechbüchsen mit Kaviar, aufgestapelt bis an die Decke, wenn überhaupt noch so etwas wie eine Decke zu sehen war. Denn wie Früchte oder Stalaktiten hingen da Hunderte von Würsten: rote Zervelatwürste, … Hunderte von Speckseiten, durchwachsen, undurchwachsen, … alle Sorten Schinken, vom glatten, wurstartigen*

Lachsschinken bis zum übergroßen, katengeräucherten Westfälischen. Der Schwarzmarkthändler, ein Restaurantkoch, reichte Grosz eine Schinkenstulle und ein Gläschen Gin und sagte: *Prost, mein Lieber – es lebe das Schlaraffenland!*

Auch den Fremden erschien Berlin 1923 wie eine Brueghelsche Vision vom Schlaraffenland. Der Kritiker Malcolm Cowley besuchte seine Freunde Matthew Josephson und Harold Loeb in Berlin, die dorthin gezogen waren, weil sie hier ihre kleine Zeitschrift BROOM viel billiger produzieren konnten. Cowley war verblüfft darüber, daß *Josephson für einen Lohn von hundert US-Dollar pro Monat in einem Doppelhaus mit zwei Angestellten, Reitstunden für seine Frau, Essen nur in den nobelsten Restaurants, Trinkgeldgaben fürs Orchester, Bildersammelei und Zuwendungen an bedürftige deutsche Schriftsteller lebte. – Ausländer führten ein Irrsinnsleben in Berlin, und niemand konnte dort wirklich glücklich sein. Wir beeilten uns, zurück nach Frankreich zu kommen, in einem internationalen Zug voller Schmuggler.*

Die Berliner tauschten, was das Zeug hielt, und schlugen sich irgendwie durch. Sie überlebten, und mitunter brachten sie es sogar zum Erfolg. Dem ehrgeizigen und begabten jungen Regisseur Berthold Viertel beispielsweise, der schon lange den Traum vom eigenen Theater hatte, verhalf die Inflation zu einem Sponsor, einem Währungsspekulanten, der sich im kulturellen Leben Prestige verschaffen wollte. Viertel, das Vorbild für die Figur des eigenwilligen Regisseurs in Christopher Isherwoods PRATERVEILCHEN, stellte schnell entschlossen DIE TRUPPE auf die Beine und beauftragte zwei Bauhaus-Studenten mit dem Entwurf eines zeitgemäßen Bühnenbildes für Shakespeares KAUFMANN VON VENEDIG, mit Fritz Kortner in der Hauptrolle. Die Schauspieler bekamen eine Mindestgage von neun Millionen Mark im Jahr, bei gleitender Lohnerhöhung, doch die Mark rannte ihnen davon.

Die noch lebenden Zeitgenossen jener verrückten Jahre lächeln heute über den Irrsinn dieser Zeit. Das täuscht aber nicht darüber hinweg, daß der wirtschaftliche Zusammenbruch großes Leid über die Armen und Hilflosen brachte, und obwohl durch die Inflation praktisch alle gleichermaßen verarmten, so waren doch viele noch ärmer geworden als andere. Louis Lochner, der zu dieser Zeit nach Berlin kam und später Geschäftsleiter der Associated Press wurde, schilderte seinen ersten Eindruck so: *Elegante Privatwagen glitten unter den Linden dahin, die Cafés waren überfüllt von modisch gekleideten Da-*

men und Herren. Aber bald sollte er in den Seitenstraßen der mondänen Boulevards eine andere Seite des hauptstädtischen Lebens kennenlernen: *In meinen ersten Berliner Tagen besuchte ich eine Kinderfürsorge, ein überaltertes, baufälliges Haus mit ausgetretenen Treppen. In dem langen Korridor stand eine Reihe wartender Männer, Frauen und Kinder, die ausnahmslos kränklich, abgemergelt und unterernährt aussahen. Kinder, die man für acht, höchstens neun halten mochte, waren in Wahrheit dreizehn Jahre alt. Wie man mir sagte, gab es damals 15 000 tuberkulöse Kinder in Berlin, 23 Prozent aller Berliner Kinder waren laut Bericht des städtischen Gesundheitsamtes unterernährt, 22 Prozent der im Jahre 1921 schulentlassenen Jungen und Mädchen besaßen nicht die normale Körpergröße und das Normalgewicht, und 30 Prozent waren aus gesundheitlichen Gründen nicht arbeitsfähig.* Die Alten waren ebenso hilflos. Ein älterer Schriftsteller, Maximilian Bern, hob seine ganzen Ersparnisse, mehr als hunderttausend Mark, von seinem Konto ab und bezahlte damit eine U-Bahn-Fahrkarte. Er leistete sich eine letzte Fahrt quer durch Berlin. Dann schloß er sich in seine Wohnung ein und verhungerte. *Die Straßen waren dunkel ... Es herrschte eine schwelende Bürgerkriegsstimmung,* schreibt George Grosz. *[W]ir ... duckten uns in den hohen Torbogen dicht an die kleinen Portierslogen – denn vor lauter Angst, weil sie es drinnen nicht mehr aushielten, gingen die Leute damals auf die Dächer hinauf und schossen nach Menschen und Tauben.*

Das wesentliche Merkmal der Katastrophe war der vollständige Verlust allen Vertrauens in die Funktionsfähigkeit der Gesellschaft. Geld ist schließlich nicht nur ökonomisches Tauschmittel, sondern auch der Maßstab, mit dem die Gesellschaft unsere Arbeit und somit uns selber mißt. Wenn alles Geld seinen Wert verliert, dann verlieren auch die Regierung, die Gesellschaft und alle sonstigen Maßstäbe ihren Wert. In den wahnwitzigen Zeiten von 1923 war die Arbeit eines Arbeiters wertlos, waren die Ersparnisse einer Witwe wertlos, war alles wertlos. *Der Zusammenbruch der Währung bedeutete aber nicht allein den Tod des Handels, Bankrotte, Lebensmittelknappheit in den Großstädten und Arbeitslosigkeit*, so der Historiker Alan Bullock, *sondern er ging, wie es einzig und allein bei einer wirtschaftlichen Katastrophe der Fall ist, bis in die untersten Schichten hinein; jeder einzelne wurde betroffen, und zwar in einer Weise, wie sie kein politisches Ereignis zu bewirken vermag. Mit einer Erbarmungslosigkeit, die in keiner Revo-*

lution ihresgleichen hat, wurden mit einem Schlage die Ersparnisse des Mittelstandes und der Arbeiterschaft ausgelöscht. Gleichzeitig sank die Kaufkraft der Löhne auf ein Nichts.

Ja, die Inflation war das weitaus folgenschwerste Ereignis jener Zeit, bestätigt mir eine fünfundsiebzigjährige Journalistin, die noch immer in Berlin lebt. *Die Inflation löschte die Ersparnisse der Mittelschicht aus, aber was können Worte schon beschreiben. Sie müssen sich einmal überlegen, was das bedeutete. Damals war es noch üblich, daß die Mädchen aus der Mittelschicht erst dann heirateten, wenn deren Vater eine Mitgift aufbrachte. Selbst die Dienstmädchen gaben nie einen einzigen Pfennig ihres Lohns aus. Sie sparten und sparten, um heiraten zu können. Als das Geld wertlos wurde, war es mit ihren Heiratsplänen vorbei. Und vorbei war es auch mit Moral und Sitte, denn wozu sollten sie jetzt noch bis zur Ehe keusch bleiben?*

Natürlich hielten sich ohnehin nicht alle Mädchen an diese Moralvorschriften, doch es gab so etwas wie eine öffentliche Übereinkunft. Mit der Inflation setzte sich bei den Mädchen die Ansicht durch, daß Keuschheit keine Rolle mehr spiele. Das war eine Art Befreiung.

Professor Fritz Bamberger zeichnet einen Berliner Stadtplan: Für die Linden waagerechte Linien, senkrechte für ihre wichtigste Querstraße, die Friedrichstraße. Professor Bamberger sitzt in seinem Arbeitszimmer auf der East Side Manhattans, umgeben von ledergebundenen Spinoza-Bänden. Behutsam zieht er seine Striche mit einem silbernen Bleistift auf einen kleinen Schreibblock. Obwohl er schon hoch in den Sechzigern ist, erinnert er sich lebhaft an die Zeit in Berlin: *Hier, im Norden*, sagt er, während er sorgsam strichelt, *war eine kleine Brücke, die Weidendammer Brücke, dann kam die Chausseestraße, und die war voll mit jungen Mädchen. Und älteren, die sich auf jung schminkten. Alle hatten sich aufgetakelt und trugen Super-Minis und schlenkerten mit ihren Handtaschen. Überall gab es hier billige Stundenhotels und Tanzlokale …*

Jetzt, Ende der sechziger Jahre, sieht die Friedrichstraße in Ostberlin ziemlich verändert aus. Lenkt man seine Schritte vom düsteren alten Bahnhof aus in Richtung Norden, sucht man vergeblich nach den Bars und Tanzlokalen. Statt dessen stehen dort das Haus der Tschechischen und auch das Haus der Polnischen Kultur. Noch immer thronen auf den Laternenpfählen der Weidendammer Brücke die finster auf Berlin blickenden Adler aus Eisen. Die Mädchen sehen aus wie überall, wie sie in ihren dunkelbraunen Regenmänteln über die Brücke huschen und sich an ihre Einkaufstüten klammern. Doch eine Frau, die weiter unten auf der Friedrichstraße wohnt, erzählt mir: *Warten Sie bis abends um sieben, dann werden Sie sehen, wie die U-Bahnen aus dem Westen mit italienischen Arbeitern und Arabern und allem möglichen Volk kommen, die alle nach Mädchen suchen. Sie sind hier immer noch billiger als im Westen.*

Na ja, klar, Prostitution war eins der großen Vergnügen hier in der Stadt, bestätigt mir ein alter Berliner. *Die Mädels waren alle polizeilich registriert und mußten unter ärztlicher Kontrolle stehen. Und wenn man sich von einer irgendwas einfing, konnte man sie sogar wegen Körperverletzung verklagen und sogar noch Geld dabei herausschlagen.*

Sie liefen auf der Friedrichstraße oder dem Kurfürstendamm auf und ab und standen an der Tauentzienstraße beisammen, für jedermann an ihrem Aufzug erkennbar. Klaus Mann beschrieb das so: *Manche von ihnen waren kindlich jung, während andere die tiefen Furchen um Mund und Augen mit keiner Schminke mehr kaschieren konnten. Es gab frierende kleine Mädchen im abgeschabten Mäntelchen, stolze Kokotten im Pelz, üppige Blondinen mit gemütlich rheinischem Akzent, fesche Jüdinnen mit einladend feuchtem Blick. Es gab Weiblichkeit in jeder Preislage, für jeden Geschmack, selbst für den ausgefallensten. Einige der Damen – grimmige Matronen in strenggeschnittenen Kostümen – fielen durch hohe Stiefel aus rotem oder grünem Leder auf. Es war eine dieser Gestiefelten, die mir zu meinem Entzücken heiser zuflüsterte: »Magste Sklave sein?«, wozu sie auch noch eine Reitgerte an meiner Wange vorbei durch die Luft zischen ließ.* Dem Filmregisseur Josef von Sternberg fiel ein anderer Typ von Mädchen ins Auge, der *mit Pferdeschwänzen und Schulbüchern herum[lief], um diejenigen, die sich für sie interessierten, grimmig und mit geballten Fäusten anzulocken.* Jede Königin der Nacht konnte sich jedoch in Berlin auch als Mann entpuppen. Als eines der schönsten »Mädchen« auf der Straße galt Conrad Veidt, der später ein internationaler Filmstar wurde.

Alle Werte waren verändert und … Berlin verwandelte sich in das Babel der Welt, schrieb Stefan Zweig. *Bars, Rummelplätze und Schnapsbuden schossen auf wie die Pilze … Den Kurfürstendamm ent-*

lang promenierten geschminkte Jungen mit künstlichen Taillen und nicht nur Professionelle; jeder Gymnasiast wollte sich etwas verdienen, und in den verdunkelten Bars sah man Staatssekretäre und hohe Finanzleute ohne Scham betrunkene Matrosen zärtlich hofieren. Selbst das Rom des Sueton hat keine solchen Orgien gekannt wie die Berliner Transvestitenbälle, wo Hunderte von Männern in Frauenkleidern und Frauen in Männerkleidern unter den wohlwollenden Blicken der Polizei tanzten. Eine Art Irrsinn ergriff im Sturz aller Werte gerade die bürgerlichen, in ihrer Ordnung bisher unerschütterlichen Kreise ... Aber das Widrigste an dieser pathetischen Erotik war ihre grauenhafte Unechtheit. Im Grunde war die deutsche Orgiastik, die mit der Inflation ausbrach, nur fiebriges Nachäffertum ... und ... die ganze kriegsmüde Nation [sehnte] sich eigentlich nur nach Ordnung, Ruhe, nach ein bißchen Sicherheit und Bürgerlichkeit.

Auch in den heutigen Wohlstandszeiten von 1970 klappern die Mädchen den Kurfürstendamm auf und ab. Sie sind jung und hübsch, und ihre Anmache ist dreist wie eh und je. Ihre Stiefel sind topmodisch, und sie tragen noch immer Regenschirme – was vermutlich weniger auf einen ausgefallenen Hang zum Fetischismus zurückzuführen ist als auf das regnerische Wetter in Berlin. *Na?* fragt mich eine auf der feuchtglänzenden und von Neonlichtern rot und blau gestreiften Straße. *Spazierengehn?*

Ich besuche den sechsundsechzigjährigen Schriftsteller Christopher Isherwood in London, der sich noch immer seine Jugendlichkeit bewahrt hat, und frage ihn, ob er etwas über das Schicksal der berühmten Nachtklubs von damals wisse. *Haben sie den Krieg und die wechselvollen Zeiten überstanden?*

Also, das Cozy Corner ist heute eine Zahnarztpraxis, erzählt er lächelnd, *aber ich habe gehört, das Kleist Casino würde noch existieren.*

Tatsächlich finde ich in Berlin jenes alte Casino. Es liegt in der Kleiststraße, und ich entdecke die Buchstaben KC auf der wenig einladenden Eingangstür. Im Innern ist es trüb und dunkel. Die beiden jungen Männer hinter der Theke des kleinen Foyers machen einen unauffälligen Eindruck. Einer von ihnen besteht darauf, daß die Mäntel für fünfzig Pfennig an der Garderobe abgegeben werden. Der andere nimmt keine Notiz und blättert gelangweilt in einem Männermagazin. Nichts vom ehemaligen Glanz der eleganten Halbwelt ist hier mehr zu spüren.

Blau-Weiß gestreifte Baldachine sacken von der Decke herab, Sträuße verblichener Stoffblumen zieren die kastanienbraunen Tapeten, und die Bar ist in ein müdes Licht getaucht. Junge Männer in Lederjacken lungern schweigend herum, andere tragen brave Straßenanzüge. Im Hintergrund tanzen zwei Pärchen ohne besondere Hingabe. Müder Abglanz schillernder Nächte.

In seinen Erinnerungen an die *weitaus unmoralischste Stadt in Europa*, wie der Schauspieler Walter Slezak Berlin genannt hatte, entsann er sich Geschichten aus einem anderen Etablissement: *Das Eldorado, wo männliche und weibliche Transvestiten auftraten, übte große Anziehungskraft auf Homosexuelle und Neugierige aus, und man betrieb sein Geschäft ganz offen unter den nachsichtigen Augen der Polizei.* Auch ein halbes Jahrhundert später gibt es das »Eldorado« noch, und es betreibt sein Geschäft noch immer in der Martin-Luther-Straße. In einschlägigen Reiseführern wird es als Attraktion für Neugierige und Touristen gehandelt. Alle Kellnerinnen, Garderobieren und Barmädchen im »Eldorado« sind Transvestiten.

Gleich gegenüber dem zerbombten Turm der Kaiser-Wilhelm-Gedächtniskirche treibt Beate Uhses Sex-Supermarkt freizügige Blüten. Beate Uhse war im Zweiten Weltkrieg Kampffliegerin und suchte nach einer Möglichkeit, vom Wirtschaftswunder zu profitieren. Ihre Idee, einen Laden für Erotika zu eröffnen, brachte ihr einen solchen Erfolg, daß sich daraus eine ganze Ladenkette entwickelte. In den Schaufenstern des Berliner Stammhauses liegen all die Dinge, die man auch am Time Square in New York finden könnte. Angesichts der derzeitigen sexuellen Revolution wirkt der Hedonismus der zwanziger Jahre geradezu unschuldig.

Auf den schwindelerregenden Spiralrampen des Guggenheim Museums in New York war vor einiger Zeit eine Ausstellung mit Bildern von László Moholy-Nagy, einem der bedeutendsten Bauhaus-Künstler, zu sehen. Eines der Bilder war eine Collage mit dem Titel PLEITEGEIER, auf der ein riesiger Vogel unheilvoll über den Silhouetten zweier Männer schwebt. Das Eindrucksvollste an dieser Collage war, daß der Künstler sie ganz aus Banknoten zusammengesetzt hatte. In einer Katalognotiz erklärt Moholy-Nagy, wie er in dem schrecklichen Winter 1922/23 mit Kurt Schwitters zusammen in einer Mansarde in der Spichernstraße hauste. Da sie kein Geld für Farbe und Leinwand besaßen, folgte er Schwitters' Beispiel und verarbeitete das wertlose Geld zu Collagen.

Es gab damals Menschen, die wie Pleitegeier über dem Unglück kreisten und es heraufbeschworen, wenn nicht sogar Profit aus ihm zogen. Das war allerorten zu spüren. Wirtschaftssysteme, so nimmt man gemeinhin an, brechen nicht von allein zusammen, also mußte es einen Verantwortlichen geben. In einer Zeit, in der an Stelle der rasant verfallenden Währung der Tauschhandel blühte, fanden sogar Kinder neue Möglichkeiten, sich zu bereichern. *Halbwüchsige Jungen, die eine Kiste Seife im Hafen vergessen gefunden, sausten monatelang in Autos herum und lebten wie Fürsten, indem sie jeden Tag ein Stück verkauften, während ihre Eltern, einstmals reiche Leute, als Bettler herumschlichen*, schrieb Stefan Zweig. *Austräger gründeten Bankhäuser und spekulierten in allen Valuten.*

Bezeichnenderweise stieg der Fremdenhaß in jenen Zeiten enorm an. Denn natürlich nutzten auch Ausländer die Chance und spekulierten. *Man konnte ein Haus, das seine fünfzigtausend Mark wert war, für fünfhundert Dollar kaufen. Ganze Straßen gingen in den Besitz von Tschechen, Franzosen oder Schweizern über. Sie kauften ganz Berlin auf, und nicht nur Berlin*, erzählt ein Geschäftsmann von damals.

Aber auch deutsche Unternehmer wußten sich Fremdwährung zu verschaffen. So konnten Verleger, die nur einen geringen Teil ihrer Zeitschriften- oder Buchauflagen in die Schweiz verkauften, ihr Unternehmen mit diesem Erlös aufrechterhalten. Ein Filmproduzent, dem es gelang, einen Film nach Hollywood zu veräußern, wurde zum Krösus. Und selbst ohne Einkünfte aus dem Ausland konnte jeder Geschäftsmann, der über einen größeren Kreditrahmen verfügte, mit geborgtem Geld Waren kaufen, seinen Arbeitern den Mindestlohn zahlen und dann seine Schulden und Steuern mit dem abgewerteten Geld begleichen.

Der Großmeister all der Spekulanten, die im nationalen Ruin eine Chance erblickten, war Hugo Stinnes. Obwohl er aus wohlhabendem Hause kam, begann Stinnes seine Laufbahn zunächst als kleiner Angestellter, arbeitete dann als Bergmann und eröffnete schließlich anno 1893 ein eigenes kleines Kohleunternehmen. Selbst als er es bereits zum Millionär gebracht hatte, trat er in derber Arbeitskluft auf.

Er trug immer alles in den Hosentaschen bei sich, erinnert sich der Wirtschaftswissenschaftler Hans Staudinger. *Alles, von seinen Ge-*

schäftsbüchern bis zu den Namen der Firmen, die er kaufen wollte. Und er telefonierte Tag und Nacht, um seine ganzen Geschäfte am Laufen zu halten. Er sprach mit einer hohen Stimme und immer sehr langsam. Ich fragte ihn einmal, warum er immer so langsam spreche. Er antwortete: »Weil dann die Leute zuhören.« Das Problem war, daß er glaubte, die Inflation würde nie aufhören. Also lebte er auf Pump. Er hatte seine eigene Bank in Holland, wo die deutschen Geschäftsleute ihr Geld in Sicherheit wähnten. Stinnes nahm dieses Geld und kaufte ihnen damit ihre eigenen Firmen ab. Das hat er mir selbst erzählt.

Die Grundlage von Stinnes' Reichtum waren die Bergwerke. Die Bergwerke produzierten Kohlen, und Kohlen produzierten Devisen, und wenn man Devisen hatte, brauchte man nur noch Wagemut und Rücksichtslosigkeit, um ein Imperium aufzubauen. Stinnes kaufte alles, was er kriegen konnte – Schiffahrtslinien, Fabriken, Landgüter – auf Kredit, bis er das größte Unternehmenskartell in Europa aufgebaut hatte. Er besaß alles in allem mehr als zweitausend Unternehmen.

Die Frage nach den Ursachen der Inflation und den treibenden Kräften ist nur schwer zu beantworten. Nationalistisch gesinnte Deutsche haben die Schuld schon immer in den alliierten Reparationsforderungen gesehen, und es ist unzweifelhaft, daß jede Währung darunter leiden würde, wenn ein Land sein nationales Vermögen und einen Großteil der Produktion für die Begleichung internationaler Verpflichtungen verwenden müßte.

Kritische Haltungen erwachsen aus dem Vorwurf, die deutsche Regierung habe – gedrängt von Großindustriellen und Großgrundbesitzern – ein gigantisches Betrugsmanöver inszenieren wollen Der Historiker William Shirer beschreibt das in seinem Buch AUFSTIEG UND FALL DES DRITTEN REICHES als vorsätzliche Abwertung der Mark, *um den Staat von seiner öffentlichen Schuld zu befreien, sich den Reparationszahlungen zu entziehen und die französische Ruhrbesetzung zu sabotieren. Überdies ermöglichte es der Währungsverfall der deutschen Schwerindustrie, ihre Obligationen in wertloser Papiermark zurückzuzahlen und dadurch ihre Schulden loszuwerden.*

Dies mag zum Teil zutreffen, aber historische Verschwörungstheorien sind generell mit Vorsicht zu genießen, vor allem wenn die Ursachen für die Ereignisse möglicherweise in fundamentaler Unkenntnis lagen. Der zyklische Verlauf wirtschaftlicher und damit auch währungspolitischer Entwicklungen ist ein diffiziler Gegenstand, und nach wie vor bleibt die Kontrolle von Konjunkturzyklen und Devisenkursen eine beinahe unberechenbare Angelegenheit. So war es vielleicht nur preußische Halsstarrigkeit und nicht so sehr haushälterische Planung, die den damaligen Reichsbankpräsidenten Rudolf Havenstein bewog, mehr und mehr Papiergeld drucken zulassen.

Und selbst heute wären Handschellen notwendig, um die Hand, die die Kurbel der Notenpresse dreht, aufzuhalten, äußerte sich der englische Botschafter Lord D'Abernon damals erbost. *In der letzten Woche, als durch das glückliche Walten der Vorsehung die Drucker in Streik traten und die Notenpresse zum Stillstand gebracht wurde, gelang es Havenstein, Streikbrecher zu finden, um sie wieder in Betrieb zu setzen.* Das war im Sommer 1922. Ein Jahr später trat Havenstein vor den Reichsrat und verkündete stolz, daß die Schichtarbeit an den Druckerpressen ihn nunmehr in die Lage versetze, jeden Tag mehr als sechsundvierzig Milliarden Mark zu drucken. Nicht ein einziger Deputierter nahm daran Anstoß, und lediglich Lord D'Abernon vermerkte, daß jeder Bankpräsident, der so wenig von Geld verstünde, aufgehängt werden müßte.

Es gab ein beträchtliches Maß an Ignoranz, was Wirtschaftstheorien anbelangt, bestätigt uns Adolph Lowe, ein heute Siebenundsiebzigjähriger mit braungebranntem Gesicht und weißem Haar. Wir sitzen im dritten Stock der New School for Social Research im Herzen von Greenwich Village. Unten im Foyer verteilen maoistische Studenten Pamphlete, aber in Dr. Lowes kleinem Büro ist es friedlich. Dr. Lowe, der Beamter im Reichswirtschaftsministerium war, versucht die Quantitätstheorie des Geldes zu erklären.

Wissen Sie über die Quantitätstheorie des Geldes Bescheid? Daß das Preisniveau auf irgendeine Art mit der zirkulierenden Geldmenge in Zusammenhang steht? Natürlich, heutzutage sind alle mit den Arbeiten von Keynes vertraut, aber die geläufige Theorie damals in Deutschland war, daß die Preise von selbst steigen und fallen und daß die Regierung die Geldmenge »anpassen« müsse, um die Nachfrage nach Geld zu stillen.

Ist es denn möglich, fragt ein Besucher, *daß sich sämtliche Wirtschaftsexperten eines Landes im Irrtum befinden?*

Dr. Lowe lächelt gutgelaunt, aber die Erinnerung an alte Auseinandersetzungen läßt seine Stimme noch immer schärfer werden.

Sie müssen wissen, daß die deutschen Hochschulen sich fünfzig Jahre zuvor vom klassischen Wirtschaftsdenken abgeschnitten hatten, sagt er. *Statt dessen brachten sie die sogenannte Historische Schule der Nationalökonomie hervor, die dann ihrerseits die Lehre der Hochschulen dominierte, an denen die angehenden Wirtschaftsexperten ausgebildet wurden. Ich kann Ihnen versichern, daß es in ganz Deutschland nur drei Lehrer gab, die wirklich etwas von Ökonomie verstanden, und zwei davon waren noch nicht einmal ordentliche Mitglieder ihrer Fakultäten.*

Aber hat denn niemand erkannt, daß die vorherrschenden Wirtschaftstheorien irreführend waren?

Ja, sicher, antwortet Dr. Löwe, *aber die falsche Theorie kam zwei einflußreichen Gruppen sehr gelegen. Erstens denen, die keine Reparationen zahlen wollten, die es für eine patriotische Pflicht hielten, Deutschlands Zahlungsfähigkeit zu zerstören. Zweitens den Großunternehmern, Leuten wie Stinnes, die ihre Unternehmen mit Großkrediten finanzierten.*

Selbst wenn das zutreffen mag, bleibt es ein Rätsel, wieso jedermann die Katastrophe als unausweichlichen Schicksalsschlag hinnahm. Gewiß erschien die Inflation zunächst relativ harmlos, mit Sicherheit weniger erschreckend als umfassende Steuererhöhungen, die zu ihrer Eindämmung nötig gewesen wären. Die Einnahmen der Geschäftsleute schnellten in die Höhe, genauso wie die Löhne der Arbeiter, und der ständige Anstieg wurde schließlich für normal gehalten. Es herrschte ein typisches Phänomen, das als *Inflationsmentalität* bekannt wurde. In Regierungskreisen schien man es für selbstverständlich zu halten, den Rat von Bankiers und Geschäftsleuten einzuholen, und die prominentesten dieser Berater gaben – ob aus Überzeugung oder aus Gewinnsucht – die falschen Ratschläge. Aber die Regierung hatte ihren Verpflichtungen zu Lohn- und Gehaltszahlungen ebenso nachzukommen wie den von den Alliierten aufgezwängten Reparationsforderungen. Ein Kanzler nach dem anderen tat, wie ihm geheißen wurde – und hielt die Druckmaschinen am Laufen.

Einmal jedoch, Ende 1922, holte Reichskanzler Josef Wirth den Rat internationaler Sachverständiger ein. Auf seine Bitte hin kamen John Maynard Keynes und drei weitere Wirtschaftsexperten nach Berlin, verschafften sich einen Überblick über das Problem und boten eine Lösung an. Sie empfahlen unter anderem ein zweijähriges Moratorium der Reparationszahlungen, die Stabilisierung der Mark bei einem Kurs von dreitausend Mark gegenüber dem Dollar, die Zügelung der Banknotenproduktion und einen ausgeglichenen Etat. Das einzige Problem bei dieser Radikalkur war, daß der Patient offenbar seinen Krankheitszustand gegenüber einer Gesundung vorzog, so daß der Keynes-Bericht von den Deutschen wie den Alliierten gleichermaßen ignoriert wurde. *Die Währungssachverständigen – oder richtiger gesagt: die Menschen, die sich für ein Orakel in Währungsfragen halten – haben ein trauriges Schicksal*, bemerkte Lord D'Abernon. *Zu ihren Lebzeiten leert sich jedes Zimmer, in dem sie sich über die Währung zu verbreiten beginnen, und der Tod erreicht sie meistens im Irrenhaus.*

Der glücklose Dr. Cuno resignierte im August 1923 und trat nach kurzer Kanzlerschaft zurück. Reichspräsident Ebert wandte sich schließlich an einen der außergewöhnlichsten Männer der Weimarer Republik. Der untersetzte, glatzköpfige und specknackige Bierhändlersohn Gustav Stresemann war vor dem Krieg ein erfolgreicher Unternehmer, dann gehörte er als Nationalliberaler dem Reichstag an und wurde ein vehementer Befürworter von Ludendorffs pangermanischen Ambitionen und blieb auch nach der schändlichen Flucht von Kaiser Wilhelm II. ein ergebener Anhänger der Monarchie. Dennoch war er unter den wechselnden Regierungen der Weimarer Republik als Reichsaußenminister am längsten im Amt und wandelte sich zu einem Politiker, der den politischen und wirtschaftlichen Realitäten mit Vernunft entgegentrat. Er gilt als der Architekt der Annäherung zwischen Deutschland und Frankreich. Selten ist ein Staatsmann so tief betrauert worden wie Stresemann, als er 1929 starb. In der Anarchie des Jahres 1923 bildete er eine große Koalition, der die Sozialdemokraten der Linken, die Demokraten, das Zentrum und seine eigene Deutsche Volkspartei der Rechten angehörten.

Zu diesem Zeitpunkt stand Deutschland nicht nur vor dem wirtschaftlichen Zusammenbruch, sondern drohte insgesamt auseinanderzubrechen. Das Deutsche Reich existierte kaum ein halbes Jahrhundert lang, und obwohl Preußen als Hegemonialstaat etwa die Hälfte des Reichsgebietes mit der entsprechenden Bevölkerungszahl umfaßte, verfügten die kleineren Einzelstaaten über weitreichende Autonomie. Bayern und Württemberg zum Beispiel hatten noch als Monarchien am Ersten Weltkrieg teilgenommen, und bei Ihnen, wie bei anderen Staaten auch, standen das Justizwesen sowie das Kultur- und Bildungswesen unter eigener Hoheit. Preußen, die Wiege des deutschen Militarismus, war nun sozialdemokratisch regiert – Otto Braun, ein ehemaliger Drucker, war nach dem Kapp-Putsch Ministerpräsident geworden und blieb während der folgenden zwölf Jahre im Amt. Auch wenn die preußische Vorherrschaft seit 1871 unumstritten war, so kam sie mehr und mehr ins Wanken, und einige Länderregenten dachten über die Vorteile einer Abspaltung von der zerrütteten Republik nach.

Als erste Amtshandlung verkündete Reichskanzler Stresemann am 26. September das Ende des passiven Widerstands im Ruhrgebiet und die Wiederaufnahme der Reparationslieferungen an Frankreich. Am selben Tag ließ er von Reichspräsident Ebert den Ausnahmezustand ausrufen, der der Reichsregierung und vor allem dem Chef der Heeresleitung, General Hans von Seeckt, breite Machtbefugnisse einräumte. Bayern hatte jedoch bereits im Zuge separatistischer Machtbestrebungen seinen eigenen Ausnahmezustand ausgerufen und seinem neuen rechtsgerichteten Generalstaatskommissar Gustav von Kahr ebenso breite Befugnisse eingeräumt. Das vergrößerte die Gefahr der Abspaltung, und Präsident Ebert wollte sich Gewißheit darüber verschaffen, auf welcher Seite die Armee stand. Die Antwort von General von Seeckt auf eine entsprechende Frage Eberts fiel zweideutig aus: *Die Reichswehr steht hinter mir*, sagte er.

In Sachsen hatte eine völlig gegenläufige Bewegung eingesetzt. Am 10. Oktober formierte Sachsens Ministerpräsident Erich Zeigner eine Volksfront, indem er zwei Kommunisten in sein Kabinett aufnahm, um *die Gefahr einer großkapitalistischen Militärdiktatur zu bannen.* Ein paar Tage später griff Thüringen zu ähnlichen Maßnahmen. In Hamburg kam es zu einem kommunistischen Aufstand, der fünfundsechzig Todesopfer forderte. Und am 21. Oktober gipfelten die französischen Bestrebungen, das Rheinland unter ihre Kontrolle zu bringen, in der Mobilmachung lokaler Separatisten, die in Aachen eine unabhängige Rheinische Republik ausriefen.

General von Seeckt, der dem *Franzosenfreund* Stresemann mißtraute, glaubte, daß er das Reich am wirksamsten zusammenhalten könne, wenn er sich selbst zum Führer einer Rechtsregierung machte. Er ging sogar so weit, dies Ebert anzutragen, und als Ebert ihn aufforderte, sich mit dem Vorschlag doch direkt an Stresemann zu wenden, scheute Seeckt nicht vor dieser Herausforderung zurück.

Sie kündigen mir also den Gehorsam der Reichswehr? soll Stresemann gefragt haben. Doch Seeckt kam nicht zum Zuge, da Reichswehrminister Otto Gessler auf dem Prinzip der zivilen Kontrolle über das Militär bestanden hatte.

Stresemann hielt weiter an seiner brüchigen Macht fest und gab den Befehl, die Linksregierungen in Sachsen und Thüringen abzusetzen. Die Rheinische Republik erlangte nie mehr als eine Scheinsouveränität. Blieb das Problem Bayern – und Adolf Hitler.

Etwa fünf Jahre waren vergangen, seit der kleine Österreicher im Pasewalker Militärlazarett beschlossen hatte, *Politiker zu werden*. Es hatte ihn nach München verschlagen, wo er die politischen Verhältnisse in vielversprechender Unordnung vorfand. Auch Bayern hatte seine kurzlebige Revolution gehabt, und Hitler bewarb sich bei der Wehrkreiskommandantur der Reichswehr als V-Mann und gab Informationen an die Erschießungskommandos der Freikorps weiter. Später hatte er eine Anstellung im Presse- und Nachrichtenbüro der VII. Armee und zog die Aufmerksamkeit von Ernst Röhm auf sich, Hauptmann des Münchener Wehrkreiskommandos.

Hitler wurde zum siebten Mitglied einer unbedeutenden politischen Gruppierung, der Deutschen Arbeiterpartei. Im Monat darauf hielt er seine erste Rede vor einhundertundelf Zuhörern. Der Parteivorsitzende Karl Harrer hielt ihn für einen Versager, aber Hitler machte weiter. Anfang 1920 war er zum Propagandachef der Kleinpartei aufgestiegen. Er organisierte weitere Zusammenkünfte. Die Leute horchten auf. In München fand jede Tirade gegen Marxismus und Ausländer ihr Publikum. Und die Behörden schritten nicht ein, war doch der reaktionäre Ernst Pöhner Polizeipräsident. Dessen Assistent, ein kühler Bürokrat namens Wilhelm Frick, wurde schließlich erster Innenminister der Naziregierung und starb am Galgen von Nürnberg.

Mit Unterstützung von Generalmajor Franz Ritter von Epp, Infanteriekommandeur der Reichswehr in Bayern, kam Hitlers Partei in den Besitz der Wochenzeitung VÖLKISCHER BEOBACHTER. Röhm selbst führte Hitlers anwachsender Gruppe eine Reihe von Freikorpslern zu. Auch General Ludendorff entwickelte ein Interesse an der Partei. Im Jahre 1920 wandelte sich die Deutsche Arbeiterpartei zur Nationalsozialistischen Deutschen Arbeiterpartei. Das Hakenkreuz wurde zum neuen Emblem. 1921, da war Hitler bereits offiziell Parteivorsitzender, stellte er Freikorpsveteranen zur Sturmabteilung (SA) zusammen.

Hauptmann Röhm hatte eine Reihe versteckter Waffenlager; er sorgte für die Ausrüstung.

Nichts von alledem weckte in Berlin freilich größere Aufmerksamkeit, in München aber vergrößerte sich Hitlers Anhängerschaft mit jeder Rede, die er hielt. *An uns tritt die Frage heran: Wollen wir Deutschland wieder zu Freiheit und Macht bringen?* fragte der junge Hitler im April 1923. *Wenn ja, dann retten wir es zuerst vor seinem Verderber, dem Juden … Jawohl, Sturm wollen wir erregen! Die Menschen sollen nicht schlafen, sondern sie sollen wissen, daß ein Gewitter heraufzieht. Wir wollen vermeiden, daß auch unser Deutschland den Kreuzestod erleidet.* Hitler stärkte seine Sturmabteilung in den folgenden Wochen mit fünfzehntausend Männern. Der Versuch, die traditionelle Demonstration der Sozialdemokraten am 1. Mai auseinanderzutreiben, sollte jedoch scheitern.

Im Herbst schritten die Separationsbestrebungen so schnell fort, daß Hitler entschied, seine Truppen nochmals zu mobilisieren. Er rief zu einer Reihe von Massendemonstrationen auf, die von der bayerischen Regierung verboten wurden. Aber Hitler sah in der Feindschaft zwischen Berlin und dem separatistischen bayerischen Generalstaatskommissar von Kahr eine neue Chance. Er hörte, daß Kahr am Abend des 8. November im Bürgerbräukeller eine Rede halten werde, und beauftragte den SA-Führer Hermann Göring, sechshundert SA-Männer zusammenzusuchen, um das Gebäude zu umstellen. Er entsandte auch einen seiner Gefolgsleute, um General Ludendorff als Galionsfigur für den Putsch herbeizuholen. Zwanzig Minuten nachdem von Kahr mit seiner Rede vor ungefähr dreitausend Biertrinkern begonnen hatte, platzte Göring mit einer Eskorte von fünfundzwanzig Braunhemden herein.

Hitler, bis dahin unbeachtet in einem Trenchcoat an einer Säule postiert, sprang urplötzlich auf einen Stuhl, jagte einen Pistolenschuß in die Decke und behauptete: *Die nationale Revolution ist ausgebrochen. Der Saal ist von sechshundert Schwerbewaffneten besetzt. Niemand darf den Saal verlassen. Die bayrische und die Reichsregierung sind gestürzt. Eine provisorische nationale Regierung ist gebildet worden. Die Kasernen der Reichswehr und der Landespolizei sind besetzt. Reichswehr und Polizei rücken bereits unter den Hakenkreuzfahnen heran … Die Aufgabe der provisorischen deutschen Nationalregierung ist, mit der ganzen Kraft dieses Landes und der herbeigezogenen*

Kraft aller deutschen Gaue den Vormarsch anzutreten gegen das Sündenbabel Berlin ... Der Morgen findet entweder in Deutschland eine deutsche nationale Regierung oder uns tot.

Nach Hitlers Rede machte sich Ludendorff zum Sprecher der bierseligen Veranstaltung. Der Exfeldherr erflehte den Segen Gottes für die große Stunde, in der deutsche Männer endlich wieder das Schicksal des Landes in ihre Hände nehmen würden.

Der Vormarsch auf das *Sündenbabel Berlin* fand nicht statt. Der nächste Morgen sah weder eine deutsche nationale Regierung, noch waren die Putschisten tot. Der Generalstaatskommissar von Kahr brachte seine berittene Polizei zum Einsatz und stoppte den Demonstrationszug auf dem Marsch zum Odeonsplatz vor der Feldherrnhalle. Der Schußwechsel kostete sechzehn *Blutopfern der Bewegung* das Leben. Ludendorff ließ sich erhobenen Hauptes festnehmen. Hitler flüchtete mit einem Auto in das nahegelegene Uffing, wo ihn die Polizei zwei Tage später auftrieb, versteckt im Kleiderschrank seiner Wirtin. Er wurde vor Gericht gestellt und zu einer Gefängnisstrafe verurteilt. Ludendorff wurde freigesprochen.

Die Abwertung der Mark schritt rapide voran. Die französische Besetzung des Ruhrgebiets war ein verheerender Schlag, und weder passiver Widerstand noch die Einstellung der Reparationsleistungen konnten die Verluste der deutschen Industrieproduktion aufwiegen. Von einer Million Mark pro Dollar am 1. August 1923 stürzte die Mark mit jedem Tag tiefer, bis sie am 1. November bei hundertdreißig Milliarden angekommen war. Zwei Wochen später lag sie bei mehr als einer Billion. Im Grunde hatte Deutschland keine Währung mehr. Das Währungssystem war zusammengebrochen. Die vordringlichste Frage bestand darin, wie man ein neues Zahlungsmittel schaffen und worauf es sich gründen sollte.

Traditionsgemäß ist eine Währung durch Gold gedeckt, aber die Weimarer Regierung verfügte nicht über genügend Gold, so daß man erwog, die Mark an Kohle oder sogar an Pottasche zu binden.

Karl Helfferich, der als kaiserlicher Finanzminister bei der Kriegsfinanzierung so unsäglich versagt hatte, entwickelte schließlich einen Lösungsansatz. Er schlug die Gründung einer nationalen Rentenbank vor, die alle landwirtschaftlichen Nutzflächen in Deutschland mit Hypotheken belasten und an den Roggenpreis angebundene Banknoten ausgeben sollte. Der sozialdemokratische Finanzminister Rudolf Hilferding hielt diesen Plan für interessant, räumte jedoch ein, daß die sogenannte Roggenmark die Bauern bevorteilen würde. Da er keine Alternativlösung anzubieten hatte, ersetzte Reichskanzler Stresemann ihn durch den parteilosen Hans Luther. Unter Luthers Führung wurde schließlich das Programm zur Währungsreform ausgearbeitet: Die Rentenbank sollte zum 15. November gegründet werden und mit der Ausgabe von Rentenmark beginnen, die von einer Hypothek auf die nationalen Goldreserven gestützt wurde, die sich ihrerseits auf eine Hypothek aller deutschen Länder und Besitzungen stützten. Die sogenannte Hypothek hatte eigentlich *keinerlei Bedeutung*, wie Adolph Lowe in seinem kleinen Büro in der New York School for Social Research erklärt. *Das war nur eine Verpackung für das neue Geld, aber die schweigende Mehrheit glaubte daran. Das Volk reduzierte radikal alle Ausgaben und seine Lebensansprüche, deshalb hat es funktioniert.* Ein anderer ehemaliger Weimarer Beamter formuliert das etwas anders: *Es war nach wie vor Papier, aber hübsch bedrucktes Papier. Man vertraute darauf.*

Zum Zeitpunkt der Umstellung selbst war das jedoch nur graue Theorie. *Ich will mich nicht hervortun*, fährt Adolph Lowe fort, *aber in der Nacht vor der Stabilisierung war ich auf einer Besprechung mit den Spitzenbeamten des Ministeriums, und die Mark lag bei fast vier Billionen pro Dollar, und ich sagte: »Lassen wir sie noch ein wenig weiter sinken, auf über vier Billionen, dann können wir morgen zwölf Nullen von jedem Schein streichen und die Mark wieder auf ihr Vorkriegsniveau bringen.«*

Um diese Theorie umzusetzen, berief Luther den reizbaren jungen Finanzexperten Hjalmar Schacht, damals Direktor der Darmstädter und National Bank, zum Reichswährungskommissar. Schacht zog unverzüglich in ein kleines Büro im Finanzministerium, das zuvor als Besenkammer gedient hatte, und machte sich an die Arbeit. Seine erste Aufgabe bestand darin, die unzähligen lokalen Währungen abzuschaffen, die viele Städte und Unternehmen während der Inflation eigenmächtig ausgegeben hatten. Er verkündete mit einem Federstrich, daß diese Währungen nicht länger akzeptiert würden. Als nächstes schnitt er allen Spekulanten, die die alte Mark weiter bis zum theoretischen Kurs von zwölf Billionen in die Höhe trieben, den Kredit ab. Innerhalb eines Monats gelang es ihm, die neue Mark auf dem festgelegten Kurs von 4,20 pro Dollar zu halten.

Und damit endete der Irrsinn. Doch nicht bevor Stresemann selbst gestürzt war. Die Sozialisten, die noch immer wegen der Niederschlagung der Volksfrontregierungen in Sachsen und Thüringen zürnten, entzogen ihm in einem Mißtrauensvotum ihre Unterstützung. An seine Stelle trat der Führer der Katholischen Zentrumspartei, Wilhelm Marx, und für die oppositionellen Sozialdemokraten waren die nächsten fünf Jahre eine Zeit der inneren Auseinandersetzungen und der Rekonsolidierung. Zunächst war das Geld knapp, und die Arbeitslosenquote ging steil in die Höhe. *Konkurse waren an der Tagesordnung*, erzählt ein Berliner Geschäftsmann. *Ich mußte für viele meiner Freunde die Abschlüsse regeln. Es mußte nicht einmal eine Erklärung für den Konkurs abgegeben werden. Man zahlte seinen Gläubigern zehn oder zwanzig Prozent und fing dann auf dieser Basis neu an.* Berthold Viertel machte Pleite, um nur eines von vielen Beispielen herauszugreifen, und er mußte seine TRUPPE aufgeben. Sogar das mächtige, auf Kredit und Inflation gegründete Imperium eines Hugo Stinnes ging unter. Die Situation für Auslandsinvestoren war günstig, so daß englisches und amerikanisches Kapital in Form von Krediten in Strömen floß und einen neuen Boom auslöste. Die Großindustriellen festigten ihre Kontrolle über die Wirtschaft. Sechs Großunternehmen schlossen sich 1925 zur IG Farben zusammen, ein Jahr später vier Stahlunternehmen, um die gigantische Stahlunion zu gründen. Das Kartell wurde zum Standardsystem. 1925 beschäftigten ungefähr zwei Prozent aller Unternehmen fünfundfünfzig Prozent aller Arbeiter.

Für Kleinunternehmer war die Zeit hingegen nicht so günstig, und viele Nachtklubs in den Berliner Nebenstraßen mußten aufgeben. Von den Straßenmädchen Unter den Linden blieben nur die professionellsten übrig. *Zehn Jahre nach der Revolution*, berichtet ein Zeitzeuge kichernd, *fragte ein amerikanischer Journalist Ossietzky, was sich wirklich verändert habe. Er antwortete, daß die Geschäftsleute immer noch ihren Geschäften nachgingen, die Generäle noch immer Generäle seien und daß der einzige Unterschied der sei, daß die deutschen Frauen ihre Freiheit gewonnen hätten.*

KAPITEL 8

»Wir fühlen uns jung, frei und rein«

1924

[D]er ... Geist ... ist das Positive, das Schaffende.
Das ist das Gute. Der weiße befruchtende Strahl.
Dieser weiße Strahl führt zur Evolution, zur Erhöhung.
... Die Menschen werden verblendet.
Eine schwarze Hand legt sich auf ihre Augen.
Die schwarze Hand gehört dem Hassenden. Der Hassende
versucht durch alle Mittel die Evolution, die Erhöhung
zu bremsen. Das ist das Negative, das Zerstörende.
Das ist das Böse. Die schwarze todbringende Hand.

WASSILY KANDINSKY

Ein kalter Novemberabend in New York. Im zweiten Stock des Goethe-Instituts, in einem getäfelten, mit Chrysanthemen geschmückten Saal hält ein beleibter älterer Herr namens Richard Huelsenbeck eine Rede mit dem Titel DADA ODER DER SINN IM CHAOS.

Das Thema – in deutscher Sprache vorgetragen, vom schlechten Wetter ganz zu schweigen – mag im New York des Jahres 1970 wenig einladend erscheinen, aber der Saal ist übervoll, und die Mitarbeiter des Goethe-Instituts haben sogar in einem Vorzimmer Klappstühle aufgestellt, so daß Nachzügler sich dazusetzen und die Rede über einen Lautsprecher hören können. Im Publikum sitzt der übliche Anteil älterer Deutscher, die die Geschichten aus der guten alten Zeit hören wollen, aber auch viele junge Leute mit Bärten und Halsketten, denn im Zeitalter der Pop-art, der Happenings und der Jam Sessions scheint Dada eine Renaissance zu erleben. Der weißhaarige Richard Huelsenbeck trägt einen grauen Nadelstreifenanzug. Er wirkt wie ein Arzt im Ruhestand, und das trifft ja auch zu. Die alten Geschichten gibt er noch immer mit viel Esprit zum besten. Er erzählt, wie er anno 1915 in Berlin Medizin studiert hat und nebenbei Gedichte schrieb und malte. Damals lernte er den fünf Jahre älteren Hugo Ball kennen, der wie er ein unabhängiger Freigeist war. Gemeinsam stellten sie eine Kunstschau auf die Beine, auf der auch Gedichte vorgetragen wurden. Diese schräge Veranstaltung, so erzählt Huelsenbeck, hätte die ersten Zeichen für die Dada-Bewegung gesetzt. Er hatte laut und wild auf eine Trommel geschlagen und dabei einen angeblich afrikanischen Singsang intoniert, den er höchst wirkungsvoll mit dem Refrain *Umba-umba-umba* krönte.

Er wurde schon bald darauf zum Militär einberufen, aber konnte einen befreundeten Arzt dazu überreden, ihn für »verrückt« zu erklären, und so kam er 1916 in Zürich an. Eines Tages entdeckte er, auf einer Bank am See sitzend, den großen hageren Hugo Ball, der sich als Kellner und später als Pianospieler in einem Nachtklub durchgeschlagen hatte. Seine Frau, Emmy Hennings, sang zu seiner Begleitung. Jetzt, im Februar 1916, hatte er gerade ein satirisches Kabarett eröffnet, das er Café Voltaire nannte. Es lag in der Spiegelgasse 1, gleich gegenüber vom Quartier eines eigenwilligen russischen Emigranten namens Uljanow alias Lenin. Hugo Ball hatte eine Anzahl junger Künstler um sich geschart, die alle leidenschaftlich die konventionelle Gesellschaft und ihren herkömmlichen Kunstbetrieb ablehnten und die vor allem eine deutliche Position gegen den Krieg bezogen. Tristan Tzara zum Beispiel trug seine Gedichte in der rumänischen Originalversion vor, schuf dann Zufallsgedichte aus willkürlich ausgewählten Zeitungswörtern und begann sogenannte Simultangedichte zu schreiben, die von mehreren Personen in unterschiedlichen Sprachen gleichzeitig vorgetragen werden sollten. Der Bildhauer Hans Arp stellte ein Werk aus, das aus zerrissenen Papierfetzen entstanden war: Er ließ diese auf ein Brett fallen und klebte sie genau dort fest, wo sie gerade herabgefallen waren. Und nach den Darbietungen eines Balalaika-Orchesters trat der Hausherr in der Pose des Bürgerschrecks selbst vors Publikum. In einem Pappkostüm mit angeklebten Flügeln rezitierte er eines seiner verwirrend-komischen Klanggedichte: *Gadji beri bimba glandridi laula lonni cadori/gadjama gramma berida bimbala …*

Das einzige, was dieser Bewegung noch fehlte, war ein treffender Name, und so kam es zu der inzwischen berühmten Wörterbuchszene.

In Huelsenbecks Erinnerung blätterten er selbst und Ball in einem französisch-deutschen Wörterbuch, um einen Bühnennamen für eine neue Chansonette zu finden. *So saßen Ball und ich eines Nachmittags in seinem Zimmer zusammen und überlegten. Der Larousse lag auf dem Tisch, hinter dem ich saß. Wir blätterten und stießen dabei auf das Wort Dada, das in diesem Lexikon als Kinderwort gleichbedeutend mit Hottehotte oder Holzpferdchen erklärt wurde. Mein Finger blieb bei diesem Wort stehen, und ich sagte »Dada«.*

Als der Krieg vorüber war, kehrten die Dadaisten in ihre unterschiedlichen Heimatländer zurück und verbreiteten dort die Ideen ihrer antiimperialistischen künstlerischen Bewegung. Ihre revolutionären Kunstaktionen lösten in ganz Europa eine enorme Reaktion aus. Vor allem in Paris, wo sich Tzara mit André Breton zusammentat, veranstalteten die Dadaisten eine Reihe rebellischer Aktionen zu Gunsten des – nun ja, des Unsinns. Bei einer öffentlichen Demonstration verlas Tzara einen Zeitungsartikel, während eine elektrische Klingel so laut schellte, daß alles, was er sagte, vom Lärm verschluckt wurde. Francis Picabia zeichnete Bilder auf eine Wand, während André Breton hinter ihm herlief und alles, was jener zeichnete, wieder auswischte. Die Zuschauer warfen Eier, Tomaten und sogar Kalbskoteletts auf die Akteure. Andere überschwemmten das Theater mit einem Anti-Dada-Flugblatt namens NON.

Was hatte das alles für eine Bedeutung? *Dada bedeutet nichts*, sagte Tristan Tzara in einem der Dada-Manifeste, wobei er hinzufügte: *[G]rundsätzlich bin ich gegen Manifeste, wie ich auch gegen Grundsätze bin.* Dennoch verfaßten die Dadaisten eine Reihe von Manifesten: *Ordnung = Unordnung; Ich = Nicht-Ich; Bejahung = Verneinung [...] Kunst ist Privatsache, der Künstler betreibt sie für sich; ein verständliches Werk ist Journalistenmache.* In Berlin, wohin Huelsenbeck die neue Kunstbewegung aus Zürich mitbrachte, hatten die Dadaisten ein deutlich umrissenes Programm. Die Berliner Dadaisten kämpften für die jüngsten Richtungen der abstrakten Kunst, sie veranstalteten Ausstellungen von Paul Klee und Wassily Kandinsky. Sie propagierten die Idee von der Kunst des Zufalls, der Improvisation und des Unbewußten, und sie bekämpften alles, was in irgendeiner Weise mit dem herkömmlichen bürgerlichen Kulturbetrieb und dem Establishment zu tun hatte. Als Friedrich Ebert in Weimar seine Delegierten versammelte, um die neue Republik zu gründen, unterbrach der »Oberdada« von Berlin, ein bärtiger Architekt namens Johannes Baader, der von der Polizei offiziell für unzurechnungsfähig erklärt worden war, die Eröffnungssitzung der Nationalversammlung mit seiner Rede. Unter Protest der Delegierten von rechts und links erklärte Baader mit fester Stimme, daß die Gründung der Weimarer Republik selbst *eine dadaistische Demonstration* sei. Daher nominiere er sich selbst zum Präsidenten der Republik.

Im Rückblick auf jene Ereignisse erläutert Richard Huelsenbeck seinem Publikum in New York die Hintergründe der Bewegung. Die Dadaisten hätten sich gegen jede Ideologie gerichtet, denn die Ideologie von Kant und Hegel und Fichte war mit dem Krieg verbunden. Auch die Kultur sei nach dem Krieg fragwürdig geworden – alles, selbst die Kultur von Schiller und Goethe. Weil sie keine Politiker waren, drückten die Dadaisten ihren Protest mit künstlerischen Mitteln aus, obwohl sie sich gleichzeitig gegen die Kunst selbst richteten. Dies sei der fundamentale Widerspruch des Dadaismus, den man sich klarmachen müsse.

Berlins Kaffeehäuser waren die eigentlichen intellektuellen und künstlerischen Zentren der Metropole. Hier, im »Café des Westens«, im »Josty«, im »Schiller« und im »Metropol« las man Zeitungen, traf sich mit Freunden, tauschte Klatsch aus, machte Geschäfte und schrieb Gedichte. Von all diesen Plätzen gilt das »Romanische Café« als legendärer Ort. Der riesige scheunenhafte Bau mit Sitzplätzen für eintausend Gäste stand gegenüber der Gedächtniskirche. Gleich rechts von der Drehtür saßen die bärtigen alten und jüngeren expressionistischen Maler an Max Slevogts Stammtisch. Auf der Galerie, die beinahe ausschließlich die Schachspieler okkupierten, konnte man Emmanuel Lasker begegnen, der siebenundzwanzig Jahre lang Schachweltmeister gewesen war.

Die jungen Künstler kamen in Strömen und gaben sich angestrengt, um die ältere Generation zu schockieren. Chronisten berichten, daß sich im »Café des Westens« eine kuriose Ansammlung von Menschen zusammenfand: Langhaarige, Kurzhaarige, Kahlgeschorene und mittendrin George Grosz, oft im Cowboy-Kostüm, gestiefelt und gespornt. Grosz war typisch für die Gruppe junger Künstler, die voller Empörung aus dem Krieg heimgekehrt waren und voller Energie und Zorn steckten. Grosz soll mit einem Totenkopf und einem Plakat mit der Aufschrift *Dada über alles* durch die Straßen marschiert sein. *Es waren wilde Jahre*, sagte Grosz selbst später. *Ich nahm am Leben teil, stürzte mich hinein und kam sofort mit Kräften in Berührung, die aus dem absoluten Nichts herauswollten.*

Grosz war 1893 in Berlin geboren worden, wuchs aber in der pommerschen Kleinstadt Stolp auf, wo sein Vater eine Freimaurerloge leitete. Als Grosz sieben war, starb der Vater, und die Mutter zog zurück nach Berlin in eine der düsteren Arbeitergegenden. Schließlich gab sie den Überlebenskampf in der Stadt auf und kehrte zurück nach Pommern, wo sie ein Offizierskasino führte. In späteren Jahren, als Grosz sich einen Namen als radikaler Karikaturist der deutschen Bourgeoisie und ihres Militärs machte, führte er seine Ansichten auf den Marxismus zurück, aber es ist zu vermuten, daß sein sozialkritischer Blick ebenso wesentlich durch seine Kindheitserfahrungen geprägt wurde, als er in Berlin den Lebensumständen in einem Armenviertel ausgesetzt war. Damals hatte er mit anschauen müssen, wie die zwickerbewehrten Offiziere seine Mutter wie eine Dienstmagd herumkommandierten.

Wie viele aus seiner Generation war Grosz als Freiwilliger in den Krieg gezogen. 1917 hatte er einen Nervenzusammenbruch erlitten. Als zerrütteter Mann kam er in die zerrüttete Stadt Berlin zurück. Berlin erlebte er so, wie Johannes Baader das ganze Land beschrieben hatte – wie *eine einzige große Dada-Kundgebung. Berlin nach dem Krieg: das war Lärm, Gerücht, Geschrei, politische Parolen*, erinnerte sich Grosz später. *Es wimmelte von Arbeitslosen. Um sie zu beruhigen gab man ihnen Schachspiele statt Arbeit.*

Zusammen mit Huelsenbeck eröffnete Grosz einen Dada-Club und gab Dada-Publikationen heraus: JEDER MANN SEIN EIGENER FUSSBALL, DAS BORDELL, DIE ROSAROTEN BRILLEN und BANKROTT, von denen die meisten so schnell verboten wurden, wie sie erschienen. Einmal entschlossen sich die Dadaisten, ihre Zeitschriften auf spektakuläre Weise zu verkaufen, und paradierten im passenden Frack und Zylinder mit Leichenkutsche und Kapelle durch die Stadt, während die Herausgeber hinter ihnen herzogen und den Passanten ihre neuesten Veröffentlichungen feilboten. Vor den Regierungsgebäuden der Wilhelmstraße wurden sie schließlich festgenommen, weil sie respektlose Lieder spielten und die Wände mit *Hurra Dada*-Plakaten beklebten. Bei anderen Gelegenheiten kündigten die Dadaisten Vorträge zu seriösen Themen an, und wenn sich eine wißbegierige Zuhörerschaft eingefunden hatte, trat Grosz auf die Bühne und schockte alle mit einem Schwall von Obszönitäten und heftigen Publikumsbeschimpfungen.

Ganz ähnlich wie in Paris ließen sich die Leute von den jungen Künstlern faszinieren, obwohl sie von ihnen beschimpft wurden. Dada galt zwar als radikal, war aber bald schon schick. *Wir hatten auch reiche Freunde, die einen Spaß vertragen konnten und sich ganz gerne von den legendären Dadaisten hochnehmen ließen. Ich besinne mich auf einen, der hatte eine Grunewaldvilla und tief darunter einen fabelhaften Weinkeller mit ganzen Straßenzügen aus Fässern und Kisten voll der erlesensten Weine. Diese unterirdischen Weinstraßen hatte er nach seinen Dadakumpanen benannt (so lief zum Beispiel die George-Grosz-Gasse zwischen den Sherryfässern hindurch) und fuhr in ihnen auf einem Motorrad mit Scheinwerfern spazieren. Ein eigens angefertigtes Riesenfaß hieß das Dadafaß und enthielt einen herrlichen Piesporter, den Kenner unter uns als ein durchaus »dadaistisches Weinchen« zu rühmen wußten,* erinnerte sich Grosz.

Die Berliner Dada-Ausstellungen zogen einige der interessantesten und begabtesten jungen Künstler aus Deutschland an, so auch Max Ernst, dessen absurde Traumszenen zu den frühesten Dokumenten des Surrealismus werden sollten, und Kurt Schwitters, der gern Collagen aus alten Busfahrkarten, Garderobenmarken, Knöpfen und Fadenenden anfertigte. Der spielerische Umgang mit Müll faszinierte ihn dermaßen, daß er erst alle seine Wände mit Collagen dekorierte und dann anfing, die Räume mit diversen freistehenden Objekten anzufüllen. Eine seiner frühen Collagen nannte er MERZ-Bild, weil es die letzte Hälfte einer Zeitungsüberschrift mit dem Wort *Commerz* enthielt. Schwitters schuf nun wie besessen MERZ-Kunst und MERZ-Theaterstücke. Er nannte sogar sich selbst MERZ, und sein Haus wurde zum MERZ-Bau, der Mitte der zwanziger Jahre schließlich so vollgestopft war mit Plunder, daß er ihn in verschiedene Grotten aufteilte, die er Nibelungenhöhle oder Mörderhöhle nannte.

Ungeachtet aller Verrücktheiten stand die Dada-Bewegung in Berlin, anders als in anderen Städten, der politischen Linken nahe. Dada sei der deutsche Bolschewismus, erklärte Huelsenbeck. Zwar verbreitete Tristan Tzara in Paris die Botschaft, daß Dada nichts bedeute, auf der Ersten Internationalen Dada-Messe in Berlin jedoch waren die Wände mit Slogans wie *Dada ist politisch* und *Nehmen Sie Dada ernst* beklebt. Das spektakulärste Exponat der Ausstellung war eine große

Puppe in Offiziersuniform mit einem Schweinekopf, die kopfüber an der Decke der Hauptgalerie baumelte.

Die Berliner Dadaisten waren eine bunte und streitbare Gruppe – Huelsenbeck, der sich bald als Schiffsarzt absetzen sollte, Baader, der verrückte Architekt, der sich offenbar vollen Ernstes für Jesus hielt, Hannah Höch, ein munteres Mädchen, das sich auf alptraumhafte Fotocollagen spezialisierte. Die bedeutendste Figur von allen war sicherlich George Grosz, dessen Identifikation mit Dada vor allem darin bestand, daß er jegliche Bindung an die überkommene Gesellschaft und die formale Akademiekunst, in der er noch vor dem Krieg ausgebildet worden war, ablehnte. Er verarbeitete Elemente des Kubismus, indem er seine Objekte aus verschiedenen Perspektiven gleichzeitig auf demselben Blatt darstellte, und nicht zuletzt war er auch ein Futurist, denn seine Großstadtbilder waren erfüllt von einer wilden simultanen Dynamik. Doch die Nähe zu verschiedenen Richtungen besagt wenig. Auch wenn Grosz von ihnen beeinflußt wurde, überzeugt sein Werk durch seine unvergleichliche Konsequenz und Geschlossenheit, die es in seiner künstlerischen Ausdrucksweise so unverwechselbar machten.

Im Unterschied zur Schärfe seiner Bilder wirkte er selbst eher harmlos. Man weiß, daß er immer wieder von Selbstzweifeln geplagt wurde. Ein Selbstporträt aus jenen Tagen zeigt ihn als einen ziemlich plumpen Mann, der sich verzagt auf einen Stuhl lümmelt. Eine Fotografie aus der gleichen Zeit ist gnädiger. Sie zeigt ein hübsches, wenn auch etwas gewöhnliches Gesicht mit hoher Stirn, großem Mund, breiter Nase und starkem Kinn. Grosz wirkt hier etwa wie ein Bankangestellter, ein Nachwuchsdiplomat oder – paradoxerweise – ein Offizier. Das einzig Merkwürdige an ihm ist, daß er eine Maiskolbenpfeife raucht. So sieht man ihn mit Pinsel und Palette vor einer seiner bitterbösen Berliner Stadtansichten sitzen.

Mit enormer Produktivität schuf er Hunderte eindrucksvoller Porträts von Berlin und seinen Einwohnern – ausnahmslos Bildnisse von Verfall, Verderb, Geilheit und Tod. Freilich bieten sie kein vollständiges Bild von der Stadt. Im Berlin von George Grosz haben Arbeiter, brave Schulkinder, Parks oder Bäume keinen Platz. Es gibt keine schönen Mädchen, nur apathische Huren und Matronen mit Hängebrüsten, die darauf warten, daß ihre bierwanstigen Männer in Unterhosen mit dem Zähneputzen fertig werden. Es gibt tatsächlich niemanden, der so jung, engagiert und sympathisch aussieht wie Grosz selbst: nur Geschäftsleute in den mittleren Jahren mit aufgedrehten Schnurrbärten, kahlen Schädeln und dicken Zigarren – und Offiziere mit Monokeln und brutalen Kinnladen, oft ohne Hosen. Und immer wieder Sittenmörder, wirkliche und potentielle, Messer und Hackebeil schwingend. Sogar Berlins Architektur hat in Grosz' Zeichnungen etwas Bedrohliches: meist in beängstigendem Winkel geneigte harte Steintürme. Und es scheint fast nie die Sonne, nur ein unbedeutender Sichelmond taucht die Mauern in fahles Licht und läßt Schreckliches ahnen ... Und dennoch, trotz aller Konsequenz, trotz der zwanghaften Wiederholung der Themen von Begier und Verderb sind Grosz' Porträts erschreckend genau. Sie vermitteln vielleicht kein vollständiges Bild von den Berlinern, aber jene Haßgestalten zogen in den Zwanzigern und während der Hitlerzeit tatsächlich durch die Straßen dieser Stadt. Noch heute kann man sie wiedererkennen.

1923 stellte Grosz eine Auswahl seiner Bilder zusammen und veröffentlichte sie unter dem Titel Ecce Homo. In sechzehn Bildern und vierundachtzig Zeichnungen machte er die unvergeßliche Anklage der herrschenden Klasse zu einem bedeutenden Teil seines Lebenswerks. Er ließ niemanden ungeschont – die Schieber, die Professoren, die Offiziere und ihre Frauen. Und diese herrschende Klasse, die sich von den harmlosen Absurditäten des Dada noch nicht getroffen fühlte, konnte ihre Demaskierung durch Grosz nicht ertragen. Schon früher hatte Grosz wegen *Beleidigung der Reichswehr* vor Gericht gestanden. Jetzt bedienten sich die Behörden eines seit Jahrzehnten nicht angewandten Gesetzes und klagten ihn der *Gotteslästerung* an Er wurde verurteilt und bestraft, und vierundzwanzig der hundert Druckplatten für Ecce Homo wurden beschlagnahmt.

Zu jener Zeit hatte sich Grosz jedoch bereits von den Dadaisten losgesagt. Trotz ihrer theoretischen Erklärungen erschienen ihm ihre Aktionen als unangemessene Antwort auf die Probleme eines Landes, das einer Katastrophe entgegentaumelte. Tatsächlich befand sich die gesamte Dada-Bewegung bereits in Auflösung. Für alle, die noch an jene Form des Protestes glaubten, kam das Ende mit dem Manifest André Bretons von 1924, das Dada totsagte und die neue Bewegung des Surrealismus verkündete. Grosz hatte sich unterdessen schon den Kommunisten angeschlossen.

Das Ende von Dada fiel mit dem Tod einer anderen Bewegung zusammen, die, obwohl in Methoden und Zielen grundverschieden, mit Dada den unschuldigen Optimismus in Hinsicht auf die Zukunft der Welt und die Möglichkeiten, sie zu verbessern, teilte. Die Bewegung hatte ihren Ursprung 1905 in Dresden, wo sich Ernst Ludwig Kirchner mit anderen jungen Malern wie Emil Nolde und Max Pechstein in einer Künstlergruppe namens DIE BRÜCKE zusammenfand. Fünf Jahre später hielt die Bewegung in Berlin Einzug. Hier gründete sich Die Neue Sezession. Ausstellungen fanden statt, die von Herwarth Walden unterstützt wurden, der eine Galerie betrieb und eine Zeitschrift herausgab, die beide den Namen DER STURM trugen. Ein Jahr später, 1911, tauchte in einem Aufsatz des avantgardistischen STURM zum erstenmal der Begriff Expressionismus auf, der dieser Kunstrichtung ihren Namen geben sollte.

Die Expressionisten sahen sich selbst als die deutsche Antwort auf Matisse und die FAUVES, aber sie wollten die Wandlung von Kunst zum Ausdrucksmittel innerer Leidenschaften noch weiter treiben. Es ging ihnen *um Sozialismus, und das heißt um Gerechtigkeit, Freiheit und Menschenliebe, um Gottes Ordnung in der Welt.* Das bedeutete vor allem Farbigkeit, leidenschaftliche Farbigkeit: eine rote Sonne, ein orangefarbener Himmel, hingeschleuderte Farbspritzer, die die fieberhaften Emotionen der Künstler zum Ausdruck bringen konnten.

Es besteht jedoch ein innerer Widerspruch zwischen der deutschen Gemütsart und einer auf Leidenschaft und Farbigkeit gegründeten Kunst. In mediterranen Ländern ist zu spüren, wie Farbe und Hingabe in der Luft liegen, aber im Land der gotischen Kathedralen und des WOHLTEMPERIERTEN KLAVIERS erscheinen das sinnliche Blau und Gelb eines Matisse oder Bonnard eher wie eine gekünstelte Ausgeburt der Theorie und nicht als Ausdruck von Erfahrung.

Der Expressionismus in seiner frühen Phase blieb zunächst der friedlichen Natur zugewandt. Jedes deutsche Museum, das etwas auf sich hält, ist im Besitz »moderner« greller Landschaftsbilder, auf denen Kühe zu betrachten sind. Mit Kriegsende brach sich jedoch der bis dahin unerfüllte Drang der Expressionisten zur Weltverbesserung Bahn. Sie stellten ihre Bilder in den Berliner Bahnhöfen aus, damit die Arbeiter auf ihrem Weg in die Fabrik die Möglichkeit hatten, ihre Kunstwerke zu betrachten. 1918 organisierte sich eine neue Bewegung, die Novembergruppe, und gab ein Manifest heraus, das ihre Ansichten mit hehren Worten formulierte: *Wir betrachten es als unsere vornehmste Pflicht, dem sittlichen Aufbau des jungen freien Deutschland unsere besten Kräfte zu widmen. Wir plädieren für Tüchtigkeit in jeder Weise ... Wir fordern die uneingeschränkte Äußerung der Anschauung und die öffentliche Stellungnahme zu ihr. ... Wir haben Achtung vor der Leistung, die wir auf jedem Gebiet und in jeder Form respektieren ... Jeder auf seinem Platze in gemeinschaftlicher harter und nie ermüdender Arbeit aufzubauen ist unser Ziel ... Wir fühlen uns jung, frei und rein. Unsere fleckenlose Liebe gehört dem jungen freien Deutschland, aus der heraus wir mutig und ohne Scheu mit allen uns zur Verfügung stehenden Kräften Rückstand und Reaktion bekämpfen wollen.* Zusammen mit dieser Flugschrift verschickten die Expressionisten einen Fragebogen über künstlerische Angelegenheiten, die der Klärung bedurften. Er enthielt Fragen wie: *Welche neuen Wege sind geeignet, um das Volk wieder für das Gesamtkunstwerk ... zu interessieren?* Oder: *Einklang mit dem Volk. Welche Wege sind geeignet, die Bestrebungen der modernen Künstler in Berührung und Einklang mit dem Volk zu bringen?*

Die eingesandten Antworten fielen entweder einfallsreich extrem oder extrem einfallsreich aus. Walter Gropius zum Beispiel antwortete auf eine Frage zur staatlichen Unterstützung von Kunst: *Kunst und Staat sind unvereinbare Begriffe.* Und in bezug auf Kunstausstellungen schrieb er: *Da die Kunst im wirklichen Leben der zivilisierten Völker erstarb, mußte sie sich in jene grotesken Schauhäuser flüchten und sich dort prostituieren.* Statt solcher Praktiken forderte er, unter anderem, fahrende Kunstschauen in grellbunten Buden. Ein anderer junger Berliner Architekt, Bruno Taut, schlug vor, daß der Staat ein architektonisches Monumentalprojekt in Angriff nehmen sollte, das die gesamte Freizeit aller Menschen in Anspruch nehmen würde. So könne man die Völker beschäftigt halten, damit sie nicht aus Langeweile Kriege führten.

Die Novembergruppe sammelte alle Antworten in einem Band mit dem Titel JA! – STIMMEN DES ARBEITERRATS FÜR KUNST IN BERLIN, der 1919 in Berlin veröffentlicht wurde. Was war nun noch zu erwarten, nachdem die Künstler gesagt hatten, was ihnen am Herzen lag? Die expressionistischen Maler folgten ihrer eigentlichen Berufung und malten expressionistische Bilder. Oder sie entwarfen Kulissen für expressionistische Filme, wie sie im KABINETT DES DR. CALIGARI zu sehen waren . Vornehmlich das Theater erwies sich als ein bedeutendes Medium für den Enthusiasmus der Expressionisten, und es gab plötzlich eine Unzahl von Stücken, in denen namenlose Rollencharaktere wie DER VATER ODER DER SOHN ihre gewaltsamen und ziemlich weltfremden Konflikte ausfochten. Im Verlauf der Jahre, in denen der Kapp-Putsch ausbrach und der Mord an Rathenau geschah, in denen Hitler seine ersten Auftritte hatte und seine Sturmabteilungen aufzogen, welche Bedeutung hatte es da noch, wie die Expressionisten ihre seelischen Befindlichkeiten ausdrückten?

Bereits 1923 sammelte der Museumsdirektor Gustav Hartlaub Beweise dafür, daß der Expressionismus, der noch immer so tönend und voller Vertrauen auf seine eigenen Manifeste und Selbstdarstellungen baute, überlebt war. Im Sommer 1925 präsentierte er eine Ausstellung, auf der er eine gänzlich andere Tendenz in der bildenden Kunst präsentierte, die er Neue Sachlichkeit nannte. Er meinte damit nicht einfach Realismus – unter seinen bedeutenden Exponaten waren auch Werke von George Grosz, Otto Dix und Max Beckmann –, sondern er betonte die Neigung vieler Künstler zu einer genauen Abbildung ihrer Umwelt. Hartlaub wollte zeigen, wie diejenigen Künstler der Wirklichkeit verbunden waren, die während der vorausgegangenen zehn Jahre weder impressionistisch aufgelöst noch expressionistisch abstrakt gearbeitet hatten.

Es gab auch wirtschaftliche Gründe für die neue Strömung. Der wilde Tumult der Nachkriegsjahre, der Wahnwitz der Inflation hatten mit der Stabilisierung der Mark abrupt geendet. Im genesenden Deutschland wuchs eine große Sehnsucht nach Ruhe und Frieden und die Hoffnung auf bessere Lebensbedingungen. Der nach dem amerikanischen Bankier Charles Dawes benannte Dawesplan von 1924 hatte die deutschen Reparationszahlungen auf zweieinhalb Milliarden Mark pro Jahr festgeschrieben und machte der Besetzung des Ruhrgebiets ein Ende. Der Weg für amerikanische Investitionen in die wieder erstarkende deutsche Wirtschaft war frei. Fabrikbesitzer installierten Fließbänder, und höhere Produktionsraten führten zu einem großen Zuwachs an Arbeitsplätzen. Das Geld blieb allerdings für einige Jahre noch sehr knapp, und Mangel hält die Menschen bekanntlich zur Vorsicht an, nicht nur bei Geschäften, auch im Umgang mit der Kunst.

Der Begriff Neue Sachlichkeit steht also nicht nur für diese Ausstellung, sondern charakterisiert eine gesamte Periode der nüchternen Bestandsaufnahme und der Rückkehr zur Realität. Die expressionistischen Theaterhelden, die ihren tyrannischen Vätern vernehmlich Rache geschworen hatten, wirkten plötzlich so absurd, wie sie es vielleicht schon von Beginn an gewesen waren. Und auch im Kino gab es einen bezeichnenden Wechsel von den verkitschten Kulissen der Ufa-Studios zum realistischen Straßenbild. Natürlich begleiteten Kritiker diese Veränderungen auch mit Skepsis. Manchem Film warf man unkritische Abbildung der Realität vor. Dennoch bedeutete die neue Betonung des Realismus für einige Künstler eine Befreiung. Carl Mayer, einer der beiden Drehbuchautoren des expressionistischen Films Das Kabinett des Dr. Caligari, entwarf nun den Plan für einen Dokumentarfilm mit dem Titel Berlin – Die Sinfonie der Gross-Stadt, den dann der talentierte Fotograf und Kameramann Karl Freund gemeinsam mit dem Regisseur Walter Ruttmann verwirklichte. Ihre Absicht war es, den Alltag der Leute genau abzubilden: Wie die Menschen aufstehen, wie sie frühstücken, wie sie in die Straßenbahn einsteigen oder laufen. In der Abbildung der Wirklichkeit sah Freund die reinste Form der Fotografie.

Kunsttheorien hinken der Wirkung von Kunstwerken oft hinterher. Meist viel später versucht die Theorie Erklärungen für bestimmte Tendenzen zu liefern. Lange bevor es eine Neue Sachlichkeit gab, entwickelte Walter Gropius seine revolutionäre – oder eher konterrevolutionäre – Idee von Objekten und Objektivität. Seine Idee war einfach, aber großartig: Da die Menschheit die Macht der Maschine nicht hatte kontrollieren können, sollte sie die nötige Kontrolle fortan mit allem Aufwand an Einfallsreichtum und Energie zurückerobern.

Die wirtschaftlichen Folgen des Maschinenzeitalters waren bereits Geschichte. Wann und wo immer eine Maschine billiger produzieren konnte als menschliche Arbeit, hatte die Maschine schon bald einen neuen Industriesektor erobert. Der Handwerker, ob Korbflechter oder Wagenbauer, mußte entweder ans Fließband oder hungern. Die Folge davon war nicht nur eine soziale Umwälzung, sondern auch eine tiefe Entfremdung zwischen Menschen und Dingen, zwischen Mensch und Objekt. Wenn der Mensch, der ein Objekt herstellte, der Maschine Platz machen mußte, verlor die Herstellung von Objekten an Wert, und die Objekte selbst wurden zu Abstraktionen. Und während die Ingenieure die Maschinen beherrschten, wandten sich die Gestalter und

Künstler von den Alltagsmaterialien ab und schufen nunmehr Dekorationen für die Salons der Reichen. Die Kunst, die einst jede Art des Bildens, Formens und Gestaltens mit eingeschlossen hatte, wurde im Verlauf dessen gleichbedeutend mit Malerei, vor allem dem Malen von Porträts und Landschaften, die von goldenen Rahmen hübsch umfaßt wurden.

Die Reaktion darauf setzte im späten neunzehnten Jahrhundert ein, angeführt von Männern wie John Ruskin und William Morris, die eine Rückkehr zu den alten Handwerken, zu handgefertigten Möbeln und handgewebten Teppichen forderten. Die Ablehnung maschineller Produktion war natürlich im Zeitalter der Maschine absurd. Walter Gropius' Einsicht bestand darin, daß eine Maschine ebenso gut (und ebenso billig) sowohl gute als auch schlechte Arbeit verrichten konnte. Das bedeutete aber auch, daß eine Maschine ebenso schöne wie häßliche Dinge herstellen konnte, und wenn die Ingenieure an den Maschinen diesen Unterschied nicht kannten, würde er, Gropius, eben einen Weg finden, ihnen diesen Grundsatz beizubringen. Kurzum, der Künstler sollte die Maschine nicht ignorieren oder bekämpfen, sondern selbst die Kontrolle über sie übernehmen.

Eine solche Idee war für Gropius naheliegend, war er doch kein Landschaftsmaler, sondern Architekt, und Architektur war von jeher die öffentlichste und praktischste aller Künste, die dem Künstler und Architekten ein Höchstmaß an technischem und kommerziellem Können abverlangt. Das Wissen über die Funktionen von Stahl und Steinen braucht er ebenso wie die Kenntnisse von Steuergesetzen und Bestimmungen der Baubehörden. Und es kann durchaus nützlich sein, wenn ein Architekt weiß, welche Summe für die Bestechung eines korrupten Bauunternehmers benötigt wird.

Auch die Architektur hatte sich im Laufe des neunzehnten Jahrhunderts den alltäglichen Bedürfnissen entfremdet. Es entstanden öffentliche Gebäude im neoklassizistischen Stil, während die neuen Stahlfabriken von Ingenieuren gestaltet wurden und die meisten Wohnhäuser in den schnell wachsenden Städten emporschossen, ohne daß bei ihrer Planung irgendwelche ästhetischen Gesichtspunkte eine Rolle gespielt hätten. Gropius fand seinen Weg in das Berliner Atelier eines der Pioniere der industriellen Architektur des zwanzigsten Jahrhunderts. Es war Peter Behrens, zu dessen jungen Assistenten Mies van der Rohe und Le Corbusier gehörten und der als künstlerischer Berater und Architekt der AEG eine Reihe von Werksgebäuden baute, die Funktionalität mit ästhetischen Prinzipien in Einklang zu bringen suchte.

Seine erste Grundsatzerklärung über ein Bündnis zwischen Künstler und Techniker verfaßte Gropius für den Aufsichtsratsvorsitzenden der AEG, den greisen Emil Rathenau – Vater des zukünftigen Außenministers. Er entwarf darin das Programm für eine Gesellschaft zur *Industrialisierung des Hausbaues auf künstlerisch einheitlicher Grundlage: Durch das Bauspekulanten- und Unternehmertum ist das Hausbauwesen in den letzten Jahrzehnten in Hinsicht auf Geschmack sowohl wie Solidität derart heruntergekommen, daß das Publikum bewußt oder unbewußt unter diesen Zuständen leidet ... Die Gesellschaft will nun die Consequenz aus diesen tatsächlichen Verhältnissen ziehen und durch die Idee der Industrialisierung die künstlerische Arbeit des Architekten mit der wirtschaftlichen des Unternehmers vereinigen ... Damit kann Kunst und Technik zu einer glücklichen Vereinigung gebracht ... werden.* Damals schon hatte Gropius die Vorstellung, Häuser aus Fertigbauteilen herzustellen und sie damit als Reihenhaus zu produzieren. *Nur durch das Prinzip der Massenherstellung kann überhaupt ganz gute Ware geschaffen werden ... Die fabrikmäßige Herstellung wird sich fast auf sämtliche Teile des Hausbaues erstrecken können ... ganze Häuser mit Wänden, Decken, Treppen, Rohrleitungen usw. [können] aus Beton in variable eiserne Formen [gegossen werden]. Jedes Haus trägt sein Gepräge durch Wechsel von Form, Material und Farbe ... Der leitende Gedanke des Unternehmens wird sein, den Komfort der Häuser nicht in überladenem Talmiprunk zu suchen, sondern namentlich in einer klaren Raumgestaltung.*

Dieses Dokument aus dem Jahre 1910, das für mehr als ein halbes Jahrhundert die Entwicklung des Bauens beschreibt, konnte Emil Rathenau offenbar nicht zum Handeln bewegen, aber Gropius war bereits dabei, seine Ideen selbst in die Tat umzusetzen. Er verließ Behrens' Büro und eröffnete sein eigenes Architekturstudio in Berlin. Aus dieser Zeit stammen einige der frühesten Konzeptionen und Realisierungen dessen, was wir auch heute noch *moderne Architektur* nennen: klare geometrische Bauten aus Stahl und Glas, vollkommen funktional, und damit neu und gewagt.

Gropius sah in der Architektur die »Mutter« aller Künste, aber sein Leitgedanke war weniger eine architektonische Idee als vielmehr die Überzeugung, daß alle Formen kreativer Arbeit harmonisch nebeneinander bestehen sollten und daß gutes Design ein zivilisatorisches Grundbedürfnis sei. In Weimar, der Stadt, wo Friedrich Ebert und seine Gefolgsleute versucht hatten, Deutschlands politische Struktur umzugestalten, ergab sich für Gropius die Möglichkeit, seine Ideen durchzusetzen. Weimar beherbergte nicht nur eine Hochschule für Bildende Kunst, sondern auch eine Kunstgewerbeschule, die um die Jahrhundertwende vom belgischen Gestalter Henry van de Velde gegründet worden war. Nach dem Krieg legten die demokratischen Behörden beide Schulen zusammen und beriefen Gropius zu ihrem Leiter. Das Bauhaus war gegründet und verstand sich als Kunstzentrum zur Beratung von Industrie und Gewerbe.

Gropius war jetzt fünfunddreißig Jahre alt, schon wurde er ein wenig rundlich, und seine Stirn begann sich zu lichten. Außerdem sorgte er sich um seine Ehe mit der Witwe Gustav Mahlers, die auseinanderzubrechen drohte. Doch er besaß grenzenlose Energie und viel Esprit, war nicht nur ein erstklassiger Architekt, sondern auch ein fähiger Manager. Seine besondere Gabe bestand darin, seine Kollegen für seine Ideen zu begeistern, wodurch es ihm gelang, die besten Künstler aus Deutschland und aus aller Welt in das verschlafene Städtchen Weimar zu holen. *Architekten, Bildhauer, Maler, wir alle müssen zum Handwerk zurück!* forderte Gropius. Der erste, den er zum *Meister* berief, war der Amerikaner Lyonel Feininger. Es folgten Paul Klee, Wassily Kandinsky, László Moholy-Nagy und später, als das Bauhaus seine eigenen *Meister* hervorbrachte, Marcel Breuer und Josef Albers. Und schließlich auch Mies van der Rohe.

Die Studenten belegten zunächst ein sechsmonatiges Seminar über die Grundlagen von Farbe und Linie, dann traten sie in eine der Werkstätten des Bauhauses ein, wo sie ihre Ideen und Entwürfe gemäß der Leitlinien in die Praxis umsetzten. Es gab Werkstätten für Weberei und Tischlerei, für Metallbearbeitung und Druck, für Keramik, Tapeten und Buntverglasung. In diesen Werkstätten sollten die Studenten nicht nur schöne Dinge schaffen, sondern Designmuster erarbeiten, die zur industriellen Fertigung verwendet werden konnten.

Wenn wir von heute aus auf die Kreationen des Bauhauses zurückblicken, müssen wir nicht nur der herausragenden Idee von Walter Gropius Anerkennung zollen, Kunst und Technik wieder zu vereinen, sondern auch die große Energie und den Einfallsreichtum erwähnen, mit denen er seine Pläne durchsetzte. Der Stahlrohrstuhl, der heutzutage in jeder Küche herumsteht, die abstrakten Muster auf unseren Fußböden und Tapeten, die Formen der Neonbeleuchtung über uns – all dies und noch mehr entstand vor einem halben Jahrhundert im Bauhaus.

In den frühen Tagen am Bauhaus hatte Gropius jedoch mit einem nicht enden wollenden Strom von Kritik und Beschwerden zu kämpfen. Die Verfechter traditioneller Künste starteten immer wieder heftige Attacken gegen ihn. Wilhelm von Bode, der anerkannte alte Sammler und Generaldirektor der Berliner Museen, dem die Stadt Kostbarkeiten wie die Nofretete und den Pergamonaltar verdankte, schrieb an die Weimarer Behörden, er sei entsetzt darüber, daß Gropius die Anstellung des Kubisten Feininger bewirkt habe. In Weimar selbst lehnte eine Gruppe alter Professoren von der Hochschule für Bildende Kunst die Schaffung des Bauhauses ab und betrieb ihre sezessionistische Akademie in einem Gebäudeflügel von Gropius' neuem Hauptquartier.

Auch innerhalb des Bauhauses gab es ernsthafte Widerstände gegen Gropius. Feininger zum Beispiel schrieb an seine Frau, daß er die Vereinigung von Kunst und Technik als eine absurde Fehlinterpretation der Kunst ablehne. Der hartnäckigste Gegner war jedoch Johannes Itten, ein begabter Maler und ein noch begabterer Lehrer, der am Bauhaus die Vorkurse für Gestaltungs- und Formenlehre leitete. Er hatte eine mathematisch-naturwissenschaftliche Bildung durchlaufen, setzte aber dennoch, vergleichbar mit Feininger, kein Vertrauen in die Vereinigung von Kunst und Technik. Und wenn er mit Walter Gropius über die Zukunft des Bauhauses diskutierte, stritt er scharf und unerbittlich. Gropius, ganz Manager, akzeptierte Ittens im Affekt ausgesprochene Kündigung, setzte Moholy-Nagy an seine Stelle und hielt an seinem Konzept fest.

Die ernst zu nehmendsten Widerstände boten jedoch die konservativen politischen Mächte in Weimar und Thüringen. Die Weimarer Bürger wußten kaum etwas von den internen Auseinandersetzungen des Bauhauses, aber der plötzliche Zustrom von Studenten aus so »zwielichtigen« Städten wie Hamburg und Berlin war ihnen nicht geheuer. All diese langhaarigen Sandalenträger, die sich auf dem Dach des gotischen Tempelherrenhauses sonnten und von denen es hieß, daß es in ihren Schlafsälen unzüchtig zuging. Die Studenten antworteten mit einer nicht abreißen wollenden Serie von Festen, ließen um die Wette Drachen steigen und veranstalteten alle möglichen Happenings oder tanzten ausgelassen zur Jazzmusik der Bauhaus-Band, die ihre Improvisationen gern mit gelegentlichen Pistolenschüssen synkopierte.

In diesen Aktionen offenbarte sich natürlich der übliche jugendliche Überschwang, doch barg all das auch gewisse Elemente von Dada in sich. Daneben spürte man in allem den Instinkt von Gropius für organisierte Planung. *Das Bauhaus war in sich ein sehr revolutionärer Ort*, sagt Ilse Gropius. *Und wenn irgendeine Sache daneben ging und der Konflikt sich zuspitzte, sagte meine Mann: »Laß uns feiern.« Die Feier war symbolisch. Sie warf ein positives Licht auf den Nutzen der Zusammenarbeit.*

In der Hauptsache war das Bauhaus aber eine öffentliche Einrichtung, die vom Wohlwollen der Politiker und von öffentlichem Geld abhängig war. Von Anfang an waren dem Initiator die bürgerlichen Politiker mit einer gewissen Feindseligkeit begegnet, aber Gropius agierte als ein unermüdlicher Propagandist in eigener Sache, und die Thüringische Landesregierung gewährte ihm schließlich Unterstützung. Als die sozialdemokratischen Führer in Thüringen und Sachsen sich 1923 durch den Zusammenschluß mit den Kommunisten zu einer Volksfront gegen die Drohungen der Rechten zur Wehr setzen mußten, sandte Stresemann die Reichswehr zur Absetzung der Regierungen aus und verhängte das Kriegsrecht über beide Länder.

Gropius hatte stets darauf beharrt, daß das Bauhaus vollkommen unpolitisch bleiben solle. Trotzdem kam der Armee schon bald zu Ohren, daß die umstrittene Schule eine Brutstätte von Umstürzlern sei. Gropius geriet in erbitterten Streit mit dem Militärbefehlshaber.

Im darauffolgenden Frühjahr, als die Reichstagsneuwahlen der Rechten eine Mehrheit verschafften, spitzte sich der Konflikt zu. Prompt wurden die Landesregierungen mit parlamentarischen Anfragen in bezug auf das Bauhaus belästigt. Schließlich kam es sogar zu einer offiziellen Untersuchung der ziemlich unübersichtlichen Finanzen des Bauhauses, das in sechs Jahren fünf Buchhalter »verschlissen« hatte. Die Einmischung endete mit der amtlichen Mitteilung, daß die Anstellungsverträge aller Lehrer zum September 1924 auslaufen würden.

Die Absicht der Behörden war es nicht, das Bauhaus zu schließen, es sollte vielmehr entkernt werden. Man wollte Gropius und seine Gefährten loswerden, das Budget auf weniger als die Hälfte zusammenstreichen und die Überbleibsel privatisieren. Gropius kam diesen Plänen zuvor, indem er die Auflösung des Bauhauses ankündigte.

Genau zum Zeitpunkt seiner Auflösung fand das Bauhaus jedoch eine unverhoffte Rettung. Fritz Hesse, der sozialdemokratische Bürgermeister von Dessau, unterbreitete Gropius den Vorschlag und die Einladung, mit der gesamten Institution in seine Stadt zu kommen. Und er tat noch viel mehr: Ein Gebäude für das neue Bauhaus und die Unterkünfte für die Bauhaus-Meister sollte nach Gropius' eigenen Entwürfen entstehen. Darüber hinaus versprach Hesse finanzielle und politische Unterstützung, die in Weimar so sehr gefehlt hatten. Gropius ging mit Freuden darauf ein, und kaum ein Jahr später wurde das Bauhaus in seiner neuen Heimat wiedereröffnet. Und dort sollten all die Vorhaben, die er schon so viele Jahre lang wie ein Besessener gehegt hatte, die Pläne, die in Weimar noch kaum begonnen hatten, erblühen.

Albert Einstein brachte die ungewohnte Situation in arge Verlegenheit. Er besichtigte zusammen mit dem Architekten Erich Mendelsohn den von diesem eben vollendeten Einsteinturm in Potsdam. Der Turm erfüllte ganz offenbar seine Aufgabe: Die Kuppel an der Spitze diente als Observatorium, von dem aus die kosmischen Lichtstrahlen hinunter in ein unterirdisches astrophysisches Laboratorium reflektiert werden konnten. Aber das Gebäude sah eher wie ein plumpes Raumschiff aus. Ein Betonturm mit vier Reihen tief eingeschnittener Fenster ragte behäbig aus einer länglichen Basis heraus. Einstein und Mendelsohn schritten kreuz und quer durch das weitläufige Haus, und der junge Architekt wartete voller Nervosität auf einen zustimmenden Kommentar. Einstein aber sagte nichts. Erst einige Stunden später, während eines Treffens mit der Baukommission, stand Einstein auf und flüsterte Mendelsohn ein enigmatisches Einworturteil ins Ohr: *Organisch!*

Ungefähr zur gleichen Zeit saß Mies van der Rohe an seinem Schreibtisch und zeichnete Entwürfe für zwei Wolkenkratzer. Der eine war rechteckig, der zweite zylindrisch, und keiner von beiden wurde je verwirklicht. Beide Turmbauten sollten bis zu einer Höhe von mehr als zwanzig Stockwerken aus Glas bestehen. Mies van der Rohe wollte das Glas nicht einfach wie ein Fenster in einen Stahlrahmen setzen, sondern die Wände selbst sollten gigantische Kristalle sein. Mit einem einzigen Federstrich legte er somit das Fundament für all die großen Glas-und-Metall-Wolkenkratzer, die uns heute umgeben.

Ludwig Mies van der Rohe und Erich Mendelsohn repräsentierten extreme Gegensätze in der modernen Architektur, aber in ihrer radikalen Anwendung neuer Werkstoffe verkörpern beide die turbulenten Neuerungen im Nachkriegs-Berlin. Und beide teilten sie ein der Architektur inhärentes Problem – das Vorhandensein einer Brachfläche, die der Architekt braucht, um darauf wirken zu können. Die Meisterleistungen eines Christopher Wren zum Beispiel konnten nur aus der Asche des Londoner Großfeuers von 1666 erstehen. Das Stadtzentrum von Berlin war schon weitgehend verbaut, und noch dazu in einem Stil, der für die Ewigkeit entworfen schien. Die großen Baumeister des achtzehnten und frühen neunzehnten Jahrhunderts – Andreas Schlüter, Georg von Knobelsdorff und Karl Friedrich Schinkel – hatten bereits das Stadtschloß, die Staatsoper und die Universität errichtet und die Linden in eine Prachtstraße und zum Schauplatz staatstragender Architektur verwandelt ... Die Kaiser mochten kommen und gehen, aber die meisten dieser Monumente stehen bis zum heutigen Tag.

Baubedarf bestand in den zwanziger Jahren vor allem für Villen. Die wohlhabenden Berliner erwarben Grundstücke am Grunewald oder am Havelstrand, und es galt als schick, einen der jungen Architekten mit dem Bau eines Hauses zu beauftragen. Mies van der Rohe ließ von hypothetischen Wolkenkratzern ab und wandte sich den Entwürfen von Vorortvillen zu. Gropius baute in Dahlem ein Haus, dessen Räume vollständig mit Teakholz getäfelt waren, wofür er von den Bauhaus-Werkstätten abstrakte Muster entwerfen ließ. Wie die meisten Intellektuellen jener Zeit waren die Architekten linksliberal gesinnt, und so fühlten sie sich verpflichtet, Unterkünfte für die Volksmassen zu bauen. Gropius zum Beispiel wirkte bei der Errichtung einer riesigen Siedlung für die Arbeiter von Siemens mit. Und Stück für Stück veränderte der Bauboom der Zwanziger das Gesicht der ganzen Stadt. Wo immer die jungen Architekten dazu Gelegenheit fanden, bauten sie ihre klaren, kubischen Ein- und Mehrfamilienhäuser mit den typischen weißen Wänden und horizontalen Fensterreihen.

Auch Erich Mendelsohn baute den Reichen in Berlin rechtwinklige Villen, aber sein Ehrgeiz zielte auf etwas anderes. Zielstrebig hatte er im Alter von fünf Jahren beschlossen, Architekt zu werden, und selbst in den Gräben der Westfront, wo er seinen Militärdienst leistete, hat er Skizzen von Gebäuden aufs Papier gekritzelt, die er einmal errichten wollte. Manche sind nur zentimetergroß, aber sie vermitteln allesamt den Eindruck überwältigender Größe. Darin wiederholten sich maschinenhafte Formen: Reihen von Zylinderformen, die vage an eine Kolbenmaschine erinnern, gigantische horizontale Platten für ein Warenhaus und jene Raumschifform, die zuerst als Fabrik für optische Geräte auftaucht, dann als Wolkenkratzer und die schließlich als Einsteinturm verwirklicht wurde. Wie andere junge Architekten in Berlin auch wollte Mendelsohn mit seinen Entwürfen dem Geist des Maschinenzeitalters Ausdruck verleihen. Aber anders als jene faßte er das Maschinenzeitalter nicht als abstrakte Rechtwinkligkeit auf, sondern als ein ausgewogenes Verhältnis von Körper und Masse. Er war daher von allen am besten dazu geeignet, mittels der neuen Techniken riesige Konsumtempel zu errichten.

Die Berliner Kaufhäuser unterschieden sich ein wenig von denen anderer Länder, denn die Hausfrauen betrachteten es – zumindest noch in den ersten Jahren – als unter ihrer Würde, Sonderangebote einzukaufen. Die Unternehmer versuchten deshalb, ihre Besucher durch eine prächtige Ausstattung anzulocken. Der gigantische Steinpalast von Wertheim am Leipziger Platz konnte nicht nur mit drei neuartigen Rolltreppen, dreiundachtzig Aufzügen und einem fast fünf Kilometer langen Rohrpostsystem beeindrucken, sondern prunkte dazu mit Marmorwänden, Kristalleuchtern und Springbrunnen, die mit Kacheln aus der Königlich Preußischen Porzellanmanufaktur stammten.

Nicht weit davon entfernt, in der Leipziger Straße, errichtete Mendelsohn sein erstes großes Geschäftsgebäude, einen Laden für das wohlhabende Pelzhaus Herpich. Die neue Architektur eignete sich dazu in der Tat hervorragend. Während sich das Kaufhaus Wertheim mit den zehntausend elektrischen Glühbirnen brüstete, die dieses »Mausoleum« erleuchteten, baute Mendelsohn für Herpich eine Fassade, die fast ausschließlich aus Glas bestand. Als Mendelsohn 1924 seine ersten Entwürfe vorlegte, versuchte Berlins Oberbürgermeister Gustav Böß in aller Form, den Bau, der eine *Schande für die Stadt* sei, zu verhindern. Nur acht Jahre später erklärten ihn die Stadtbehörden zu einer Sehenswürdigkeit und Meisterleistung.

Mendelsohns Erfolg in Berlin verschaffte ihm viele ähnliche Aufträge. Er errichtete große Kaufhäuser in Nürnberg, Stuttgart, Breslau und Chemnitz. Er gehörte gemeinsam mit den vierzig Assistenten, die in seinem Büro arbeiteten, zu den meistbeschäftigten Architekten Europas. Objektiv betrachtet sind seine Gebäude nicht zwingend als Kunstwerke einzuordnen und nicht mit der strengen Nüchternheit der gelungensten Werke von Mies van der Rohe, die durch ihre unaufdringliche Klarheit bestechen, zu vergleichen. Es zeigt sich zwar in jedem seiner Gebäude ein sehr persönlicher Ausdruck, trotzdem ist ein gewisser Hang zur Schwerfälligkeit und zu immer wiederkehrenden Grundformen nicht zu übersehen. Dessenungeachtet bleibt seine Leistung bei der architektonischen Neugestaltung Berlins unbestritten, prägte er doch an so manchen Plätzen das Stadtbild nach seinen Ideen.

Am Kurfürstendamm baute er einen Komplex aus Universum-Kino, Kabarett, Hotel und Wohnungen, in dem heute die SCHAUBÜHNE untergebracht ist. Auf einem dreieckigen Grundstück am Belle-Alliance-Platz gestaltete er die Zentrale der IG Metall, und am Potsdamer Platz baute er das turmhohe Columbus-Haus. Für das Mossehaus entwarf er die Verkleidung des Eingangs. Neben diesen großen Aufträgen realisierte er interessante kleinere Bauten – den Yachtklub am Wannsee und sein eigenes Haus am Ufer der Havel.

Doch kein einzelner Architekt und auch keine architektonische Richtung kann eine bereits existierende Stadt entscheidend verändern. Die Ironie des Schicksals zwang die jungen Berliner Baumeister, ins Exil zu gehen, als Hitler an die Macht kam und seine eigenen architektonischen Vorstellungen mitbrachte. Sie konnten erst zurückkehren, nachdem Hitlers Träume die Berliner Innenstadt zu Brachland gemacht hatten – eben zu jenem Land, das die Architekten zum Arbeiten gebraucht hätten. Das heutige Berlin ist eine Art Pyrrhussieg für die Architekten der zwanziger Jahre. Aus den Ruinen des Hansa-Viertels erhebt sich einer von Gropius' heitersten Wohnblocks. Die Neue Nationalgalerie stammt von Mies van der Rohe. In Westberlin sind die radikalen Ideen der exilierten Meister allgegenwärtig geworden. Erich Mendelsohn gehörte nicht zu denen, die zum Wiederaufbau zurückkehrten; er verlebte seine letzten Jahre in Amerika und Israel. Aber er hat das Kommende schon seit den ersten Tagen seines Exils vorausgeahnt, als er angesichts einer heruntergekommenen Straße in Marseille begeistert bemerkte, wie viel doch noch zu tun sei, um das Gesicht der Welt zu verschönern.

Otto Gebühr als Friedrich der Große im Ufa-Film »Das Flötenkonzert von Sanssouci«

Emil Jannings als Professor Unrat in dem Film »Der blaue Engel«

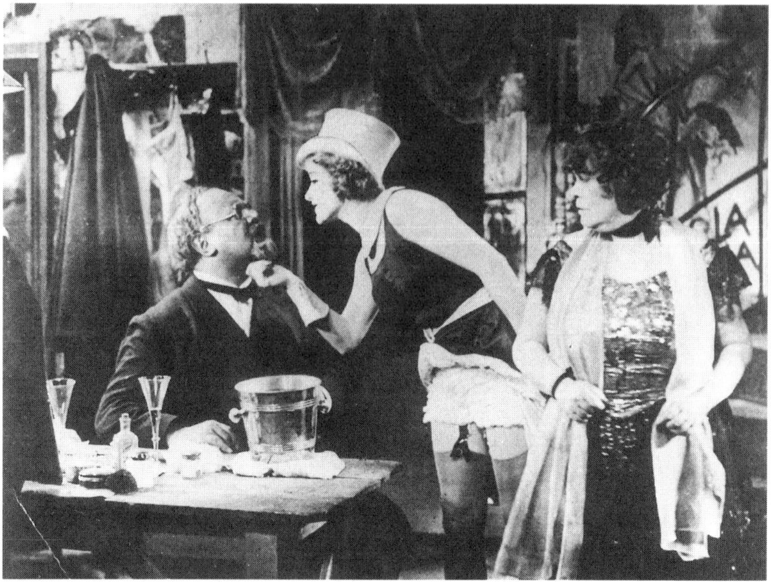

Szenenfoto aus dem Film »Der blaue Engel« mit Emil Jannings, Marlene Dietrich, Rosa Valetti

Marlene Dietrich bei einem der ersten transatlantischen Telefongespräche zwischen Hollywood und Berlin

Rudolf Klein-Rogge und Conrad Veit (links) in dem Film »Metropolis« (Regie: Fritz Lang)

Szenenfoto aus »Metropolis«

Foto aus dem Montagefilm »Berlin, die Sinfonie der Großstadt« von Walter Ruttmann

Peter Lorre in dem Fritz-Lang-Film »M«

Szenenfoto aus »M« mit Peter Lorre, Gustaf Gründgens, Theo Lingen u. a.

Verhandlung im »Immertreu-Prozeß« gegen Mitglieder eines Ringvereins, Kriminalgericht Berlin-Moabit

KAPITEL 9

»Die Vorherrschaft der deutschen Musik«

1925

Das müssen Sie ändern, Schönberg!
Lassen Sie Ihre Schüler Dostojewski lesen,
das ist wichtiger als Kontrapunkt!

GUSTAV MAHLER

Wenn man zusehen darf, wie Mahler
sich eine Krawatte bindet, kann man dabei
mehr Kontrapunkt lernen
als am Konservatorium in drei Jahren.

ARNOLD SCHÖNBERG

Rechte Kreise verziehen Friedrich Ebert nie, was er in den Tagen der Revolution getan, die Linken nicht, was er unterlassen hatte. Nicht einmal seine Herkunft aus der Arbeiterklasse wurde toleriert. George Grosz beispielsweise schrieb voller Verachtung: *Ebert läßt sich den Bart stutzen, er sieht nunmehr wie ein Generaldirektor aus und vertauscht den demokratischen Schlapphut mit einem Zylinder.* Kurt Tucholsky machte sich über Eberts grundlose Furcht vor einem kommunistischen Umsturz lustig, verurteilte seine Anstrengungen, jeglichen Aufruhr im Keim zu ersticken, als krankhaft und erklärte, daß seine ganze Herrschaft aus nichts als Feigheit und Verrat der Genossen bestehe. Als der Reichspräsident einmal zu einer Schiffstaufe nach Wilhelmshaven fuhr, begrüßten ihn die Werftarbeiter mit eisigem Schweigen. Das hatte seine Ursache in den Vorbehalten der Linken gegen den Reichspräsidenten. Stresemann erklärte sich die Ressentiments so: *Die Wahrheit ist, das deutsche Volk will keinen Präsidenten mit Zylinderhut.* Er vermutete, das Volk wolle eine militärische Uniform und eine Menge Orden sehen. *Wenn es einen Mann vor sich hat, der einen Zylinderhut trägt und alltäglich aussieht, dann denkt jedermann im Publikum: Das kann ich auch.*

War die Kritik der Linken auch heftig – von rechts kamen geradezu böse Angriffe. *Ich kann mich daran erinnern, daß Ebert einmal in unsere Stadt kam*, erzählt ein New Yorker Geschichtsprofessor, *und in allen Straßen, die der Wagen des Präsidenten passieren sollte, hatten die Ladenbesitzer ihre Unterwäsche in die Fenster gehängt. Natürlich hingen da auch ein paar Fahnen, die die Behörden aufgezogen hatten, aber entlang der ganzen Strecke präsentierte sich dem Präsidenten die Unterwäsche der Ladenbesitzer.* Die Linken beschuldigten Ebert, die Revolution verraten zu haben, die Rechten, daß er sie überhaupt erst in Gang gesetzt habe.

Während einer Visite des Präsidenten in München im Jahre 1922 durchbrach ein radikaler Nationalist namens Emil Gansser die Polizeiabsperrungen, und Ebert mußte es sich gefallen lassen, daß Gansser ihn *Landesverräter* schimpfte. Ebert war so unvorsichtig, Verleumdungsklage gegen Gansser zu erheben. Als es zur Verhandlung kam, erreichte dessen Anwalt, ein Nationalsozialist, daß das Münchener Gericht Ebert ins Kreuzverhör nahm. Um weitere Verwicklungen zu vermeiden, zog Ebert daraufhin den Strafantrag zurück, was sich als ein noch schwerwiegenderer Fehler erwies. Gansser nahm dies zum Anlaß, Eberts Entscheidung in einem offenen Brief als Eingeständnis des Landesverrats darzustellen und ihn zum Rücktritt aufzufordern.

Ein neues Verfahren zwang Gansser, das Land zu verlassen, aber seine Sache wurde von einem anderen Rechtsextremen namens Rothardt aufgegriffen, der unweit von Magdeburg eine kleine Lokalzeitung herausgab. Er druckte Ganssers offenen Brief ab und fügte seinerseits höhnisch hinzu: *Beweisen Sie doch, Herr Ebert, daß Sie kein Landesverräter sind.* Wieder gab Ebert der Versuchung nach und zeigte ihn an, und wieder wurde der Fall vor ein Provinzgericht gebracht. Nach vierzehntägiger Verhandlung verurteilte der Richter Rothardt zu drei Monaten Gefängnis wegen Beleidigung, fügte jedoch hinzu, daß Ebert, wenn auch unter mildernden politischen Umständen, formal des Landesverrats schuldig sei, da er am Tag, als die Monarchie stürzte, am Generalstreik teilgenommen habe.

Es war freilich absurd, daß ein Provinzrichter dem Reichspräsidenten Landesverrat vorwarf. Ebert brachte den Fall zwar vor eine höhere Instanz, konnte aber nicht verhindern, daß sich in der Zwischenzeit jeder nationalistische Hetzer mit der Behauptung, Deutschland werde von den *Novemberverbrechern* regiert, auf die Argumentation des Gerichts berufen konnte. Eberts Taktik, die schlimmsten Verleumder gerichtlich zu belangen, verwickelte ihn bis 1924 in fast einhundertfünfzig Ermittlungsverfahren gegen verschiedene rechtsgerichtete Kritiker. Von denen fanden sich nicht nur einige in der Lokalpresse – zunehmend gewannen sie eine wichtige Rolle im Reichstag.

Die beiden Reichstagswahlen im Jahr 1924 hatten den Deutschnationalen starke Stimmengewinne eingebracht, so daß sie mit einhundertunddrei Sitzen die zweitstärkste Partei hinter den Sozialdemokraten waren, die hunderteinunddreißig Sitze errangen. Reichskanzler Wilhelm Marx von der Zentrumspartei versuchte vergebens eine neue gemäßigte Koalition zusammenzubringen. Der von Ebert zum Reichskanzler ernannte parteilose Hans Luther, der für die Organisation der Währungsunion im Jahre 1923 verantwortlich zeichnete, sah sich zu Konzessionen gezwungen und nahm Vertreter der Rechten in seine Koalition auf, so daß die Deutschnationalen in einer Position der Stärke waren und einen der größten Korruptionsskandale der zwanziger Jahre für ihre Zwecke ausbeuten konnten: die Affäre Barmat.

Die Gebrüder Barmat – Julius, Herschel, Salomon und Isaak – waren aus Polen in die Niederlande gegangen, wo sie 1907 ein kleines Im- und Exportunternehmen eröffnet hatten. Nach dem Krieg lieferten sie große Mengen Lebensmittel, vor allem Schmalz, ins hungerleidende Deutschland. Im Verlauf ihrer Transaktionen kamen sie mit vielen hochgestellen Sozialdemokraten in Kontakt. Friedrich Eberts Büro erteilte Julius Barmat sogar ein Dauervisum, das ihm erlaubte, ein- und auszureisen, wann immer er wollte.

In den folgenden Jahren ließen sich die Gebrüder Barmat in Berlin nieder und hatten dort großen Erfolg. Während der Inflation florierte das Importgeschäft der Barmats zwangsläufig, denn Geschäftserfolg hing maßgeblich von der Beschaffung »realer« Werte wie Nahrungsmittel, Brennstoffe oder Devisen ab. Nach der Inflation, als das Geld knapp wurde, gelangten sie wiederum zu mehr Wohlstand, indem sie kleineren Unternehmen Geld liehen und sich die Firmen einverleibten, sobald diese in Zahlungsschwierigkeiten kamen. Ende 1924 bestand der Barmat-Konzern aus sechsundvierzig verschiedenen Unternehmen, darunter Banken, Metall- und Textilwerke. Aber die Barmats wurden schließlich das Opfer ihrer eigenen Spekulationen, und als sie selbst nicht mehr in der Lage waren, ihre Gläubiger zu befriedigen, begannen polizeiliche Ermittlungen.

Früh am Silvestermorgen zog die Polizei aus, um Julius Barmat in seiner eleganten Villa auf der Havelinsel Schwanenwerder zu verhaften. Man hatte Bedenken, daß die Barmats versuchen würden, in ihren Schnellbooten zu entkommen. Im Morgengrauen umzingelten deshalb fünfzehn Polizisten das Anwesen, und einige Polizeiboote patrouillierten vor dem Ufer. Aber der Aufwand erwies sich als überflüssig; die Barmats ergaben sich ohne jeden Widerstand. Die Untersuchungen brachten zutage, daß sie mit über vierzehn Millionen Goldmark – vor allem bei der Preußischen Staatsbank und der Reichspostscheckverwaltung – verschuldet waren und machten das Ausmaß an Verstrickungen, Schiebung und Bestechung deutlich: Die Barmats waren alle – aus welchen Gründen auch immer – im Besitz des SPD-Parteibuchs und hatten vielen führenden Sozialdemokraten Gefälligkeiten erwiesen. Es wurde bekannt, daß der ehemalige Reichskanzler Gustav Bauer im Aufsichtsrat des Barmat-Konzerns saß. Der Sohn des Reichspräsidenten, Friedrich Ebert junior, hatte Parteispenden angenommen. Die Barmats hatten sogar dem Berliner Polizeipräsidenten Richter eine namhafte Summe geliehen, mit der er sich ein kleines Häuschen baute. Im Gegenzug schenkte er Julius Barmat ein silbernes Zigarettenetui mit persönlicher Gravur. Alle Schichten der Regierung und des Geschäftslebens waren in den Genuß von Krediten und Gefälligkeiten der Barmats gekommen. Und einer ihrer Geschäftspartner hatte sogar ganze Wagenladungen mit Gänsen herangeschafft und sie zur Weihnachtszeit an alle Mitarbeiter der Preußischen Staatsbank, von den Direktoren bis zu den Türstehern, verteilt.

Im Reichstag wurde ein Untersuchungsausschuß zu dieser Affäre eingesetzt, die Berliner Gerichte mußten sich mit Betrugs- und Bestechungsklagen auseinandersetzen, und die Deutschnationalen schlugen aus jeder neuen Enthüllung Kapital. Warum, fragten sie, hatte Ebert die Brüder überhaupt ins Land gelassen? Warum hatte er seinen offenbar in den Skandal verwickelten persönlichen Sekretär nicht schärfer im Auge behalten? Warum, so fragten die Deutschnationalen, war die ganze Republik zu einer »Barmat-Republik« geworden? Der Prozeß gegen Julius Barmat und seine Partner dauerte mehr als zwei Jahre. Am 30. März 1927 legte der vorsitzende Richter ein über fünfhundert Seiten starkes Urteil vor, in dem Barmat nach Analyse der unglaublich verwickelten Affäre in zwei Anklagepunkten der Bestechung für schuldig befunden und zu elf Monaten Gefängnis verurteilt wurde. Der Reichskanzler a. D., Gustav Bauer, war bereits zur Aufgabe seines Mandats gezwungen und Polizeipräsident Richter entlassen worden.

Für Friedrich Ebert, der sich nichts hatte zuschulden kommen lassen, kam das Urteil viel zu spät. In den ersten Monaten des Jahres 1925, als die Nationalisten jede Woche neue Vorwürfe gegen ihn richteten, verteidigte Ebert wie besessen seine persönliche Ehre. Trotz schrecklicher Schmerzen befolgte er nicht den Rat seiner Ärzte, sich einer Operation zu unterziehen. Fünf Tage später war Ebert, kaum vierundfünfzig Jahre alt, tot. Als es den Ärzten endlich gelungen war, ihn wegen seiner Blinddarm- und Bauchfellentzündung von der Notwendigkeit einer Operation zu überzeugen, war es für ihn schon zu spät.

Rudolf Serkin scheint immer eine unsichtbare Tastatur mit sich zu führen. Ob er im Restaurant sitzt oder spazierengeht, stets unterstreicht er seine Rede und seinen Standpunkt mit ausdrucksvoll beweglichen Händen, als ob sie über ein imaginäres Instrument glitten. Das Klavier ist nicht nur sein Beruf, sondern sein ganzes Leben.

Er ist groß und voller Energie, seinen Kopf ziert eine Krone aus kurzgeschnittenem grauen Haar, oft überrascht er sein Gegenüber mit einem plötzlichen Lächeln. Wir essen gemeinsam in einem ruhigen kleinen Club gleich neben dem Curtis Institute of Music in Philadelphia, dessen Direktor Serkin ist, und er erzählt, wie er kurz nach der Revolution zum ersten Mal nach Berlin kam.

Ja, wir hatten unsere eigene, kleine, Revolution in Wien. Wir besetzten die Hofburg und brachten darin die Arbeiterkinder unter. Ich gab ihnen Klavierstunden. Ich selbst war sechzehn. Ich hatte damals Tuberkulose, und man sagte mir, ich solle nach Paris gehen, um mich behandeln zu lassen. Es gab einen Sonderzug, der die kranken Kinder nach Paris brachte, einen »Tuberkulose-Zug«. Ich sollte außerdem bei Isidore Philipp am Konservatorium studieren. Irgend jemand verschaffte mir einen Job im Hôtel de l'Opéra, ich sollte dort auch üben können.

Was war das für ein Job?

Ich weiß es nicht, ich bin nie hingefahren. In Wien lernte ich Adolf Busch kennen, der gerade eine Reihe von Violinkonzerten gab und der mir riet, nach Berlin zu gehen und bei Busoni zu studieren. Da ich nicht wußte, wie ich das bewerkstelligen sollte, war ich etwas ratlos. Busch machte mir Mut: »Mein Haus steht leer, du kannst darin wohnen.« Also nahm ich den nächsten Zug nach Berlin.

Meinen ersten Brief hat Busoni nie beantwortet. Dann arrangierte Egon Petri, einer seiner Schüler, ein Treffen mit ihm. Busoni war damals bereits sehr herzkrank. Er meinte, ich hätte keinen Unterricht mehr nötig. Ich war siebzehn, und er sagte, ich sei alt genug, meinen eigenen Stil zu entwickeln. Er forderte mich auf, viele Konzerte zu besuchen – und wenn mir eins gefiele, würde ich etwas davon lernen. Selbst von Konzerten, die mir mißfallen würden, könnte ich profitieren.

Und was haben Sie dann gemacht? Haben Sie's bei jemand anderem versucht?

Ich befolgte seinen Rat. Es gab niemanden sonst, bei dem ich hätte studieren können. Ich übte jeden Tag viele Stunden. Ich gab ein eigenes Konzert in der Singakademie. Es kamen nicht mehr als zwanzig Zuhörer, aber unter ihnen waren Busoni, Schnabel und Einstein.

Was haben Sie gespielt?

Die Goldberg-Variationen, antwortet Serkin, wie aus der Pistole geschossen. Über fünfzig Jahre hinweg blieb ihm das Programm seines Debüts in Berlin unvergessen.

Haben Sie je mit Einstein gemeinsam musiziert?

Oh, ja, er war sehr nett zu mir.

Ich habe gehört, er soll ein grauenhafter Geiger gewesen sein.

Ja, er spielte immer ohne jedes Vibrato. Aber er mochte das Geigenspiel doch so gern. Serkin lächelt.

Als Busch nach Berlin zurückkehrte, plaudert Serkin weiter, *besuchten wir gemeinsam Busoni und spielten ihm seine Violinsonate vor – ein schönes Stück, ich mag es sehr. Als wir fertig waren, fragten wir ihn: »Haben Sie es sich so vorgestellt?« Er antwortete: »Nein.« Wir fragten ihn: »Wieso, wie sollte es denn gespielt werden?« Er sagte: »Das verrate ich euch nicht, das würde euch eure Spontaneität nehmen.« Erst später, als Busoni ein Arrangement für zwei Klaviere schrieb und zusammen mit Petri spielte, sahen wir, was er meinte. Er spielte den letzten Satz ungefähr dreimal so schnell, wie wir es getan hatten.*

Wir hatten sie auf sehr deutsche Art gespielt, sehr seelenvoll, Busoni aber wollte es italienisch haben – so! Serkins Hände strecken sich vor und huschen schnell über der Aufschnittplatte hin und her, als spielten sie auf den Tasten eines unsichtbaren Klaviers.

Ferruccio Busoni war eine legendäre Erscheinung. Von Geburt Italiener, hager und gebeugt, mit langem Haar und wohlgeschnittenem Gesicht. Schon 1894, erst sechsundzwanzigjährig, war er nach Berlin gekommen und zählte dort bald zur Prominenz der musikliebenden Stadt. Für einen Pianisten hatte er ziemlich schmale Hände, was ihn dazu zwang, ständig zu üben, aber sein Spiel war überwältigend. In einem seiner eindrucksvollsten Konzerte spielte er während eines Abends Beethovens HAMMERKLAVIERSONATE, alle vier Balladen von Chopin sowie dessen AS-DUR-POLONAISE und schloß mit Liszts unerhört schwierigen REMINISCENCES DE ROBERT LE DIABLE. Er entlockte seinem Instrument eine gewaltige Klangfülle, indem er die Kraft aus den Schultern statt aus den Handgelenken zog. Da er die aus dem 19. Jahrhundert überkommene Sentimentalität ablehnte, betrachtete man ihn als Begründer der modernen Klavierkunst. Als Komponist widmete er sich gleichfalls mit großer Energie einem äußerst individuellen Neoklassizismus. Er komponierte ein gigantisches Konzert für zwei Klaviere und einen Männerchor, eine FANTASIA CONTRAPPUNTISTICA und die Opern ARLECCHINO und DOKTOR FAUST. Als Lehrer und Editor schließlich revidierte er große Teile von Bachs Klavierwerken, und seine Transkriptionen von Bachs Orgelwerken sind noch immer vielgespielt.

Sein ganzes Leben lang war Busoni auf einer faustischen Suche nach Vollendung. *Was meinen musikalischen Geschmack betrifft, so begann ich weiter zurückzugreifen als zu Schumann und Mendelssohn*, sagte er einmal. *Ich mißverstand Liszt lange Zeit, aber dann verehrte ich ihn. Später wandte ich mich als Lateiner von ihm ab … Etwas vom Schwierigsten war, guten von schlechtem Beethoven unterscheiden zu lernen … und all diese zwanzig Jahre hindurch stand unverändert wie ein Leuchtturm in stürmischer See die Partitur des Figaro. Aber als ich sie letzte Woche wieder einmal anschaute, entdeckte ich zum erstenmal Zeichen von Schwäche darin.* Nichtsdestoweniger spielte der große Virtuose bei seinen Abschiedskonzerten im Jahre 1922 nichts als Mozart – nacheinander zwölf Klavierkonzerte.

Er galt als großer Exzentriker – ganz in Paganinis Tradition. *Die überragende Gestalt war Busoni, ihm kam keiner gleich*, äußerte sich Artur Schnabel über ihn. *Leider sah ich ihn nicht so häufig, wie ich es mir gewünscht hätte, da er fast ständig von einer Gruppe von Leuten umgeben war, die mir, wie ich es ausdrücken möchte, etwas zu kostspielig waren, um sie mit in Kauf zu nehmen. Er hatte einen Faible für »verrückte« Leute; irgendwie fühlte er sich zu ihnen hingezogen. Jeden Tag nach dem Mittagessen gab er sich zwei oder drei Stunden mit dieser Gruppe ab: einem sonderbaren Haufen, der nicht einmal sonderlich talentiert war. Er war sehr freundlich zu ihnen. Doch mit einer Art diabolischer Freude erzählte er ihnen die absurdesten Sachen über Musik, die er einfach erfand. Sie übernahmen all diese Hirngespinste blind und verbreiteten sie anschließend als das letzte Wort in Sachen Musik … Das letzte Mal, daß ich ihn sah, werde ich nie vergessen. Es war … kurz vor seinem Tod, und er war bereits schwer krank. Ich begegnete ihm allein. Als er das Zimmer betrat, betrachtete er mich eine Weile und sagte dann: »Schnabel, Sie bekommen allmählich ein Gesicht.« Es machte einen tiefen Eindruck auf mich – ein großes Kompliment. Es bedeutete natürlich, daß ich bis dahin keines gehabt hatte. Ich war damals vierzig …*

Für die jüngeren Pianisten in Berlin – Claudio Arrau, Wilhelm Backhaus und Vladimir Horowitz – war Schnabel eine Leitfigur. *Er hatte den größten Einfluß auf uns alle*, erzählt Rudolf Serkin. *In jeder Beziehung – durch die Art, wie er spielte, daß er auch moderne Musik spielte, daß er ein gastliches Haus führte und mit vielen interessanten Menschen verkehrte.* Schnabel war kein wirklicher Virtuose, und Rachmaninow verspottete ihn einmal als einen großen Adagio-Spieler, aber die Kraft und ausgeprägte Empfindsamkeit seines Spiels machten ihn zu einem der bedeutendsten Interpreten von Beethoven und Schubert.

Auch Schnabel hielt hof und pflegte einen fürstlichen Lebensstil. Eines Tages versammelte er einige der besten Solisten Berlins in seiner Wohnung für zwanzig Proben zur ersten Nachkriegsaufführung von Arnold Schönbergs Pierrot Lunaire. Boris Kroyt spielte die Violine, er empfahl einen hungerleidenden jungen Flüchtling, den Cellisten Gregor Piatigorsky. Nachdem die Musiker ungefähr eine Stunde lang geprobt hatten, kündigte Schnabel eine Teepause an. *Niemand außer mir hatte es so eilig, zum Tee zu kommen*, erinnerte sich Piatigorsky später. *Ich wartete und hörte mit den anderen zu, wie Schnabel über*

Pierrot Lunaire, Kommunismus und andere interessante Themen sprach. Da ich jedoch ahnte, daß es einen längeren Vortrag geben würde, begab ich mich langsam ins Nebenzimmer. Dort sah ich auf einem Tisch belegte Brötchen und eine Auswahl von Kuchen stehen. Piatigorsky verschlang in seiner Not alles Eßbare und gesellte sich dann wieder zu den anderen, die immer noch dem referierenden Schnabel lauschten.

Als Artur Schnabel 1898 von Wien nach Berlin kam, *gab es dort nur ein Opernhaus, etwa drei Schauspielbühnen, ein Varieté und eine Operettenbühne ... Die Schauspielhäuser, wie die Oper, die Konzertsäle und auch die beiden anderen Häuser schienen sich mit ihrem Programm an ein und dieselbe Zielgruppe zu wenden, die schätzungsweise zehntausend Köpfe zählte.* Doch mit dem Bevölkerungszuwachs von fast zwei Millionen im Jahre 1900 auf über vier Millionen in den zwanziger Jahren wuchs das Bedürfnis nach Musik und Konzerten in fast unstillbarem Maß. 1912 wurde das Deutsche Opernhaus eröffnet, das die Leute aufnehmen sollte, die in der Staatsoper Unter den Linden keinen Platz mehr fanden. Nach dem Krieg wurde aus dem Kroll-Theater am Tiergarten Berlins drittes Opernhaus. Der junge Erich Kleiber leitete die Staatsoper, Bruno Walter die Deutsche Oper und Otto Klemperer die Kroll-Oper. Als Artur Nikisch 1922 starb, übernahm Wilhelm Furtwängler die Berliner Philharmoniker, bei denen auch Bruno Walter eine Konzertreihe dirigierte. Die intensive Konkurrenz unter diesen außergewöhnlich talentierten Musikern führte zu einer unerhört reichen und vielfältigen Konzertproduktion, wie man sie nirgends sonst in Europa antreffen konnte. Die Alten schwärmen in Berlin noch immer von Furtwänglers mitreißender Beethoven-Interpretation, von Walters sinnenfrohem Mozart oder von Inszenierungen wie Klemperers FLIEGENDEM HOLLÄNDER, in der die Sänger in modernen Kostümen auftraten, was Wagners Sohn Siegfried veranlaßte, die Aufführung als *Kulturbolschewismus* zu beschimpfen.

Was die Musik angeht, war Berlin noch immer eine Bastion des Traditionalismus, entsinnt sich Yehudi Menuhin. *Beethoven und Bach waren die Götter. Furtwängler und Walter ihre Statthalter auf Erden. Und die Produzentin Louise Wolff ihre Hohepriesterin. Ich erinnere mich noch genau an das große Diner, das die Wolff nach der Kostümprobe am Morgen meines Debüts gab. Die Generalprobe war fast wichtiger als das Konzert selbst, denn dazu erschienen alle wichtigen*

Musiker. An dem Diner nahmen mindestens vierzig Leute teil. Alle verbeugten sich voreinander und schüttelten sich die Hände: »Mahlzeit«. Dann aßen sie, bis sie nicht mehr konnten. Schließlich erhoben sie sich und verbeugten sich wieder, so tief sie konnten, allerdings nicht mehr ganz so tief wie vor dem Essen. Wieder hieß es: »Mahlzeit«. Nun ja, diese Welt der Damastdecken auf den Tischen, der Spitzendeckchen darüber, diese Welt der weichen Teppiche wollte man sich erhalten, so lange man irgend konnte.

Ich spreche vor allem vom musikalischen Leben, weil es für Berlin in jener Zeit von großer Bedeutung war, fährt Menuhin fort. *Dieses Musikleben ersetzte etwas, was in der Hauptstadt einer Weltmacht durch Kolonien oder außenpolitischen Pomp repräsentiert werden mag. Aller Ehrgeiz und die Lust der Menschen an Demonstrationen von Macht und militärischer Stärke, wurde in Berlin auf den Opernbühnen und Konzertpodien ausgelebt.*

Hitler hegte zu keiner Zeit übermäßige Sympathien für Berlin. Er begegnete der kosmopolitischen Atmosphäre der Stadt, ihrem Witz und ihrem Sarkasmus mit Argwohn und Haß. Eines Tages, so beschloß er, würde er die Stadt niederreißen und das gesamte Stadtzentrum neu aufbauen. Er werde den Anhalter und Potsdamer Bahnhof niederreißen lassen und sie südlich des Flughafens Tempelhof plazieren. Damit hätte er Platz genug für eine fünf Kilometer lange Allee von Tempelhof zum Reichstag.

Der Plan für diese Allee war von den Pariser Champs-Élysées inspiriert, aber sie sollte zweieinhalbmal so lang und – aus prinzipiellen Erwägungen – zwanzig Meter breiter sein. Für das Nordende entwarf Hitler höchstselbst *eine riesige Versammlungshalle … einen Kuppelbau, in dem der römische Petersdom mehrfach Platz gefunden hätte*, wie sich Albert Speer erinnerte. Die Kuppel sollte einen Durchmesser von zweihundertfünfzig Metern haben, die Halle hundertfünfzigtausend Menschen Platz bieten. Für das Südende der Allee entwarf Hitler einen pompösen Triumphbogen, der an Häßlichkeit noch die Kuppelhalle übertraf. Er sollte doppelt so hoch sein wie der Arc de Triomphe in Paris. Nach der gigantischen Umgestaltung wollte Hitler der Stadt Berlin – als Hauptstadt der Welt – einen neuen Namen geben: Germania.

Das Sonderbarste an Hitlers Plänen ist die Tatsache, daß er die Entwürfe für seine beiden monströsen Bauten bereits 1925 auf zwei kleine

Kärtchen kritzelte, zu einem Zeitpunkt, da er gerade aus dem Gefängnis entlassen war, seine Partei in Auflösung vorfand und seine politische Zukunft sehr im vagen lag. *Diese Zeichnungen machte ich vor zehn Jahren*, sagte der »Führer«, als er sie schließlich seinem Generalbauinspekteur Albert Speer übergab. *Ich habe sie immer aufgehoben, da ich nie daran zweifelte, daß ich sie eines Tages bauen werde … Berlin ist eine Großstadt, aber keine Weltstadt … Wir müssen Paris und Wien übertrumpfen.*

Bach und Beethoven in allen Ehren – aber die Bedeutung einer Musikhauptstadt hängt von ihrer Fähigkeit ab, Neues zu befördern und willkommen zu heißen. *Berlin hielt die Arme weit ausgebreitet für jeden, der jung und mutig war und etwas Neues wollte*, schreibt der New Yorker Musikverleger Hans Heinsheimer in seinen Erinnerungen. Die Philharmonie bot den Komponisten die Möglichkeit, die Uraufführungen ihrer Werke selbst zu dirigieren, so hörte das Berliner Auditorium die gültigen Interpretationen neuester Werke von Strawinsky, Ravel, Bartók und Prokofjew.

Unter all diesen berühmten Gästen war der interessanteste Arnold Schönberg, der nach Busonis Tod eingeladen wurde, dessen Meisterklasse für Komposition an der Berliner Akademie der Künste zu übernehmen. Im September 1925 zog Schönberg von Wien an die Spree, und damit machte er Berlin zur Hauptstadt der modernen Musik. Er bezog eine Wohnung in der Nürnberger Straße, in deren Musikzimmer ein Klavier, ein Harmonium und eine Gitarre Platz fanden. Ein weiterer Raum war ausschließlich für Tischtennis reserviert, das der Meister leidenschaftlich gern spielte. Schönberg zog es vor, anstatt in den Räumen der Akademie am Pariser Platz seine Studenten, darunter Marc Blitzstein und Henry Cowell, in seiner Wohnung zu unterrichten. Er befaßte sich in seinen Stunden so gut wie gar nicht mit neuer Musik, sondern analysierte die Werke von Bach und Mozart.

Schönberg war damals ein ziemlich strenger und reizbarer Einundfünfzigjähriger, hager, kahlköpfig, asthmatisch und verbittert von all den Jahren der Entbehrungen und Feindseligkeiten. Nachdem er mit fünfzehn verwaist war, hatte er sich als junger Mann durchgeschlagen, indem er die Partituren beliebter Operetten orchestrierte, und diese leidige Brotarbeit kollidierte ständig mit seinem eigenen Schaffen. Sein frühes Meisterwerk, die GURRELIEDER – ein opernhaftes Oratorium für eine gewaltige Mannschaft von fünf Solisten, vier unterschiedlichen Chören und ein Orchester mit fast zweihundert Instrumenten (darunter drei verschiedene Klarinettenarten, vier Posaunenarten, Gongs, Harfen, eine Celesta und ein paar schwere Eisenketten) – komponierte er zu großen Teilen im Jahr 1900, aber die Orchestrierung nahm bis 1911 noch viel Arbeit in Anspruch, und erst nach weiteren zwei Jahren wurde das Werk uraufgeführt.

Schönberg zehrte von der festen Überzeugung, daß er im Begriff stand, der modernen Musik völlig neuen Ausdruck zu verleihen. Seine musikalische »Sprache« hatte ihre Wurzeln bei Wagner, dessen Tristan und Parsifal das traditionelle, seit der Renaissance vorherrschende System der Tonalität mehr oder weniger verlassen hatten. Aber während Wagners freischwebende chromatische Harmonien den Grenzen der Tonalität entgegentrieben, entschloß sich Schönberg zur Aufhebung des traditionellen Achttonsystems. Er entwickelte ein System, in dem alle zwölf Töne der chromatischen Tonleiter gleichwertig sein sollten. Der einzige Unterschied zwischen Konsonanz und Dissonanz, so führte er in seiner Harmonielehre von 1911 aus, bestehe darin, daß die Konsonanz eine einfache Beziehung zum Grundton herstelle, während die Dissonanz ein komplexeres Beziehungsgeflecht involviere.

In seiner Komposition Pierrot Lunaire entwickelte Schönberg den Sprechgesang, bei dem der Sänger nicht singt, sondern in einer vorgeschriebenen Tonhöhe spricht. Aber das entsprach nur einer Übergangsphase. In den Fünf Klavierstücken (Opus 23) und der Serenade (Opus 24) erarbeitete Schönberg ein komplett neues Kompositionssystem. Im Sommer 1922 verkündete er einem Schüler während eines gemeinsamen Spazierganges: *Ich habe eine Entdeckung gemacht, durch welche die Vorherrschaft der deutschen Musik für die nächsten hundert Jahre gesichert ist.*

Diese *Entdeckung* war natürlich die berühmte Tonreihe. Sie besagte, daß eine Komposition mit einer Exposition aller zwölf Töne der chromatischen Leiter beginnen sollte und keiner der Töne wiederholt werden dürfe, bevor die übrigen elf exponiert waren. Diese Tonreihe bildete das Grundthema einer Komposition, das zwar rhythmisch variiert oder in eine andere Höhe transponiert werden konnte, aber nicht grundlegend verändert werden durfte. Die Musikgeschichte belegt, daß bereits andere Komponisten mit ähnlichen Ideen experimentiert hatten. Schon im siebzehnten Jahrhundert schrieb Heinrich Schütz eine Akkordfolge, die alle zwölf Töne ohne Wiederholung enthielt, und eines der Hauptthemen von Liszts FAUST-Sinfonie baute auf vier Dreiklängen auf, die eine Tonreihe bildeten. Schönberg aber bestand darauf, daß dieses System die Grundlegung aller atonalen Musik darstelle.

Für Schönberg und seine wachsende Zahl von Schülern bedeutete die Tonreihe eine Befreiung von der konventionellen Musiksprache. Schließlich hatte Schönberg ein neues Medium erfunden, das jedem Komponisten ein Universum an Möglichkeiten und Entdeckungen offenbarte. Wenn das Konzertpublikum auf die neuen Kompositionen befremdet reagierte, so berührte das Schönberg nur wenig. *Die Schönheit gibt es erst von dem Moment an, in dem die Unproduktiven sie zu vermissen beginnen*, erklärte er in seiner HARMONIELEHRE. *Früher existiert sie nicht, denn der Künstler hat sie nicht notwendig. Ihm genügt die Wahrhaftigkeit. Ihm genügt es, sich ausgedrückt zu haben. Das zu sagen, was gesagt werden mußte: nach den Gesetzen* seiner *Natur. Die Gesetze der Natur des genialen Menschen aber sind die Gesetze der zukünftigen Menschheit.*

Es gab viele, die Schönbergs Kompositionslehre unter Verwendung der Zwölftonreihe für gefühlsarm und kopflastig hielten. Daran hat sich bis heute nicht viel geändert. Thomas Mann ging sogar so weit, sie buchstäblich dem Teufel zuzuschreiben. In seinem Roman DOKTOR FAUSTUS erzählt Mann die Geschichte des Komponisten Adrian Leverkühn, der die Erfindung der Zwölfton-Theorie ankündigt. Um seinen Plan in die Tat umzusetzen, schließt Leverkühn den traditionellen Pakt mit dem Teufel, der ihm vierundzwanzig Jahre Erfolg verspricht, nicht ohne ihn vor einem Leben ohne Liebe zu warnen. Leverkühn macht sich daran, eine Reihe von Meisterwerken zu schreiben, aber seine Bemühungen, Liebe zu finden, enden alle mit dem Tod seiner Opfer. Als die ihm zugestandene Zeit abläuft, lädt er alle seine Freunde zur Vorführung seines letzten Werkes, DR. FAUSTI WEHEKLAG. Danach gesteht er dem entsetzten Publikum sein Geheimnis: *»Wißt es also«, sagte der am Tische ... »daß ich allbereit seit meinem einundzwanzigsten Jahr mit dem Satan verheiratet bin und habe ... eine Versprechung und Bündnis mit Ihm aufgerichtet, also daß alles, was ich während der Frist von vierundzwanzig Jahren vor mich gebracht ... nur mit Seiner Hilf zustandkommen, und ist Teufelswerk, eingegossen* *vom Engel des Giftes.«* Thomas Mann bestätigt am Schluß des Romans, daß Leverkühns Theorie *in Wahrheit das geistige Eigentum ... Arnold Schönbergs ist.* Man kann sich unschwer vorstellen, daß Schönberg über die von Thomas Mann gezogenen Parallelen erbost war. Noch immer in bescheidenen Verhältnissen lebend, noch immer wenig geschätzt, noch immer entschlossen, seinen eigenen Weg zu gehen, schmähte er von Hollywood aus, wo er seine letzten Lebensjahre verbrachte, seinen Exilgefährten und wechselte nie wieder ein Wort mit ihm.

Aber wer Schönberg näher kannte, ließ sich von seiner kühlen Unnahbarkeit nicht beirren. Die Schauspielerin Salka Viertel traf oft mit ihm zusammen, denn ihr Bruder, der Pianist Edward Steuermann, setzte sich für die Verbreitung moderner Musik ein und spielte auch bei der Uraufführung von Schönbergs Klavierkonzert. *Brillant ist ein unpassendes Wort für Menschen*, bemerkt Salka Viertel, *aber ich habe nur zwei Menschen kennengelernt, die mir als vollkommen überlegen vorkamen, als Genies. Der eine war Brecht, der andere Schönberg. Meinen Mann und meinen Bruder nicht mitgezählt. Schönberg hatte einen ganz unglaublichen Verstand. Auf jedem Gebiet. Wenn man auch nur eine Tomatendose nicht aufbekam, fing er umgehend an, eine Theorie auszuarbeiten, wie man einen besseren Dosenöffner konstruieren könnte.*

Schönberg war ein phantastischer Mensch, bestätigt mir Rudolf Serkin. *Ich mochte ihn gern. Aber seine Musik konnte ich nicht lieben. Das sagte ich ihm, und er hat es mir nie vergeben. Er mahnte mich: »Es ist Ihre Entscheidung, ob Sie diesseits der Barrikaden stehen wollen oder jenseits.«*

Ich studierte einige Zeit bei ihm Komposition, fährt Serkin fort. *Wir bewegten uns sehr ungezwungen, nur sechs oder sieben von uns belegten einen Kurs. Es ging sehr theoretisch zu. Er lehrte uns den Kontrapunkt. Er ließ uns Variationen auf ein Thema schreiben. Einmal komponierte ich ein Rondo für Klavier und zeigte es ihm. Er schaute es sich an, und sagte dann: »Serkin, ich werde alles das herausschneiden, was Ihnen am besten gefällt.« Und das tat er. Alle Extras. Alle Ausschmückungen. Er wollte nur das Wesentliche. Schönberg meinte, daß Komponieren ein Handwerk sei und daß jede Komposition gut gemacht sein sollte. Er benutzte das Mendelssohn Trio in d-Moll als Beispiel für ein schlechtgeschriebenes Stück.*

Aber das ist doch so hübsch, protestiere ich, wie vermutlich jedermann es tun würde.

Lag es nicht eher daran, daß es ziemlich sentimental ist?

Nein, es ging um den Aufbau. Er meinte, das zweite Thema sei falsch, die Durchführung überproportional. Schönberg war nicht gegen Gefühl. Er wollte in all seine Werke Gefühl einbringen. Außerdem glaube ich, daß er seine Meinung über Mendelssohn später geändert hat – »doch nicht ganz übel«, hörte man von ihm.

Von allen Schönberg-Schülern tat sich Alban Berg besonders hervor. Mit fünfzehn war auch er verwaist. Berg litt unter Asthma, *war ungewöhnlich hochgewachsen, hielt sich jedoch etwas nach vorne geneigt, als wolle er sich auf elegante und bescheidene Weise seiner Umwelt gegenüber verbeugen*, beschrieb ihn der Musikverleger Hans Heinsheimer. *Er hatte große weiße Hände, die von einem faszinierend anzusehenden Netz blauer Venen durchzogen waren. Sein Gesicht war wunderbar geschnitten, ein fast spöttisches Lächeln lag ständig auf seinen Lippen, und die großen, warm strahlenden Augen blickten einen stets voll an.* Berg begann seine Laufbahn als Fiskalbeamter, aber sein Bruder sandte einige seiner frühen musikalischen Skizzen an Schönberg, der den jungen Beamten sogleich kostenlos als Schüler aufnahm. Schönberg beschrieb ihn später als überaus eifrig und fleißig. Berg diente Schönberg seinerseits als ergebener Jünger. Er schrieb Artikel, in denen er die Kompositionen des Älteren analysierte, und stritt dafür, daß sie aufgeführt wurden.

Seine eigenen Frühwerke waren verhältnismäßig bescheiden angelegt – Lieder, eine Klaviersonate, ein Streichquartett. Im Frühjahr 1914 jedoch war Berg von einer Wiener Inszenierung des WOYZECK von Georg Büchner derart tief ergriffen, daß er sich nach mehrmaligem Besuch der Aufführung entschloß, den Stoff für eine Oper zu verwenden.

1917 erarbeitete Berg ein Libretto und hielt sich dabei dicht an die Büchnersche Vorlage, beschränkte sich aber im Unterschied zu den zwei Dutzend Szenen des Bühnenstücks auf fünfzehn. Schönberg war von dem Projekt seines Schülers nicht überzeugt. Für ihn war Büchners *Drama von so außerordentlicher Tragik, daß es Musik auszuschließen schien.* Außerdem enthielt das Libretto *Szenen des täglichen Lebens, die unvereinbar waren mit dem Begriff der Oper*. Musik sollte sich eher mit Engeln als mit Dienstboten beschäftigen, war Schönbergs

Ansicht. Berg war von seinem Vorhaben dennoch nicht abzubringen. Als er die Oper zwischen 1918 und 1920 komponierte, entwickelte er eine überaus komplizierte Methode, verschiedene Szenen durch eine musikalische Struktur zu verbinden. Der erste Akt sollte die verschiedenen Charaktere mit einer Reihe von festen Wendungen – Suite, Rhapsodie, Marsch, Passacaglia und Rondo – vorstellen. Im zweiten Akt entwickelte er die Handlung in Form einer Sinfonie mit fünf Sätzen, und im dritten dramatisierte er die Katastrophe als eine Abfolge von Inventionen auf ein Thema, eine Note, einen Rhythmus usw. Das gesamte Werk sollte rhythmisch deklamiert werden, wobei auf jede Szene ein orchestraler Übergang folgte. Die Orchestrierung nahm ungewöhnliche Ausmaße an, und als Berg sein Werk vollendet hatte, war er sehr stolz und überzeugt davon, ein Meisterwerk geschaffen zu haben.

Das Problem war nur, daß niemand es produzieren oder veröffentlichen wollte. Mit finanzieller Unterstützung von Alma Mahler publizierte Berg die Oper schließlich selbst und produzierte damit eine Menge unverkäufliches Papier. *Weißt Du vielleicht jemand, der den Auszug kaufen würde?* schrieb Berg flehentlich an einen Freund. *Auf Deine Empfehlung hin eventuell. Da die Herstellung enorm viel gekostet hat und ich dies nie vom Verleger bezahlt bekäme, möchte ich vorher eine Anzahl Exemplare in eigener Regie verkaufen.* Er schickte Gratisexemplare an alle größeren deutschen Opernhäuser und Musikzeitschriften, erntete aber lediglich Verrisse seitens konservativer Kritiker. Erst 1924 verwendete sich der junge Erich Kleiber für die Oper.

Obwohl Berlin neuen Werken durchaus zugänglich war, hatte das Verständnis der Besucher eines Staatlichen Opernhauses seine Grenzen. Auch die mitwirkenden Sänger protestierten gegen die Schwierigkeit, die ihnen Bergs Musik bereitete, und die meisten Kritiker hatten von vornherein Ressentiments gegen eine *ultramoderne* Oper. Kleiber forderte ungewöhnlich viele Proben – vierunddreißig für das Orchester und weitere vierzehn für das gesamte Ensemble –, und bei der Uraufführung am 14. Dezember 1925 reagierte das Publikum ungewohnt heftig. *Während der Generalprobe und bei der Premiere gab es tätliche Auseinandersetzungen, wütende Zwischenrufe aus dem Parkett und aus den Logen, höhnisches Gelächter, Pfeifen und Buhrufe, die das kleine, aber letztlich doch siegreiche Häuflein der Getreuen eine Zeit lang zu übertönen drohten,* schrieb Hans Heinsheimer. *Als die große, vornehme Gestalt des Komponisten vor den Vorhang trat, schwollen sowohl Bravo- wie Buhrufe an, und die Wogen enthusiastischer Erregung und heftiger Feindseligkeit gingen hoch. Berg schien etwas überrascht und ein wenig blasser als gewöhnlich, aber sonst unberührt und beherrscht und seiner Sache ganz sicher.*

Die Meinungen der Kritiker waren gespalten, die einen sahen in Bergs Oper nur Wahnsinn, die anderen Genie.

Freilich hatten wir keine Ahnung, welches Schicksal diesem Werk und uns allen, die wir damit verbunden waren, bevorstand, erinnerte sich Heinsheimer, *aber wir wußten genau – damals und dort –, daß wir Zeuge eines historischen Ereignisses gewesen waren.*

Friedrich Ebert wurde eine beeindruckende Trauerfeier zuteil. Orchester spielten, Politiker hielten Reden, Tausende Arbeiter marschierten mit schwarzen Armbinden schweigend, und Millionen wurden sich in diesen Momenten bewußt, daß Deutschland führerlos geworden war.

Die Schöpfer der Weimarer Verfassung hatten gemeint, daß der Reichspräsident ein nationales Symbol, jenseits von Partei- und Tagespolitik, sein müsse. Doch jetzt fehlte es an einer Figur, die Ebert hätte ersetzen können. Die Politiker der Weimarer Koalition hielten Eberts alten Freund und Vorsitzenden der Demokratischen Partei, Otto Gessler, für den geeignetsten Kandidaten. Er war im Grunde liberal, aber da er als Reichswehrminister die Privilegien der Armee standhaft verteidigt hatte, konnte man davon ausgehen, daß er auch für die Rechten akzeptabel war. Die Deutschnationalen hatten indes ehrgeizigere Pläne. Sie sabotierten Gessler, indem sie das Gerücht ausstreuten, er habe eine Affäre mit einer Dame der Berliner Gesellschaft. Als Gesslers Kandidatur geplatzt war, stellte jede Fraktion einen eigenen Kandidaten auf.

Die Rechten nominierten den ehemaligen Innenminister und Duisburger Oberbürgermeister Karl Jarres. Die Gemäßigten stellten sich hinter den vormaligen Reichskanzler Wilhelm Marx. Die Sozialdemokraten schlugen den preußischen Ministerpräsidenten Otto Braun vor. Die Kommunisten unterstützten ihren eigenen Anführer, Ernst Thälmann. Und die wieder auflebenden Nationalsozialisten boten General Ludendorff auf. Der Kandidat der Rechten, Karl Jarres, erwies sich als überraschend stark und gewann mehr als zehn Millionen Stimmen gegenüber nur knapp acht Millionen für den Sozialdemokraten Braun.

Aber der Wahlgang endete, wie vorherzusehen, ohne absoluten Gewinner. Für die Stichwahl genügte eine einfache Mehrheit. Die Gemäßigten und die Sozialdemokraten einigten sich auf Wilhelm Marx, und ihre Stimmen schienen ausreichend genug, um den Sieg davonzutragen. Die Konservativen wollten aber keineswegs aufgeben und suchten einen stärkeren Kandidaten als Jarres. Sie einigten sich auf jenen Kriegshelden, dessen Name nach wie vor große Anziehungskraft hatte: den ehemaligen Feldmarschall Paul von Hindenburg.

Der greise Marschall lebte zurückgezogen in Hannover. Sein Haus war ein wahres Mausoleum voller Kriegsreliquien, Feldstandarten, Elchbronzen und einer großen Sammlung von Madonnenbildnissen. Nur gelegentlich machte er sich auf, um in Bayern auf Gamsjagd zu gehen. Die Trophäen dieser Jagdausflüge schmückten die Wände des »Mausoleums«. Aber er war noch immer der Held der Nation. Millionen Deutsche erinnerten sich nicht an die Niederlagen an der Westfront, sondern an die großen Siege von Tannenberg und an den Masurischen Seen, die die meisten Militärexperten allerdings Ludendorff zuschrieben. Und Millionen erinnerten sich an die gigantische Holzstatue von Hindenburg, die während des Krieges auf dem Königsplatz vor dem Reichstag gestanden hatte. Jeder, der dem Roten Kreuz eine Mark spendete, durfte einen Nagel in die monolithische Figur treiben.

Er war ein Hüne von fast zwei Metern und über zwei Zentner schwer, und mit seinen blitzenden blauen Augen, seinem ausladenden, geschweiften Schnurrbart machte er auf alle, die ihm begegneten, einen überwältigenden Eindruck. Aber was die begeisterte Masse nicht vermutete, war seine Schläue. Man nahm ihm die Pose des einfachen Soldaten ab – aber kein Soldat wird Feldmarschall, wenn er nicht geschickt genug ist, sich die Verdienste anderer als die eigenen anrechnen zu lassen, ohne jedoch die Verantwortung für ihre Fehler auf sich zu nehmen. Ludendorffs Siege im Osten wurden Hindenburgs Siege, aber Ludendorffs Niederlagen im Westen blieben dessen Verschulden. Wann immer ein anderer Verantwortung auf sich laden mußte, klopfte Hindenburg dem Opfer auf die Schulter und sprach ihm mit tränenfeuchten Augen sein tiefstes Mitgefühl aus.

Der Feldmarschall selbst blieb der Vater seines Volkes. Als die Regierung 1919 einen Parlamentarischen Untersuchungsausschuß einsetzte, um die Ursachen der Kriegsniederlage zu erforschen, reiste er in einem Sonderzug von Hannover nach Berlin, winkte den jubelnden

Volksmassen väterlich zu und erklärte dem Ausschuß, daß die Armee nur deshalb besiegt wurde, weil Revolutionäre im Reich ihr hinterrücks einen *Dolchstoß* versetzt hätten. Damit verkündete Hindenburg erstmalig die Dolchstoßlegende. *Ich weiß nicht*, polterte der Feldmarschall vor dem Ausschuß, *ob die Herren eine derartige Verantwortung fürs Vaterland kennen, wie wir sie jahrelang im Herzen haben tragen müssen.*

Es ist nicht schwer, Hindenburg als Heuchler hinzustellen, aber bei jedem Urteil über ihn sollte man sein Ehrfurcht gebietendes Alter berücksichtigen. Er war 1847 geboren worden, lange bevor es überhaupt ein Deutsches Reich gegeben hatte. Er sammelte seine Erfahrungen in der kaiserlichen Armee in Friedenszeiten des 19. Jahrhunderts und hatte Abschied genommen, noch ehe der Weltkrieg ausbrach. Alle alten Männer werden notgedrungen listig, aber vor allem fühlen sie sich erhaben über den Zank der Parteien und den Hader dieser Welt und suchen Ruhe und Frieden. Als nun eine Delegation deutschnationaler Politiker zu Hindenburg kam, um ihn zu bitten, sich als Reichspräsident zur Wahl zu stellen, hielt der Siebenundsiebzigjährige gar nichts von dieser Idee. Aber die Deutschnationalen ließen sich nicht abweisen. Sie hatten viele Kandidaten in Erwägung gezogen – andere Generäle wie Seeckt, einige Industrielle wie Fritz Thyssen, Regionalpolitiker wie den unglücklichen Karl Jarres – und waren davon überzeugt, daß Hindenburg die Idealbesetzung sei. Sie rechneten nicht nur mit einem Sieg durch seine Kandidatur, sondern erhofften sich freies Spiel aufgrund Hindenburgs altersbedingten mäßigen Interesses an Regierungsgeschäften. Großadmiral Alfred von Tirpitz, ein ebenso ehrbarer Militär, wurde als Sonderbote entsandt. Von Soldat zu Soldat forderte Tirpitz Hindenburg auf, dem Ruf der Pflicht Folge zu leisten. Dem Ruf der Pflicht, beziehungsweise seiner Auffassung davon, hatte Hindenburg sein ganzes Leben lang zu folgen versucht, also willigte er in die Präsidentschaft ein.

Das Wahlergebnis war vorherzusehen. Die Gemäßigten hofften noch immer, daß ihre vereinte Stärke dem vormaligen Kanzler Marx den Sieg eintragen könnte. Die Nazis hatten den diskreditierten General Ludendorff – sehr zu dessen Mißfallen – im Stich gelassen und waren Hindenburg zu Hilfe geeilt. Die Kommunisten bestanden auf ihrem eigenen Kandidaten, Ernst Thälmann. Am Wahltag war es kalt und regnerisch, und als Graf Kessler in Berlin zur Stimmabgabe ging, begegneten ihm nur sehr wenige Wähler. *Ein feiner Regen rieselt hernieder und leert die Straßen. Auf dem Potsdamer Platz nur einige Hakenkreuzjünglinge mit kräftigen Knüppeln, kräftig und dumm wie junge Kälber … Das Publikum auf der Straße verhält sich gleichgültig. Die Lastkraftwagen mit Trupps von Schwarz-Weiß-Roten und Schwarz-Rot-Goldenen fahren grölend, ohne irgendwie beachtet zu werden, zwischen den Sonntagsspaziergängern und Regenschirmen hindurch. Niemand könnte aus dem Straßenbild entnehmen, daß eine lebenswichtige Entscheidung für Deutschland und Europa im Gange ist. Ich habe auf jeden Fall meine Pflicht getan.*

Hindenburg erhielt 14,6 Millionen Stimmen, Marx 13,7 und Thälmann 1,9 Millionen. Später hat man oft mit Bedauern hervorgehoben, daß Deutschland nie den Tag erlebt hätte, an dem Hindenburg Hitler zum Reichskanzler ernannte, wenn sich nur die Hälfte der Kommunisten der linken Mitte angeschlossen und Wilhelm Marx gewählt hätten. Aber es bleibt eine unwiderrufliche Tatsache, daß die größte Zahl der Deutschen Paul von Hindenburg unterstützte, als die Wahl zwischen einem demokratischen Politiker und einem konservativen Militär zu treffen war.

Und zunächst schien dieses Ergebnis in gewissem Maße sogar förderlich zu sein. Selbst Graf Kessler, der die Wahlentscheidung ursprünglich für *eines der dunkelsten Kapitel der deutschen Geschichte* gehalten hatte, notierte: *Die Tribünen im Reichstag schon um elf, eine Stunde vor der Eidesleistung, überfüllt … Der Saal war ziemlich sparsam ausgeschmückt. Hinter dem Präsidentenstuhl, auf einer Wandbespannung befestigt, die schwarzrotgoldene Reichspräsidentenstandarte und auf dem Präsidententisch ein schwarzrotgoldenes Fahnentuch, flankiert von blauen Hortensien. Hindenburg leistet, auf der Stelle stehend, wo Rathenaus Sarg gestanden hat, den Eid, eingeklemmt rechts und links von Schwarz-Rot-Gold, und liest eine Erklärung von einem mit gewaltig großen Buchstaben beschriebenen Blatt; man hätte mit einem guten Glas die Buchstaben von der Tribüne aus lesen können. Trotzdem schien dem alten Herrn die Entzifferung Mühe zu machen … Eindruck: eine etwas befangene, greisenhafte Generalsstimme, die Ungewohntes und Unverstandenes vorlesen muß. Aber auffallend war doch der über Erwarten starke Nachdruck, den die Erklärung auf den* ***republikanischen*** *und* ***demokratischen*** *Charakter der Verfassung und insbesondere auf die* ***Volkssouveränität*** *legte …*

Rießer … der in Riga bei der Gesandtschaft ist, sagte mir beim Verlassen des Reichstags: »Eben haben wir die Geburt der deutschen Republik erlebt.« In der Tat wird sie mit Hindenburg hoffähig, einschließlich Schwarz-Rot-Gold, das jetzt überall mit Hindenburg zusammen als seine persönliche Standartenfarbe erscheinen wird. Etwas von der Verehrung für ihn wird unvermeidlich darauf abfärben. Es wird den Hakenkreuzlern schwer werden, es wieder durch den Straßenkot zu schleifen … Wenn die Republikaner ihre Wachsamkeit und ihre Einigkeit nicht aufgeben, kann die Wahl Hindenburgs für die Republik und den Frieden sogar noch ganz nützlich werden.

KAPITEL 10

»Der Angriff erfolgt am 4. Juli«

1926

Die Aufnahmefähigkeit der großen Masse ist sehr beschränkt, das Verständnis klein, dafür jedoch die Vergeßlichkeit groß. Aus diesen Tatsachen heraus hat sich jede wirkungsvolle Propaganda auf nur sehr wenige Punkte zu beschränken und diese schlagwortartig so lange zu verwerten, bis auch bestimmt der letzte unter einem solchen Worte das Gewollte sich vorzustellen vermag.

ADOLF HITLER

Schon lastet schwer und grau der Novemberabend über Berlin, als der D-Zug in den Potsdamer Bahnhof hineinkeucht, schrieb Joseph Goebbels. *Kaum sind zwei Stunden vergangen, da stehe ich zum ersten Male auf jenem Podium ... Ich spreche vor der Berliner Partei.*

Das war gelogen. Er sprach erst geraume Zeit nach seiner Ankunft vor einer Parteiversammlung, und es war auch keinesfalls seine erste Reise nach Berlin. Er war eben ein chronischer Lügner. Oder er nährte so leidenschaftlich eine Vision von sich selbst als Heldenfigur und entwickelte eine solch überragende Fähigkeit, an das zu glauben, was er glauben wollte, daß es den Unterschied zwischen Fiktion und Wahrheit für ihn einfach nicht gab. Als er seine Memoiren KAMPF UM BERLIN schrieb, hatte er vor seinem inneren Auge ein Bild seiner selbst, wie er einsam und beklommen an einem kalten Winterabend in der ihm fremden Stadt ankam.

Er war erst neunundzwanzig Jahre alt, ein buckliger Winzling mit fadenscheinigem Anzug und Filzhut. Er hinkte, denn sein linkes Bein war durch Kinderlähmung verkürzt. In seinem schäbigen Köfferchen befand sich nur wenig Kleidung, aber ein handsigniertes Exemplar von Hitlers MEIN KAMPF. Hitler hatte ihn soeben zum Gauleiter von Berlin ernannt.

Goebbels fürchtete seinen neuen Wirkungskreis und hegte große Vorbehalte gegen die Stadt. *Ich hasse Berlin*, hatte er Anfang jenes Jahres in sein Tagebuch geschrieben. An anderer Stelle beschrieb er die Hauptstadt als *Stadtungeheuer aus Stein und Asphalt*. Er achtete die Berliner als *betriebsam und vital*, aber er glaubte, sie hätten *mehr Witz als Humor* und tendierten – ein merkwürdiges Urteil von einem Kritiker wie ihm – zu *verbissenem Fanatismus*. Die Hauptschuld dafür gab er den *nomadenhaften und wurzellosen, internationalen Juden*, allen voran den großen Zeitungen von Ullstein und Mosse, die, wie er schrieb, *in Millionen von Zeitungsexemplaren täglich das jüdische Gift in die Reichshauptstadt hineinspeien.*

Man erwartete von Goebbels, daß er als Gauleiter die feindselige Metropole auf irgendeine Weise eroberte, aber die Truppe, die ihm zu seiner Verfügung stand, erwies sich bald als ein jämmerlicher, kleiner Kreis von orientierungslosen Unzufriedenen. *Denn das, was man damals in Berlin Partei nannte, verdiente diesen Titel in keiner Weise*, schrieb Goebbels. *Es war ein wild durcheinandergewürfelter Haufen von einigen hundert nationalsozialistisch denkenden Menschen, von denen sich jeder über den Nationalsozialismus seine eigene und private Meinung gebildet hatte.* Und als Goebbels zum erstenmal die Gauleitung inspizierte, fand er sie als *eine Art verdrecktes Kellergewölbe in einem Hinterhaus in der Potsdamer Straße. Stapel von Papier und Zeitungen lagen in den Ecken herum. In den Vorzimmern standen debattierende Gruppen von arbeitslosen Parteigenossen, die sich die Zeit mit Rauchen und Fabrizieren von Latrinenparolen vertrieben. Wir nannten diese Geschäftsstelle die »Opiumhöhle«.*

Goebbels' erste Anweisungen an seine Truppen waren einschneidend. Er forderte die pünktliche Zahlung der Mitgliedsbeiträge, verbot jeden Aufenthalt in der Gauleitung außer zur Verrichtung von Arbeit, und er traf die Festlegung, daß Parteimitglieder, die mit ihm reden wollten, sich an seine Sprechstunden halten müssen.

Die Berliner Nazis waren zersplittert. Einige unterstützten den lokalen Parteichef Gregor Strasser, manche den SA-Führer Kurt Daluege und andere den scheidenden Gauleiter Ernst von Schlange. Goebbels rief alle zu einer Zusammenkunft nach Spandau zusammen und gab die Parole aus, unter die Vergangenheit einen Strich zu ziehen und von vorne anzufangen. Alle, die seiner Führung nicht folgen wollten, sollten jetzt gehen. Eine beträchtliche Anzahl von Mitgliedern entfernte sich daraufhin und ließ Goebbels mit kaum sechshundert Unerschrokkenen zurück. Von denen verlangte er vollständige Hingabe. Da die Nationalsozialisten eine revolutionäre Partei mit dem Ziel bildeten, den Monopolkapitalismus zu stürzen, so agitierte er, sollten die Mitglieder die Partei aus eigener Tasche finanzieren – mit einem Beitrag von drei Mark im Monat.

Im Rückblick nahm Goebbels es als einen günstigen Umstand, daß der beschwerliche und unrühmliche Beginn seiner Führerschaft in Berlin weitgehend unbeachtet geblieben war: *Es war für uns ein günstiger Umstand, daß wir vorläufig keinerlei Widerstand von außen her zu erwarten hatten. Man kannte uns noch gar nicht, und soweit man überhaupt von unserer Existenz wußte, nahm man uns nicht ernst ... Das war auch gut so. Denn damit gewannen wir Zeit und Möglichkeit, die Bewegung auf eine gesunde Grundlage zu stellen.*

Der junge Gauleiter war auf verschlungenen Wegen nach Berlin gelangt. Er stammte aus einer erzkatholischen Kleinbürgerfamilie im rheinländischen Rheydt. Seine beiden Großväter waren Schmied und Zimmermann, sein Vater Vorarbeiter in einer Fabrik. Seine Mutter wollte unbedingt einen Priester aus ihm machen. Goebbels war ein kränkliches und schwachbrüstiges Kind mit einem anormal großen Kopf auf den spindeldürren Schultern. Einzelgängerisch und unbeliebt, konzentrierte er sich aufs Lernen, schloß als einer der Jahrgangsbesten die Schule ab und gewann ein zinsfreies Studiendarlehen vom katholischen Albertus-Magnus-Verein, der Jahre später vor Gericht ziehen mußte, um den inzwischen berüchtigten Goebbels zu veranlassen, das Darlehen zurückzuzahlen.

Wie viele Studenten jener Zeit wechselte Goebbels mehrmals die Universitäten, bis er nach Heidelberg kam, wo er bei dem bedeutenden Literaturhistoriker Friedrich Gundolf – einem Juden – studierte. Goebbels versuchte über Gundolf Zugang zum George-Kreis zu gewinnen, aber Gundolf hegte keine besonderen Sympathien für Goebbels, und der Versuch schlug fehl.

Die Armee wies ihn als körperlich untauglich zurück – für ihn eine Demütigung, die ihn später im Kreis von stattlichen ehemaligen Soldaten und Freikorpsveteranen der Nazi-Bewegung einerseits befangen machte, andererseits dazu trieb, mit um so größerem Selbstbewußtsein in ihren Reihen zu marschieren.

Er beendete seine Studien in Heidelberg 1921 und war entschlossen, Schriftsteller zu werden. Er schickte Artikel an das BERLINER TAGEBLATT, aber sie wurden allesamt vom Herausgeber Theodor Wolff – wie Gundolf ein Jude – abgelehnt. Außerdem versuchte er eine Anstellung beim TAGEBLATT zu bekommen und wurde abermals zurückgewiesen. Unschwer sind hier die Ursprünge seiner paranoiden Einstellung zu erkennen. Schon 1920, nach einem Streit mit seiner ersten Freundin, hegte Goebbels Suizidgedanken und verfaßte ein Testament, in dem er seinen älteren Bruder als literarischen Vollstrecker für seine unveröffentlichten Gedichte und halbvollendeten Dramen einsetzte. Eine andere Freundin verhalf ihm schließlich zu einer ihm verhaßten Position als Bankangestellter in Köln. Später bekleidete er einen Posten an der Kölner Börse, wo er die Aktienkurse ausrufen mußte. Wieder sind hier die Wurzeln seiner Zwangsvorstellungen zu erkennen. Wenn es eine gesellschaftliche Gruppe gab, die Goebbels so sehr haßte wie die jüdischen Intellektuellen, dann waren es die *internationalen Kapitalisten.*

Goebbels war tatsächlich ein Schriftsteller von beachtlichem Talent – und ein brillanter Redner dazu, aber seine Überschätzung bestand darin, sich für eine literarische Begabung zu halten. Sein Talent lag in der Fähigkeit, eingängige Slogans zu erfinden und politischer Hysterie überzeugenden Ausdruck zu verleihen. Das zeigen sogar seine dichterischen Versuche. Im Jahr seines Studienabschlusses schrieb er einen Roman mit dem Titel MICHAEL, das Tagebuch eines heldenhaften Soldaten, Liebhabers und Revolutionärs. Das Manuskript wurde von den großen jüdischen Verlagshäusern Ullstein und Mosse abgelehnt und erschien erst 1929 unter der Schirmherrschaft eines Nazi-Unternehmens. Schon die ersten Sätze geben eine Kostprobe jenes Stils, der Goebbels zum Meister der Nazi-Propaganda machen sollte:

Unter meinen Schenkeln schnaubt nicht mehr der Vollbluthengst, ich sitze nicht mehr auf Kanonenbänken, noch stapfe ich durch den lehmigen Schlick verwahrloster Schützengräben. Wie lange ist's her, da ging ich noch in weiter russischer Ebene oder durch trostlos zerschossenes französisches Land. – Vorbei!

Langsam löse ich mich. Ich steige auf wie ein Phönix aus der Asche von Krieg und Zerstörung.

Friede!

Dieses Wort legt sich wie Balsam auf eine Wunde, die noch zitternd blutet.

MICHAEL ist in vielerlei Hinsicht ein typisches Erstlingswerk. Der Held durchläuft die üblichen Stadien eines Entwicklungsromans. Sein Schicksal endet mit dem frühen tragischen Tod des Protagonisten.

Heute liest man den Roman mit besonderem Interesse, um nach den Wurzeln des aufkeimenden Nationalsozialismus zu suchen. Man stößt auf wilde Tiraden gegen diejenigen, die den jungen Autor abgelehnt hatten (möglicherweise sind diese Abschnitte auch erst später von ihm in den Text eingefügt worden): *[D]er Jude ist für mich direkt ein körperlicher Ekel. Ich bekomme Übelkeitsanfälle bei seinem Anblick ... Ich kann ihn gar nicht hassen, nur verachten. Er hat unser Volk geschändet, unsere Ideale besudelt, die Kraft der Nation gelähmt, die Sitten angefault und die Moral verdorben. Er ist das Eitergeschwür am Körper unseres kranken Volkstums ... Was hat das mit Religion oder gar mit Christentum zu tun? Entweder er richtet uns zugrunde, oder wir machen ihn unschädlich.*

Bezeichnender noch ist eine Szene, in der Michael während einer politischen Versammlung einem Redner lauscht. Sein Name wird zwar nicht genannt, es bleibt aber stark zu vermuten, daß Goebbels hier in unerträglich schwülstiger Weise seinen Eindruck wiedergibt, den Hitler auf ihn machte.

Ich sitze in einem Saal, in dem ich noch nie war. Mitten unter Menschen, die mir fremd sind. Arme, verhärmte Menschen ... Ich merke kaum, wie plötzlich einer oben steht und zu reden beginnt. Stockend und schüchtern zuerst ... Da, mit einem Male beginnt der Fluß der Rede sich zu entfesseln. Ich horche auf ... Wie ein Licht leuchtet es über ihm. Ehre? Arbeit? Fahne? ... Gibt es das noch in diesem Volk, von dem Gott seine segnende Hand gezogen? Die Menschen beginnen zu glühen. Auf zerfetzten, grauen Gesichtern leuchten Hoffnungsstrahlen. Da steht einer auf und hebt die geballte Faust hoch ... Was in mir seit Jahren lebte, hier wird es Gestalt und nimmt greifbare Form an. Offenbarung! Offenbarung! Mitten in den Trümmern steht einer und reißt die Fahne hoch. Um mich herum sitzen mit einem Mal keine fremden Menschen mehr. Das sind ja alles Brüder ... Ich gehe, nein, ich werde getrieben bis an die Tribüne. Da stehe ich lange und schaue diesem Einen ins Gesicht. Das ist kein Redner! Das ist ein Prophet!

Schweiß läuft ihm in Strömen von der Stirne. In diesem grauen, bleichen Gesicht wettern zwei glühende Augensterne. Die Fäuste ballen sich ihm.

Wie das Jüngste Gericht donnert Wort um Wort und Satz um Satz.

Ich weiß nicht mehr, was ich tue.

Ich bin von Sinnen.

Ich schreie Hurra! Keiner wundert sich darüber. Der da oben schaut mich für einen Augenblick an. Diese blauen Augensterne treffen mich wie Flammenstrahlen. Das ist ein Befehl.

Von diesem Augenblick an bin ich neu geboren.

Es fällt wie Schlacken von mir herab.

Ich weiß, wohin mein Weg geht.

Es ist schwer nachvollziehbar, woher Hitler die Suggestionskraft seiner Rede zog, die jene, in den Geschichtsbüchern so oft beschriebene, Wirkung auf seine Zuhörer hatte. Hitlers Stimme klang zweifelsohne rauh, schrill, hysterisch, im Grunde abstoßend, und der Inhalt seiner Tiraden erschöpfte sich in leerer Rhetorik, einer Aneinanderreihung von Phrasen wie »Kampf«, »Wiederauferstehung« und »Vaterland«.

Sie gaben Aufschluß über die Person des Redners. Wir wissen heute, daß er ein gefährliches »Ungeheuer« war, aber gleichzeitig ein unscheinbarer, spießiger Mensch – klein, häßlich und etwas schwammig. Wir sehen ihn immer mit diesem lächerlichen Beamtenbärtchen, aber wenn wir versuchen uns das Gesicht ohne den Bart vorzustellen, verlieren sich die Konturen. Er war überaus ungebildet, konnte Deutsch weder fehlerfrei sprechen noch schreiben, und seine künstlerische Begabung reichte nicht, um zur Aufnahmeprüfung der Kunstakademie zugelassen zu werden. Vor allem aber war er von Grund auf langweilig; nicht nur, daß seine Ideen Platitüden waren – seine Vorstellung von einem guten Leben erschöpfte sich darin, herumzusitzen, Süßigkeiten in sich hineinzustopfen und Monologe über seine Kriegserlebnisse oder die Treue der Hunde zu halten. Nach den Berichten Albert Speers verbrachte er auch nach der Machtergreifung die Abende vorzugsweise damit, sich Operettenfilme anzusehen – oft zwei hintereinander –, um danach mit seinem Monolog über Kriegserlebnisse und die Treue der Hunde fortzufahren.

Als politischem Führer fehlte es ihm nicht nur an Bildung und Agilität, sondern merkwürdigerweise ebenso an Entschlußkraft. Er war ein ängstlicher Mann, fürchtete sich vor Entscheidungen, es ängstigten ihn die Streitigkeiten unter seinen Parteigenossen, vielleicht fürchtete er sich sogar davor, was er in seinem Inneren erblickte. Doch wie so viele ängstliche Menschen entwickelte er gerade deshalb ungeheure Schläue und ausgeprägte Begabung, seine Feinde gegeneinander auszuspielen, eine starke intuitive Fähigkeit, vorsichtig abzuwarten, um dann den präzisen Zeitpunkt abzupassen und auf Gedeih und Verderb loszuschlagen. Diese Fähigkeit zu Entscheidungen in letzter Minute und seine nachdrückliche Betonung, daß jede solcher Entscheidungen unausweichlich, unanfechtbar oder, wie er zu sagen pflegte, *historisch* sei, überzeugte seine Mitwelt davon, daß er, Adolf Hitler, den sicheren Weg in die Zukunft kenne und ebne.

Vielleicht lag etwas in seinen Augen, das wir auf den Fotografien nicht erkennen können, etwas in seiner Stimme, das wir auf den alten Aufnahmen nicht heraushören, etwas, das die Menschen dazu veranlaßte, ihn als Helden zu sehen. Freilich ließen sich nicht alle so leicht beeindrucken. Reichspräsident Hindenburg zum Beispiel war bereits der Anblick jenes kleinen Mannes verhaßt, und Kurt Tucholsky meinte, daß es sinnlos sei, die Nationalsozialisten auch nur zu kritisieren, da sie einfach unter dem Niveau jeglicher Satire lägen. Andere dagegen waren bewegt und stark berührt, insbesondere die Damen der Gesellschaft und jüngere Leute. Helene Bechstein etwa, die Gattin des Pianofabrikanten, bot Hitler in ihrer Berliner Wohnung ein Zuhause, spendete Geld für seine Sache, hielt seinen Kopf auf ihrem Schoß und nannte ihn liebevoll ihren *Wolf*. Nicht minder zugetan hieß ihn Richard Wagners Schwiegertochter Winifred im Bayreuther Heiligtum willkommen und machte sich offenbar Hoffnungen, seine Frau zu werden. Nicht zu vergessen die Massen von Jugendlichen, die zusammenströmten, wann immer der Führer sprach, und die meinten, einen Messias gefunden zu haben.

Es ist nicht klar, ob Goebbels tatsächlich schon im Jahre 1922 einen Auftritt Hitlers miterlebte – jene Szene in seinem Roman MICHAEL kann auch später eingefügt worden sein –, aber ein Freund, der den Nationalsozialisten bereits sehr nahe stand, nahm Goebbels im Winter 1923/24 zu Parteiversammlungen mit. Gegen Ende des Jahres 1924 trat Goebbels an den Gauleiter Rheinland Karl Kaufmann heran und bat ihn um Anstellung. Kaufmann erörterte dies mit seinem Vorgesetzten Gregor Strasser, und der zeigte sich interessiert. Damit begann ein Verhältnis, das zehn Jahre später enden sollte – mit Goebbels in der

Machtposition und Strasser, verblutend in einer Gefängniszelle. Strasser hatte als Drogist in einem Münchener Vorort gearbeitet. Nachdem er unter Hitlers Bann gefallen war, verkaufte er seine Drogerie und widmete sein Geld und seine Energie der aufkeimenden nationalsozialistischen Bewegung.

Als Hitler 1924 aus dem Gefängnis entlassen wurde, mußte er mit der Organisation seiner zerschlagenen Partei von neuem beginnen. Er beauftragte Strasser, der ebenfalls für seine Beteiligung am Münchener Putsch eine Haftstrafe verbüßt hatte, die Partei in Norddeutschland zu leiten, wo Hitler der Aufenthalt untersagt war. Strasser übernahm die Aufgabe mit energischem Eifer. Er wollte unter anderem eine nationalsozialistische Wochenzeitschrift herausgeben, die von seinem Bruder Otto redigiert werden sollte. Die Strassers hielten den jungen Goebbels als Sekretär und Assistent für geeignet.

Zum Einstellungsgespräch mit Otto Strasser erschien der Bewerber in einem fadenscheinigen grauen Anzug und trotz der Winterkälte ohne Mantel, aber sein grenzenloser Enthusiasmus beeindruckte Otto Strasser zutiefst. Der vormalige Assistent seines Bruders, ein sonderbarer bayrischer Hühnerzüchter namens Heinrich Himmler, hatte sich als derart ineffizient entpuppt, daß er entlassen werden mußte. Strasser glaubte, in dem hageren jungen Mann mit der seelenvollen Stimme und den glühenden braunen Augen einen weitaus geeigneteren Ersatz gefunden zu haben, der ihn nicht viel kosten würde.

Ein knappes Jahr lang diente Goebbels nicht Hitler, sondern den Gebrüdern Strasser als hingebungsvoller Adjutant. Er war unermüdlich. Er hielt unzählige Reden und schrieb zahllose Artikel für Strassers BERLINER ABENDZEITUNG, in denen er stets *das System* der Weimarer Republik angriff.

Trotz Strassers energischer Organisation gab es einen Widerspruch innerhalb der Partei, der sich schon in der Bezeichnung *nationalsozialistisch* offenbarte. Die Konservativen, vor allem in Hitlers Hauptquartier in München, sahen die Mission der Partei in der Bekämpfung des Bolschewismus. Für die Linken, vor allem die Brüder Strasser und Goebbels, die unter den Fabrikarbeitern in Norddeutschland Mitglieder anwarben, bedeutete der Nationalsozialismus eine sozialistische Bewegung, die den Monopolkapitalismus angriff. *Ich bin der Radikalste*, schrieb Goebbels, allerdings in sein privates Tagebuch. *Vom neuen Typ. Der Mensch als Revolutionär.*

Im Frühjahr 1926 kam es zur Konfrontation der beiden Parteiflügel. Auslöser war die Frage, ob die Monarchien der deutschen Einzelstaaten ihre Ländereien an die Regierung abgeben sollten oder nicht. Die Arbeiter im Norden waren einhellig der Meinung, die Ländereien gehörten dem Volk, aber Hitler, der den größten Teil seiner persönlichen Einnahmen in Form einer monatlichen Unterstützung von der Herzogin von Sachsen-Anhalt bekam, stellte sich auf die Seite der Monarchien. Gregor Strasser rief seine nördlichen Gauleiter zu einem Treffen in Hannover zusammen, die ihn in seiner Ansicht unterstützten. Als die kleine Münchener Delegation vorsichtig darauf hinwies, die Annahme von Hitlers Ansicht sollte eine Frage der Parteidisziplin sein, stand Goebbels auf und rief: *Unter diesen Umständen beantrage ich, daß der kleine Bourgeois Adolf Hitler aus der Nationalsozialistischen Partei ausgeschlossen wird!*

Hitler rief zu einem Gegentreffen in Bamberg auf. Er legte die Zusammenkunft auf einen Werktag, was den mittellosen Gauleitern aus dem Norden die Anreise erschwerte, so daß von den Norddeutschen nur Gregor Strasser und Goebbels kommen konnten. In der ganztägigen Debatte, in der jeder Aspekt der nationalsozialistischen Parteipolitik erörtert wurde, waren die Vertreter des sozialistischen Nordens infolge ihrer kläglichen Minderheit zum Nachgeben gezwungen. Goebbels soll sich angeblich nochmals erhoben und verkündet haben, daß er und Strasser sich geirrt hätten und daß sich alle Parteimitglieder hinter Hitler stellen müßten. So schildert es zumindest der verbitterte Otto Strasser. Goebbels selbst erwähnt diesen Treueakt nicht. In seinem Tagebuch findet sich ein Bericht, der weit plausibler klingt: *Hitler redet. Zwei Stunden. Welch ein Hitler? Ein Reaktionär? Fabelhaft ungeschickt und unsicher ... Unsere Aufgabe ist die Zertrümmerung des Bolschewismus. Bolschewismus ist jüdische Mache! ... Strasser spricht. Stockend, zitternd, ungeschickt, der gute, ehrliche Strasser; ach Gott, wie wenig sind wir diesen Schweinen da unten gewachsen! ... Ich kann kein Wort sagen, ich bin wie vor den Kopf geschlagen. Mit dem Auto zur Bahn. Strasser ist ganz aus dem Häuschen. Winken und Heil. Mir tut das Herz so weh! ... Ich glaube nicht mehr restlos an Hitler. Das ist das Furchtbare: Mir ist der innere Halt genommen. Ich bin nur noch halb.*

Hitler muß schnell begriffen haben, daß die Fixierung auf einen charismatischen Führer für Goebbels von grundlegender Bedeutung war.

Während er Strasser lediglich materielle Vorteile für dessen Loyalität versprach, bot er Goebbels etwas weitaus Wertvolleres – sich selbst. Er wußte, daß Goebbels Strassers Schwäche in der krisenhaften Situation wohl bemerkt und verachtet hatte, und bekräftigte den kleinen Mann genau in jenem Punkt, indem er ihn einlud, mit den Gewinnern zu feiern. Er beschenkte ihn sogar mit roten Rosen. Goebbels' Tagebücher zeigen das Ergebnis: *Hitler ... spricht für drei Stunden. Glänzend ... Ich liebe ihn. Ich bin bei ihm in allem beruhigt. Er ist ein Mann ... So ein Brausekopf kann mein Führer sein. Ich beuge mich dem Größeren, dem politischen Genie! ... [16. Juni:] Hitler der alte, liebe Kamerad. Man muß ihn als Mensch schon gerne haben. Und dazu diese überragende geistige Persönlichkeit ... [24. Juli:] Er ist ein Genie. Das selbstverständlich schaffende Instrument eines göttlichen Schicksals. Ich stehe vor ihm erschüttert. [25. Juli:] ... Ihm fühle ich mich bis zuletzt verbunden. Nun ist mir der letzte Zweifel geschwunden. Deutschland wird leben! Heil Hitler!*

Hitler traute den Gebrüdern Strasser nicht länger. Um ihrem Ehrgeiz entgegenzutreten, brauchte Hitler offenbar einen neuen Mann in Berlin, einen, der ihm total ergeben war, einen, der gleichzeitig intelligent und redegewandt war – einen wie Joseph Goebbels also.

Goebbels, der sich gerade an die Vorzüge gewöhnte, des Führers Liebling zu sein, war bestürzt von dem Ansinnen Hitlers, er solle als Gauleiter nach Berlin gehen. Letztlich setzte sich Hitler durch, denn sechs Wochen später notierte Goebbels: *Am 1. November geht's nun endgültig nach Berlin ... Berlin ist doch die Zentrale. Auch für uns.* Und zwei Wochen später: *Dort liegt ein Brief von Hitler. Berlin ist perfekt. Hurra!*

Berlin braucht seine Sensation wie der Fisch das Wasser, war Goebbels Meinung. Das traf auf Berlin zu wie auf jede andere Metropole auch. In jenem Jahr, als der junge Gauleiter im *Sündenbabel* eintraf, zählte ein junges farbiges Mädchen aus St. Louis zu den größten Sensationen der Weltstadt, das mit ihrem Gesang und Tanz für Furore sorgte.

Josephine Baker wurde schon in Paris zum Star gekrönt, wo sie das Publikum der Folies Bergère begeisterte, indem sie – nur mit einem Bananenkranz um die Hüften – einen mitreißenden Charleston getanzt hatte. Sie lebte bis zu ihrem Tod 1975 in Frankreich, wo sie sich dafür engagierte, adoptierten Waisenkindern aus aller Welt ein Zuhause zu geben. Einstmals verkörperte sie eine unbeschwerte Exotik, und auf den alten Platten hören wir ihre sinnliche Stimme von ungewöhnlichem Charme. Das Nachtklubpublikum in Berlin wußte so gut wie nichts über Farbige. In ihren Augen waren sie zwar fremd, primitiv und barbarisch, aber gerade das übte so große Faszination auf sie aus. Nachtklubbesucher im damaligen Berlin liebten die neue Jazzmusik, und Josephine Baker wurde zu einem Idol, das, wie ein Zeitzeuge sagte, *die Frauen von Berlin veränderte.*

Auch Graf Kessler ließ sich natürlich derartige Vergnügungen nicht entgehen. Eines Nachts um ein Uhr früh, als Kessler gerade seine Partygäste verabschiedet hatte, rief ihn Max Reinhardt an. *Miß Baker sei da, und nun sollten noch fabelhafte Dinge gemacht werden*, erinnerte sich Kessler an den Anruf. Er fuhr trotz der fortgeschrittenen Stunde zu einer Wohnung am Pariser Platz, wo die Party in vollem Gang war. Die Männer trugen Frack, die Mädchen waren nackt. *Miß Baker ebenfalls bis auf einen rosa Mullschutz völlig nackt*, notierte Kessler später, *und die kleine Landshoff … als Junge im Smoking. Die Baker tanzte mit äußerster Groteskkunst und Stilreinheit, wie eine ägyptische oder archaische Figur, die Akrobatik treibt, ohne je aus ihrem Stil herauszufallen. So müssen die Tänzerinnen Salomos und Tutenchamuns getanzt haben. Sie tut das stundenlang scheinbar ohne Ermüdung, immer neue Figuren erfindend wie im Spiel, wie ein glückliches Kind.*

Sobald Goebbels den Parteiapparat reorganisiert hatte, sah er den Zeitpunkt für gekommen loszuschlagen. Die Tage des Versteckspielens waren vorbei – jetzt wollte er Öffentlichkeit. *Mochte man uns beschimpfen und verleumden, blutig niederschlagen und in die Gefängnisse werfen. Das erschien uns geradezu begehrenswert*, schrieb er. *Wer die Straße erobern kann, der kann auch die Masse erobern, und wer die Masse erobert, der erobert damit den Staat.*

Goebbels erklärte *die Marxisten* zu seinem Angriffsziel, womit er sowohl Sozialdemokraten als auch Kommunisten meinte, sowohl das Weimarer System als auch seine Hauptkritiker – kurzum, alle, die Rückhalt bei der Berliner Arbeiterschaft für sich beanspruchten.

Die große SPD ignorierte den Neuling, was Goebbels nur recht war, so konnte er sich vorzugsweise auf die Kommunisten konzentrieren. Im Wahlkampf des Vorjahrs hatten sie nahezu zwei Millionen Wählerstimmen erhalten, dem gegenüber standen lediglich knapp dreihunderttausend für die Nationalsozialisten, und in den Straßen Berlins patrouillierten die uniformierten Mitglieder des Rotfrontkämpferbunds zum Schutz der Bürger vor Feinden. Erst zwei Monate nach Goebbels' Ankunft in Berlin bemerkten die Kommunisten, daß ein kleiner, aber lästiger Feind im »Roten Berlin« aufgetaucht war.

Nun gab es für uns nur noch zwei Möglichkeiten, beschrieb Goebbels die Situation, *entweder nachzugeben und damit ein für allemal den politischen Ruf der Partei beim Proletariat zu verspielen, oder aber erneut und mit doppelter Wucht in die geschlagene Kerbe nachzuhauen und unsererseits den Marxismus wiederum zu einer Auseinandersetzung herauszufordern, die ... über das weitere Schicksale der Bewegung vorläufig entscheiden mußte.*

Goebbels warb für seine Zwecke mit blutroten Plakaten an den Litfaßsäulen und Anschlagflächen Berlins, auf denen zu lesen war: *Der Bürgerstaat geht seinem Ende entgegen. Ein neues Deutschland muß geschmiedet werden*. Die Plakate luden die Armen und Unzufriedenen in die Pharussäle im Wedding ein, wo sie Goebbels über den *Zusammenbruch des bürgerlichen Klassenstaats* reden hören konnten.

Der Wedding war ein deutlich kommunistisch geprägtes Arbeiterviertel, und weit und breit gab es in dieser Gegend kein Gebäude, das mehr mit den Kommunisten identifiziert wurde als die Pharussäle in der Müllerstraße, wo ihre wöchentlichen Treffen stattfanden. Goebbels führte also seine tausend Mann starke, Hakenkreuzfahnen schwingende Truppe direkt ins Hauptquartier des Feindes. *Das war allerdings eine Provokation,* schrieb Goebbels erregt, *die man bisher in Berlin noch nicht erlebt hat ... Das war eine offizielle Kampfansage. So von uns gemeint und so vom Gegner verstanden.*

Die Kommunisten waren auf den Einmarsch bestens vorbereitet und hatten den Saal zu zwei Dritteln mir Rotfrontkämpfern besetzt.

Goebbels womöglich weit übertriebener Darstellung zufolge wichen die SA-Leute zunächst der Gewalt, um dann tapfer zum Gegenangriff überzugehen und die Kommunisten aus dem Saal zu vertreiben. Tatsächlich griff die Polizei, die das Gebäude schon vor Beginn der Zusammenkunft umstellt hatte, ein, um die Ordnung wiederherzustellen. Auf diese Weise wurde Goebbels ohne Heldentaten zum Sieger der Saalschlacht. Die Halle war inzwischen ein einziger Scherben- und Trümmerhaufen. Der triumphierende Gauleiter ließ zehn der verletzten Nazis auf das Podium tragen, wo sie stöhnend ihre Wunden präsentierten, während er eine leidenschaftliche Rede an Kampfgefährten der Schlacht richtete. Er deutete auf die Opfer, sprach vom Heroismus des *unbekannten SA-Mannes* und schwor dem *roten Mob* Rache. Er war so begeistert von diesem dramatischen Effekt, daß er danach noch oft völlig gesunde SA-Männer bandagieren ließ und sie bei Parteitagen auf Bahren präsentierte.

Am folgenden Tag gab es die Schlagzeilen, die Goebbels beabsichtigt hatte. Er, Goebbels, habe den Feind auf seinem eigenen Territorium herausgefordert. Er, Goebbels, habe den Kampf um die Straßen Berlins losgetreten. Und als eine der Zeitungen ihn als Banditen bezeichnete, ließ Goebbels unbeirrt neue Plakate kleben, auf denen er weitere Versammlungen ankündigte und sich selbst zum *Oberbanditen* ernannte.

Sicher habe ich damals gekämpft, sagt Peter Wallenberg, ein kleiner, untersetzter Mann Anfang Sechzig. Die letzten fünfzehn Jahre hat er als UN-Korrespondent für die New Yorker DAILY NEWS gearbeitet, aber jetzt will er nach Florida in sein kleines Haus auf Long Island ziehen, und es herrscht Aufbruchstimmung. Sein Vater arbeitete als Herausgeber der BZ AM MITTAG und des Boulevardblatts TEMPO bei Ullstein. Wallenberg war vierzehn, als er in die sozialdemokratische Jugendorganisation Reichsbanner eintrat, ohne daß seine Eltern zugestimmt oder auch nur davon gewußt hätten.

Es war ganz großartig, erzählt er. *Man bekam eine Armbinde in den Farben der Republik – schwarz, rot, gold. Man gab mir eine blaue Uniform und eine passende Mütze dazu.*

Und wer zahlte dafür? frage ich ihn.

Man mußte alles selbst bezahlen, erzählt Wallenberg, *aber es war nicht teuer. Also nahm ich Bücher aus der Bibliothek meines Vaters – er hatte viele Bücher – und verkaufte sie, um an das Geld zu kommen. Und sie gaben mir außer der Uniform auch noch eine Waffe – einen Gummiknüppel. Manche von unseren Leuten hatten auch Schlagringe oder sogar Schußwaffen, aber ich hatte immer nur den Gummiknüppel. All diese Waffen waren natürlich illegal, aber man bekam sie im Hauptquartier ohne viel Aufhebens. Die Uniformen kaufte man offen und die Waffen unter der Theke, dann trug man sie unter dem Hemd.*

Was steckte an Ideologie hinter diesen Aufmärschen?

Eigentlich nicht besonders viel, aber ich fühlte, daß wir im Recht und alle anderen im Unrecht waren. Ich meine andere Jugendgruppen, die der Nazis und Kommunisten, die ziemlich ähnlich organisiert waren, aber der große Unterschied bestand für uns darin, daß wir auf der Seite der Regierung standen. Wir waren gewissermaßen die »Guten«.

Und was passierte dann? Wie begannen die Straßenkämpfe?

An Feiertagen und bei ähnlichen Anlässen marschierten wir eben los, und ich schwänzte die Schule, um dabeizusein. Wir starteten vor der Redaktion des VORWÄRTS *am Halleschen Tor und hatten unterschiedliche Ziele. Wir zogen zum Lustgarten oder in Richtung Unter den Linden. Und schon bald, an irgendeiner Kreuzung, stießen die Kommunisten dazu und marschierten neben uns her, und wenn dann auch noch die Nazis dazukamen, marschierten wir alle nebeneinander. Wir befanden uns in der Straßenmitte, die Kommunisten links von uns und die Nazis rechts. Früher oder später rief einer von ihnen eine Beleidigung herüber, wir reagierten, und schon endete der Aufmarsch in einer wüsten Prügelei, bis die Polizei einschritt.*

Gab es Tote?

Ich habe nie gesehen, daß jemand zu Tode kam – das passierte erst später –, aber natürlich blieben Verletzungen nicht aus. Doch in jenen Tagen waren noch sehr viele auf der Seite der Republik, so daß wir gut aufeinander aufpassen konnten.

Auf den höheren Ebenen der politischen Macht hatte Hindenburgs Wahl in Berlin zu einigen unauffälligen Veränderungen geführt. Obwohl sich der Generalfeldmarschall peinlich genau an die republikanische Verfassung hielt, die zu verteidigen er geschworen hatte, waren sich alle bewußt, daß er ein Konservativer und ein Monarchist war. Der kaum begonnene Prozeß der Demokratisierung in der Verwaltung und der Liberalisierung der Beamtenschaft, der Justiz und des Bildungssystems geriet ins Stocken. Der Verwaltungsapparat des Kaiserreichs, der in den Jahren der Ebert-Herrschaft passiven Widerstand leistete, begab sich nun wieder in die alten, ausgetretenen Pfade.

Wesentlicher noch war die Tatsache, daß die Loyalität der Reichswehr nicht mehr länger in Frage gestellt wurde. Die Reichswehr stand selbstverständlich hinter Hindenburg. Aus diesem Grund wurde General von Seeckt, der einstmals verkündet hatte *Die Reichswehr steht hinter mir*, politisch obsolet.

Im Herbst 1926 bahnte sich eine Krise an, nachdem der Presse zu Ohren kam, Seeckt habe die Idee begrüßt, der älteste Enkel des Kaisers solle am jährlichen Armeemanöver teilnehmen. Das erscheint im Rückblick als ein belangloser Anlaß für eine Kontroverse, aber es gab in der Berliner Presse weitreichende Spekulationen über eine Verschwörung der Reichswehr zur Wiedereinsetzung der Hohenzollern. Und Seeckt hatte in seiner Eitelkeit und Ignoranz zu viele Fehler begangen und nicht bedacht, daß einer seiner Untergebenen – der ehrgeizige Kurt von Schleicher – seinen Sturz geplant und diese Pressenotizen lanciert haben könnte. Er reagierte zunächst überrascht, dann verwirrt und bestürzt und schließlich verärgert. Am 6. Oktober 1926 reichte er seinen Abschied ein.

Wenn Goebbels sich auch machtverliebt brüstete, die SA in Feindesgebiet geführt zu haben, hegte er aus verständlichen Gründen eher Ressentiments gegen körperliche Gewalt und war von Natur aus kein Straßenkämpfer. Er wollte die Massen durch seine Reden, durch seine intellektuellen Fähigkeiten beherrschen.

Wie viele Deutsche, die vom Zusammenbruch des kaiserlichen Heeres anno 1918 überrascht wurden, schrieb auch Goebbels der britischen Kriegspropaganda wesentlichen Anteil an der deutschen Niederlage zu. *[D]as modernste aller politischen Mittel ist nun einmal die Propaganda*, schrieb Goebbels. *Sie ist im Grunde auch die gefährlichste Waffe, die eine politische Bewegung zur Anwendung bringen kann. Gegen alle anderen Mittel gibt es Gegenmittel, nur die Propaganda ist in ihrer Wirkung unaufhaltbar.*

Propaganda stand für Goebbels nicht in unmittelbarem Zusammenhang mit Ideologie und noch weniger mit der Wahrheit. *Man kann ... nicht erforschen, welche Propaganda etwa die bessere oder welche die schlechtere sei, sondern die ist gut, die zum Erfolg führt, und die ist schlecht, die am gewünschten Erfolge vorbeigeht*, formulierte er. *Es kann also keiner sagen, eure Propaganda ist zu roh, zu gemein oder zu brutal oder sie ist nicht anständig genug, denn alles das sind keine charakteristischen Merkmale für ihre Verschiedenartigkeit ... Sie soll zu einem Erfolge führen.* Propaganda war also ein Instrument zur Manipulation der Massen. Rhetorischem Können schrieb Goebbels elementare Bedeutung zu. *Hat [Christus] nicht Propaganda gemacht? Hat er Bücher geschrieben oder gepredigt? ... Hat [Mohammed] geistreiche Feuilletons geschrieben, oder ist er nicht zu den Menschen gegangen und hat gesagt, was er wollte? Ist Mussolini vielleicht ein Schreibtischfuchser gewesen oder nicht vielmehr ein großer Redner? Als Lenin von Zürich nach Petersburg kam, ist er da vom Bahnhof in die Studierstube gefahren und hat ein Buch geschrieben, oder hat er nicht vielmehr vor den Tausenden geredet?*

Noch bevor die Nationalsozialisten die Technik des Rundfunks in ihrem Sinne nutzen konnten, mußten sie die Technik der Rede beherrschen. Goebbels selbst hatte für seine Reden trainiert wie ein Preisboxer. Er hatte eine außergewöhnlich mächtige und volltönende Stimme. Er machte sich für jede wichtige Rede Notizen und markierte das Manuskript mit Buntstiften in unterschiedlichen Farben, um Tonhöhen und Emphasen anzuzeigen. Er probte regelmäßig vor einem großen dreiseitigen Spiegel in seinem Wohnzimmer. Er legte sogar seine Gesten fest – stemmte die Hand in die Hüfte oder hielt beide Arme erhoben, um die Wirkung abzuschätzen.

Er war Meister darin, sein Erscheinen auf Massenkundgebungen zu einem imposanten theatralischen Ereignis zu machen. Aufzüge der Parteiformationen setzten zumeist den Anfang, dazu dröhnten schmissige Militärmärsche. Goebbels ließ gern auf sich warten und humpelte dann durch eine SA-Ehrengarde zum Podium. Als Otto Strasser ihn nach einer der ersten Versammlungen kritisierte, daß er nicht nur die Leute habe warten lassen, sondern sich auch den Luxus eines Taxis gegönnt hatte, erwiderte Goebbels: *Da sind Sie aber gehörig im Irrtum, Strasser ... Ich soll kein Taxi nehmen? – Im Gegenteil. Wenn ich in zwei Autos fahren könnte, würde ich in zweien kommen. Die Leute müssen sehen, daß die Firma auftreten kann.*

Der einzige, der Goebbels in seinen propagandistischen Reden übertraf, war Hitler. Aber der durfte in Preußen keine öffentlichen Reden halten. Um dieses Verbot zu umgehen, mietete Goebbels ein Berliner Tanzlokal für eine »geschlossene« Parteiversammlung. Andauernde Provokationen dieser Art waren den sozialdemokratischen Stadtbehörden dann doch zu viel, und sie erklärten die Nationalsozialistische Partei vier Tage später in Groß-Berlin für illegal. Goebbels wußte sich gegen das Verbot zu wehren. Er tarnte seine Sturmtruppen als Sportvereine und Kegelklubs. Da die SA-Männer keine Braunhemden mehr tragen durften, traten sie von nun an in weißen auf. Daraufhin belegten die preußischen Behörden Goebbels mit einem Redeverbot während öffentlicher Versammlungen. Goebbels versuchte auch das zu umgehen und veranstaltete verfassungsgemäß »Wahlversammlungen«, auf denen er sich mit Fragen in die Debatte einmischte, die in ausführlichen Reden endeten. Jedesmal wurde er vor Gericht geladen und mit einer Geldstrafe belegt.

Gezwungenermaßen entschloß sich Goebbels dazu, die Auseinandersetzung auf eine andere Ebene zu verlagern und eine Zeitung zu gründen: *Noch heute ist mir lebhaft in Erinnerung, wie wir eines Abends im kleinen Kreis brütend zusammensaßen und über den Titel der Zeitung nachdachten. Da schoß es mir plötzlich wie eine Erleuchtung durch den Kopf: Unsere Zeitung kann nur einen Titel tragen: »Der Angriff!« Dieser Name war propagandistisch wirksam, und er umschloß in der Tat alles, was wir wollten und wonach wir zielten ... Unser Ziel war nicht, zu informieren, sondern anzuspornen, anzufeuern, auszuteilen.*

Wieder schickte Goebbels seine SA-Männer mit Plakaten und Kleister los. Auf der ersten, grellroten Ankündigung stand lediglich:

DER ANGRIFF
?

Eine zweite Plakatserie ein paar Tage später kündigte an: *Der Angriff erfolgt am 4. Juli.* Erst durch eine dritte Serie wurden die verblüfften Berliner darüber aufgeklärt, daß es sich bei diesem *Angriff* um ein von Dr. Goebbels herausgegebenes Wochenblatt handelte. In der ersten Nummer der Zeitung erläuterte er den Titel des Blattes und verfiel in eine hemmungslose Beschimpfung sämtlicher Parteien der Weimarer Republik.

Goebbels' erstes Opfer demagogischer Verleumdung hieß Dr. Bernhard Weiß, Berlins Vizepolizeipräsident, den Goebbels beschuldigte, die Nazis zu verfolgen. Weiß war Jude, deshalb hatte Goebbels es speziell auf ihn abgesehen. Goebbels erfand endlose Geschichten über den Polizeibeamten. Er beschuldigte ihn, sich mit leichten Mädchen einzulassen, veröffentlichte Karikaturen, auf denen ihm Hörner aus der Stirn wuchsen oder die ihn in einer Toga als den Nero des dekadenten Berlin darstellten. Erst später gab Goebbels zu, daß sämtliche Behauptungen frech und frei erfunden gewesen waren.

Goebbels interessierte sich nicht wirklich für die Person Weiß, er benutzte ihn lediglich dazu, seinen Angriff auf das demokratische System zu führen. Weit bedeutendere Persönlichkeiten attackierte er nicht weniger niederträchtig. Und was das System selbst anbelangte, so brandmarkte Goebbels es in übelster Weise als eine einzige große Ausbeutung und *Elend,* durch die *Juden und ihre Lakaien* verursacht.

Trotz seines aggressiven Tonfalls sollte man nicht vergessen, daß DER ANGRIFF, wie Goebbels selbst, anfangs lediglich ein kleines Ärgernis in der Metropole war. Die NSDAP wurde kaum beachtet. Es lebten damals vier Millionen Menschen in Berlin, und die mächtigen Tageszeitungen von Ullstein und Mosse setzten Hunderttausende von Exemplaren ab. Im Vergleich damit hatte DER ANGRIFF eine verschwindend geringe wöchentliche Auflage von nur zweitausend Exemplaren. Sogar Otto Strassers BERLINER ABENDZEITUNG wurde mehr gelesen, abgesehen vom VÖLKISCHEN BEOBACHTER in München. Doch Goebbels war wild entschlossen, sein verschuldetes Blatt nicht aufzugeben. Er wetterte gegen das Parteiverbot und über die »Taktik des Schweigens«, die die Bewegung abschneiden wollte. Er forderte von seinen SA-Leuten, Abonnements zu verkaufen, Plakate zu kleben und Geschäftsleute zur Insertion zu gewinnen, und allmählich gewann DER ANGRIFF an Zuwachs. Wie alle Revolutionäre trachtete auch Goebbels danach, seine engsten Rivalen zu vernichten. Die SA arbeitete nicht nur für das eigene Parteiorgan, sondern auch gegen Strassers ARBEITERZEITUNG.

Im Frühling des Jahres 1928, erinnerte Strasser sich später, *befand ich mich eines Morgens in meinem großen Arbeitszimmer … als Adolf, ohne sich anmelden zu lassen, hereingestürzt kam … »Das kann nicht so weitergehen … Euere ewigen Streitereien mit den Männern meiner Umgebung …« – »Ich bin völlig mit Ihnen einverstanden, aber Sie sollten das Goebbels sagen. Er ist nach mir gekommen, er hat seine Zeitung nach der meinigen gegründet; ich bin in meinem Recht.« Hitler ließ ein kleines trockenes Lachen hören. »Es handelt sich nicht um das Recht, sondern um die Macht. Was werden Sie an dem Tage tun, an dem zehn Mann der SA von Herrn Goebbels Sie hier in Ihrem Büro überfallen?« Ich zog sachte aus meiner Schreibtischlade meinen großen Revolver und legte ihn neben mich. »In diesem Schießeisen, Herr Hitler, befinden sich acht Kugeln, das würde acht Mann der SA weniger machen.« Hitler war zurückgesprungen, er stammelte jetzt: »Ich weiß, daß Sie Narr genug wären zu schießen, ich weiß, daß Sie nicht zaudern würden, sich zu verteidigen, aber trotzdem können Sie nicht meine Leute von der SA niederknallen.« – »Die Ihrigen oder die des Herrn Goebbels? Wenn es die Ihrigen sind, rate ich Ihnen, sie nicht herzuschicken, wenn es die von Herrn Goebbels sind, steht es in Ihrer Hand, ihr Kommen zu verhindern. Was mich anbelangt, so werde ich auf jeden schießen, der mich angreift; ich schere mich den Teufel um ihre Uniformen; die Braunen flößen mir keine Furcht ein.« – »Otto«, sagte plötzlich Hitler, der mich zum ersten und letzten Male mit meinem Vornamen anredete, »nehmen Sie Vernunft an, überlegen Sie sich die Lage aus Liebe zu Ihrem Bruder.« Er hielt mich bei den Händen gefaßt. Ich blieb unrührbar, sein verschleierter Blick, die tremolierende Stimme, nichts von dieser ganzen Komödie wirkte auf mich. »Sie überlegen, Herr Hitler, und ich werde auch überlegen.«*

Goebbels war nicht der einzige Prophet, der den Berlinern ins Gewissen zu reden versuchte, und er war nicht einmal der sonderbarste. Im gleichen Jahr, in dem der neue Gauleiter in der Reichshauptstadt auftauchte, trat auch ein einundsiebzigjähriger Gesundbeter und Hypnotiseur namens Weißenberg in Erscheinung. Weißenberg hatte in seinem früheren Leben in den verschiedensten Berufen gearbeitet – unter anderen als Schäfer, Droschkenkutscher und Gastwirt. Alle diese Berufe hatte er jedoch aufgegeben, *weil*, wie er verkündete, *Jesus Christus es mir befahl.* Jetzt hatte er eine Sekte gegründet, die Evangelisch-Johannische Kirche, und sein Hauptquartier in der Gleimstraße im Wedding aufgeschlagen. Unweit des Hackeschen Markts hielt er Versammlungen in einer gemieteten Halle ab, bei denen sich eine Reihe von »Wundern« ereigneten.

Die Versammlungen begannen ziemlich ruhig. Weißenberg predigte vom Podium aus, während zwei Frauen an einem Tisch in seiner Nähe saßen. Nach gebührender Zeit fiel die ältere von beiden, eine beleibte Matrone, die sich Schwester Grete Müller nannte, in Trance. Aus ihrem Mund sprachen fremde Stimmen, vor allem die des verstorbenen Reichskanzlers Otto von Bismarck. Weißenberg schritt dann ins Publikum, wo einige seiner Brüder und Schwestern ebenfalls Schreie ausstießen und in Trance fielen. Weißenberg und die zweite Frau legten auserwählten Gemeindemitgliedern die Hand auf und führten sie zum Podium, damit sie an der Séance teilnehmen konnten. Aus ihren Mündern sprachen gleichfalls die Stimmen historischer Persönlichkeiten, vornehmlich aus der Zeit Kaiser Wilhelms I. Man hörte etwa den Prinzen Friedrich Karl oder Moltke oder den Kriegsminister Roon.

Die Stimmen überschlugen sich in patriotischem Rausch und forderten das Auditorium dazu auf, dem Vaterland zu dienen und Weißenbergs Bauprojekt Geld zu spenden.

Mit den gesammelten Geldern erweiterte Weißenberg eine Kommune, die er südlich von Berlin gegründet hatte – ein riesiges Landgut auf vierhundert Hektar. Er nannte seine Siedlung Friedensstadt oder Neu-Jerusalem, manchmal auch nach einer Sekte, die er schon im Jahre 1900 gegründet hatte – der Vereinigung ernster Forscher von Diesseits nach Jenseits. Weißenberg hatte bereits vierhundert Menschen zu einem Leben in seiner Kommune bewegt. Er hoffte, die Bevölkerung seiner Siedlung würde auf ungefähr tausendfünfhundert anwachsen.

Eine Zeitlang schauten die Berliner Behörden wohlwollend auf Weißenbergs Treiben, denn kein Gesetz verbot es, Bismarcks Geist zu erwecken oder Menschen für ein außerstädtisches Bauprojekt zu gewinnen. Weniger nachsichtig begegnete man allerdings seiner Behauptung, Kranke heilen und sogar Tote aufwecken zu können. Abgesehen von Gebeten – bestand seine Kur darin, den Kranken Weißkäse zu verordnen. Ein Kleinkind erblindete auf Grund dieser Behandlung, ein Drogist mit Diabetes genoß dieselbe Therapie und starb. Die Polizei nahm den bärtigen alten Propheten fest, und ein Gericht verurteilte ihn zu sechs Monaten Gefängnis. Seine Anhänger ließen ihn nicht im Stich; für sie war er ein Märtyrer. Die Berufungsinstanz hob das Urteil auf, und es gab ein neues Verfahren.

Wo haben Sie Ihre Ausbildung genossen? fragte der Richter.

Ich handle nur nach den Vorschriften der Heiligen Schrift, antwortete der Prophet.

Von weißem Käse steht doch nichts in der Bibel, überlegte der Richter zweifelnd.

So ein Mensch keinen Glauben hat, kann ich auch nicht helfen, erwiderte der Prophet.

Der Richter gab auf. Weißenberg wurde auf freien Fuß gesetzt. Und nur sein Tod konnte dem Aufbau der Gemeinde Neu-Jerusalem Einhalt gebieten.

KAPITEL 11

»Gott würfelt nicht«

1927

Die politischen und militärischen Schrecken
und der vollständige Zusammenbruch
der Moral, den ich während meines Lebens
gesehen habe, mag ... eine unvermeidliche
Konsequenz des Fortschritts der Wissenschaft
gewesen sein ... Wenn dem so ist, wird der
Mensch seine Rolle als freies, verantwortliches
Wesen bald ausgespielt haben.

MAX BORN

Nach dem Ende des Zweiten Weltkriegs internierten die Alliierten alle bedeutenden Physiker in Deutschland und unterzogen sie langen Verhören, um ihre Kenntnisse über Nuklearwaffen in Erfahrung zu bringen. Zu ihrer Überraschung stellten sie fest, daß ihre Gefangenen eigentlich gar nichts wußten. Vielleicht lag es daran, daß die deutschen Wissenschaftler Hitler ablehnend gegenüberstanden, vielleicht fehlte es auch einfach an Erfindungsgabe, sie hatten jedenfalls keinerlei Versuch unternommen, eine Atombombe zu entwickeln. Die alliierten Behörden waren daher ziemlich ratlos, was sie mit ihren renommierten Gefangenen anfangen sollten. Da sie aber ihren Plan, Hiroshima anzugreifen, noch streng geheim hielten und fürchteten, die deutschen Physiker könnten irgendwie davon erfahren, verbrachte man sie nach England in Gewahrsam des englischen Herrschaftshauses Farm Hall, ungefähr vierzig Kilometer von Cambridge entfernt.

Die zehn Gefangenen, unter ihnen drei Nobelpreisträger, waren noch verwirrter als ihre Bewacher. Niemand verhörte sie mehr, ihre Lebensbedingungen waren geradezu luxuriös, aber sie hatten keinerlei Kontakt zur Außenwelt und beschäftigten sich, so gut sie konnten. Carl

Friedrich von Weizsäcker widmete sich den Rosen im Garten. Max von Laue umrundete täglich fünfzigmal den Rosengarten, insgesamt fast zehn Kilometer, wobei er die Anzahl der zurückgelegten Runden mit Kreidestrichen auf der Gartenmauer notierte. Werner Heisenberg durchstöberte die Bibliothek nach Lesbarem und vertiefte sich in die gesammelten Werken von Anthony Trollopes. Abends versammelten sich die Wissenschaftler, um über Kernphysik zu diskutieren, und die Briten hörten heimlich ihre Gespräche ab.

Am Nachmittag des 6. August 1945 hörte einer der Physiker im Radio, daß eine Atombombe auf Hiroshima abgeworfen worden war. *Ich wollte diese Nachricht zunächst nicht glauben; denn ich war sicher, daß zur Herstellung von Atombomben ein ganz enormer technischer Aufwand nötig gewesen wäre .... Ich fand es auch psychologisch unplausibel, daß die mir so gut bekannten Atomphysiker in Amerika alle Kräfte für ein solches Projekt eingesetzt haben sollten*, erzählte Heisenberg später. Aber als spätere Sendungen alle Zweifel ausgeräumt hatten, befielen Otto Hahn verständlicherweise schreckliche Schuldgefühle, und seine Physikerkollegen fürchteten, daß er sich etwas antun könnte.

Es gibt keine Anhaltspunkte dafür, daß Hahn oder ein anderer Physiker sich für Deutschlands Taten schuldig gefühlt hätte, nur weil er Deutscher war. Hahn litt als Physiker darunter, was die Amerikaner getan hatten, und muß sich an einen Bericht aus Paris erinnert haben, den er kurz vor Weihnachten 1938 gelesen hatte. Der Bericht informierte darüber, daß es Frédéric und Iréne Joliot-Curie gelungen war, ein neues Element zu schaffen, das Lanthanum sehr ähnelte, indem sie Uran mit Neutronen beschossen hatten. Hahn hatte das Experiment in Berlin wiederholt und festgestellt hatte, daß es sich bei dem neuen Element nicht um Lanthanum, sondern um Barium handelte, welches das halbe Atomgewicht von Uran hatte. Das Ergebnis übermittelte er seiner Kollegin Lise Meitner in einem Bericht – jener Lise Meitner, mit der er gemeinsam jahrelang im Keller der Berliner Universität gearbeitet hatte, weil Frauen keinen Zutritt zu den Laboratorien hatten, und die nun als Jüdin nach Schweden hatte fliehen müssen. Lise Meitner hatte den Bericht in ihrem frostigen Zufluchtsort Kungålv erhalten, wohin ihr Neffe sie auf einen Skiurlaub mitgenommen hatte. Unterwegs auf einer Skiwanderung mit ihrem Neffen redete sie über Otto Hahns rätselhafte Entdeckung. Im Schnee stapfend, kam ihr die blitzartige Erkenntnis: Die Nachricht aus Berlin besagte nicht mehr und nicht weniger, als daß es Otto Hahn gelungen war, das Atom zu spalten.

Max Planck hatte den Lehrstuhl für klassische Physik an der Berliner Universität inne. Er spezialisierte sich auf die Erforschung der Wärmestrahlung. Im Dezember des Jahres 1900 erläuterte er bei einer Tagung der Physikalischen Gesellschaft seine neue Theorie, die heute als Quantentheorie allgemein bekannt ist. Licht und andere Strahlen bewegen sich danach nicht in kontinuierlichen Wellen, sondern in einem Strom kleinster Teilchen.

Planck selbst war verwirrt von dem Gedanken, Licht könne in Form von Partikeln gemessen werden, aber der junge Albert Einstein war von der Vorstellung fasziniert. Planck holte Einstein nach Berlin, und dessen Forschungen führten zu der Einsicht, daß Licht eine Masse hat. So kam es zu dem berühmten astronomischen Experiment im Jahre 1919, das den Nachweis erbrachte, daß sich Lichtstrahlen krümmen, wenn sie in das Gravitationsfeld der Sonne gerieten. Es gehört zu den Paradoxien der zwanziger Jahre, daß Einstein über Nacht berühmt wurde, obwohl – oder weil – fast niemand seine Relativitätstheorie verstehen konnte.

Die Zeitungen behaupteten, daß vermutlich nur sehr wenige Menschen auf der Welt Einsteins Beschreibung des gekrümmten Raumes oder der Zeit als vierter Dimension wirklich begreifen könnten. Weil die Theorie sehr schwer verständlich war, widmete die Presse ihrem Schöpfer desto mehr Aufmerksamkeit. Allenthalben verfolgten ihn Reporter, um ihn über alles mögliche – von der Lichtgeschwindigkeit bis hin zu seinen Ansichten über Frauen – auszufragen. Die Londoner TIMES bat ihn um eine kurze autobiographische Notiz, und Einstein schickte im Rückblick auf seine wenig erfreuliche Jugend – er mußte die Schule in München verlassen, als seine Familie nach Italien auswanderte, und schlug sich schließlich auf eigene Faust nach Zürich durch –, eine bissige Antwort: *Unter Anwendung der Relativitätstheorie auf den Geschmack der jeweiligen Leser werde ich heute in Deutschland ein deutscher Wissenschaftler genannt und in England ein Schweizer Jude. Wenn ich dann einmal als schwarzes Schaf gelte, dann wird diese Beschreibung umgedreht, und ich bin für die Deutschen ein Schweizer Jude und für die Engländer ein deutscher Wissenschaftler.*

Das war typisch für Einstein. Er hatte die Fähigkeit, aus seiner Abneigung gegen jegliche Publizität besondere Publizität zu schaffen. Er demonstrierte mit seiner Antwort seine ablehnende Haltung zum Nationalismus, aber auch ein Bewußtsein dafür, wie man von nationalen Interessen profitieren kann. Und er reagierte, wie man es von ihm kannte: ironisch, aber nicht aggressiv, scharfsinnig, aber objektiv, bescheiden, aber keineswegs ohne Stolz. Für die Nationalisten verkörperte Einstein alles Verachtenswerte – er war Jude, liberal, Weltbürger und Pazifist, Skeptiker und Erneuerer, ein Wissenschaftler, dessen Entdeckungen jeder durchschnittlichen Intelligenz verschlossen blieben.

Einige seiner Gegner gingen so weit, Einstein vor seiner Wohnung oder seinem Büro in der Preußischen Akademie der Wissenschaften aufzulauern und ihn zu beschimpfen, sobald er auftauchte. Er erhielt obszöne Drohbriefe und sah sich während seiner Vorlesungen in der Berliner Universität massiven Angriffen ausgesetzt. Eine rechtsgerichtete Verbindung mietete die Berliner Philharmonie für eine Vorlesungsreihe wider die *Einstein-Machenschaften* an. Einstein selbst kaufte sich einen Logenplatz und wohnte der Versammlung bei. Den Angriffen auf seine Person begegnete er mit Lachsalven und Applaus. Das entsprach aber nicht seinem eigentlichen Naturell, und einem Freund vertraute er an, daß ihn die Presse so sehr belästige, daß er kaum noch arbeiten könne.

Seine Bewunderer bedrängten ihn beinahe ebenso heftig wie seine Gegner, doch trotz seiner Scheu vor Publizität stellte er seinen berühmten Namen mehrmals in den Dienst eines guten Zwecks. Er begleitete den Zionistenführer Chaim Weizmann auf eine Tournee zum Einwerben finanzieller Unterstützung durch die Vereinigten Staaten, und er nahm an Zusammenkünften französischer und deutscher Pazifisten teil.

Einstein wurde der Nobelpreis zuerkannt. All dies schürte die aggressive Wut der Nationalisten. Es kamen Gerüchte auf, daß Einstein wie sein Freund Rathenau ermordet werden sollte, woraufhin seine Frau ohne Einsteins Wissen einen Leibwächter für ihn engagierte.

Doch während Einstein zu Berühmtheit gelangt war, entwickelte sich die kernphysikalische Forschung in den zwanziger Jahren im wesentlichen ohne seine Mitarbeit weiter. Die Struktur der Atome stand freilich nie im Mittelpunkt von Einsteins Interesse, er widmete sich vordringlich den Gesetzen des Universums. Aber die jungen Physiker, die sich in Deutschland zusammengefunden hatten, waren der Überzeugung, daß die Natur des Universums am besten an Hand der Struktur seiner Basiseinheit, des Atoms, erklärt werden könne. Der geniale dänische Niels Bohr hatte Plancks Quantentheorie auf die Probleme des Atomaufbaus angewandt und gezeigt, daß auch die Elektronen eines Atoms nur in bestimmten Quanten Energie abgeben. Andere Experimente ergaben, daß atomare Energie auch in Form von Wellen gemessen werden kann, was gegen die Theorie der Quantenteilchen zu verstoßen schien. Und wieder andere Experimente zum Flug der Elektronen demonstrierten, daß ein Beobachter entweder deren Position oder deren Geschwindigkeit bestimmen kann, aber nie beides zugleich.

Bohr formulierte eine neue Theorie, die er Komplementarität nannte und die besagte, daß zwei verschiedene Methoden der Energiemessung nicht unbedingt widersprüchlich seien, sondern einander ergänzende Beobachtungsmethoden ein und desselben Phänomens darstellen könnten. Aber mit dieser Erklärung gab sich fast niemand zufrieden. Der junge Werner Heisenberg verbrachte mehrmals seine Ferien bei Bohr, und während der gemeinsamen Zeit diskutierten sie das Problem *über viele Stunden des Tages und der Nacht, ohne daß es zu einer Einigung gekommen wäre*, wie sich Heisenberg später erinnerte.

Im Februar 1927, Bohr war zum Skilaufen nach Norwegen gefahren, nutzte Heisenberg die Zeit, *allein über diese hoffnungslos schwierigen Probleme nachdenken zu können.* Er erinnert sich an ein Gespräch mit Einstein und an dessen Äußerung, erst die Theorie entscheide darüber, was man beobachten kann. Heisenberg hatte viel Zeit damit verbracht, die Umlaufbahnen der Elektronen zu errechnen, und fürchtete, Elektronen würden möglicherweise gar nicht in Umlaufbahnen kreisen. Wer hatte sie je dabei beobachtet? In einer Vorlesung an der Berliner Universität schlug Heisenberg vor, zu der bewährten Theorie zurückzukehren, wonach nur das als wissenschaftlicher Beweis gilt, was auch wissenschaftlich beobachtet werden konnte. Einstein, der sich unter seinen Zuhörern befand, war aus gutem Grund entsetzt, war doch der weitaus größere Anteil der Kerntheorie nichts als reine Theorie und das Wesen des Universums, das Einstein so faszinierte, traditionellen Laborversuchen überhaupt nicht zugänglich.

Aber Sie glauben doch nicht im Ernst, argumentierte Einstein nach Heisenbergs Vorlesung, *daß man in eine physikalische Theorie nur beobachtbare Größen aufnehmen kann?*

Ich dachte ... daß gerade Sie diesen Gedanken zur Grundlage Ihrer Relativitätstheorie gemacht hätten? antwortete Heisenberg seiner eigenen Beschreibung nach. *Sie hatten doch betont, daß man nicht von absoluter Zeit reden dürfe, da man diese absolute Zeit nicht beobachten kann.*

Vielleicht habe ich diese Art von Philosophie benützt, aber es ist trotzdem Unsinn, sagte Einstein. *Vom prinzipiellen Standpunkt aus ist es ganz falsch, eine Theorie nur auf beobachtbare Größen gründen zu wollen. Denn es ist ja in Wirklichkeit genau umgekehrt. Erst die Theorie entscheidet darüber, was man beobachten kann.*

Damals war Heisenberg beeindruckt, doch nicht überzeugt. Jetzt aber begriff er, daß Einsteins Argument der *Schlüssel zu der so lange verschlossenen Pforte war.* Im Ergebnis seiner weiteren intensiven Forschungen stellte Heisenberg noch im gleichen Jahr sein Prinzip der Unschärferelation vor. Schlicht gesagt, überwand sie den Begriff der exakten Beobachtung und erweiterte das Verständnis von einer nachweisbaren wissenschaftlichen Tatsache. Heisenbergs Theorie zufolge waren alle Tatsachen lediglich momentane Möglichkeiten an einem bestimmten Punkt in Raum und Zeit. Heisenbergs Prinzip der Unbestimmtheitsrelation war ebenso fundamental und radikal wie Einsteins Relativitätstheorie. Wenn Einstein lehrte, daß alle Tatsachen relativ sind, so behauptete Heisenberg, daß alle Tatsachen lediglich momentane Wahrnehmungen von Möglichkeiten sind. Demnach bestehe also kein wirklicher Unterschied zwischen dem, was wir für Gesetz von Ursache und Wirkung halten, und dem bloßen Zufall. Um es anders zu sagen, Hans Arp bildete in der Tat die Realität nach, als er einige Papierschnipsel zu Boden fallen ließ und sie an der Stelle aufklebte, auf die sie gerade gefallen waren, denn das ganze Universum ist ein Dada-Universum.

Der heftigste Widersacher von Heisenbergs Theorie war merkwürdigerweise Albert Einstein, der an dem Glauben festhielt, daß die Aufgabe des Wissenschaftlers darin bestehe, die Gesetze von Gottes Schöpfung zu enträtseln. Auf den Einwand, solche Gesetze würden sich unserer Kenntnis entziehen, antwortete Einstein wiederholt: *Gott würfelt nicht.*

Auf einer Physikerkonferenz in Brüssel im gleichen Jahr gerieten die Männer erneut über ihre Theorien aneinander. Heisenberg berichtete von dieser Begegnung, Einstein habe jeden Morgen am Frühstückstisch des Hotels, in dem alle Konferenzteilnehmer wohnten, ein fiktives Experiment durchgeführt, das die Existenz einer Tatsache – und somit eines Gesetzes – bewies. Den ganzen Tag lang diskutierten die Physiker Einsteins Herausforderung, und rechtzeitig zum Abendessen brachte jemand den Gegenbeweis. Am nächsten Morgen erschien Einstein am Frühstückstisch mit einer neuen Problemstellung.

Albert Einsteins Interesse umfaßte eine weites Spektrum aller *Schöpfungen Gottes*. Mit Hingabe pflegte er seine Liebe zur Musik und hörte mit großer Begeisterung in der Philharmonie den dreizehnjährigen Yehudi Menuhin, als dieser mit Werken von Bach, Beethoven und Brahms sein Berliner Debüt gab. Nach dem Konzert eilte der einundfünfzigjährige Physiker hinter die Bühne, um die Hand des Wunderknaben zu schütteln, der auf übernatürliche Weise befähigt zu sein schien, Leistungen zu vollbringen, um die sich der Amateurgeiger sein ganzes Leben lang bemüht hatte. *Jetzt weiß ich, daß es einen Gott im Himmel gibt*, sagte er dem jungen Menuhin.

Einsteins Gott war nicht der Gott aller Menschen und auch nicht der der Juden. Die Vatikanzeitung OSSERVATORE ROMANO kritisierte ihn dafür, daß er *den Glauben an Gott vom Menschenleben abgetrennt* habe. *Das ist wahrhaftiger Atheismus, wenn er sich auch als kosmischer Pantheismus tarnt.* Ein New Yorker Rabbi fragte Einstein in einem Telegramm, ob er überhaupt an Gott glaube. Einstein sandte umgehend seine Antwort zurück: *Wir Spinoza-Anhänger sehen unseren Gott in der wunderbaren Ordnung und Gesetzlichkeit des Seienden.*

Auf der Suche nach dieser wunderbaren Ordnung machte Einstein sich daran, Formeln zu entwerfen, die die Gesetze der beiden Basiskräfte des Universums, Gravitation und Elektromagnetismus, vereinigen sollten. Als er im Frühjahr 1928 in die Schweiz fuhr, um Physikvorlesungen für die Tuberkulosepatienten in Davos zu halten, war er von dieser Idee bereits ganz besessen. Dort erkrankte er, genau wie der Protagonist in Thomas Manns Roman DER ZAUBERBERG, schwer, wenn auch nicht an Tuberkulose, sondern infolge einer Vergrößerung des Herzens. Seine Frau holte ihn nach Berlin zurück, wo er monatelang das Bett hüten mußte und die Zeit dazu nutzte, Formeln zu entwickeln, die als Einheitliche Feldtheorie bekannt werden sollten.

Als die Theorie am 30. Januar 1929 schließlich veröffentlicht wurde, umfaßte sie nicht mehr als sechs Seiten schwer verständlicher und nicht nachprüfbarer Gleichungen, aber die internationale Presse feierte die Veröffentlichung – wie nicht anders zu erwarten – als ein bedeutendes wissenschaftliches Ereignis. Vor Einsteins Tür drängelten sich Reporter, die um Interviews baten, aber Einstein willigte nur in ein Gespräch mit der NEW YORK TIMES ein, deren Herausgeber ihn einst beeindruckt hatte, als dieser einen Rechenfehler des Genies korrigierte.

Einsteins Physikerkollegen waren von seiner Theorie nicht überzeugt. Er hatte keinen Versuch unternommen, seine Theorien über Gravitationsfelder mit den Neuentdeckungen auf dem Gebiet der Kernphysik in Zusammenhang zu setzen, und die Quantenmechanik einfach ignoriert. Schon bald mußte Einstein feststellen, daß seine Einheitliche Feldtheorie von 1929 nicht haltbar war. Die Gleichungen gingen nicht auf. Den Rest seines Lebens sollte er mit dem erfolglosen Versuch verbringen, seine Formel für Gottes Universum zu revidieren und zu korrigieren. Seine jüngeren Kollegen aber hatten schon neue Wege eingeschlagen.

Die jungen Physiker, die in den zwanziger Jahren vor allem in Berlin und Göttingen arbeiteten – Deutsche wie Hahn und Heisenberg, ausländische Wissenschaftler wie Oppenheimer und Teller – bildeten wahrscheinlich die genialste Gruppe, die sich je versammelt hatte. Aber die Masse der jungen Deutschen in jener Zeit waren keine hochbegabten Physiker und weit weniger intellektuell ausgerichtet. Es waren die Kinder der zwanziger Jahre, die in den dreißigern zu Hitlers Fackelzügen aufmarschierten und in den Panzern und an den Gaskammern während der vierziger Jahre funktionierten, und die in den Fünfzigern als Flüchtlinge in mittleren Jahren in Kairo oder São Paulo auftauchten.

Wenn eine ganze Generation von Kindern falsch erzogen wurde, muß man sich fragen, wer dafür verantwortlich war. Bestand ein Zusammenhang zwischen der Tatsache, daß Lise Meitner als hochbegabte junge Physikerin die Laboratorien der Berliner Universität nicht betreten durfte, weil sie eine Frau war, und der Tatsache, daß sie mehr als dreißig Jahre später ins Exil flüchten mußte, weil sie Jüdin war? Man hüte sich vor leichtfertigen Analogien, aber wahrscheinlich bestand tatsächlich ein Zusammenhang, und man dürfte ihn im deutschen Schulsystem finden.

Sie müssen bedenken, daß die grundlegenden Fragen keine intellektuellen Fragen waren, sagt ein deutscher Senior im Rückblick auf seine

Jugend. *Die grundlegenden Fragen drehten sich um die Charakterentwicklung. Ich kann mich zum Beispiel daran erinnern, daß wir eines Tages eine Fuhre Äpfel bekamen und unsere Kinderfrau uns dazu zwang, die schlechten, wurmstichigen zuerst zu essen, damit kein Apfel übrigblieb. Und weil wir nur einen Apfel am Tag essen durften, wurden die guten Äpfel schlecht, während wir die schlechten aßen, so daß in den meisten Äpfeln, die wir gegessen haben, Würmer waren. Aber das sollte den Charakter festigen. Und ich erinnere mich noch daran, wie mir die Mandeln ohne Betäubung herausgenommen wurden. Der Arzt starrte mich nur lange an und fragte dann: »Bist du ein tapferer deutscher Knabe, oder bist du eine Memme, die gleich heult?« Natürlich mußte ich sagen, daß ich ein tapferer deutscher Knabe und keine Memme sei, also nahm er seine lange Schere, fuhr mir damit in den Mund und schnitt mir die Mandeln heraus. Und ich habe nicht geheult.*

Als die preußische Studentenorganisation ihre Mitglieder abstimmen ließ, ob Juden die Mitgliedschaft gewährt werden dürfe, stimmten siebenundsiebzig Prozent der jungen Intelligenz dagegen und demonstrierte den Geist der Studentenschaft jener Zeit. In weitaus größerem Maß als ihre Eltern richteten sie nicht nur ihren Haß gegen Juden, mehr als die Hälfte von ihnen sympathisierte mit den Nazis und zeigte latente Gewaltbereitschaft.

Wie konnte die Jugend derart pervertiert werden? Noch heute erinnern sich verblüffend viele alte Berliner daran, wie sie den Tag erlebten, an dem der Kaiser nach Holland floh, und sie den Abgrund entdeckten, der sie von der Generation ihrer Eltern trennte. *Ich erinnere mich, wie mein Vater in Tränen ausbrach, als er die Zeitungsjungen rufen hörte, daß der Kaiser abgedankt habe*, erzählt Friedrich Luft, einer der prominentesten Berliner Theaterkritiker. *Als Lehrer war er ein Konservativer, ein Nationalist – und ich hatte ihn nie zuvor weinen sehen.*

Die Schule, auf die ich damals ging, das Gymnasium in Friedenau, war durch und durch deutschnational, fährt Luft fort. *Wenn ich heute daran zurückdenke, kann ich es nur als Skandal bezeichnen. Wir lebten schließlich in einer Republik. Der Rektor war Mitglied des Preußischen Landtags und natürlich deutschnational. Für einen 11. August, den Tag der Weimarer Verfassung, hatte der Rektor Anweisung von der Regierung erhalten, daß wir alle für kurze Zeit in die Schule kom-*

men sollten, um uns eine Rede über die Verfassung anzuhören. Danach sollte eine kleine Feierstunde abgehalten werden. Er sagte: »Das werde ich nicht machen.« Daraufhin wurden alle Kinder angewiesen, die Zeremonie in einer anderen Schule zu besuchen. Der Rektor kündigte an: »Ich habe gehört, daß ihr zu einer anderen Schule gehen sollt, um den Feierlichkeiten für den 11. August beizuwohnen. Ich erwarte, daß ihr alle am Abend des 10. August krank werdet, und ich möchte nicht, daß mir zu Ohren kommt, irgendeiner von euch sei bei dieser Feierstunde gewesen.« Ich ging trotzdem hin, aber ich war fast der einzige. Die meisten blieben zu Hause.

Die gymnasiale Atmosphäre war schon etwas eigentümlich, sagt mir Heinz Pächter, heute Geschichtsprofessor in New York. *Auf dem Gymnasium, das ich besuchte, gab es zum Beispiel keine Arbeiterkinder. Es lag nicht am Schulgeld – vierzig Mark pro Schuljahr war nicht übermäßig viel. Die Arbeiter glaubten gemeinhin, daß es keinen Sinn habe, ihre Kinder Griechisch und Latein lernen zu lassen, weil sie schließlich doch in der Fabrik landen würden. Ich kann mich allerdings auch daran entsinnen, daß dem Sohn eines Kutschers das Leben in der Schule von unserem Lehrer zur Qual gemacht wurde. Er diskriminierte ihn jedesmal, wenn der Junge einen Fehler gemacht hatte, mit den Worten: »Nun ja, was will man von einem Kutschersohn auch anderes erwarten!« Und nach ungefähr einem Jahr verließ der Junge die Schule und ward nie mehr gesehen.*

Meine Abschlußklasse besuchten zwölf Jungen, alle etwa achtzehn Jahre alt. Zwei marschierten für die SA, und einer stand ihr sehr nahe. Zwei waren Söhne von konvertierten Juden – sehr nationalistisch –, wurden aber nicht bei den Nationalsozialisten aufgenommen. Einer war bei der Christian Science, konservativ, aber unpolitisch. Zwei von ihnen waren Deutschnationale. Und der Rest gehörte zur Jugendbewegung, die grundsätzlich keine Juden aufnahm, also waren auch sie Anhänger des nationalen Gedankens.

War die Jugendbewegung wirklich ernst zu nehmen? War sie dem Radikalismus heutiger amerikanischer Studenten ähnlich?

Erschreckend ähnlich, antwortet Dr. Pächter.

Aber heutzutage sind die meisten Studenten linksgerichtet, anders als in den Zwanzigern, wo scheinbar alle rechts waren.

Rechts, links, das bleibt sich ziemlich gleich, sagt Pächter achselzuckend. *Die jungen Nazis sprachen von Befreiung. Auch sie rebel-*

lierten gegen ihre Eltern und gegen das System. Die Linke heute strebt nach Macht, und die Anbetung der Macht ist Faschismus.

Man hat wenig von den damaligen deutschen Verhältnissen begriffen, sagt Professor Löwenthal, *solange man sich nicht klarmacht, daß bis 1945 die Mehrheit der gehobenen Berufsgruppen – Juraprofessoren, Schullehrer, Ärzte, Anwälte – rechtsgerichtet war. Demokratie hielten die meisten Intellektuellen für nicht besonders erstrebens- und schätzenswert. Viele von ihnen verachteten die Weimarer Regierung. Das galt für Linke wie für Rechte. Die Rechten äußerten ihre Ablehnung allerdings aggressiver.*

Professor Löwenthal, der in einer sonnigen Villa in Grunewald wohnt, erinnert sich daran, daß er einstmals Anhänger der Kommunisten war.

Was waren die wesentlichsten Strömungen im Berlin der zwanziger Jahre?

Zunächst einmal der Marxismus und der Pazifismus; außerdem die Psychoanalyse – wir lebten hier wirklich mit Freud. Dazu kamen das Theater, die Musik, die Kunst und vieles andere mehr radikale pädagogische Ansätze beispielsweise … Als ich 1926 an der Berliner Universität mein Studium begann, war ich bereits Mitglied der KPD. 1928 wurde ich Landesführer eines kommunistischen Studentenvereins. 1929 schloß man mich aufgrund »rechten Abweichlertums« aus.

Wie kam das?

Ich war dagegen, die Gewerkschaftsbewegung aufzuspalten und die Sozialdemokraten als »Sozialfaschisten« zu behandeln. Ich hatte mir noch ein bißchen gesunden Menschenverstand bewahrt.

Dann, nach einer Pause, wendet sich Löwenthal einem anderen Thema zu: *Die schöpferischen Intellektuellen, Brecht zum Beispiel, haben nie begriffen, was wirklich vor sich ging*, sagt er. *Eine der auffälligsten Erscheinungen der Weimarer Zeit offenbarte sich in der Kluft zwischen der kleinen Minorität von Intellektuellen und der Grundstimmung der Bevölkerung in der Provinz.*

Es gibt freilich immer Klüfte zwischen Generationen und Klassen, zwischen Intellektuellen und Arbeitern, zwischen der Landbevölkerung und Städtern. Aber die Abgrenzung der einzelnen Gruppen vollzieht sich nicht durchgängig, und oft gibt es Elitegruppen, die einen großen Einfluß auf jene haben, die auch zur Elite gehören wollen. So war es bei der Deutschen Jugendbewegung. Sie hatte ihre unauffälligen Anfänge 1896 in Steglitz genommen, damals ein gesetzter bürgerlicher Vorort an Berlins Südgrenze. Dort organisierte der einundzwanzigjährige Student Hermann Hoffmann eine kleine Gruppe, die sich in der Anwendung der Stenographie weiterbildete. In den Semesterferien erwanderten sie gemeinsam den nahegelegenen Grunewald. Hoffmann selbst kehrte von einer Reise in die Türkei nicht zurück, zehn seiner Bundesgenossen aber versammelten sich in einer Steglitzer Kneipe und entwarfen eine Verfassung für ihre Wandervereine. Sie nannten sich *Wandervögel* und grüßten einander mit dem Wort *Heil*.

Das war im Jahre 1901. Innerhalb von zwölf Jahren hatte sich die Bewegung über ganz Deutschland ausgebreitet, und die Wandervögel zogen zu Zehntausenden zur Versammlung am Hohen Meißner, einem Tafelberg südlich von Kassel. Sie saßen am Lagerfeuer, sangen Lieder, rezitierten Goethe und lobpreisten den deutschen Geist mit dem Pathos, der traditionell der Jugend eigen ist. Die Wandervögel waren im Grunde keine politische Bewegung – wenn man davon absieht, daß die wanderfreudigen Jugendlichen ohnehin ein breites Spektrum politischer Ansichten vertraten. Mit ihren Bannern und Liederbüchern wanderten sie zunächst durch die schönen Landschaften ihrer Heimat, und ein Jahr später zogen sie mit gleicher Begeisterung auf die Schlachtfelder Belgiens und Frankreichs.

Wer überlebte, und das taten nicht viele, mußte bei seiner Rückkehr feststellen, daß die neuen Führer der Jugendbewegung sie für alt und spießig hielten. Die Veteranen mußten erkennen, daß die Jugendbewegung zu einer politischen Macht geworden war, von denselben politischen Leidenschaften gespalten, die die gesamte Nation zerrissen. Einige jedoch blieben unpolitische Außenseiter – die Anhänger von Rudolf Steiners anthroposophischer Bewegung beispielsweise oder auch die Zen-Buddhisten und die Anhänger des Taoismus und des indischen Weisen Rabindranath Tagore. Außerdem gab es militante Idealisten, die Kommunen gründeten, wo sie »am Busen der Natur« leben wollten. Aber auch unpolitisch zu sein ist, wie George Orwell einmal geschrieben hat, bereits eine politische Handlung.

Der erste größere Konflikt entspann sich zwischen prokommunistischen und demokratietreuen Jugendlichen. Die Auseinandersetzungen spielten sich in der stärksten Gruppe, der überwiegend linksgerichteten Freideutschen Jugend ab, die 1913 als Zuflucht für zu alt gewordene Wandervögel gegründet worden war. Auf einer Reihe von Zusammenkünften zerstritten sich die Studenten so heftig, daß die

Gruppe für alle Zeiten zersplitterte und sich Ende 1923 gänzlich auflöste. Danach geriet die Jugendbewegung mehr und mehr unter die Kontrolle der rechtsgerichteten Bünde, die viel politischer ausgerichtet waren als die alten Wandervögel und sich der Idee verschrieben hatten, die deutsche Gesellschaft zu erneuern, statt sich aus ihr zurückzuziehen. Die Hierarchie war hier strenger, und die Zugangsbeschränkungen gegen Juden (und Mädchen) wurden strikter eingehalten. Trotz allem umgab die Bünde noch ein Hauch von Mystik und Romantik – schließlich war dies die Ära von Stefan George.

Später war oft die Meinung zu hören, alle jungen Deutschen der zwanziger Jahre seien von Stefan George beeinflußt worden. George hat allerdings nie jemanden außerhalb seines kleinen Kreises von hingebungsvollen Studenten, zu dem, wie schon erwähnt, der junge Goebbels nicht zugelassen wurde, von seinen Ideen überzeugen wollen. Zwar benutzte er ein Hakenkreuz als Symbol in seinen BLÄTTERN FÜR DIE KUNST, die des öfteren den mystischen Begriff der Bruderschaft unter der Herrschaft eines wahren Führers heraufbeschworen, doch George selbst konnte man sich unter keinen Umständen als Mitglied ein Sturmtruppe vorstellen. Er schwärmte für Griechenland und den mediterranen Geist. Er haßte die Brutalität des Krieges, und als die Nazis ihm ein hohes Amt in der kulturellen Hierarchie des neuentstandenen Dritten Reichs antrugen, setzte sich der betagte Dichter in die Schweiz ab, wo er bis an sein Lebensende blieb.

Wenn man sich die Vorbilder der deutschen Jugend in den Zwanzigern betrachtet, stößt man auf viel merkwürdigere Gestalten als George. Zum Beispiel John Hargrave, der bei den britischen Pfadfindern Beauftragter für Camping und Überleben im Gehölz war. 1920 verließ er die Pfadfinder, um seine eigene Gruppe KIBBO KIFT zu gründen, die den Bau von Wigwams, das Schlagen von Urwaldtrommeln und andere, für das Überleben in der europäischen Wildnis unabdingbare Fähigkeiten förderte. Das mag ein wenig exotisch anmuten, aber Hargraves Bewegung gewann nicht nur die Unterstützung deutscher Frontkämpfer, sondern auch der Dichter D.H. Lawrence, Anatole France und Maurice Maeterlinck. Wie weit ist es von da noch zum Berliner Pastor Wilhelm Voelkel und seinen Kniefällen vor der *deutsche[n] Dreieinigkeit: Gott, ich und die Waffe?*

In zehn Jahren der Diskussionen und Auseinandersetzungen erreichte die Deutsche Jugendbewegung weder Einigkeit noch Massenwirksamkeit. Es gab ein Dutzend mehr oder weniger bedeutende unabhängige Bünde mit ungefähr sechzigtausend Mitgliedern, weit weniger, als in den Jugendgruppen der Kirchengemeinden und Gewerkschaften gezählt wurden. Die stärksten Gruppierungen zogen aber durchaus größere Kreise: Jugendherbergen breiteten sich über das Land aus, und viele ältere Wandervögel gaben als Lehrer ihr Credo an ihre Schüler weiter. Im Verlauf der zwanziger Jahre geriet die Jugendbewegung immer deutlicher unter den Einfluß verschiedener rechtsgerichteter Kreise, wie auch das ganze Land immer nationalistischer dachte. Eine Gruppe, die Artamanen, zum Beispiel, leistete Frondienste auf den Bauernhöfen Ostdeutschlands, um zu verhindern, daß sie von polnischen Gastarbeitern entweiht würden. Bei diesen Artamanen gab es einen kleinen Funktionär namens Heinrich Himmler. Andere Gruppierungen, der Jungdeutsche Orden beispielsweise, konzentrierten sich auf militärische Ausbildung, Gefechtsspiele und Paraden. Nach Ansicht eines seiner militanten Führer waren die preußischen Traditionen zu milde: Aus jeder Gruppe müsse eine Garnison, aus jedem Jugendlichen ein Soldat werden, der den Samurai-Prinzipien gehorche.

Man ist versucht, eine Verbindung zwischen den Wandervögeln auf ihren Berggipfeln und den jubelspendenden Kolonnen der uniformierten Hitlerjugend herzustellen, aber diese Verbindung ist nicht so gradlinig. Die HJ war in den zwanziger Jahren, wie auch Hitler selbst, vergleichsweise schwach, und der Führer selbst führte das Wort *Wandervögel* gern als Schimpfwort im Munde. Als Hitler an die Macht kam, löste er die Bünde auf und ließ einige ihrer Anführer ins Gefängnis werfen. Wir sind sicher nicht im Recht, wenn wir die Gefangenen für die Missetaten ihrer Häscher verantwortlich machen, auch wenn man heute weiß, daß Hitler die idealistischen Studenten ablehnte, sie aber nicht ihn. Und obwohl viele reaktionären Lehrer in blütenweißen Hemden das liberale Erziehungssystem pervertierten, läßt die Geschichte der Jugendbewegung vermuten, daß die jungen Leute auch ohne Lehrer bestens dazu in der Lage waren, einander gründlich falsch und verhängnisvoll zu beeinflussen.

Nach über einem Jahrzehnt Drill und Disziplin war der junge Deutsche dann reif für die Universität, wo nicht weniger politische Auseinandersetzungen stattfanden. *In einer Großstadtuniversität wie Berlin hatten sich bereits ungefähr zwei Drittel der Studenten den Rechten verschrieben*, sagt Professor Löwenthal. *Lediglich zwanzig bis fünf-*

undzwanzig Prozent waren liberal oder sozialdemokratisch. Verblieben also etwa fünf Prozent Radikale. Und so richtig radikal waren wir eigentlich nicht. Wir wären nie auf den Gedanken gekommen, eine Vorlesung zu unterbrechen oder einen Professor zu beschimpfen, wie es heute wieder an der Tagesordnung ist. Das taten nur die Nazis.

Haben Sie die bekämpft?

Ja, aber wir waren immer unterlegen. Ich erinnere mich, wie ich einmal aus dem Fenster springen mußte, als wir in die Enge getrieben worden waren – aber nur aus dem ersten Stock, das war nicht allzu aufregend.

Wie kam es, daß die Nazis die jungen Studenten so stark ansprachen?

Weil die Nazis dem idealistischen Fühlen und Streben der Jugend entgegenkamen, antwortet Professor Löwenthal. *Sie versprachen nationale Einheit und nationale Wiederauferstehung. Und es gab diesen eigentümlich deutschen Hang zur Romantik und das Bedürfnis nach Gemeinschaft, in der, anders als in einer Gesellschaft, jeder für das Gemeingut arbeitet.*

Die Nationalsozialisten zeigten also eine Alternative auf zum »korrupten plutokratischen System«, wie sie es nannten. Und alle wollten daran glauben.

Die Berliner Humboldt-Universität Unter den Linden hat ihren historischen Platz gegenüber der Staatsoper. Am Eingang zum Hof wachen die beiden Standbilder der Gebrüder Alexander und Wilhelm von Humboldt, dahinter breitet sich ein Gingko-Baum aus, der zu ihren Lebzeiten gepflanzt wurde.

Wer hier lehrte, gehörte zu den Großen seiner Zeit: Fichte und Hegel, die Gebrüder Grimm, Helmholtz, Ranke und Mommsen. Mark Twain berichtet fasziniert davon, wie die Studenten aufsprangen und dem Historiker der alten Römischen Republik beim Betreten des Hörsaals ihre Ehre erweisen.

Bei meinem Besuch Anfang der siebziger Jahre hängt ein riesiges Walter-Ulbricht-Plakat über dem klassizistischen Eingang der Universität. Und überall verkünden rote Banner die Parolen der DDR-Führung. Der Niedergang ist allerdings nicht so extrem, wie er erscheinen mag, denn die Berliner Universität war zu allen Zeiten obrigkeitstreu. Der große Mommsen zum Beispiel verachtete das Kaiserreich, scheute aber davor zurück, seine Kritik anders als in einer posthumen Klage zu äußern. Während des Krieges war Albert Einstein in der Fakultät fast der einzige, der es ablehnte, ein Manifest zugunsten des Heeres zu unterzeichnen. Und als Walther Rathenau in Grunewald gemeuchelt wurde, war die Berliner Universität eine der sehr wenigen öffentlichen Einrichtungen in der Hauptstadt, die sich, unter fadenscheinigen Gründen, weigerte zu schließen.

Ein paar Monate nach Rathenaus Tod reagierten die Würdenträger der Universität beleidigt auf das Ansinnen der Regierung, anläßlich Gerhart Hauptmanns sechzigsten Geburtstags eine Feierstunde auszurichten. Die Mehrheit der Studenten beschloß, nicht an der Hauptmann-Feier teilzunehmen. Gerhart Hauptmann erschien ihnen nicht mehr als charakterfester Deutscher, seit er sich als Republikaner zu erkennen gab, so kann man in den Aufzeichnungen Graf Kesslers darüber lesen.

Der Schillerexperte Julius Petersen bat in aller Form darum, Reichspräsident Ebert nicht zur Zeremonie einzuladen, weil es *der Universität nicht angenehm sein werde, wenn das republikanische Reichsoberhaupt bei ihr erscheine.*

Für ältere Leute war das Problem der Jugend nicht ein politisches, sondern ein moralisches, und sie fanden all ihre bangen Ahnungen vom Verfall der Moral vollauf bestätigt, als sie aus den Zeitungen von dem Fall Paul Krantz hörten, dem großen Skandal des Jahres 1927.

Dieser Fall ähnelte einem expressionistischen Melodram. Die achtzehnjährigen Klassenkameraden Paul Krantz und Günther Scheller waren beide Schüler des Mariendorfer Gymnasiums. Schellers jüngere Schwester namens Hildegard war erst sechzehn, und als die Eltern nach Dänemark reisten, ließen sie ihre Kinder allein in Berlin zurück. Eines Juniabends ging Paul Krantz mit Hilde Scheller ins Bett, wo sie, Hildes späterer Aussage zufolge, *sündhafte Küsse* austauschten.

Krantz wollte am nächsten Abend mehr solcher Liebesabenteuer, aber zu seinem Verdruß mußte er feststellen, daß Hilde bereits einen Nebenbuhler, den Kochlehrling Hans Stephan, eingeladen hatte, die Nacht mit ihr zu verbringen. Während Hilde es sich mit ihm in einem verschlossenen Schlafzimmer in der Wohnung der Schellers bequem machte, betranken sich Krantz und sein Freund Günther in der Küche und diskutierten, wie sie die Sünder bestraften sollten. Irgendwann während dieser Nacht schlossen sie im Rausch einen Selbstmordpakt: Scheller sollte Stephan und sich selbst töten, während Krantz seinerseits mit der treulosen Hilde abrechnen wollte. Sie schrieben ihren Plan sogar in einem Brief an die Nachwelt nieder. Krantz, der gern in morbider Poesie dilettierte, bezeichnete sich als einen *vom Leben Getöteten.*

All das hätte als kleine Dummheit alkoholisierter junger Leute vergessen werden können, wenn Krantz nicht einen Revolver besessen hätte, den ihm der Jungdeutsche Orden anvertraut hatte und den er nun Günther Scheller gab. Betrunken und hysterisch feuerte Scheller in der Küche einen Probeschuß ab, der Krantz um ein Haar getötet hätte. Krantz wollte nun die Ausführung des Plans verhindern und versuchte, in Besitz der Waffe zu kommen, aber Scheller bezichtigte ihn der Feigheit und ließ sich die Waffe nicht entwenden.

Bei Tagesanbruch wollte sich Hilde aus der Affäre ziehen, indem sie ihren Gespielen in einer Nische neben dem Kleiderschrank versteckte. Sie schlenderte aus dem Zimmer, als wäre nichts gewesen. Ihr Bruder aber ließ sich nicht täuschen, und so fielen schon bald, nachdem der das Schlafzimmer betreten hatte, einige Schüsse. Hilde und Krantz liefen ins Zimmer und fanden zwei Leichen.

Die Polizei war schnell zur Stelle und kurz darauf die Presse. Jede Frage schien in tiefere Verwicklungen und weitere Skandale zu führen, und der Vorfall sorgte eine Zeitlang für bemerkenswerte Schlagzeilen.

Angesichts zweier Leichen, keinem Schuldigen und der aufgebrachten Presse nahm die Polizei kurz entschlossen Krantz fest. Tatsächlich hatten die Eltern der Schellers Krantz förmlich des Mordes an beiden Jungen beschuldigt, als sie aus Dänemark zurückkehrten, aber eine ballistische Untersuchung widerlegte diese Beschuldigung. Die Polizei brachte ihn deshalb als Komplizen vor Gericht, weil er eine Waffe beschafft, den Abschiedsbrief unterzeichnet und den Mord nicht verhindert hatte. Auf diese Vergehen stand in den zwanziger Jahren die Todesstrafe, und die Verhandlung, bei der es um das Leben des Achtzehnjährigen ging, war eines der Großereignisse der Berliner Saison. Reporter aus ganz Europa und Amerika strömten herbei, und sogar eine Abordnung japanischer Juristen reiste aus Asien an.

Der Richter fühlte sich unter diesen Umständen offenbar gezwungen, die Zeugen so streng zu verhören wie ein Staatsanwalt. Besonders Hilde Scheller als mutmaßliche Verursacherin der Tragödie unterzog er einer ausführlichen öffentlichen Befragung über ihre sexuellen Beziehungen zu Krantz, Stephan und anderen. Hilde weinte und log im Zeugenstand und brach schließlich ohnmächtig zusammen. Das Verhör des Richters verursachte lautstarken öffentlichen Protest, denn die Zuschauer wollten sich zwar an den Ausschweifungen der Jugendlichen weiden, duldeten aber nicht, daß sie drangsaliert und erniedrigt wurden. Krantz' Familie hatte einen der besten Verteidiger Deutschlands beauftragt, der die ziemlich schwachen Vorwürfe der Staatsanwaltschaft schnell auseinandernahm und den Freispruch des Jungen erwirkte.

Zeitgenössische Fotografien zeigen einen jungen Mann von recht unerfreulichem Äußeren, blaß und dicklippig. Nicht lange nach dem Prozeß verließ Krantz Berlin, ging nach Paris, änderte seinen Namen und schrieb Romane. Später wanderte er nach Amerika aus. Wir nehmen seine Fährte im WHO IS WHO IN AMERICA unter dem Namen Ernst Erich Noth, Erziehungswissenschaftler, auf. Nachdem er 1941 in die Vereinigten Staaten emigriert war, arbeitete er sieben Jahre lang für die National Broadcasting Company, begab sich dann ins vergleichsweise ruhige akademische Leben, zuerst an die University of Oklahoma, dann nach Marquette, wo er Dekan des Fachbereichs für Klassische und Moderne Sprachen wurde.

Solche Enthüllungen könnten als ein Eindringen in die Privatsphäre erscheinen, hätte Noth nicht seine Memoiren verfaßt und seinen Prozeß wie auch seine Befreiung darin erwähnt.

Im Laufe des Gerichtsverfahrens gegen Paul Krantz hatte die Verteidigung mehrere Sachverständige zu Rate gezogen, um dessen künstlerische Begabung, dessen intellektuelle Fähigkeiten und sexuelle Neigungen begutachten zu lassen. Der bemerkenswerteste unter diesen Experten war ein kleiner, beleibter Mann mit schlaffen Händen und eulenhaften Augen.

Der Sachverständige Dr. Magnus Hirschfeld gehörte zu den ersten Mitgliedern, die (noch inoffiziell) 1908 die Berliner Psychoanalytische Vereinigung gründeten. Er konnte Freud zur Mitarbeit an seiner ZEITSCHRIFT FÜR SEXUALWISSENSCHAFTEN bewegen, doch die Verbindung brach ab, da Hirschfelds Interesse weniger der Psychoanalyse galt als vielmehr seiner Materialsammlung über sexuelle Abweichungen. Seine Methode war jedoch eklektisch. Schließlich gab Hirschfeld eine mehrbändige illustrierte SEXUALPATHOLOGIE und eine fünfbändige GESCHLECHTSKUNDE heraus. Auf den Seiten der Ausgaben finden sich

Fotos aller erdenklichen sexuellen Außenseiter: Da sieht man trauervoll dreinblickende Hermaphroditen, Kastraten, die ihre Narben vorzeigen, schnauzbärtige Vergewaltiger, die durch Gefängnisgitter starren … Es wurde immer wieder angezweifelt, daß Hirschfeld mit seinem Werk jemals wissenschaftliche Ziele verfolgte, und es erweckt heute allenfalls historisches Interesse. Seinerzeit galten seine Bücher als Musterbeispiele pseudowissenschaftlicher Pornographie.

In der Kaiserzeit wären derlei Studien keinesfalls öffentlich gefördert worden. Mit der Entstehung der Republik zeichnete sich jedoch die Notwendigkeit einer Sexualreform ab, und jeder, der vorgab, Sexualforschung zu betreiben, konnte nicht nur mit einer Schar von Gefolgsleuten, sondern auch mit Unterstützung von Regierungsseite rechnen. Magnus Hirschfeld wußte die Gunst der Stunde zu nutzen und baute mit Hilfe einer staatlichen Subvention sein Institut für Sexualwissenschaft am Rande des Tiergartens. Von dieser Plattform aus setzte er sich in der Öffentlichkeit für die Notwendigkeit größerer Toleranz gegenüber allen sexuellen Spielarten ein. Kurzum, er war eine der stimmgewaltigsten Berühmtheiten der Stadt.

Hirschfeld lud den gerade freigesprochenen, verwirrten neunzehnjährigen Paul Krantz ein, sein Schüler zu werden. Krantz war jedoch nicht von Hirschfelds Theorien überzeugt und fühlte sich überfordert. Später ging Krantz nach Paris und sah Hirschfeld erst im Frühjahr 1933 wieder, kurz nachdem Goebbels anläßlich der Bücherverbrennungen eine Büste von Hirschfeld aus dem polizeilich versiegelten Institut hatte holen und ins Feuer werfen lassen. Dr. Hirschfeld floh in die Schweiz, wo er seine Tage mit langen Autofahrten durch die Berge um Ascona an der Seite eines chinesischen Gefährten verbrachte.

Sexualwissenschaft ist eine relativ harmlose Wissenschaft und schadet niemandem, bedauerlicherweise richtet sich das Interesse der Regierungen aber fast immer auf die Entwicklung von Kriegstechnologie, deren Förderungswürdigkeit kaum jemand in Zweifel zieht.

Als die Deutschen in den späten Zwanzigern beschlossen, mit Hilfe moderner Technologie wieder aufzurüsten, konzentrierten sie ihre Bemühungen auf die Entwicklung einer Waffe, die eigentlich schon veraltet war, bevor sie gebaut wurde, den sogenannten Taschenkreuzer.

Die deutschen Generäle hatten sich mit den Abrüstungsauflagen, die der Versailler Vertrag ihnen diktierte, freilich nie abgefunden. Sie hatten tatenlos zusehen müssen, wie die Franzosen ins Rheinland einmarschierten, und sie lebten in ständiger Furcht vor einem Angriff aus dem Osten. General von Seeckt hatte deshalb insgeheim die Schwarze Reichswehr als Abwehrtruppe im Osten organisiert und seine Offiziere nach Rußland geschickt, um sie in mobiler Kriegsführung auszubilden. Außerdem hatte er Abmachungen über die Konstruktion deutscher Waffen in neutralen Staaten wie Spanien und Schweden getroffen.

Dies rechtfertigten die Generäle damit, daß der Versailler Vertrag eine allgemeine Rüstungsbeschränkung in Europa anstrebe, aber keiner der deutschen Nachbarstaaten Anzeichen von Truppenreduzierungen zeige. Außenminister Gustav Stresemann deckte die Generäle, indem er den Alliierten wiederholt versicherte, daß Deutschland nichts als Frieden wolle, und mit der Zeit zeigten seine Beteuerungen Wirkung. Als Deutschland 1926 um Aufnahme in den Völkerbund bat, ersuchte es gleichzeitig um die Abschaffung der Alliierten Kontrollkommission. In ihrem letzten Bericht erklärte die Kontrollkommission zwar, daß Deutschland nie abgerüstet und nie auch nur eine solche Absicht gehegt habe, trotzdem hatte Stresemanns Diplomatie Erfolg, und die Alliierten stimmten der Auflösung ihrer Kontrollkommission zu.

Die geheimen Pläne der Generäle verursachten enorme Kosten, und ihre finanziellen Forderungen an die Regierung schienen grenzenlos zu sein. Von 1924 bis 1928 verdoppelte sich das Militärbudget beinahe und stieg von vierhundertneunzig Millionen Mark auf achthundertsiebenundzwanzig. Darüber hinaus wurde den Generälen auch Geld anderer Ministerien zugeschoben.

Um den Etat aufzubessern, spekulierte das Reichswehrministerium in der freien Wirtschaft und investierte in aller Stille in einige kommerzielle Unternehmungen. Im Fall von Phoebus-Film hatten sich die Finanztaktiker verplant. Als die Phoebus-Film 1927 Bankrott anmeldete, brachte das Gerichtsverfahren die eigentümlichen Investitionspraktiken des Reichswehrministeriums ans Licht. Minister Otto Geßler mußte seinen Hut nehmen.

Als Ersatz holte Hindenburg seinen alten Stellvertreter Wilhelm Groener aus dem Ruhestand. Groeners erste Amtshandlung bestand darin, daß er das Ende all der bizarren Finanzmanöver im Reichswehrministerium verkündete. Wenn Deutschland die Beschränkungen des Versailler Vertrages umgehen wollte, so sollte das in aller Offenheit geschehen und auf eine Weise, die die Alliierten nicht vorhergesehen hatten oder nicht mehr kontrollieren konnten. Daher der Taschenkreuzer. Der Versailler Vertrag erlaubte Deutschland, Kriegsschiffe bis zu einer Größe von zehntausend Tonnen Verdrängung zu bauen, und die deutschen Techniker hatten sich nun ausgedacht, diese Kreuzer mit unverhältnismäßig großen Geschützen auszurüsten und damit ein Schiff zu konstruieren, das wendig genug wäre, jedem Gegner zu entkommen, aber das auch jedes angreifende Schiff vernichten könnte.

In seinem ersten Etat forderte Groener deshalb neun Millionen Mark, mit denen der Bau des Taschenkreuzers begonnen werden sollte. Die SPD widersetzte sich den Absichten, aber Hindenburg war persönlich am Gelingen des Programms interessiert und zwang zum Nachgeben. In den folgenden vier Jahren löste eine finanzielle Krise die nächste ab, ein Kanzler den nachfolgenden. Die Arbeitslosigkeit erschütterte das gesamte wirtschaftliche Gefüge, doch jeder Reichskanzler forderte mehr Geld für den Taschenkreuzer, der sich, als er im Zweiten Weltkrieg endlich in die Schlacht geschickt wurde, als nahezu nutzlos erwies.

Dr. Walter Dornberger, der heute bei Buffalo im Bundesstaat New York lebt, ging damals als junger Militärtechniker weitaus einfallsreicher ans Werk. *Der Versailler Vertrag hatte Deutschlands Freizügigkeit in allen Rüstungsfragen eingeschränkt*, schrieb er viele Jahre später und fuhr in militärischem Duktus fort: *So war also das Heereswaffenamt begreiflicherweise auf der Suche nach neuen, die Bestimmungen des Vertrages nicht verletzenden Waffenentwicklungen, welche geeignet waren, die Kampfkraft der wenigen Verbände zu erhöhen ... Weder die Industrie noch irgendeine Hochschule befaßte sich mit der Entwicklung von Hochleistungsraketenantrieben. Es gab nur einzelne Erfinder, die gemeinsam mit mehr oder minder tüchtigen Mitarbeitern ohne finanziellen Rückhalt werkelten ... Das Heereswaffenamt sah sich zunächst gezwungen, mit den einzelnen Erfindergruppen Verbindung aufzunehmen, sie finanziell zu unterstützen und abzuwarten, ob sich daraus etwas ergäbe ... Die Arbeiten kamen nicht vorwärts. Dazu trat die Gefahr, daß, durch unbedachte Schwatzhaftigkeit, das Heereswaffenamt als Geldgeber für Raketenentwicklung bekanntwerden konnte. Wir mußten daher andere Wege beschreiten. Da es nicht gelang, die Großindustrie zu interessieren, blieb nichts anderes übrig, als auf dem Versuchsplatz des Heereswaffenamts in Kummersdorf eine eigene Versuchsstelle für Flüssigkeitsraketen zu errichten ... Wir hatten die Nase voll von der phantasievollen Projektemacherei für Weltraumfahrt.*

Jene *phantasievolle Projektemacherei* aber veranlaßte eine Gruppe junger Berliner, im Jahre 1927 den Verein für Raumschiffahrt zu gründen. Sie trafen sich in einem verlassenen Arsenal in Reinickendorf, tauften ihr riesiges Feld *Raketenflugplatz* und feuerten Miniaturraketen in Richtung Mond. Eines der eifrigsten Vereinsmitglieder war der achtzehnjährige Wernher von Braun, dessen Interesse für Raketen durch einen Zeitschriftenartikel geweckt wurde. *Damals ahnte ich, was Kolumbus gefühlt haben mag, als er aufbrach, um neue Wege auf den Meeren zu finden und neue Welten zu erkunden.*

Den Mitgliedern des Vereins für Raumschiffahrt fehlte es an Geld für ihre Experimente, aber sie konnten einige Unternehmen dafür gewinnen, ihnen zu günstigen Konditionen Material zur Verfügung zu stellen. Im Austausch für die kostenlose Unterkunft im Arsenal stellten sie Aushilfsarbeiter. Die Nachricht über die Experimente des Vereins verbreitete sich bald in der Armee, und eines Tages erhielten Braun und seine Vereinsfreunde auf dem Raketenflugplatz Reinickendorf Besuch von drei unauffällig gekleideten Zivilisten. Es waren Vertreter des Heereswaffenamts. Einer von ihnen war Walter Dornberger, der später als Generalmajor Chef in Hitlers Raketenprogramm werden sollte. *Es war offensichtlich, daß der einzig gangbare Weg zur Raumfahrt über die Mittel und Einrichtungen der Armee führen würde*, berichtete Braun. *Es ist vielleicht angebracht zu erwähnen, daß zu jener Zeit keiner von uns an die Verwüstungen dachte, die Raketen schließlich als Kriegswaffen verursachen würden ... Wir fanden uns in der Lage der Luftfahrtpioniere: Auch das Flugzeug konnte nur wegen seines militärischen Nutzens entwickelt werden.*

Dornberger entging nicht, mit welch tatkräftigem Geschick Wernher von Braun, der junge, hochgewachsene, blonde Student, zupackte und über welch erstaunliches theoretisches Wissen er verfügte. Im Herbst 1932, vor Hitlers Machtübernahme und bevor die Möglichkeit eines Krieges in Erwägung gezogen werden konnte, beauftragte Dornberger den Dreiundzwanzigjährigen, Raketen für die Reichswehr zu konstruieren.

Die erste Rakete, die in Kummersdorf, einer unscheinbaren Lichtung inmitten eines Kiefernwaldes südlich von Berlin abgeschossen wurde, stieg ein paar hundert Meter in die Luft und stürzte dann in den Wald. Ende des Jahres hatte Dornberger eine neue Beton-Abschußrampe gebaut und war bereit für den nächsten Versuch. Braun benutzte eine vier Meter lange Stange mit einer Benzindose am Ende als eine Art überdimensionales Zündholz – und alles flog in die Luft.

Einen Monat später setzten Dornberger und Braun ihre Experimente unter einem neuen Befehlshaber fort – der neue Reichskanzler hieß Adolf Hitler. Dieser Wechsel hatte jedoch nur sehr geringe Auswirkungen auf ihre Forschung. In Dornbergers Berichten wird die Machtergreifung der Nationalsozialisten nicht einmal erwähnt. Mehr als zwei Jahre vergingen, bevor es der deutschen Armee gelang, ihre erste Rakete auf eine Höhe von über zwei Kilometern abzufeuern und somit jene Waffe zu entwickeln, die heute das interkontinentale Gleichgewicht des Schreckens aufrechterhält. *Der schwierige Anfang war gemacht*, schrieb Dornberger über damals.

Für die Berliner Musikwelt, die Einstein als Violinisten schätzte, aber kaum etwas über Heisenberg oder Braun wußte, feierte im Jahre 1927 den hundertsten Todestag Ludwig van Beethovens. Artur Schnabel war der erste Pianist, der sämtliche zweiunddreißig Beethoven-Sonaten spielte. Er brachte sie an sieben aufeinanderfolgenden Sonntagen zur Aufführung, und zwar in der Volksbühne, was seiner typischen Abneigung gegen jeden Pomp entsprach. Er verzichtete auf einen Frack und trat in einem gewöhnlichen Straßenanzug auf.

Unter den zweitausend Zuhörern, die Sonntag für Sonntag seinem Spiel lauschten, saß auch Käthe Kollwitz – wie viele Deutsche mit ihr konnte sie gut und gern auf die Raketen verzichten wie auch auf die Schlachten, die mit ihnen gewonnen werden sollten. Im Jahr zuvor hatte sie eine Pilgerfahrt ins belgische Dorf Roggevelde unternommen, wo ihr achtzehnjähriger Sohn Peter kaum drei Monate nach Kriegsbeginn getötet worden war. *So fanden wir unser Grab ...*, schrieb sie ihrem zweiten Sohn nach Berlin. *Sein Letztes liegt da in einem Reihengrab ... Wo hier und da Anverwandte Blumen gepflanzt haben, sind es meist wilde Rosen, und das ist so schön, die überdecken und überwölben das Grab und gehen noch auf die Nebengräber über, die kein Mensch pflegt, denn rechts und links, mindestens die Hälfte, tra-*

gen die Aufschrift: »Allemand inconnu« … An dieser Stelle allein sollen die Deutschen 200 000 Menschen im Laufe der vier Jahre verloren haben. Heute nacht, schrieb Käthe Kollwitz, *träumte ich, es wäre wieder Krieg, ein neuer drohte auszubrechen. Und im Traum bildete ich mir ein, wenn ich nur meine andere Arbeit ganz ließe und nur mit anderen zusammen alle Kraft aufs Reden dagegen legte, könnten wir es verhindern.*

Das sollte ein unerfüllbarer Wunsch bleiben. Bis zum Krieg dauerte es noch zehn Jahre, und als seine Zeit herankam, konnte das kein Künstler verhindern. Kunst kann bestenfalls die Überlebenden davon überzeugen, daß militärische Auseinandersetzungen, Siege und Niederlagen nicht als Maßstab für das Zusammenleben der Menschheit gelten kann.

Hier in der Volksbühne, an einem Sonntagnachmittag des Jahres 1927, lange bevor Hitler an die Macht kam, wurde Käthe Kollwitz von Schnabels Darbietung der Beethoven-Sonaten *durch und durch gerüttelt,* vor allem von dem zuletzt gespielten Stück, Opus 111. *Die seltsamen Flimmertöne ergaben Flammen – eine Entrückung in Sphären,* schrieb sie in ihr Tagebuch, *fast wie in der Neunten öffnete sich der Himmel. Dann ein Zurückfinden. Aber ein Zurückfinden, nachdem man des Himmels sicher ist. Klar – getrost – gut sind die Töne. Danke, Schnabel!*

Einladendes Schild bei einem Ausflugslokal in Berlin-Grünau

Im Prinzengarten am Müggelsee

Sozialistische Arbeiterjugend (SAJ) aus Moabit auf einer Havelfahrt

Mit Rucksack, Decke und Eßgeschirr – Berliner Wandervögel unterwegs

Internationales Autorennen des ADAC auf der Berliner Avus: Manfred von Brauchitsch auf Mercedes vor Carraciola auf Alfa Romeo

Blick von der Zuschauertribüne auf die Avus

Arbeitslose vor dem Arbeitsamt in der Sonnenallee in Berlin-Neukölln

Ein Arbeitsloser auf Stellungssuche in der Nähe der Kaiser-Wilhelm-Gedächtniskirche in Berlin

Blutiges Ende eines Berliner Mieterstreits in der Wrangelstraße 55 – neugierige Passanten vor dem Ort des Geschehens

KAPITEL 12

»Laßt das Theater nur mal anfangen«

1928

Kurzum, das Theater muß etwas völlig Überflüssiges bleiben, obwohl das auch bedeutet, daß wir für das Überflüssige leben. Nichts braucht mehr Rechtfertigung als das Vergnügen.

BERTOLT BRECHT

In Georg Kaisers Von morgens bis Mitternacht, einem der erfolgreichsten Dramen des Expressionismus, verliebt sich ein namenloser Antiheld, der nur *Der Bankkassierer* genannt wird, in eine bezaubernde Bankkundin. Er unterschlägt sechzigtausend Mark, um ihr zu imponieren und sie für sich zu gewinnen. Als die Dame ihn zurückweist, durchstreift der Kassierer die Stadt und verpraßt das gestohlene Geld in selbstmörderischem Taumel. Auf seinen Streifzügen landet er bald beim Sechstagerennen, einem der größten Spektakel in Berlin. Den Rummel empfindet er zunächst als kindisch, dann aber ist er fasziniert:

»Sehen Sie doch! Oben entblößt sich der Zauber. In dreifach übereinandergelegten Ringen – vollgepfropft mit Zuschauern – tobt die Wirkung. Im ersten Rang – anscheinend das bessere Publikum tut sich noch Zwang an ... Höher schon Leiber in Bewegung. Schon Ausrufe. Mittlerer Rang! – Ganz oben fallen die letzten Hüllen. Fanatisiertes Geschrei. Brüllende Nacktheit. Die Galerie der Leidenschaft!

Ja, nur Berlin hatte so großartige, unglaubliche Ereignisse wie das Sechstagerennen, erzählt Michael Josselson, der dem jungen Vladimir Nabokov damals in Berlin auf dem Tennisplatz begegnet war und heute in Genf lebt. *Wir haben stundenlang angestanden, um Eintritts-*

karten für die oberen Ränge zu bekommen. Wir haben die Nächte durchgemacht und tagsüber geschlafen. Die Stimmung war einfach wunderbar, wie auf einem Volksfest. Zum Stammpublikum gehörte ein Invalide, genannt Krücke, der die Rennfahrer mit einer Stimme, die durch den ganzen Sportpalast hallte, anfeuerte, und wir unterstützten ihn alle lautstark.

Sie haben noch nie ein Radrennen gesehen? fragt Josselson erstaunt. *Das lief so ab. Es gab Teams von je zwei Männern. Zwölf Teams pro Rennen. Einer von beiden mußte immer fahren. Die Rennfahrer zogen ihre Runden mit ungefähr dreißig Stundenkilometern. Am aufregendsten wurde es, wenn ein Fahrer versuchte, eine Runde Vorsprung zu gewinnen, und alle zu sprinten anfingen. Das konnte eine halbe Stunde oder länger dauern.*

Jeweils nach sechs Stunden wurde um Punkte gesprintet. Wer den Sprint gewann, erhielt fünf Punkte. Die meisten Rennen wurden nach Punkten gewonnen, weil es so schwer war, eine Runde Vorsprung rauszufahren. Außerdem war das ziemlich gefährlich. Ich weiß das aus eigener Erfahrung, denn ich habe die Bahn als Amateurfahrer ausprobiert. Man kann sehr leicht stürzen. Die Kurven sind steil, und bei hohem Tempo von fünfzig oder sechzig Stundenkilometern sind Stürze und Zusammenstöße keine Seltenheit.

Gegen Morgen wurde eine sechsstündige Phase der Neutralisation angesetzt, in der nichts passierte. Die Fahrer zogen ruhig ihre Runden, gewöhnlich von sechs Uhr morgens bis mittags. In dieser Zeit wurde das Stadion gereinigt, und alle gingen schlafen. Ich kam immer ganz heiser nach Hause, weil ich während des ganzen Abends mit lautstarker Stimme die Amerikaner McNamara und Hogan anfeuerte.

Ungefähr zur gleichen Zeit veranstaltete die LITERARISCHE WELT einen Dichterwettstreit, der auf einen jungen, äußerst interessanten Schriftsteller aufmerksam machte. Der Wettbewerb endete mit ziemlicher Verwirrung, denn der Dichter und Preisrichter lehnte alle fünfhundert eingereichten Arbeiten als Rilke- und George-Imitationen ab. Er machte den Vorschlag, den Preis einem Gedicht über den Helden eines Radrennens zu verleihen, einem Gedicht, das überhaupt nicht eingereicht worden war.

Natürlich war das provokant, und konventionelle Kritiker verurteilten diese bizarre Entscheidung des jungen Dichters, aber das berührte den nur wenig. Er liebte die Provokation und den Aufruhr.

Ich, Bertolt Brecht, bin aus den schwarzen Wäldern, hatte er geschrieben.

Meine Mutter trug mich in die Städte hinein
Als ich in ihrem Leibe lag. Und die Kälte der Wälder
Wird in mir bis zu meinem Absterben sein. ...
In der Asphaltstadt bin ich daheim. Von allem Anfang
Versehen mit jedem Sterbsakrament: ...

Und prophetisch fügte er hinzu:

Von diesen Städten wird bleiben: der durch sie hindurchging, der Wind!
Fröhlich machet das Haus den Esser: er leert es.
Wir wissen, daß wir Vorläufige sind
Und nach uns wird kommen: nichts Nennenswertes.

Der junge Brecht, damals schmächtig und etwas unbeholfen, mit klugen und wachen Augen, wurde am 10. Februar 1898 in einer kleinbürgerlichen Familie geboren und auf den Namen Eugen Berthold Friedrich Brecht getauft. Schon von früher Jugend an betrachtete sich Brecht als eine Person des öffentlichen Lebens. Er wußte, daß Eugen kein Name für einen Dichter war, genauso wenig wie Berthold. Die Variante Bertolt gefiel ihm da schon besser. Stärke – zur Schau gestellte pseudoproletarische Männlichkeit – bildete den Kern von Brechts sorgsam konzipiertem Erscheinungsbild. Er trug fast immer eine Lastwagenfahrermütze und eine schwarze Lederjacke, unter der er ein weiches weißes Hemd versteckte. Sein Haar war im Nacken und um die Ohren kurzrasiert, und gewöhnlich trug er einen Zweitagebart. Und er hatte immer seine billigen Zigarren dabei, die er paffte, herumwedelte, ankaute und in vergessenen Aschenbechern zurückließ.

Sein Erscheinungsbild, das den jungen, eher zaghaften und verwundbaren Dichter nur unzureichend beschreibt, mag nicht besonders schmeichelnd gewesen sein, aber es tat seine Wirkung auf die Berliner Theaterwelt und auf die vielen Frauen, denen Brecht dort begegnete. Aus seinen Jugendtagen in Augsburg stammte bereits ein unehelicher Sohn; in den folgenden Jahren hatte er zwei Ehefrauen und unzählige Geliebte. Es war sein lebhaftes Talent, das viele Leute anzog und faszinierte. *[W]enn er zur Laute griff, verstummte das Geschwirr der Gespräche, die Schleifschritte der sich in schlecht beleuchteten Ecken herumschiebenden Tangotänzer hörten auf, alles hockte um ihn her, wie in einen magischen Bann geschlagen*, erinnerte sich Carl Zuckmayer. *Er beherrschte das Instrument und liebte komplizierte, schwer greifbare Akkorde ... Sein Gesang war rauh und schneidend, manchmal bänkelsängerisch krud ... Man kann über seine Stimme, wenn er sang, das gleiche sagen, was Herbert Ihering über die Sprache seiner Frühwerke geschrieben hat. »Sie ist brutal sinnlich und melancholisch zart. Gemeinheit ist in ihr und abgründige Trauer. Grimmiger Witz und klagende Lyrik.«*

Eines von Brechts Lieblingsliedern war der Choral vom großen Baal:

Als im weißen Mutterschoße aufwuchs Baal
War der Himmel schon so groß und still und fahl
Jung und nackt und ungeheuer wundersam
Wie ihn Baal dann liebte, als Baal kam.

Man kann sich vorstellen, welches Interesse der einundzwanzigjährige Poet bei Feuchtwanger und anderen Münchener Literaten auslöste. Feuchtwanger erinnerte sich, wie er *schmächtig, schlechtrasiert, verwahrlost in der Kleidung* das Manuskript eines Stückes, mit dem Titel SPARTAKUS anschleppte, von dem er behauptete, er habe es nur um des Geldes willen geschrieben. Feuchtwanger schalt ihn wegen eines so niedrigen Bestrebens, worauf Brecht sagte, *er habe noch ein anderes Stück, das sei wirklich gut und das werde er mir bringen ... es hieß »Baal«.*

Das Stück, das Brecht des Geldes wegen geschrieben hatte, wurde unter dem Titel TROMMELN IN DER NACHT als erstes aufgeführt. Es zählte zum populären Genre der Heimkehrertragödien. Brechts Held, Kragler, kommt aus dem Krieg zurück und findet seine Verlobte von einem anderen Mann geschwängert. Die Eltern seiner Braut wüten gegen die Spartakusrevolution draußen auf den Straßen. Die Aufständischen fordern Kragler auf, sich ihnen anzuschließen, Kragler aber lehnt ab. *Der Dudelsack pfeift*, antwortet Kragler den Spartakisten, *die armen Leute sterben im Zeitungsviertel, die Häuser fallen auf sie, der Morgen graut, sie liegen wie ersäufte Katzen auf dem Asphalt, ich bin ein Schwein und das Schwein geht heim.* Vor die Alternative zwischen Revolte und Sinnlichkeit gestellt, wählt Kragler das letztere. *Jetzt kommt das Bett*, ermuntert er die treulose Anna, *das große, weiße, breite Bett, komm!*

Das Stück wurde 1922 in München uraufgeführt, und der unvergessene Kritiker Herbert Ihering, von Berlin zur Premiere angereist, schrieb nach der Aufführung: *Der vierundzwanzigjährige Dichter Bert Brecht hat über Nacht das dichterische Antlitz Deutschlands verändert. Mit Bert Brecht ist ein neuer Ton, eine neue Melodie, eine neue Vision in der Zeit ... [Brecht läßt] den nackten Menschen reden ... aber mit einer Sprachgewalt, die seit Jahrzehnten unerhört ist. Beim ersten Wort seiner Dramen weiß man: Tragödie hat begonnen.*

Durch diesen Triumph gestärkt, konnte Brecht im folgenden Jahr zwei Stücke zur Aufführung bringen – BAAL, die außergewöhnliche und autobiographisch gefärbte Chronik eines Dichters auf der Suche nach den Freuden des Lebens, und IM DICKICHT DER STÄDTE, eine phantastische Tragödie vom Kampf zweier Männer, einander zu beherrschen.

Um Brechts frühe Stücke sollte man nicht allzu viel Aufhebens machen. Sie sind keineswegs überwältigend, eher nachlässig und unausgeformt, nur mäßig durchdacht und ohne Sorgfalt ausgeführt (BAAL schrieb Brecht in vier Tagen). Auch wenn sie in den frühen zwanziger Jahren wegen der ungewohnten Sprachkraft des jungen Dichters bewundert wurden, so liest man sie heute vor allem als Vorläufer der DREIGROSCHENOPER, von AUFSTIEG UND FALL DER STADT MAHAGONNY oder MUTTER COURAGE.

Überzeugender dagegen wirkt auf mich IM DICKICHT DER STÄDTE, ein Stück, das im Chicago der Gangster, in einer Welt des Betrugs und der brutalen Gewalt spielt. Für Brecht ein imaginärer Ort, auf den er seine bestürzenden Visionen vom Überlebenskampf in den Metropolen projizierte, wo alle Extreme von Reichtum und Armut, von Brutalität und Gewalt, aber auch von Hoffnung, Freiheit und Selbstverwirklichung zusammenfließen. Das am Horizont der deutschen Phantasie aufsteigende New York oder Chicago war eine Stadt, die Berlin in vielem ähnelte, und natürlich ging es auch Brecht um Berlin.

Berlin übte auf den jungen Brecht eine große Anziehungskraft aus – es war die Hauptstadt und eine Weltstadt. Brecht ging schließlich 1924 nach Berlin, um am Deutschen Theater in der Schumannstraße unter Max Reinhardt Dramaturg zu werden. Seine Wohnung lag in der Spichernstraße, nur wenige Straßenecken vom Kurfürstendamm entfernt. Das Dächermeer der Stadt vor Augen, setzte Brecht zur Eroberung der Hauptstadt an.

Viele Emigranten in den USA erinnern sich noch an die großen Ereignisse im damaligen Theaterleben Berlins.

In New York treffe ich Fred Grubel, Direktor einer Forschungsstelle, die sich der Erhaltung von Zeugnissen des deutschen Judentums widmet. Vor mir breiten sich zwei großformatige Sammelalben mit Zeitungsausschnitten aus, die eine Mitarbeiterin uns zur Ansicht überreicht hat. *Sie ist eine typische Berlinerin*, erklärt mir Grubel, *und obwohl sie nicht viel Geld hatte, ging sie jede Woche ins Theater, manchmal sogar zwei- oder dreimal. Sehen Sie: Elisabeth Bergner in »Romeo und Julia«, Fritz Kortner als Shylock. Und Josephine Baker. Alle Eintrittskarten, Programmhefte und Kritiken sind in diesen Alben aufbewahrt, von 1913 bis 1933. Damit endet es.*

Das Theater im Berlin von damals war keine Nebensache. Über eine neue Shakespeare-Inszenierung von Reinhardt debattierte man an den Frühstückstischen der Stadt, und auf die bissigen Kritiken von Alfred Kerr warteten die Menschen voller Spannung.

Einer der spektakulärsten Regisseure jener Zeit war Leopold Jessner, der 1919 als Generalintendant der Staatlichen Schauspiele nach Berlin kam. Er eröffnete die Spielzeit mit einer Inszenierung von Schillers WILHELM TELL. Im Zentrum des Bühnenbilds stand eine riesige Treppe mit vielen verschiedenen Plattformen, auf denen die Schauspieler ihre Monologe hielten und agierten. Fritz Kortner in der Rolle des Tyrannen Geßler war mit der Uniform und den Abzeichen eines preußischen Junkers ausstaffiert, seine Wangen waren mit grellem Rouge geschminkt. Für seine expressionistischen Interpretationen der Klassiker wurde Jessner berühmt. Berlins theaterfreudiges Publikum diskutierte die großen Ereignisse leidenschaftlich, und mitunter kam es zu heftigen Reaktionen im Zuschauerraum. Kontroverse Ansichten zu den Aufführungen führten zu lautstarken Unmutsäußerungen und sogar zu Faustkämpfen unter den Besuchern, doch offenbar hatten alle ihren Spaß dabei.

Als unumstrittener Meister allen Zaubers auf den Bühnenbrettern war Max Reinhardt – gebürtiger Wiener und ausgebildeter Schauspieler – eher klein, mit gelocktem Haar und hellen blauen Augen. Er war 1894, mit einundzwanzig Jahren, zunächst als Schauspieler in Otto Brahms Ensemble ans Deutsche Theater nach Berlin gekommen. Elf Jahre später löste er Brahm als Intendanten ab und folgte ihm in seiner theaterrevolutionierenden Rolle. Das Theater war für Reinhardt keine moralische oder literarische Einrichtung, sondern ein Schauplatz magischen Bühnenspektakels und unbändigen Vergnügens. Die

Drehbühne war seine Spezialität, ebenso seine raffinierten Beleuchtungseffekte, auf die er sich verstand wie kein anderer. Reinhardt verzichtete auf herkömmliche Kulissenwände und setzte sich mit riesigem Einfallsreichtum über jegliche Konventionen hinweg.

Schon vor dem Krieg erlangte der Regisseur mit seinen grandiosen Inszenierungen von KÖNIG ÖDIPUS, WIE ES EUCH GEFÄLLT und TURANDOT Berühmtheit, aber in den Zwanzigern wurde er zu einer internationalen Größe. Gleich neben dem Deutschen Theater nutzte er die Kammerspiele zur Aufführung von experimentellen Werken, und nicht weit davon entfernt unterhielt er eine Schauspielschule. Seine Leidenschaft für Außergewöhnliches brachte ihn auf die Idee, einen ehemaligen Berliner Zirkus zu kaufen und daraus das Große Schauspielhaus – mit dreitausend Sitzplätzen! – zu machen. Er eröffnete es mit einer wahrhaft gigantischen Inszenierung der ORESTIE von Aischylos. Er erarbeitete eine neue Inszenierung des JEDERMANN-Stückes von Hoffmansthal, die er bei den Salzburger Festspielen vor dem Dom aufführte. Daneben ging er mit seinen verschiedenen Inszenierungen auf Tournee nach England, Frankreich und in die Vereinigten Staaten.

Für alle geschäftlichen und finanziellen Angelegenheiten war Reinhardts Bruder Edmund verantwortlich, ein kluger und außerordentlich fähiger Mann, der anscheinend nur für die Erfüllung von Reinhardts Plänen lebte. Reinhardt verfügte über einen großen Stab von Regieassistenten und mehr oder minder fähigen Experten und war natürlich auch ständig von einem Schwarm von Verehrern umgeben. In ihren Erinnerungen schrieb Salka Viertel, die in der ORESTIE eine troische Sklavin spielte, daß sie den großen Regisseur immer nur von fern sah. *[Zwei Assistenten] gaben Reinhardts Anweisungen an die Schauspieler, den Chor und die zahllosen Statisten weiter. Er selber war in der Finsternis des riesigen Theaters unsichtbar. Nur seine Stimme drang von Zeit zu Zeit in die Arena.*

Reinhardt widmete der eigenen Theaterschule nicht allzu viel Aufmerksamkeit, berichtet Walter Slezak, während er sich auf der Terrasse seiner Villa in Lugano sonnt. *Das überließ er einem seiner Assistenten. Aber man konnte einen Reinhardt-Schüler jederzeit an seinem sprachlichen Ausdruck erkennen: Wie einer die Hand aufs Herz legte und »Oh, Schmerz!« sprach. Während der Proben veranlaßte Reinhardt seine Schüler eher dazu, sich etwas zurückzunehmen. Reinhardt kümmerte sich nie besonders um die Details seiner Inszenierungen. Er nahm selten länger als bis zur sechsten Probe an den Vorbereitungen für ein neues Stück teil. Manchmal saß er vier Tage da, ohne ein Wort zu sprechen, was alle sehr nervös machte. Dann konnte es passieren, daß er plötzlich eingriff und den Schauspielern Hinweise gab, und sofort hatte er die Inszenierung wieder voll in der Hand.*

Reinhardt, der schon Mitte Vierzig war, als die Monarchie gestürzt wurde, bereitete die revolutionären Veränderungen auf dem Theater nach dem Krieg durch die Gründung einer Truppe vor, die sich Junges Deutschland nannte. Die Mitglieder dieses Ensembles waren jedoch wesentlich radikaler und naiv-idealistischer als Reinhardt selbst. Einer der konsequentesten unter diesen Theatervisionären war der fünfundzwanzigjährige bayerische Schauspieler Erwin Piscator. Während des Krieges hatte er für seine Kameraden ein paar Stücke aufgeführt, danach eine radikale Theatertruppe in Königsberg geleitet, die ehrenvoll bankrott ging. Schließlich war er nach Berlin gekommen, um ein proletarisches Theater zu gründen.

Piscator betrachtete das Drama als ein revolutionäres und politisches Medium. Er bevorzugte radikale Autoren wie Maxim Gorki und Upton Sinclair, und seine Schauspieler rekrutierten sich zunächst aus den Reihen Arbeitsloser. Er verachtete die Theater am Kurfürstendamm und zog mit seiner kleinen Truppe durch die Kneipen der Berliner Arbeiterviertel. Die Bühneneinrichtungen waren natürlich primitiv, aber darin sah Piscator eine interessante Herausforderung.

Als eines der ersten Stücke wurde im Januar 1920 im Kliens-Festsaal in Neukölln DER KRÜPPEL aufgeführt. Ein junger Bühnenbildner namens John Heartfield war damit beauftragt, die Kulissen zu entwerfen, kam aber nicht pünktlich zum Vorstellungsbeginn. Piscator entschloß sich, mit nichts als einem schwarzen Vorhang, einer leeren Bühne und ein paar Requisiten, die mehr oder weniger Zufallsfunde waren, zu beginnen. Als Heartfield mit seinen Dekorationsrollen in die laufende Vorstellung platzte, wandte sich Piscator an das Publikum, das über den Spielverlauf entscheiden sollte.

Diese Aufführung betrachtete Piscator gewissermaßen als die Geburtsstunde des epischen Theaters, dem er ein Konzept zugrunde legte, das dem Brechts ähnlich war.

Nach den Worten von Piscators Witwe Maria besteht das epische Theater aus folgenden Grundelementen: Es verlangte politische, das hieß: radikale Texte, hob die aristotelische Einheit des Ortes, der Zeit und der Handlung auf, führte technische Neuerungen ein. Das wichtigste aber war die Forderung, das Publikum nicht das Fühlen, sondern das Denken zu lehren. Es blieb die Frage, ob es ein Interesse an dieser Art Theater gab. Die Arbeiter in den Eckkneipen wollten anscheinend kein episches Theater. Da es ihnen an Brot fehlte, wollten sie Spiele – Ablenkung, Jux und leichte Unterhaltung.

In den folgenden Jahren mußte Piscator nach einem Kompromiß suchen, der sein politisches Theaterkonzept mit den wirtschaftlichen Zwängen in Einklang bringen konnte. 1923 mietete er das Central-Theater für drei Millionen Mark im Jahr. Es war das Jahr der Inflation, und so legte er eine Million bar auf den Tisch und beschaffte die restlichen, indem er die Heizungsrohre des Theaters herausreißen ließ und an einen Schrotthändler verkaufte. Doch das Unternehmen blieb erfolglos, und zum Jahresende verlor Piscator das Theater wieder.

Schon bald ergab sich eine Zusammenarbeit mit der Volksbühne, jener 1889 gegründeten Besucherorganisation, die zum Triumph der Naturalisten wie Ibsen und Hauptmann beigetragen hatte, indem sie Tausende Abonnenten für nur fünfzig Pfennig pro Karte für das Theater gewonnen hatte. Jetzt, dreißig Jahre später, zählte die Organisation dreißigtausend Mitglieder und spielte in einem eigenen Haus, das inzwischen zu den besten Berlins gehörte. Das Repertoire ging jedoch nicht über die Klassiker der Moderne hinaus. Man gab immer noch Tolstoi und Strindberg. Piscator hatte den Anspruch, die nicht mehr zeitgemäße Institution zu radikalisieren. Seine erste Inszenierung an dieser Bühne war ein Stück mit dem Titel FAHNEN, das von den anarchistischen Unruhen in Chicago handelte. Als nächstes inszenierte er Ehm Welks Stück GEWITTER ÜBER GOTTLAND, ein historisches Schauspiel, aus dem Piscator eine bolschewistenfreundliche Darstellung der Russischen Revolution machte. Das war den vorsichtig-konservativen Direktoren der Volksbühne nicht genehm, und wieder einmal trennte sich Piscator von seinen Förderern.

1927 erwarb Piscator das Theater am Nollendorfplatz, ein Haus mit zu geringer Platzkapazität und einem technisch verwahrlosten Bühnenapparat. Aber er konnte jetzt endlich – auf seiner eigenen Piscator-Bühne – unabhängig über die Wahl der Stücke entscheiden. Sie sollten schockieren und politisch radikal sein. Die erste Spielzeit eröffnete er mit der Inszenierung HOPPLA, WIR LEBEN, einer Revue, die in der bewährten Tradition von WOZZECK oder DOKTOR CALIGARI ein Figurenschema aufnimmt, das es möglich macht, aus der Perspektive eines Irren die vermeintlich normale Welt als verrückt zu entlarven. Autor der Revue war Ernst Toller. Wie der Held seines Stückes, der nach acht Jahren Irrenhaus mit der Welt von 1927 konfrontiert wird, hatte der junge Dichter gerade selbst fünf Jahre Festungshaft hinter sich wegen seiner maßgeblichen Beteiligung an der bayerischen Revolutionsregierung.

Toller läßt seinen Protagonisten fragen: ... *gibt es heute zwischen Irrenhaus und Welt keine Grenze?*

Am Ende des Stückes geht der Held mit den Worten *Es gibt nur eines – sich aufhängen oder die Welt verändern* in den Tod, und Piscator berichtete von der Premiere, daß sich der Vorhang senkte und die proletarische Jugend spontan Die Internationale anstimmte.

Tollers Revue bot Piscator ein ideales Medium zur Umsetzung seines Konzepts vom epischen Theater. Zu Beginn der Aufführung zeigten Filmprojektoren Wochenschaubilder von marschierenden Revolutionären (Piscators Markenzeichen), und Schauspieler paradierten mit Schildern und Transparenten (auch dies ein Markenzeichen). Ein riesiges Metallgerüst formte die verschiedenen Bühnenebenen, und es gab sogar eine Leinwand, auf der der Herzschlag eines Fliegers bei der Atlantiküberquerung gezeigt wurde. Anstelle in sich geschlossener Akte wurde eine Abfolge von Szenen geboten.

Dies war der erste in einer Reihe von vielen skandalträchtigen Erfolgen am Nollendorfplatz. Piscators Inszenierung von Alexej Tolstois RASPUTIN provozierte den im Exil lebenden Kaiser Wilhelm zu einer Anzeige, und George Grosz' Kulissen für Piscators Version der ABENTEUER DES BRAVEN SOLDATEN SCHWEJK führte zu einer offiziellen Anklage wegen krimineller Blasphemie.

Freilich lag etwas grotesk Widersinniges in diesem verspäteten Triumph des linken Theaters. Als Bürgin für Piscators jährliches Aufführungsbudget in Höhe von einer halben Million Mark trat eine berühmte Schauspielerin in Erscheinung, die einen reichen Kunstsammler geheiratet hatte und zu gegebener Zeit eine Rolle ihrer Wahl in einer von Piscators Inszenierungen erhalten sollte. Piscators Witwe schreibt über den Erfolg am Nollendorfplatz ohne einen Hauch von Ironie, daß die juwelenbehängten Neureichen unerhörte Summen für ihre Premierenplätze bezahlt hätten.

Piscators Träume reichten noch weiter. Er verhandelte um ein großes Grundstück unweit des Halleschen Tors und beauftragte Walter Gropius mit dem Entwurf eines Totaltheaters. Die Pläne dafür sind noch erhalten. Der ovale Zuschauerraum ruht auf zwölf Säulen. Hinter einer der Ovalspitzen ist die dreiteilige Tiefenbühne angeordnet. Davor liegt ein kreisförmiges Proszenium, das sich bis ins Parkett erstreckt und zusammen mit vielen Parkettplätzen Teil eines größeren Kreises bildet, der während der Vorstellung gedreht werden kann. Das Proszenium kann so in den Mittelpunkt des Theaters geschwenkt werden. Mehrere Filmleinwände sollten die Spielflächen ergänzen. Mit Gropius' Worten sollte all dies dazu dienen, *daß der zuschauer mitten in das scenische geschehen hineingerissen wird, seinem schauplatz räumlich zugehört und ihm nicht hinter den vorhang entrinnen kann.*

Der Begriff des Totaltheaters wurde ebenso bekannt wie der des epischen Theaters. Der inzwischen fünfunddreißigjährige Piscator war zu einer Berühmtheit geworden. Vielleicht erinnerte er sich über den weitreichenden Plänen an die Anfänge seiner Berliner Zeit zehn Jahre zuvor – an jene Laienaufführungen des Proletarischen Theaters in den dunstigen Bierkneipen der Arbeiterviertel. Auch der Kapitalismus hat jedoch seine Regeln, und so gelang es Piscator niemals, genug Geld für die Errichtung der spektakulär neuen Theaterspielstätte aufzubringen.

Brechts Vorstellung vom idealen Theater unterschied sich von der Piscators. Er wollte den Zuschauerraum beleuchtet, wollte, daß die Leute herumlaufen und daß jedermann Zigarren rauchen dürfe. Der sogenannte Verfremdungseffekt sollte dem Publikum bewußtmachen, daß es sich in einem Theater befand und einem Schauspiel beiwohnte. So wollte er die Zuschauer davor bewahren, Anteil zu nehmen an einer simulierten Wirklichkeit. In einer Vorwegnahme Marshall McLuhans wünschte Brecht sich das Theater »kühl«. Die Schauspieler sollten die Dramenfiguren nicht darstellen, sondern lediglich ohne Anteilnahme vorführen. Für Brechts Auffassungen gab es durchaus Beispiele in der Theatergeschichte. Waren Shakespeares Tragödien im Globe Theatre nicht im Lichte des Nachmittags aufgeführt worden, während Orangenverkäuferinnen in den Gängen ihre Früchte feilboten? Brecht wollte das Theater wieder zu einem Volksfest machen, wie im Zirkus, beim Sechstagerennen oder bei Boxkämpfen.

Boxen hat inzwischen etwas an Popularität verloren. Wir kennen die Schwergewichtskämpfer, vielleicht noch ein oder zwei Mittelgewichtler, und wir haben vergessen, daß das Boxen früher einmal gesetzlich verboten war und deshalb den Reiz des Verbotenen besaß.

George Bernard Shaw widmete einen frühen Roman einem Preisboxer, und Ernest Hemingway schrieb eindrucksvoll über zwei Huren, die sich streiten, wer von ihnen mit dem großen Stanley Ketchel geschlafen hat. Brecht setzte in MAHAGONNY das Boxen ganz oben auf die Liste der lasterhaften Sinnenfreuden.

Boxen scheint in Berlin vor dem Ersten Weltkrieg praktisch unbekannt gewesen zu sein – man pflegte in Deutschland statt dessen gemäßigtere Formen der Selbstkasteiung wie Laufen, Schwimmen und Gymnastik. Kaum aber gab es reguläre Kämpfe, wurde diese Kombination aus Gewandtheit und Gewalt ungeheuer populär. Die Boxkämpfe im Zirkus Busch und später im neuen Sportpalast waren nicht nur Volksbelustigung, sondern gesellschaftliche Ereignisse. Der Kronprinz wohnte den Kämpfen regelmäßig bei, umgeben von viel Theatervolk. Und wann immer es beim Berliner König des Kunsthandels Alfred Flechtheim eine Vernissage gab, hatte er gern ein oder zwei Boxer dabei. Hans Breitensträter, der einmal aussichtsreicher junger Mittelgewichtler war, erinnert sich noch, wie Flechtheim ihm bei seiner ersten Picasso-Ausstellung sagte: *Hänschen, kauf dir eins von diesen Bildern und bewahr's gut auf, dann wirst du eines Tages ein reicher Mann sein.*

In der Ära von Jack Dempsey und Gene Tunney war Berlin mit seinen Lokalmatadoren wie Breitensträter natürlich weitab von der großen Bühne des Boxkampfs. In den Berliner Arenen blühten kleinstädtische Betrügereien und Schiebungen.

Dann war da noch Dixie Kid, ein farbiger Amerikaner, von 1904 bis 1906 Weltmeister im Weltergewicht, der nun bei den Boxenthusiasten der deutschen Hauptstadt eine Zuflucht suchte. Dixie Kid hatte seine beste Zeit schon lange hinter sich, aber die Berliner waren fasziniert von ihm. Wenn er lächelte, entblößte er eine Reihe von Goldzähnen, manche von ihnen mit Diamanten. Dixie Kid war den lokalen Schwergewichtlern noch immer überlegen, obgleich er über fünfzig Pfund weniger wog als seine jungen Gegner. Er bot den Zuschauern so manche Show, was nicht darüber hinwegtäuschte, daß er kokainabhängig war.

Nicht alles, was sich auf sportlichem Gebiet in Berlin abspielte, kam einer Provinzposse gleich. *Carraciola war der große Rennfahrer von Mercedes*, erzählt Walter Slezak und genießt den honigsüßen Klang des Namens. *Er machte die Firma Mercedes berühmt, und ich habe ihn noch auf der Avus in einem Rennen gesehen. Jetzt wird ihm zu Ehren in Indianapolis ein Museum gebaut, und seine Witwe, die gleich hier in der Nähe lebt, nimmt an der Eröffnung teil. Und ich weiß noch, wie Max Schmeling im Luna Park den Mittelgewichtstitel holte. Keiner von uns ahnte damals, daß er nach Amerika gehen und Weltmeister im Schwergewicht werden könnte.*

Berlin hatte seine Fassade aufgeputzt und frisch gestrichen ... Es gab eine neue »Kurfürstendamm-Gesellschaft«, deren Partys protziger und exklusiver waren als die der guten alten Haifische von 1920 und sich dafür in einem noch krasser aufgetragenen, versnobten Zynismus gefielen ... »Der Moissi? Mit dem hab' ich geschlafen. Alte Schule«, hörte ich die Tochter des Hauses bei einer Tanzgesellschaft, Februar 1924, sagen, zu der ich eingeladen war. Dort war als Spruchband, in großen Lettern um die Wände herum ein Satz angemalt: »Liebe ist die sinnlose Überschätzung des minimalen Unterschieds zwischen einem Geschlechtsobjekt und dem andern.« Die Mädchen, die zum Servieren der Getränke engagiert waren, gingen nackt, mit seidengestickten Feigenblatt-Höschen immerhin. Sie waren nicht, wie die »Bunnies« in modern-amerikanischen Animierlokalen, nur zum Anschauen und Aufreizen da, sondern auch zum Anfassen, das war mit bezahlt.

Diesen Eindruck schilderte Carl Zuckmayer mit leicht zynischem Unterton, nachdem er gerade in die Hauptstadt zurückgekehrt war. *Brecht sagte, wir müssen nach Berlin*, so Zuckmayer. *Nur dort wird die Theaterschlacht geschlagen.* Die beiden jungen Stückeschreiber wurden Dramaturgen an Max Reinhardts Deutschem Theater. Brecht ließ sich jedoch, wie Zuckmayer schrieb, *auf eine auch nur fiktive Tätigkeit gar nicht erst ein. Er erschien von Zeit zu Zeit im Theater und verlangte volle Machtübernahme, vor allem die Umbenennung des »Deutschen Theaters« in »Episches-Rauch-Theater« und die Umstellung des gesamten Betriebs auf seine Produktion ... Wenn man ihm alles verweigerte und ihm auch keine Shakespeare-Inszenierung anvertraute, ging er wieder weg und beschränkte sich darauf, pünktlich seine Gage abzuholen.*

Zuckmayer dagegen verschrieb sich ganz der Arbeit in Reinhardts Theater und versuchte, soviel wie möglich für sich zu profitieren. Er beobachtete Reinhardt bei den Proben zu Bernard Shaws HEILIGER JOHANNA mit Elisabeth Bergner in der Hauptrolle, noch bevor es in

London aufgeführt wurde, und verfolgte die Vorbereitungen zur Uraufführung von Pirandellos SECHS PERSONEN SUCHEN EINEN AUTOR. Während Brechts frühe Stücke an verschiedenen Theatern herauskamen und wieder verschwanden, arbeitete Zuckmayer auf ein anderes Ziel hin: Er wollte den großen Erfolg. Ein reicher Vetter bot ihm an, einen Sommer in einer Wannsee-Villa zu verbringen, und dort begann Zuckmayer mit der Niederschrift seiner Komödie DER FRÖHLICHE WEINBERG. *Ich lachte bei jedem Satz*, erinnerte er sich später. Dabei war seine eigene Situation alles andere als lustig. Dem reichen Vetter gegenüber gab er sich als wohlhabend aus, von seinem Butler aber mußte er sich Kleingeld für die Straßenbahn ausborgen.

Zuckmayer vollendete sein Stück im Herbst 1925 und war enttäuscht und wütend, als es von allen größeren Berliner Theatern abgelehnt wurde. Schließlich kam es in die Hände des Veranstalters Julius Elias, der ihm versprach: *Ihr Stück wird Millionen bringen! Millionen!* Elias gewann einen Produzenten, und einige Wochen später, noch vor der Premiere, wurde Zuckmayer der Kleist-Preis verliehen. Dieser Preis war mit fünfzehnhundert Mark dotiert, und sobald Zuckmayer von seinem Triumph erfuhr, führte er seine neue Frau Alice und deren Tochter auf einen großen Einkaufsbummel aus. *Wir gingen von Geschäft zu Geschäft. Wir brauchten Schuhe, Strümpfe, Mäntel. Auch Michaela bekam ein Kleidchen und Spielsachen ... Daß wir [das Geld] an einem Tag durchgebracht hatten, schien uns selbstverständlich: Diese 1500 Mark waren ein Göttergeschenk, nicht dazu bestimmt, sparsam und kleinlich verwaltet zu werden, sie waren den Göttern zu opfern.* Am Ende dieses Tages hatte Zuckmayer gerade noch genügend Geld, um ein üppiges Abendessen im Theaterrestaurant Hacker zu zelebrieren und die Schulden zu begleichen, die er dort in schlechten Zeiten machen mußte. Er bestellte nur vom Feinsten. Als das Festmahl vorüber war, bat er um die Rechnung und eine Auflistung seiner alten Schulden. Der Kellner sprach daraufhin mit dem Restaurantbesitzer Hacker, der an Zuckmayers Tisch erklärte: *Ein Herr, der den Kleist-Preis bekommt, hat keine Schulden.* Anschließend zerriß er alle Rechnungen, die Zuckmayer je unterschrieben hatte.

DER FRÖHLICHE WEINBERG hatte im Dezember 1925 Premiere, begleitet von überwältigenden Publikumsreaktionen und schwärmerischen Kritiken. Schon bald spielte man das Stück an vielen Theatern in ganz Deutschland, was Zuckmayer von allen finanziellen Sorgen befreite. Zuckmayers ironische Spötteleien über die Deutschnationalen hatte zahlreiche Ausschreitungen zur Folge. In Deutschland nahte die Zeit, in der das Ausmaß der Ausschreitungen zum Maßstab für Theatererfolg wurde.

Bevor Brecht die Arbeit an seinem Stück AUFSTIEG UND FALL DER STADT MAHAGONNY 1930 zu Ende brachte, beschäftigte ihn der Stoff viele Jahre lang. Ursprünglich war das Werk eine Aneinanderreihung von fünf Liedern, die Brecht in seiner wunderbaren Gedichtsammlung DIE HAUSPOSTILLE (1927) veröffentlichte, darunter der Chor der Huren mit dem wundervollen ALABAMA-SONG.

Brecht hatte diese Lieder oft in Berlin zur Gitarre gesungen, aber er war natürlich professionell genug, einen Musiker mit der Komposition zu beauftragen. Er traf auf Kurt Weill, einen zurückhaltenden und bebrillten Schüler des großen Busoni. Weill war Schöpfer atonaler Kammermusik, diverser erfolgloser Kurzopern und eines ziemlich unpopulären Konzerts für Violine und Bläser.

Es ist ungewiß, warum gerade Brecht und Weill einander entdeckt haben. Produktive Arbeitsbeziehungen von dieser Intensität sind zumeist das Ergebnis gegenseitiger Beeinflussung. Man sagt, Brecht habe die Partnerschaft dominiert, nicht nur weil er ein außerordentlich begabter Dichter, sondern dazu ein außergewöhnlich musikalischer Poet war. *Brecht war bei weitem der Stärkere der beiden*, äußert sich der Komponist Nicholas Nabokov, Komponist (auch er ein Busoni-Schüler) und Vetter des Schriftstellers. *Brecht mußte Weill dazu* ***zwingen****, anders als bisher zu arbeiten*, erzählt mir Nabokov auf einer Party in Long Island, *eine Musik zu komponieren, die anders daherkam ...* Dazu summt er und nimmt dabei den leicht synkopierten Rhythmus auf, der für die Jazzmusik der Zwanziger so typisch war.

John Gutman, Regieassistent an der New Yorker Metropolitan Opera, kann sich an diese Veränderung lebhaft erinnern: *Weill begann als ein akademischer Revolutionär. Seine Frühwerke, das Violinkonzert und eine Oper mit dem Titel »Der Zar läßt sich photographieren«, waren allesamt atonal. Niemand würde sie sich je anhören, es sei denn, er will eine Doktorarbeit über Weill schreiben.*

Gutman war damals junger Musikkritiker für den BÖRSEN-COURIER, und nebenbei schrieb er ein paar Kritiken für ein Musikmagazin, das bei Brechts Verleger Gustav Kiepenheuer herauskam. Kiepenheuer erzählte ihm, *daß Brecht einige schöne Lieder für ein neues Stück geschrieben habe. Brecht spielte sie auf der Gitarre vor, aber er konnte sie nicht aufschreiben, also sandte Kiepenheuer mich, um zu sehen, ob ich das Problem nicht lösen könnte. Ich ging zu Brechts Wohnung in der Spichernstraße, die nur eine »Bude« war, wie man heutzutage sagen würde. Keine Teppiche, keine Vorhänge. Ich kann mich erinnern, daß ein kaputtes Sofa in der Ecke stand, und Brecht sagte: »Sehen Sie, das ist noch nicht mal gut genug, um darauf Liebe zu machen.« Dann setzte er sich hin – er trug eine Lederjacke und kaute auf einer Zigarre herum – und spielte auf seiner Gitarre und sang diese Lieder, die später in der Fassung von Weill herauskamen ... Nein, nicht aus der »Dreigroschenoper«. Es waren die ersten Lieder von »Mahagonny«. Das war vielleicht 1925 oder 1926, und natürlich brachte er Weill schließlich dazu, die Musik zu bearbeiten, Theatermusik daraus zu machen, keine akademische. Ich kann mir gut vorstellen, wie er sagte: »Wenn Sie mit mir arbeiten wollen, vergessen Sie dieses Scheißzeug!« – so redete er, er war äußerst vulgär in seiner Ausdrucksweise –, »Vergessen Sie dieses Scheißzeug, das Sie geschrieben haben, und schreiben Sie ein paar gute Lieder!«*

Auch Weills Witwe Lotte Lenya hat ihre Erinnerungen an die Zusammenarbeit: Eine Zweizimmerwohnung am Luisenplatz, und Weill werkelt an einem großen schwarzen Flügel ... *Es war im Frühjahr 1927, als Kurt gerade die Musik zu fünf Brecht-Gedichten aus der »Hauspostille« geschrieben hatte. Inzwischen hatte Brecht die Songs mit einer Erzählung zu einer ganz neuen Art Song-Skizze verbunden, und das Werk sollte im Sommer auf dem Musikfest Baden-Baden gespielt werden. Kurt hatte den »Alabama-Song« für meine vollkommen unausgebildete Stimme geschrieben – ich war ja eigentlich Tänzerin und fing erst danach mit der Schauspielerei an. Er bestand darauf, daß ich es in Baden-Baden singen sollte. Das sollte also mein Vorsprechen bei Brecht werden, mein erstes Treffen mit ihm ... [Brecht] hörte mit der tiefen Höflichkeit und Geduld zu, die ihm, wie ich mit der Zeit bemerkte, bei Frauen und Schauspielern nie ausging. »Nicht ganz so ägyptisch«, meinte er, drehte meine Handfläche nach oben und streckte meinen Arm aus, so daß ich mich direkt an den Mond von Alabama wandte. »Und jetzt fangen wir mal richtig an zu arbeiten ...«*

Das Musikfest in Baden-Baden war eine jener stark subventionierten Veranstaltungen, auf denen moderne Musik gewöhnlich feierlich uraufgeführt und gleich danach zu Grabe getragen wird. Nach einigen Kompositionen von Darius Milhaud, Ernst Toch und Paul Hindemith *erstarrte*, wie Lotte Lenya schrieb, *das internationale intellektuelle Publikum vor Verwirrung, während die Bühnenarbeiter anfingen, einen Boxring auf die Bühne zu stellen ... Und »Mahagonny« begann – mit einer echten, erkennbaren Melodie! Als wir den letzten Song brachten und Plakate schwenkten – auf meinem stand »Für Weill« –, fing der Krawall an: Das Publikum hob es von den Sitzen, es jubelte, brüllte und pfiff. Brecht hatte uns in weiser Voraussicht Trillerpfeifen mitgegeben ... also standen wir trotzig da und pfiffen zurück ... Gleich nach unserer Rückkehr begannen Kurt und Brecht in Berlin mit der Arbeit an der abendfüllenden Fassung von »Mahagonny«, mit nur ein paar Monaten Unterbrechung 1928, um eine Auftragsarbeit für den Produzenten Ernst-Josef Aufricht zu beenden – daraus wurde die »Dreigroschenoper«.*

Ach ja, Aufricht, sagt Salka Viertel, *das war der hübsche Sohn eines reichen Vaters, der ein Kohlen- oder Holzgeschäft besaß. Aufricht versuchte sich als Kleindarsteller in Dresden, hatte aber keinen blassen Schimmer von der Schauspielerei. Wir machten uns ein bißchen über ihn lustig. Ich gab ihm irgendwann auch ein paar Stunden Sprechunterricht. Als mein Mann »Die Truppe« in Berlin gründete, unterstützte ihn Aufrichts Vater finanziell. Es war nicht wahnsinnig viel Geld, aber ein hübsches Sümmchen für damalige Verhältnisse. Aufricht hatte keinen bedeutenden Einfluß auf uns, aber er war ein netter, witziger Kerl.*

Fünf Jahre später, 1928, war Aufricht noch immer entschlossen, Theaterproduzent zu werden, und mietete das Theater am Schiffbauerdamm, ein altes Haus mit einem Türmchen, Tritonen und Delphinen aus Alabaster und erlesenen Nymphen und Musen. Aufricht schwor, hier ein Stück aufzuführen, wenn er ein passendes fände. Er telefonierte mit Verlegern und Agenten und traf Brecht im Berliner Café Schlichter, der ihm erzählte, daß MAHAGONNY noch im Entstehen sei, aber sechs Szenen nach einem alten englischen Singspiel vorlägen. Brechts Sekretärin Elisabeth Hauptmann, die um einiges besser als er die englische Sprache beherrschte, versorgte Brecht mit Informationen über die wichtigsten Literatur- und Theaterereignisse in England und Amerika. In London hatte es Anfang der zwanziger Jahre eine äußerst erfolgreiche Neuaufführung von John Gays THE

Beggars Opera, einer Zeitsatire aus dem achtzehnten Jahrhundert, gegeben. Die Hauptmann drängte Brecht, den Text zu lesen. Sie übersetzte ihm einige Szenen, und Brecht fand darin viele seiner Intentionen wieder. Er machte sich daran, eine modernisierte Fassung zu schreiben.

Einen Tag nachdem Aufricht Brecht getroffen hatte, schickte der Produzent eine Botin durch den Regen zu Brechts Wohnung, um das Manuskript zu holen. Sie kam mit ein paar triefnassen Seiten zurück. Aufricht las sie und entschloß sich umgehend, die Entwürfe zu kaufen, das Stück in Auftrag zu geben und es noch im August aufzuführen. Brecht und Weill meinten das Werk nur vollenden zu können, wenn sie Berlin den Rücken kehren würden. Sie mieteten für sich, ihre Frauen und Brechts jungen Sohn Stefan ein Haus an der französischen Riviera. *Die beiden schrieben und überarbeiteten wie die Wilden, Tag und Nacht, nur dann und wann ein kleines Bad zwischendurch*, beschrieb Lotte Lenya diesen Aufenthalt. *Ich erinnere mich, wie Brecht ins Wasser watete, die Hosen hochgekrempelt, die Mütze auf dem Kopf und einen Stumpen im Mund.*

Nein, daran kann ich mich nicht mehr erinnern, schüttelt Stefan Brecht den Kopf, als ich ihn an seinem Wohnort in Greenwich Village besuche und ihn nach dieser Zeit befrage. Er ist ein schlanker Mann mit leiser Stimme. Seine Augen sind tief eingesunken, sein Haar ist dicht und kräftig. Er ist Mitte Vierzig. Zur Zeit beschäftigt ihn die Arbeit an einem Buch über Karl Marx. Nebenbei spielt er in einem kleinen Theater des Off-Off-Broadway die Rolle eines Hermaphroditen. Wie sein Vater pafft er ständig Zigarren. Aber er weist jede Vermutung, er würde bestimmte Traditionen pflegen, mit einem Achselzucken zurück. *Ich bin auch kein Brecht-Experte*, betont er.

Unsere Unterhaltung streift die Frage nach den Widersprüchen in Brechts politischen Anschauungen. Dem Widerspruch zum Beispiel, daß ein Marxist versucht, sein Geld in Hollywood zu verdienen. Brecht hatte geschrieben:

Jeden Morgen, mein Brot zu verdienen
Gehe ich auf den Markt, wo Lügen gekauft werden.
Hoffnungsvoll
Reihe ich mich ein zwischen die Verkäufer.

Wir reden über die Tatsache, daß der Marxist sich vor dem Ausschuß zur Untersuchung antiamerikanischer Umtriebe 1947 sehr kooperativ verhielt und seine Aussagen machte. Ich erinnere in diesem Zusammenhang daran, daß ein Ring Lardner jr. ins Gefängnis kam, weil er sich weigerte, mit dem Ausschuß zusammenzuarbeiten, und der erklärte, Brecht habe sich nach der Anhörung sehr apologetisch verhalten und geäußert, er habe aussagen müssen, weil er nach Deutschland zurückwollte.

Wir reden auch über den Widerspruch im Brechtschen Text NEINSAGER, dem kleinen Mann, der friedlich in einem kleinen Haus lebt, bis eines Tages ein mächtiger Beamter an die Tür kommt und fragt: *Wirst du mir dienen?* Der kleine Mann antwortet nicht und buckelt und füttert ihn, bis der fett und träge stirbt. Dann erst sagt der kleine Mann *Nein.*

Ja, ich glaube, das verstehe ich, nickt Stefan Brecht. *Es geht um Heuchelei, die Heuchelei, die darin liegt, ein »Nein« zu denken und ein »Ja« zu tun. Und wie viele Menschen machen das so. Sie tragen ein blütenweißes Hemd und eine Krawatte dazu.*

Aber vielleicht hat die Geschichte ganz einfach nur hintergründigen Humor, ist eine Art Spiel. Möglicherweise sollten wir nicht übermäßig versuchen zu deuten. Dichtung übernimmt ja die Funktion, Komplexität auszudrücken. Das sind Hegelsche Situationen, Gegensätze, die miteinander in Beziehung stehen.

Lassen Sie uns auf Ihren Vater zurückkommen. Als er nach dem Krieg nach Deutschland zurückkehrte, frage ich, *wieso entschied er sich für den Osten und nicht für den Westen?*

Gab es denn eine Wahl?

Doch, ja.

Das glaube ich aber gar nicht.

Weshalb nicht?

Man hat nie eine Wahl. Wenn die Menschen denken, sie hätten eine Wahl, so irren sie sich.

Aber es gibt immer Alternativen, und man kann sich immer für die eine oder andere entscheiden.

Das ist doch nur Metaphysik, entgegnet mir Stefan Brecht heftig. *Ich rede über Erfahrung. Wenn Sie das nicht verstehen, kann ich nichts daran ändern.*

Unten in der Küche bereitet Mrs. Brecht das Abendessen zu, während die zwei kleinen Kinder durchs Haus streifen und dann einen Nachtisch nach einem Geheimrezept zusammenmischen, wie sie sagen. Man hört ein Geräusch, und Mrs. Brecht verschwindet, um kurz darauf mit einer riesigen Gans im Arm wiederzukommen, keiner Spielzeuggans – einer echten, deren langer weißer Hals in stoischer Bestürzung hin und her schwankt. Frau Brecht schleppt die Gans zur Küchentür und setzt sie draußen ab. *Die Kinder haben sie aus der Schule mitgebracht, als sie noch ganz klein war*, erzählt Stefan Brecht. *Sie wollte einfach nicht aufhören zu wachsen.*

Bevor die Premiere der DREIGROSCHENOPER 1928 über die Bühne gehen konnte, kamen so ziemlich alle Probleme zusammen, die Theatermenschen gewöhnlich an den Rand des Wahnsinns treiben. *Alle Berliner Theaterleute meinten, die Aufführung würde ein Riesenflop werden*, schrieb Lotte Lenya in ihren Erinnerungen. *Als Weill mich für die Rolle der Hure Jenny vorschlug, wollten sie mich nicht haben. Ich war ja ein Niemand. Die Produzenten sagten: »Wir geben ihr drei Tage, aus Höflichkeit dem Komponisten gegenüber, dann schmeißen wir sie raus.«*

Das Problem mit der Lenya war nur eines von vielen. Die ursprüngliche Polly Peachum, eine Freundin Brechts, warf das Handtuch. Brechts Frau, Helene Weigel, die die Puffmutter spielen sollte, bekam plötzlich Blinddarmentzündung. Auch Peter Lorre, der ursprünglich den Mr. Peachum geben sollte, wurde krank und mußte ersetzt werden. Und Harald Paulsen in der Rolle des Macheath bestand darauf, eine blaue Fliege zu tragen, die alle haßten. Überdies drängte er Brecht, seine Rolle auszubauen. Anstatt mit Mr. Peachum und seinem düsteren MORGENCHORAL solle das Stück mit einem Lied über ihn, den Straßenräuber mit der blauen Fliege, beginnen. Brecht stimmte in letzter Minute zu und schrieb – buchstäblich über Nacht – die MORITAT VON MACKIE MESSER. Und Weill komponierte ebenso schnell die unvergeßliche Melodie, die den finalen Triumph der DREIGROSCHENOPER besiegelte.

Die Generalprobe am Abend vor der Premiere dauerte bis sechs Uhr früh, und man war sich einig darüber, daß das Stück viel zu lang sei. *Alle waren vollkommen von Sinnen*, berichtete Lotte Lenya. *Die Bordellszene wurde mittendrin abgebrochen und noch einmal geprobt – und sie überzeugte immer noch nicht. Es war schon nach fünf, als ich schließlich mit meinem »Salomon-Song« anfing, der durch den Schrei »Halt! Halt!« unterbrochen wurde. Der war also draußen … Wir hörten, daß Aufricht herumfragte, ob irgend jemand wüßte, wo er auf die Schnelle ein anderes Stück auftreiben könnte.*

Aufrichts Erinnerungen weichen davon ab. Seiner Darstellung nach wurden die Schauspieler und Bühnenarbeiter schließlich nach Hause geschickt, und er blieb mit Brecht, Weill und dem Regisseur Erich Engel zurück, um das Stück umzuarbeiten, die Szenenfolge zu verändern.

Wie auch immer diese Nacht verlaufen sein mag – mittags trafen die Schauspieler zögerlich für eine letzte Probe im Theater ein. Die Änderungen wurden bekanntgegeben, und das Chaos nahm seinen üblichen Lauf. Diesmal, so erinnerte sich Lotte Lenya, sorgte auch Weill für einige Aufregung: *Es war schon spät am Nachmittag, als wir plötzlich eine neue Stimme in wildem Zorn schreien hörten. Es war Kurt, der gerade entdeckt hatte, daß mein Name versehentlich nicht im Programm erschien. Zum ersten und letzten Mal während seiner Karriere verlor Kurt völlig die Beherrschung ... »Du machst mir da nicht weiter mit«, sagte [er]. »Lieber«, entgegnete ich, »ich habe so lange auf diesen Durchbruch gewartet. Morgen werden alle wissen, wer ich bin.« Und das taten sie wirklich.*

Der Moritatensänger zu Beginn des Stücks sorgte am Premierenabend mit dem MACKIE-MESSER-SONG für einen guten Auftakt, aber im Theater saßen eine Menge lauernder Skeptiker. Lotte Lenya: *Bis zur Stallszene schienen die Zuschauer kühl und apathisch, als wären sie schon mit der Überzeugung in die Vorstellung gekommen, daß der Abend ein sicherer Flop werden würde. Dann, nach dem »Kanonen-Song«, brach ein unglaubliches Getöse aus, und von da an war es auf wunderbare und berauschende Weise klar, daß das Publikum auf unserer Seite stand.*

Die Premiere war, wie man weiß, ein legendärer Triumph, und noch heute behaupten drei von zehn Berlinern, die zu dieser Zeit lebten, daß sie im jubelnden Publikum gesessen hätten. Aber der Erfolg hatte auch seine ironischen Seiten. Eine, für die »proletarischen« Verfasser wohl eher angenehme, lag in dem Umstand, daß der Erfolg Brecht und Weill zu Wohlstand verhalf. Ein anderer, wichtiger Aspekt bleibt ungeklärt: War sich das ehrbare Publikum aus Halbwelt und gesellschaftlicher Oberschicht, das in Scharen ins Theater am Schiffbauerdamm strömte, der satirischen Absicht bewußt, der Verhöhnung der Sentimentalität in den Liebesduetten, der Analogie von Eigentum und

Diebstahl, Kapitalismus und Straßenräuberei? … Einer der Premierenbesucher erzählt, wie er, den rauschenden Applaus noch in den Ohren, zu seiner Frau sagte, das lasse ihn an die Premiere von Beaumarchais' FIGAROS HOCHZEIT drei Jahre vor Ausbruch der französischen Revolution denken. *Das Lied der Seeräuber-Jenny habe ich natürlich nie vergessen*, versichert er, *aber wenn jemand behaupten würde, daß das »Kulturbolschewismus« sei, könnte ich dem wirklich nicht widersprechen.*

Die größte Ironie liegt jedoch darin, daß gerade in jenem Jahr 1928, während Brecht und andere Radikale gegen die Sünden der Weimarer Republik protestierten, die Deutschen ein solches Maß an Freiheit und wirtschaftlichem Aufschwung genossen, wie sie es während des vergangenen Jahrzehnts nicht gekannt hatten. Im selben Jahr hob Reichskanzler Wilhelm Marx das Verbot der NSDAP auf. Die Ergebnisse der Reichstagswahl führten zu einem leichten Linksruck, und die Sozialdemokraten traten unter Reichskanzler Hermann Müller zum letztenmal in die Regierung ein. Die Nationalsozialisten gewannen statt bisher vierzehn lediglich zwölf von über fünfhundert Reichstagssitzen.

Eines jener zwölf Mandate war an Joseph Goebbels gefallen, der verkündete, er sähe darin den Beginn einer neuen Art von Drama. Er betrachte sich nicht als nur irgendein Repräsentant, der damit einen Freifahrscheins für die Eisenbahn und parlamentarische Immunität genieße. Er sei ein Kämpfer, sagte Goebbels mit Worten, die seltsamerweise sehr an Brecht erinnern, *der zuweilen selbst in einer demokratischen Republik die Wahrheit sagen kann. Er unterscheidet sich vom gewöhnlichen Sterblichen dadurch, daß er laut denken darf. Er hat die Erlaubnis, einen Misthaufen einen Misthaufen zu nennen und braucht sich nicht auf die Umschreibung Staat herauszureden … Das ist nur die Ouvertüre … Ihr werdet noch manchen Spaß mit uns haben. Laßt das Theater nur mal anfangen!*

Das war zunächst überwiegend Aufschneiderei. Die Nazis waren noch immer ein jämmerliches kleines Häufchen, und niemand auf dieser Welt sah in ihnen eine sonderliche Gefahr. Im gleichen Jahr beendete der ehemalige britische Botschafter in Berlin, Lord D'Abernon, seine Memoiren, die von einem diplomatischen Korrespondenten mit erläuternden Anmerkungen versehen wurden. Der Erwähnung eines *Herrn Hitler* war eine Fußnote angefügt: *Hitler, Adolf … Fand 1922*

Beachtung, kurz vor dem Staatsstreich Mussolinis in Italien, durch die Gründung der sogenannten Nationalsozialistischen Deutschen Arbeiterpartei, in geschickter Ausnutzung antisemitischer und antibolschewistischer Strömungen … Im Sommer 1923 gemeinsam mit General Ludendorff Anführer des Aufstandes in Bayern, aber bald darauf verhaftet … Wurde nach sechs Monaten auf Ehrenwort wieder freigelassen, danach in Vergessenheit geraten.

KAPITEL 13

»So schön wird es nie wieder sein«

1929

Man sprach von Berlin ... wie von einer
sehr begehrenswerten Frau ...
Wir nannten sie arrogant, versnobt,
parvenuhaft, kulturlos, ordinär.
Insgeheim aber sah sie jeder als das Ziel
seiner Wünsche: Der eine füllig, mit hohem Busen
in Spitzenwäsche, der andere schlank mit
Pagenbeinen in schwarzer Seide, Unmäßige sahen
beides, und der Ruf ihrer Grausamkeit
reizte erst recht zum Angriff ...
Wer Berlin hatte, dem gehörte die Welt.

CARL ZUCKMAYER

Josef von Sternberg erinnerte sich, daß er an einem schönen Augusttag im Jahr 1929 am Bahnhof Zoo ankam, um bei seinem ersten Film in Berlin Regie zu führen. Unter den Filmemachern, die gekommen waren, um ihn abzuholen, war sein Star Emil Jannings. Nach ihrem letzten gemeinsamen Film in Hollywood waren der temperamentvolle Regisseur und sein nicht weniger temperamentvoller Schauspieler so wütend aufeinander gewesen, daß beide geschworen hatten, nie wieder zusammenzuarbeiten. Vor allem Sternberg hatte Jannings gegenüber geäußert, daß er *unter keinen Umständen und wenn er der letzte übriggebliebene Schauspieler auf der ganzen Erde sei ... jemals wieder das zweifelhafte Vergnügen haben [wolle], mit ihm Regie zu führen.*

Aber seitdem waren zwei Jahre vergangen, und Jannings, in größten Ängsten vor seinem ersten Tonfilm, hatte Sternberg in einem Telegramm gebeten, die Regie zu übernehmen. Der fünfunddreißig Jahre alte Regisseur hatte geschmeichelt zugesagt, ohne zu wissen, welcher Stoff in Vorbereitung war. Erst nach seiner Ankunft erfuhr er, daß es sich um die Geschichte Rasputins handelte. Das verwarf er umgehend und verkündete, daß er in die Staaten zurückkehre. Jannings und die anderen protestierten heftig und versprachen, für ihn eine neue Story zu finden. Was sein eigenes Verhalten beim Drehen anging, so schwor der Schauspieler, daß diesmal alles anders sein werde.

Jannings war einer der bemerkenswertesten und berühmtesten Schauspieler seiner Zeit. Als die Paramount-Studios ihn 1926 nach Hollywood holten, zahlten sie ihm nicht nur die außergewöhnlich hohe Gage von vierhunderttausend Dollar, sondern stellten ihm neben einer riesigen Villa weitere Annehmlichkeiten zur Verfügung. Er umgab sich mit ausgebürgerten Europäern, die ihn bewunderten, und veranstaltete allnächtlich Feste, auf denen er seine Gäste mit Schweinebraten, Schokoladentörtchen und Champagner bewirtete. Für seine Rolle in THE WAY OF ALL FLESH bekam er den ersten Oscar, der je einem Schauspieler verliehen wurde. Bald wurde er jedoch eines der ersten Opfer des neuen Tonfilms, nicht weil seine Stimme ungeeignet gewesen wäre, sondern weil er nicht Englisch lernen konnte oder wollte. Statt dessen kehrte er in seine Heimat zurück und genoß wiederum die Nähe seiner Bewunderer. Seine Selbstherrlichkeit sollte ihm zum Verhängnis werden. Er wurde NSDAP-Mitglied, nicht aus ideologischer Überzeugung, sondern als Opfer seiner Eitelkeit. Als »arischer« Künstler stieg er zur offiziellen Galionsfigur des Dritten Reiches auf. Nach dem Krieg wollte niemand seinen einfältigen Rechtfertigungen glauben, und nur wenige trauerten um den Schauspieler, als er starb.

Damals kümmerte er sich jedoch leidenschaftlich darum, den berühmten Regisseur, den er aus Hollywood hierhergelockt hatte, für ein gemeinsames Filmprojekt in Berlin zu begeistern. *Es war noch keine Woche vergangen, als Jannings mich eines schönen Morgens außerordentlich entzückt in meinem Hotel anrief und mit allen Anzeichen der Begeisterung mir ein Buch brachte, das 1905 erschienen war und in den letzten zehn Jahren in Filmkreisen herumgeflogen war. Es hieß »Professor Unrat«,* erinnerte sich Sternberg. Das Buch erzählt die Geschichte eines älteren, sittenstrengen Provinzschulmeisters. Der Lehrer, eine schwerfällige Parodie auf die bürgerliche Wohlanständigkeit, verfällt den Reizen einer Tingeltangelsängerin.

Sternberg gefiel der Stoff, er wollte aber einen anderen Schluß. Er unterbreitete Heinrich Mann seine Pläne, und dieser erklärte sich einverstanden. Daraufhin diktierte Sternberg ein Drehbuch, so behauptete er es jedenfalls später. Natürlich stellte das Ufa-Studio mehrere Drehbuchautoren zur Verfügung, darunter auch Carl Zuckmayer, der nun seinerseits verbreitete, er habe das Drehbuch geschrieben.

Der bekannte Friedrich Hollaender wurde für die Filmmusik angeheuert. Die besten Ausstatter der Ufa machten sich daran, die Kulissen und Kostüme zu entwerfen. Fehlte nur noch eine Schauspielerin für die Rolle der Kabarettsängerin, die Sternberg, in Anlehnung an Frank Wedekinds Schauspiel LULU, Lola nennen wollte.

Sternberg hörte sich überall um. Einige Ufa-Mitarbeiter erzählten ihm, daß Heinrich Manns Roman autobiographisch sei und daß es die echte Lola noch immer gebe; *jedenfalls wurde mir eine gesetzte und würdige ältere deutsche Dame, in der man das Original vermutete, als Darstellerin empfohlen ... Als ich das Drehbuch weiterdiktierte, wurden mir alle möglichen Geliebten in mein Büro geschickt. Die entfalteten einen Charme, der – in einer Person vereint – jedermann überwältigt hätte ... Als der erste Drehtag immer näher rückte, wurde die Situation kritisch. Ein Gerücht flackerte auf, ich suche nach einer Frau, die auf dieser Erde nicht existiere. Beim Durchblättern eines Katalogs mit den Photographien aller deutschen Schauspielerinnen war mein Blick auch auf das flache und uninteressante Bild eines Fräulein Dietrich gefallen. Wie gewöhnlich fragte ich meinen Assistenten, was er von ihr hielt. Er zuckte mit den Schultern und meinte: »Der Popo ist nicht schlecht, aber brauchen wir nicht ein Gesicht?« Sie wurde zu den anderen gelegt und prompt vergessen, bis ich zufällig eine Vorstellung von Georg Kaisers »Zwei Krawatten« sah, worin einige schon ausgewählte Mitglieder meines Ensembles spielten. In dieser Vorstellung sah ich Fräulein Dietrich zum ersten Mal leibhaftig, wenn man das so nennen kann, denn die hatte sich aufgemacht, als müsse sie ihren Körper gänzlich verstecken ... Aber hier war das Gesicht, das ich gesucht hatte.*

Über die Jahre wurde Marlene Dietrich es leid, immer nur als Filmstar aus dem BLAUEN ENGEL angesehen zu werden, und nie als Theaterschauspielerin. Dennoch ist sie eine legendäre Figur geblieben – ein Mythos der Filmgeschichte. Als sie noch keine Legende und kein Star war, versuchte sie die zwanziger Jahre hindurch ihr Glück als ehrgeiziges, doch ziemlich erfolgloses Revuegirl. Sie wurde in einer rechtschaffenen preußischen Beamtenfamilie geboren (vermutlich 1901, die Angaben differieren). Sie wollte Konzertviolinistin werden, ging an die Berliner Hochschule für Musik, aber sie übte so eifrig, daß sich am Hauptnerv des linken Handgelenks ein Knoten bildete und ihr Arzt darauf bestand, daß sie die Geige für immer aufgebe. Sie verkürzte ihren Namen von Maria Magdalena zu Marlene und versuchte zunächst erfolglos, an Max Reinhardts Schauspielschule aufgenommen zu werden. Sie nahm einen Job als Chormädel bei einer Wanderrevue an, bewarb sich im Jahr darauf wieder bei Max Reinhardt und wurde endlich zugelassen. Sie spielte eine Nebenrolle in Reinhardts Inszenierung von DER WIDERSPENSTIGEN ZÄHMUNG und die Rolle der Hippolyta in EIN SOMMERNACHTSTRAUM. Nach der Heirat mit dem jungen Regisseur Rudolf Sieber und der Geburt ihrer Tochter zog sie sich eine Zeitlang aus dem Showgeschäft zurück, dann versuchte sie es aufs neue. In einer Nebenrolle in G. W. Pabsts großartigem Film DIE FREUDLOSE GASSE war sie zusammen mit Greta Garbo zu sehen, ebenfalls in drei Szenen von Alexander Kordas Film EINE DUBARRY VON HEUTE. 1928, im Jahr der DREIGROSCHENOPER, besetzte man die Dietrich in der heute vergessenen musikalischen Revue ES LIEGT WAS IN DER LUFT – einer der größten Kassenschlager im Berlin von damals. Die Dietrich spielte eine der vier Hauptrollen. In Georg Kaisers Stück ZWEI KRAWATTEN besetzte Reinhardt sie in einer kleinen Rolle, trotzdem hatte sie eine verblüffende Wirkung auf den Hollywood-Regisseur im Parkett.

Obwohl einige Assistenten einwandten, die Dietrich könne nicht spielen, bestellte Sternberg sie für den nächsten Tag in sein Büro. Sie kam, aber sie hatte mittlerweile offenbar ausgefeilte Schutzmaßnahmen gegen Enttäuschungen entwickelt. Ihre scheinbare Gleichgültigkeit machte den Regisseur neugierig. *Als Fräulein Dietrich spät am Nachmittag in meinem Büro saß, unternahm sie nicht den schüchternsten Versuch, mein Interesse zu erregen*, schrieb Sternberg in seinen Erinnerungen. *Sie saß in einer Sofaecke vor meinem Schreibtisch, hielt ihre Augen niedergeschlagen und bot ein Musterbeispiel an Apathie. Sie trug einen heliotropfarbenen Wintermantel mit einem passenden Hut, Handschuhen und Pelz und kam mir vor wie jemand, der um einen dringend notwendigen Urlaub nachsucht. [Dann] kam Erich Pommer zusammen mit dem sich jovial gebärdenden Jannings herein und for-*

derte sie mit bewunderungswürdiger Direktheit auf, ihren Kapotthut abzunehmen und ein paar Schritte zu gehen. Auf diese Weise will man gewöhnlich feststellen, ob eine Schauspielerin kahl ist oder hinkt. Sie trottete durch den Raum, als ob sie nichts sehe und nichts höre, so daß ich fürchtete, sie werde jeden Augenblick gegen die Möbel rennen ... Ihre Augen waren vollständig verschleiert. Die beiden Fachleute tauschten vielsagende Blicke aus. Der eine räusperte sich, der andere kratzte sich hingebungsvoll am Ohr, dann verließen sie den Raum mit flüchtigem Händedruck, womit sie ihre Meinung klargelegt zu haben glaubten.

Marlene Dietrich blickte sie, wie Sternberg schrieb, *mit einem Blick tiefer Verachtung* an. Er nahm sich dennoch Zeit für sie und erklärte ihr, was ihm vorschwebte. Die Schauspielerin, die eine weitere Nebenrolle erwartete, schien überrascht und nicht sonderlich erfreut. *Immerhin legte sie ihre Zurückhaltung so weit ab, um mir mitzuteilen, daß sie nicht spielen könne, daß niemand sie so photographieren könne, daß sie wie sie selber aussähe, daß sie von der Presse schlecht behandelt worden sei und, so setzte sie zu meiner Überraschung noch hinzu, daß sie schon in drei Filmen gespielt habe und jedesmal nicht gut gewesen sei ... Anscheinend hatte jeder in Berlin sie »entdeckt«, bevor ich auftauchte,* berichtete Sternberg später.

Um seine Kollegen von ihr zu überzeugen, machte Sternberg Probeaufnahmen. Die Dietrich gab ihm zu verstehen, daß das reine Zeitverschwendung sei, und Sternberg stimmte ihr zu: Er hatte sich bereits entschieden, sie zu engagieren. Trotzdem zog er die Prozedur durch. *Ich schickte sie in die Garderobe, wo sie ihre Straßenkleider mit irgendeinem Flitterkram vertauschen sollte, und sie kam in einem Kostüm zurück, worin ein Nilpferd Platz gefunden hätte. Ich heftete das Kostüm ein bißchen zusammen und bat sie, irgend etwas auf deutsch und dann, wenn möglich, auf englisch zu singen. Nun kam sie in den Schmelztiegel. Ich ließ sie so lange ausleuchten, bis der Umwandlungsprozeß perfekt und ihre Erscheinung mit meinen Vorstellungen verschmolzen war. Sie erwachte zum Leben und reagierte auf meine Anweisungen mit einer Leichtigkeit, der ich nie zuvor begegnet bin.*

Wie in der gesamten westlichen Welt war auch für Berlin 1929 das Jahr euphorischen Wohlstands. Seit die Regierung Stresemann die Mark stabilisiert hatte, wandelte sich Deutschland zu einem bevorzugten

Gebiet für ausländische Investitionen. Aber was für den Investor eine Investition ist, ist für den Empfänger lediglich eine Schuld. Deutsche Unternehmen nutzten Kredite, um neue Fabriken und Fließbänder zu bauen, was zu einer Wachstumsrate führte, die bei weitem höher lag als in England. Reichs- und Städteregierungen ließen Kredite zur Subvention von Parkanlagen und Theatern fließen, und die Kirchen errichteten mit geliehenem Geld neue Gotteshäuser. Als Mies van der Rohe den deutschen Pavillon auf der Weltausstellung 1929 aus Travertin, Onyx und verchromten Säulen bauen wollte, wandte kein Buchhalter ein, daß sein Werk nach wenigen Monaten abgerissen werden würde. Die Reichsregierung borgte in Amerika, um an Frankreich fällige Reparationszahlungen leisten zu können. Bis Ende 1928 waren die Löhne in Deutschland, verglichen mit 1925, um zwanzig Prozent gestiegen, ebenso die Verkaufsziffern des Einzelhandels. Der Stand der Arbeitslosigkeit war zwar noch nicht bedrohlich (sechshundertfünfzigtausend Menschen), aber in dieser Ära des künstlichen Reichtums stiegen Deutschlands Auslandsschulden auf sieben Milliarden Dollar an, das meiste davon in hochverzinsten kurzfristigen Krediten Die deutsche Regierung sah sich nicht mehr imstande, ihren Reparationszahlungen nachzukommen.

Außenminister Stresemann gelang es, eine weitere internationale Konferenz zu diesem Problem einzuberufen, so daß die diffizile und ermüdende Reparationsfrage, die die europäische Diplomatie während der zwanziger Jahre hindurch beherrscht hatte, in eine neue Phase eintrat. Seit 1924 hatten die Deutschen und ihre Gläubiger nach dem Dawesplan gehandelt, in dem nie eine Gesamtsumme erwähnt wurde, der aber von den Deutschen auf unbestimmte Zeit Zahlungen in Höhe von zweieinhalb Milliarden Mark pro Jahr an die Alliierten verlangte. Um die Zahlung dieser Summe sicherzustellen, übernahmen die Alliierten eine teilweise Kontrolle über die Reichsbahn sowie über die Einnahmen aus Tabak-, Zucker- und Alkoholsteuern. Jetzt, in Den Haag im Jahre 1929, verhandelten die Deutschen und ihre ehemaligen Feinde über eine neue und endgültige Regelung. Nach einem Vorschlag des amerikanischen Bankiers Owen D. Young sollten die deutschen Zahlungen von zweieinhalb auf zwei Milliarden Mark pro Jahr gesenkt werden, und die Deutschen erhielten die vollständige Kontrolle über ihre Wirtschaft zurück, mußten sich aber im Gegenzug zu Zahlungen für die Dauer von neunundfünfzig Jahren verpflichten.

Die internationalen Wirtschaftskonferenzen machten zwar Schlagzeilen in den Berliner Zeitungen, beeinflußten das Alltagsleben aber kaum. Für den Durchschnittsbürger bedeutete der neue Wohlstand Arbeitsplätze und ein bißchen Extrageld nach all den Jahren der Entbehrung. Die Berliner konnten auf den Sonnenterrassen der Cafés sitzen und sich eine »Weiße mit Schuß« genehmigen. Sie leisteten sich nach einem Spaziergang durch die Wälder am Wannsee oder Müggelsee Kaffee und Kuchen. Mit ihren Autos brausten sie über die neue Avus, die sich über achtzehn Kilometer schnurgerade vom Kurfürstendamm nach Potsdam hinzog.

Die Berliner waren, wie viele im Jahr 1929, berauscht von der Geschwindigkeit, fasziniert vom technischen Fortschritt und dem Triumph der Maschinenära. Charles Lindberghs Transatlantikflug wurde zum Symbol für die ganze Ära, und Bertolt Brecht verfaßte darüber sogar ein Hörspiel mit Musik von Weill und Hindemith (*Erhob sich unsere / stählerne Einfalt / Aufzeigend das Mögliche / Ohne vergessend zu machen: das / Unerreichbare).* Und nichts konnte die Berliner mehr begeistern als die Errungenschaften Hugo Eckeners und der Flug seiner Zeppeline.

Seit dem grausigen Absturz der HINDENBURG bei Lakehurst im Jahre 1937 nimmt man Zeppeline nicht mehr ernst. Die Fotografien des Infernos wurden umgehend in den Wochenschauen von ganz Amerika gezeigt, mit der Konsequenz, daß kein zahlender Passagier je wieder in einen Zeppelin stieg. Damals verbrannten fünfunddreißig der siebenundneunzig Passagiere und Besatzungsmitglieder – eine fast verschwindende Zahl angesichts heutiger Opfer von Flugzeugkatastrophen. Zu jener Zeit hielt man den Zeppelin für ein aeronautisches Wunder, und viele glaubten, das Luftschiff sei dem Flugzeug überlegen, war es doch größer, billiger, komfortabler und hatte eine längere Reichweite. Als während des Ersten Weltkriegs klapprige kleine Kampfflugzeuge noch keine langen Strecken zurücklegen konnten, flogen Zeppeline bereits bis nach London und warfen Bomben auf die Stadt.

Nach Kriegsende forderten die Alliierten die Auslieferung aller Zeppeline als Reparationsleistung, aber die Deutschen vernichteten sie. Daraufhin verhängten die Alliierten ein allgemeines Konstruktionsverbot. Die Luftschiffbau Zeppelin GmbH durfte nur noch Aluminiumtöpfe fertigen. Hugo Eckener, der technologische Nachfahre des 1917 gestorbenen Grafen Zeppelin, gab sich jedoch nicht geschlagen. Er handelte mit Washington ein Abkommen aus, für die US-Navy einen neuen Zeppelin zu bauen, und im Jahr 1924 steuerte er seine neue LZ-126 in vier Tagen von Deutschland nach New Jersey. Amerika hieß ihn mit fieberhafter Begeisterung willkommen.

Im Jahr darauf hoben die Alliierten ihr Verbot der Zeppelinproduktion auf, und Eckener machte sich daran, seinen Traum von einer transatlantischen Passagierverbindung zu verwirklichen. Da es der Weimarer Regierung an Geld fehlte, solch ein utopisches Projekt umzusetzen, appellierte Eckener an das gesamte deutsche Volk. Es kam genügend Geld für den Bau seines Luftschiffs LZ-127 mit Namen GRAF ZEPPELIN zusammen. Ein gewaltiges Luftschiff, mehr als doppelt so lang wie ein Fußballplatz, und Eckener selbst stand am Steuer, als es mit zwanzig zahlenden Passagieren und einer Menge Postgut an Bord abhob.

Die Fahrt endete fast in einer Katastrophe. Mitten über dem Atlantik geriet die GRAF ZEPPELIN in einen Sturm, und ein unerfahrener Steuermann drehte das Luftschiff in die falsche Richtung, so daß es beinahe kenterte. Als es wieder aufgerichtet war, entdeckte Eckener einen Riß. Durch einen mutigen Einsatz der Mannschaft wurde die Katastrophe jedoch im letzten Augenblick verhindert. Das konnte Eckener nicht anfechten. Gemeinsam mit einer Ladung Passagiere, einem Gorillaweibchen namens Susi, einigen Kanarienvögeln und einem Konzertflügel an Bord wagte Eckener 1929 mit seinem Luftschiff GRAF ZEPPELIN eine Reise um die Welt, die er nach einundzwanzig Tagen glücklich zu Ende brachte. In Amerika wurde er abermals begeistert empfangen, und in Deutschland dachte man allen Ernstes daran, ihn als Gegenkandidat zu Hindenburg in den Wahlen zur Reichspräsidentschaft zu nominieren.

Heutzutage wissen wir, daß Zeppeline absolut sicher fliegen können, wenn sie mit Helium gefüllt sind, aber es lag etwas Symptomatisches in jenem überschwenglichen Optimismus, mit dem die Deutschen sich 1929 in einem riesigen Gassack mit hochentzündlichem Wasserstoff auf den Weg um die Welt machten. Die Gefahr, in der sie schwebten, war durchaus kein Geheimnis: Britische Techniker hatten während des Krieges Brandgeschosse gegen Zeppeline entwickelt, die normalerweise keine Überlebenden zurückließen, wenn sie trafen. Doch angesichts der imponierenden Ausmaße der Luftschiffe und der Erfolgsserie verbreitete sich der Glauben an ihre Unzerstörbarkeit.

Derselbe Irrglaube muß die deutsche Regierung dazu gebracht haben, ernsthaft anzunehmen, sie könne jahrzehntelang die Reparationszahlungen an die westlichen Alliierten mit den Milliarden zurückzahlen, die sie sich zuvor von denselben auslieh. Wer all das plausibel machte, war Gustav Stresemann, ein überzeugender Redner, der als deutscher Außenminister in jedem Kabinett seit seiner kurzen Kanzlerschaft im Jahre 1923 vertreten war. Der einstige extreme Nationalist und Ludendorff-Zögling krönte seine politische Laufbahn mit der Aussöhnung mit Frankreich. Kritik an seinen politischen Entscheidungen gab es immer wieder von Links und von Rechts. Doch die Annäherung zwischen Deutschland und Frankreich war sein Verdienst. Zwischen ihm und dem französischen Außenminister Aristide Briand entwickelten sich Vertrauen und Freundschaft, wovon beide Nationen profitierten. 1926 teilten sich Stresemann und Briand den Friedensnobelpreis.

Die Debatte über den Youngplan brachte Stresemanns politische Position ins Schwanken. Eine Nierenkrankheit zwang ihn zum Kuraufenthalt in der Schweiz. Als sich jedoch die Opposition der Rechten gegen den Youngplan formierte, setzte er sich über die Anweisungen seines Arztes hinweg und kehrte im Herbst 1929 nach Berlin zurück, um für die Vereinbarungen zu kämpfen, die er ausgehandelt hatte. *Seine letzte Kaffeestunde mit der ausländischen Presse in Berlin ... war ein qualvolles Erlebnis,* so Louis Lochner, der damals das Berliner Büro der Nachrichtenagentur ASSOCIATED PRESS leitete. *Als er sich im Palais Prinz Friedrich Leopold seinem Platz in der Mitte des überlangen rechteckigen Tisches näherte, waren wir alle tief bestürzt. Er [ist] vom Tode gezeichnet. Dr. Stresemann bat mich mit einer Handbewegung, neben ihm Platz zu nehmen. Er betonte, wieviel besser es ihm ginge, aber ich konnte nicht umhin zu bemerken, wie schwer ihm das Sprechen fiel. Ich fühlte mich verpflichtet, ihm einzureden, einen wie guten und ausgeruhten Eindruck er mache, war mir aber nur zu sehr bewußt, daß ich einer frommen Lüge den Vorzug vor der Wahrheit gab. Mit äußerster Anstrengung raffte Dr. Stresemann sich schließlich dazu auf, »ein paar Worte« zu sagen, ein jeder von uns empfand es als taktlos, diesem schwerkranken Mann irgendwelche Fragen zu stellen. Die »wenigen Worte« dehnten sich zu einer herzergreifenden Wiederholung seiner Philosophie der internationalen Verständigung, verbunden mit der Beteuerung seines unerschütterlichen*

Glaubens daran, daß schon bald Vernunft und Recht in den internationalen Beziehungen vorherrschend sein würden.

Fünf Tage später war Stresemann tot. Er wurde mit allen Ehren bestattet, aber die Kampagne gegen seine Politik hielt an. Die maßgebliche Oppositionskraft wurde von der DNVP getragen, deren Führung ein Jahr zuvor Alfred Hugenberg übernommen hatte. Der ehemalige Direktor des Kruppschen Rüstungsimperiums war während der Inflation reich geworden und hatte einen großen Teil seines neuen Vermögens zu Propagandazwecken verwendet. Er kaufte die Zeitungskette Scherl auf, zu der der auflagenstarke BERLINER LOKAL-ANZEIGER gehörte. Er kaufte maßgebliche Anteile der Ufa und hatte Einfluß auf das Werbeunternehmen ALA, das den deutschen Anzeigenmarkt beherrschte. Er besaß sogar eine Nachrichtenagentur, die rechtsgerichtete Informationen an alle verteilte, die sie drucken wollten. Dank dieser Machtfülle und seiner Kontakte zu den größten Geschäftsmagnaten verfügte Hugenberg über große Geldsummen.

Wie viele seiner Geschäftspartner bekämpfte Hugenberg noch immer energisch den Versailler Vertrag und die aus ihm resultierenden Reparationszahlungen. Da er die Zustimmung des Reichstags zur neuen Reparationsregelung nicht verhindern konnte, beschloß Hugenberg, den Kampf mit einem Volksbegehren fortzusetzen. Über das nötige Geld, über Macht und eine ausgeprägte Propagandamaschinerie verfügte er, was ihm fehlte, war ein volkstümlicher Redner, der auf die Straßen gehen und Wählerstimmen sammeln konnte. Ein Mittelsmann empfahl ihm einen vielversprechenden jungen (mittlerweile vierzigjährigen) Bayern. Die beiden begegneten sich, und Hitler verlangte volle finanzielle Unterstützung und völlig freie Hand bei seiner Kampagne. Aber Hugenberg ließ sich nichts so leicht aus der Hand nehmen, und die beiden einigten sich schließlich auf den Entwurf eines *Gesetzes gegen die Versklavung des deutschen Volkes*, in dem, unter anderem, alle Reparationszahlungen abgelehnt wurden.

In einem Monat wilder Propaganda sorgte Hitler dafür, daß der Entwurf dem Reichstag vorgelegt werden konnte. Dort wurde das Gesetz freilich abgelehnt. Hugenberg und Hitler organisierten daraufhin eine Kampagne für einen Volksentscheid gegen den Youngplan. Hätten sie mehr als die Hälfte der vierzig Millionen deutschen Wähler für die Annahme ihres »Freiheitsgesetzes« gewinnen können, so hätte dies den Reichstagsbeschluß außer Kraft gesetzt. Das Referendum gewann jedoch lediglich sechs Millionen Stimmen, und im März 1930 wurde die Gesetzgebung zum Youngplan endlich vom Reichstag verabschiedet und von Reichspräsident Hindenburg unterzeichnet. Das Scheitern des Volksentscheids bedeutete eine Niederlage für Hugenberg, der eine Menge Geld und Prestige in die Kampagne investiert hatte. Hitler hatte dank der Mitwirkung der Hugenberg-Presse erstmalig Gelegenheit, als politische Person an die Öffentlichkeit zu treten. Damit hatte Hitler sein taktisches Ziel erreicht, die Verbindung zu Hugenberg brach ab. Hitler verfolgte seinen eigenen Kurs.

Doch nur wenige Berliner nahmen überhaupt Notiz von dem kleinen Österreicher, der so gern ernst genommen werden wollte. Ihr Interesse galt weniger der Politik als dem Vergnügen, und die Rituale des Amüsements wurden beinahe zu einer Religion narzißtischer Zügellosigkeit erhoben. Viele Ausländer, die es in jenem letzten Wohlstandsjahr nach Berlin verschlug, waren erstaunt darüber, wie die vermeintlich verbissenen und sturen Deutschen sich plötzlich zu einem Volk von Sonnenanbetern und Nudisten wandelten. Die Weekend-Bewegung hatte Deutschland erfaßt, und der letzte Schrei hieß Nacktkultur.

Der junge Vladimir Nabokov schloß sich trotz seiner Abneigung gegen die älteren Sonnenanbeter mit ihren dicken Wänsten und roten Knien dem Auszug der Berliner an die Seen im Grunewald an. In seinem Roman DIE GABE erzählt er eine amüsante Geschichte von einem Sonnenanbeter, dem die Kleider gestohlen werden und der nackt durch Berlins Straßen läuft. *Ob Sie beraubt wurden oder nicht, es ist verboten, nackt auf der Straße herumzulaufen*, muß er sich von einem Polizisten sagen lassen.

Und aus Paris kam Harry Graf Kessler und brachte den siebzigjährigen Aristide Maillol mit, der sich auf der Flucht vor seiner eifersüchtigen Ehefrau und auf Vergnügungsreise mit einem jungen Modell befand. Die Frau des Bildhauers war so eifersüchtig, daß Maillol viele seiner Skulpturen nach Zeitschriftenfotos schaffen mußte. Jetzt, da er im Land der Sonnenbader angekommen war, erschien ihm das Modell, das ihn begleitete, gar nicht mehr so einzigartig. *Maillol war begeistert von der unbefangenen Nacktheit*, so Kesslers Tagebuch. *Er wies immer wieder auf die schönen Körper von Mädchen und jungen Männern und Knaben hin: »Si j'habitais à Francfort, je passerais mes journées ici à dessiner.«* Wie viele andere meinte Kessler in diesem Nacktheitswahn eine philosophische Bedeutung finden zu können:

Ich erklärte ihm, daß diese nur ein Teil eines neuen Lebensgefühls, einer neuen Lebensauffassung sei, […] man wolle wirklich leben, Licht, Sonne, Glück, seinen eigenen Körper genießen. Es sei […] eine Massenbewegung, die die ganze deutsche Jugend ergriffen habe.

Der Nacktheitskult der Berliner trieb sonderbare Blüten und war nicht unbedingt auf Sonnenschein angewiesen. Es gab eine Nudistenvereinigung, die das ganze Jahr über einen See für ihre Rituale angemietet hatte. Im Sommer kamen die Mitglieder in Scharen zum Schwimmen, aber sie waren entschlossen, ihre Idee auch in rauheren Jahreszeiten durchzusetzen. Deshalb trafen sie sich im Dezember, als der See zugefroren war, zum Schlittschuhlaufen – nackt. Die einzige Konzession waren Ohrenschützer und natürlich die Stiefel, an die sie ihre Schlittschuhe montiert hatten.

Marlene Dietrich hat mit dem Film DER BLAUE ENGEL eine solche Berühmtheit erlangt, daß die wichtigsten Leute dieses Projekts, Sternberg als Regisseur und Jannings als Starschauspieler, mitunter in den Hintergrund treten. Und weil die dekadente Erotik des Films die Stimmung Berlins in den späten Zwanzigern perfekt auszudrücken scheint, überrascht es zu hören, wie Sternberg mit Nachdruck erklärte, *daß die Story und die Einzelheiten des Films zum größten Teil nur in meinen Vorstellungen existierten, daß ich, bevor ich ihn drehte, sehr wenig über Deutschland wußte, daß ich bis dahin noch niemanden gesehen hatte, der einem Nazi auch nur ähnlich war, und daß die Anregung zu diesem Film schließlich von einem Buch ausging, das Heinrich Mann in den guten alten Tagen von 1905 geschrieben hatte.*

Die Rolle des tragikomischen Professors war wie geschaffen für Jannings, und seine schauspielerischen Leistungen gehören zu den großartigsten, die je auf Zelluloid gebannt wurden. Sternberg hatte seinen Widerpart mit einer Mischung aus Bewunderung und Böswilligkeit als die Idealbesetzung für erniedrigte und selbstmitleidige Bürgerlichkeit geschildert. Dem Regisseur wurde nachgesagt, daß er aus Hollywood eine Arroganz mitbrachte, die dem Kaiser wohlangestanden hätte.

Wenn die beiden Widersacher aufeinandertrafen, spielten sich Szenen ab, wie sie Sternberg lebhaft in seinen Erinnerungen schildert:

Um viertel vor neun klopfte ich an seine Tür, trat ein und erkundigte mich nach seiner Gesundheit. Hätte ich das vergessen, würde ihn das so getroffen haben, daß er eine Nachricht ins Studio geschickt hätte, er sei hoffnungslos krank, und ich müsse sofort einen Ambulanzwagen kommen lassen. Er war schon pünktlich um sieben Uhr erschienen, hatte sich vor ein Triptychon aus Spiegeln gesetzt und begonnen, die Maske eines alten Professors anzunehmen. Er legte jedes Haar mit großer Präzision, Haar auf Haar, studierte jedes Haar auf seinen Schnitt und seine Länge, schmeichelte es zu den anderen, bis der Bart ein Teil seiner selbst wurde. Mein Gruß wurde mit einem tief vorwurfsvollen Blick quittiert, den er mit seinem ständig anwesenden Diener – er hieß König, und kein Sklave hatte je einen unangemesseneren Namen – abstimmte; Königs Gesicht wurde bei diesem Blick bleich … Dann zündete sich Jannings eine Zigarette an, atmete den Rauch aus, als entströmte dabei auch seine Seele, räusperte sich und bleckte prüfend die Zähne, ob sie nicht mit der Bartpyramide, die er aufgetürmt hatte, in Kollision geriet. Es folgte eine beiläufige Bemerkung, daß ich ihn nicht mehr liebe, ich entgegnete dem mit der Versicherung meiner unverminderten Zuneigung und forderte ihn dann auf, mir seine Liebe dadurch zu beweisen, daß er mir helfe, ein paar Meter Film zu drehen. Jannings drückte seine Zigarette aus, als wolle er mich ebenfalls zu Asche zermahlen, schaute mich mit seinen von selbstzugefügter Qual erfüllten, durchsichtigen Augen an, ein Hilfsmittel, womit er sich in sein masochistisches Selbst versetzte, um spielen zu können, und sagte dann in einem Ton, als habe er niemals zuvor eine so entsetzliche Anklage erhoben: »Du hast gestern nicht mit mir gegessen! … Ich wußte, daß es für das Folgende keine Gnadenfrist mehr geben würde. Er würde fortfahren … Da ich wußte, was jetzt kam, wandte ich mich zum Gehen. Es war unvermeidlich, und jedesmal schlimmer als vorher. Er würde sich auf die Erde werfen, daß der ganze Raum erbebte, er würde weinen, kreischen, schreien, daß sein Herz stockte, ich würde ihn aufheben, was nicht leicht war, würde ihn auf seinen vor Tränen feuchten und vor Leim klebrigen Mund küssen und ihn irgendwie vor die Spiegel zurückbringen, wo er um Verzeihung flehen würde.

Denkt man an Marlene Dietrich und den BLAUEN ENGEL, sieht man sie als Fesche Lola auf der Kabarett-Bühne, wie sie sich rekelt und die hinreißenden Lieder von Friedrich Hollaender singt. Ihre Aura von nonchalantem Hedonismus schien damals wie heute für eine gesamte Epoche zu stehen.

Die Stimmung einer Stadt wird auch durch die Lieder charakterisiert, die in ihr gesungen werden. Anders als große internationale Hits sind diese Lieder fest an ihrem Ort und in ihrer Zeit verwurzelt. Und wenn man Liedern glauben darf, dann haben die Berliner, wie alle großstädtischen Zyniker, eine gewaltige Schwäche fürs Sentimentale, vor allem wenn es dabei um sie selbst geht. Die Berliner fanden jeden Punkt ihrer Stadt denkmalswürdig. Sie sangen über Romanzen am Strand der Krummen Lanke, und eine ganze Revue trug den Titel Bei uns um die Gedächtniskirche rum. Manchmal hatte es den Anschein, daß ein Liederschreiber nur den magischen Namen der Stadt zu beschwören brauchte, um in den Cafés am Kurfürstendamm eine Berühmtheit zu werden.

Diese populäre Musik erlebte in den Kabarettliedern Brechts und Tucholskys ihre größte Blüte und hatte seine Ursprünge bei den Spielleuten und Jahrmärkten der Kaiserzeit. Der Zirkus, der sich in den siebziger Jahren des neunzehnten Jahrhunderts in Berlin etablierte, spielte dabei eine große Rolle. Zunächst im Zirkus Schumann am Schiffbauerdamm, dann im Zirkus Busch, ein paar Straßenecken weiter östlich, stellte eine neue Generation von Clowns und Akrobaten Kunststücke wie den Amerikanischen Wasserakt vor. Dabei floh, in Abwandlung eines Standardgeschehens der Commedia dell'arte, eine gefangene Jungfer zu Pferde bis zum Gipfel des Zirkuszelts, wo sie sich vor ihren Verfolgern allein dadurch retten konnte, daß sie ihr Pferd einen Wasserfall herabführte, der in einen Minisee in der Mitte der Arena herunterplatschte.

Eine Zeitlang liefen die Berliner jeden Abend in den Zirkus, aber schließlich waren sie des reinen Spektakels müde, und der Zirkus wurde vom Varieté abgelöst. Nun kam man in Scharen in den Wintergarten an der Friedrichstraße, wo die Besucher von farbigen, goldbehängten Türstehern eingelassen wurden. Hier waren nicht nur Trapezakrobaten zu sehen, die unter der sternbesäten blauen Decke hin- und herschwangen, man konnte währenddessen auch Würstchen essen, Bier trinken und Zigarren rauchen. Von besonderer Attraktivität waren die Sängerinnen und Tänzerinnen: La Belle Otero kam aus Paris, um im Wintergarten aufzutreten, und einer der Stars war die Tänzerin Mata Hari.

Aber auch die Blütezeit des Varietés währte nicht ewig. Es folgten die Musikrevues. Auf Clowns und Akrobaten wollte man nicht ganz verzichten, aber die neuen Häuser an der Friedrichstraße, wie das Apollo- oder das Metropol-Theater, konzentrierten sich auf die sogenannte Berliner Revue. Sobald sich der Vorhang hob, gab er den Blick frei auf eine Stadtansicht – die Neptunstatue vor dem Stadtschloß beispielsweise. Bald darauf wurde die »Statue« lebendig, sang ein Lied und begab sich auf einen Rundgang durch die Stadt, wobei sie ein verliebtes Paar beobachtete, was eine gute Gelegenheit dafür war, ein Duett oder Trio einzufügen. Die Intendanz sorgte fast immer dafür, daß den Protagonisten auf ihrer Tour irgendwo eine Truppe barbusiger Tänzerinnen über den Weg lief.

Solange die Berliner Eintrittskarten kauften – und das taten sie –, konnten die Grundmuster unbegrenzt variiert werden. Im Luxus-Theater, wo gutbürgerliche Hausfrauen höheres Niveau erwarteten, trat regelmäßig Richard Tauber, ein einstmaliger Operntenor, in einer ungeheuer beliebten Reihe von Lehár-Operetten auf: PAGANINI, DER ZAREWITSCH, FRIEDERIKE und DAS LAND DES LÄCHELNS. Im Admiralspalast tanzten die Empire Girls aus England im Gleichtakt und warfen die Beine.

Daneben gab es die kleinen und verrauchten Theater und Kabaretts wie die WEISSE MAUS, die zu ihrem Namen gekommen war, weil sie gegenüber einem früheren Kabarett mit dem Namen Schwarze Katze eröffnet wurde. Es war nur eins unter vielen – Die Katakombe, das Kabarett der Komiker, das Tingeltangel feierten alle die Scharfsinnigkeit des Conferenciers, der über die aktuellen Politiker spöttelte und anschließend durch das Programm führte.

Die WEISSE MAUS unterschied sich jedoch von den anderen dadurch, daß ihre Attraktion eine gewisse Anita Berber war, die, anders als die meisten Kabarettänzerinnen, ganz ohne Kostüm oder Kleider auftrat. Heutzutage erinnert sich niemand mehr an sie, aber zu ihrer Zeit schien sie den Geist des Berliner Kabaretts zu verkörpern. Sie war die Tochter eines Violinisten des Leipziger Gewandhausorchesters und hatte ursprünglich klassisches Ballett studiert. Sie nahm sich einige Ehemänner und zahlreiche Liebhaber, war aber eigentlich Lesbierin. Sie war alkoholkrank, morphium- und kokainabhängig. Sie ließ keinen größeren Boxkampf und auch kein Radrennen aus, und oftmals kam sie in Begleitung einer Schlägertruppe. Sie starb mit neunundzwanzig Jahren.

Die Berliner Kabarettlieder mögen den Geist der zwanziger Jahre annähernd wiedergegeben haben, die große Masse aber war nicht in den Kabaretts und Theatern zu sehen. Auch dieses Publikum wollte sich amüsieren und fand sein Vergnügen im »Kintopp«.

Von Filmexperten und -historikern ist ausgiebig über Fritz Langs Monumentalverfilmung der NIBELUNGEN geschrieben worden. Man kann alles über die Symbolik der Drehtür in F. W. Murnaus DER LETZTE MANN oder Details aus G. W. Pabsts DIE FREUDLOSE GASSE nachlesen. Das Gros des Publikums war aber weniger an avantgardistischen Ausdrucksformen interessiert als an simpler Unterhaltung. Unbestrittenes Idol des Kinopublikums war FRIDERICUS REX.

Populäre Filmtypen sind meist Ausdruck einer nationalen Mythologie. Der Held einer dieser Mythen war der unbedeutende Schauspieler Otto Gebühr, der für eine ganze Generation die strahlende Gestalt Friedrichs des Großen verkörperte. Er trat erstmals in einem Ufa-Film aus dem Jahre 1922 mit dem Titel FRIDERICUS REX auf, der vom Konflikt zwischen dem jungen Friedrich und seinem Vater, Friedrich Wilhelm I., handelte. Friedrich rebellierte gegen seinen übermächtigen Vater, der aus seinem Sohn einen spartanischen Exerziermeister machen wollte, wie er selbst einer war. Der Sohn hingegen war den schönen Künsten zugetan, las lieber Französisches und spielte Flöte. Der enttäuschte Vater reagierte mit Repressalien, was den Sohn zur Flucht veranlaßte, bis er sich schließlich der Autorität seines Vaters unterwarf. Dieses Thema faszinierte die Deutschen – und nicht nur die Deutschen –, und während der Zeit des Expressionismus schrieben einige junge Dramatiker Stücke, in denen die rebellische Jugend schließlich die Vätertyrannei stürzt wie in Arnolt Bronnens VATERMORD.

Das Publikum liebte diesen Film. Kritiker suchten nach psychologischen Deutungen. Die Unterwerfung des Prinzen als ein Symptom einer politischen oder psychologischen Unterwerfungssehnsucht angesichts einer übergeordneten Autorität? Die Darstellung glorreicher preußischer Vergangenheit als Kompensation eines Minderwertigkeitskomplexes des deutschen Volks als Folge der Kriegsniederlage? Wie dem auch sei – Friedrich der Große war noch immer ein Volksheld: gleichzeitig siegreicher Krieger und feinsinniger Intellektueller. Der Erfolg des Films ist also eher auf die Begierde eines beschämten und erschütterten Volkes nach Verehrung einer ihrer großen Gestalten der Vergangenheit zurückzuführen. In jedem Fall hatte FRIDERICUS

REX so großen Erfolg, daß die Magnaten der Ufa prompt mehrere Fortsetzungen in Auftrag gaben, und die Kinokassen klingelten. Die Berliner sahen den Alten Fritz, wie er seine Armeen gegen die Österreicher führt oder mit Voltaire plaudert. Otto Gebühr war aufgrund seiner frappanten Ähnlichkeit mit dem Alten Fritz fast ununterbrochen über zwei Jahrzehnte lang für die Rolle engagiert, um in Sanssouci Flöte zu spielen oder mit dem Krückstock über ein Schlachtfeld zu humpeln.

Freilich kamen viele der beliebtesten Filme auch leichter daher und pflegten herzerfrischende, doch nicht minder dauerhafte Legenden wie die des lustigen Studentenlebens.

Schwer zu sagen, ob solcher Schwachsinn einer rein kommerziellen Produktionspolitik folgte oder ob, wie einige Kritiker meinten, die Produktion von Schwachsinn propagandistische Hintergründe hatte. Man könnte ebensogut fragen, ob altmodische Westernfilme lediglich eine kommerzielle Produktreihe sind oder ob sie Rassismus, Gewalt und andere unrühmliche Gefühle transportieren. Möglicherweise stimmt beides, aber man muß kein Zyniker sein, um das Kommerzielle für die treibende Kraft zu halten. Doch das deutsche Filmgeschäft der zwanziger Jahre unterschied sich erheblich von den kalifornischen Studios. Im Unterschied zu Hollywood, wo sich eine bizarre Gruppe von Kleinkinobesitzern zusammenfand, begann die deutsche Filmindustrie als Propagandainstrument der Regierung unter Ludendorffs Schirmherrschaft und machte sich nie vom Einfluß der Politik frei.

Die wirtschaftlichen Verhältnisse, die in der deutschen Filmproduktion vorherrschten, waren einzigartig. Kurz nach dem Krieg, als die SPD entschied, die dreiunddreißigprozentige Regierungsbeteiligung an der Ufa zu liquidieren, trat die Deutsche Bank auf den Plan und wurde zur Mehrheitsaktionärin. Die Bank hielt die Ufa – ganz zu Recht – für eine vielversprechende Investition, aber der Ertrag aus der Investition geriet bald unter den Einfluß der Inflation. Die Deutschen, die in Scharen in die neuen Kinos strömten, die überall aus dem Boden schossen, bezahlten ihre Eintrittskarten nur mit ihrem zusehends wertloser werdenden Papiergeld. Deshalb lag der gesamte deutsche Ertrag aus einem durchschnittlichen Film bei lediglich zehn Prozent der Produktionskosten, wohingegen exportierte Filme sich als »Goldesel« erwiesen – schon der Verkauf in die Schweiz spielte in der Regel die gesamten Herstellungskosten wieder ein.

Mit der Stabilisierung der Mark im Jahr 1924 änderte sich die Lage. Das deutsche Publikum wurde wieder zu einem wertvollen Markt, und die Ufa war nun nicht mehr länger gezwungen, für Exporte zu sorgen, sondern mußte sich der Importe erwehren. Hollywood-Filme begannen auf den deutschen Markt zu fluten, und die Amerikaner kauften ganze Kinoketten in Deutschland. In diesen Jahren zog Hollywood einige der besten Talente aus Berlin ab, nicht nur Stars wie Pola Negri oder Greta Garbo und Regisseure wie Ernst Lubitsch und F. W. Murnau, sondern ein ganzes Heer von Kameraleuten, Cuttern und anderen unverzichtbaren Technikern.

Die Ufa kämpfte vergebens gegen die Konkurrenz aus Hollywood und stand 1927 schließlich am Rande des Bankrotts. Jedes Jahr machte sie fünfzig Millionen Mark Verlust, ihre Gläubiger forderten lautstark eine Lösung. Der Konzern stand zum Verkauf. Das von Rudolf Mosse begründete Presseimperium lehnte das Angebot ab. Statt dessen fanden die Gläubiger ihren Retter im DNVP-Vorsitzenden Alfred Hugenberg. Er hatte schon 1916 seine Hände im Filmgeschäft und war begeistert von der Aussicht, sich die Ufa neben seiner Zeitungskette, seiner Nachrichten- und Werbeagentur ebenfalls einzuverleiben. Mit Rückendeckung der Ruhrfinanziers kaufte er 1927 die Ufa, beglich alle Schulden und übernahm die Kontrolle. Verblüffenderweise wandelte er sie nicht zu einem rechtslastigen Propagandainstrument um – dazu war er ein zu gerissener Geschäftsmann –, aber das Filmgeschäft, das einmal solch fähige Autoren von Filmen wie Das Kabinett des Dr. Caligari angezogen hatte, war nicht mehr dasselbe. Der Exodus nach Hollywood ging weiter.

Nach all den gründlichen Vorbereitungen dauerte es nur noch sechs Wochen, den Blauen Engel abzudrehen. Das bedeutete aber nicht, daß im Drehstab harmonisches Einvernehmen herrschte. Wöchentlich gab es neue Diskussionen und Konfusionen. Sternberg war entschlossen, seine Bilder von der Geschichte filmisch umzusetzen, und verwarf alle gewöhnlichen Bemühungen um dokumentarische Genauigkeit. Er weigerte sich, Schulen, in denen Professor Unrat gelehrt haben könnte, oder Kabaretts, in denen Lola gesungen haben könnte, zu besichtigen. Er weigerte sich, technische Berater anzustellen. Obwohl der Regisseur versuchte, die Öffentlichkeit von den Dreharbeiten fernzuhalten, kamen die Akteure des Berliner Theaterlebens in Scharen ins Studio, um bei der Produktion des ersten Tonfilms der Ufa dabeizusein. *Das Studio für den »Blauen Engel« war ein öffentlicher Durchgang*, beklagte sich Sternberg. *Jeder Berliner Prominente war irgendwann einmal im Studio, nicht nur Pressevertreter, Schriftsteller, Schauspieler, Regisseure und sogar Max Reinhardt (der sich hauptsächlich dafür interessierte, wie man einen Zischlaut aufnehmen könne), sondern auch Bildhauer und Maler, darunter George Grosz.*

Im Mittelpunkt des turbulenten Geschehens stand der große Jannings und stellte den Regisseur vor schwere Prüfungen. Jannings bestand darauf, seine Sätze in blumiger Max-Reinhardt-Manier zu deklamieren; Sternberg forderte unablässig mehr Wirklichkeitsnähe. Wie man sich denken kann, gerieten die beiden wegen jeder Kleinigkeit in Streit, und als sie die Szene von Unrats endgültiger Demütigung in Angriff nahmen, legte Jannings Wert darauf, daß die Eier, die über seinem Kopf zerschlagen wurden, faul sein müßten. Sternberg mußte die Prozedur vor der Aufnahme eigenhändig vollführen, damit der Schauspieler in die richtige Stimmung kommen konnte.

Wenn Jannings während der Dreharbeiten das temperamentvolle Monster gab, spielte Marlene Dietrich die heilsam wirkende Heroine. Sternberg war von ihrer Respektlosigkeit und ihrer augenscheinlichen Gleichgültigkeit fasziniert: *Sie neigte dazu, über sich selbst … zu spotten … Sie war frank und offen bis zu einem Grad, den manche für Taktlosigkeit hielten … Sie maß dem damals keinen Wert bei. Sie maß, soweit ich das übersehen konnte, überhaupt nichts irgendeinen Wert bei, außer ihrer kleinen Tochter, einer Musiksäge und ein paar Platten von einem gewissen »Whispering Jack Smith«.* Andererseits buhlte sie, nicht anders als Jannings, um die Sympathie des Regisseurs. *[I]hr Benehmen im Atelier grenzte ans Wunderbare. Ihre ganze Aufmerksamkeit galt nur mir. Kein Requisitenmeister hätte eifriger sein können. Sie benahm sich, als sei sie meine Dienerin, bemerkte stets als erste, daß ich etwas zum Schreiben suchte, und schaffte als erste einen Stuhl herbei, wenn ich sitzen wollte … Selten mußte ich mit ihr eine Szene mehr als einmal aufnehmen,* erinnerte sich Sternberg.

Auch als die Dreharbeiten zu Ende waren, fuhr Jannings mit seinen bizarren Launen fort. Zuerst ging er zu Sternberg und verkündete: *Ich brauche dir nicht zu sagen, daß es nicht genug Geld in der Welt gibt, das mich dazu bringen könnte, noch einmal in einem Film unter dir zu spielen.* Aber kurz bevor Sternberg aus Berlin abreiste, klopfte der

Schauspieler an dessen Hotelzimmertür und erklärte mit tränenerstickter Stimme: *Was auch immer geschieht, Jo, ich weiß, daß du weinen wirst, wenn ich sterbe, und daß ich weinen werde, wenn du stirbst.* Für Marlene Dietrich endete das Abenteuer konventioneller. Sternberg zeigte Ben Schulberg, dem Leiter von Paramount, Probeabzüge, und Schulberg bot der Schauspielerin einen Vertrag an, um in Hollywood einen weiteren Film mit Sternberg zu drehen.

Der Tag, an dem die Dietrich mit dem Zug aus Berlin abfuhr, war der Tag, an dem der spektakuläre Erfolg des BLAUEN ENGELS in Berlin begann. *Der Bahnhof lag ganz in der Nähe des Gloriapalastes, wo die Uraufführung stattfand,* schreibt Sternberg, *und da ihr Zug erst um Mitternacht ging, hatte man sie dazu überreden können, sich am Schluß der Vorstellung, von der sie glaubte, sie bedeute ihren Ruin, vor dem Publikum zu verbeugen. Allerdings hatte sie sich dafür bereits geschmückt und gekränzt, wie es sich für einen Filmstar gehört, und war keinesfalls so angezogen, daß man vermuten konnte, sie wolle gleich durch den Bühnenausgang zu ihrem Zug rennen. Ihre Reise in die Stratosphäre hatte zum richtigen Zeitpunkt begonnen.*

Damals, im Frühjahr 1930, glaubte die Mehrzahl der Berliner, eine Filmpremiere sei das Wichtigste auf der Welt. Die meisten von ihnen übersahen die ersten Anzeichen erneuter wirtschaftlicher Schwierigkeiten. Dem scheinbar sorglosen Wohlstand von 1929 zum Trotz kündigte sich eine Wende an. Eine neuerliche Inflation drohte, und bei Lohnstreitigkeiten in der Stahlindustrie hatten die Arbeitgeber etwa zweihunderttausend Arbeiter ausgesperrt. Und unter den Bauern, die nie sehr von ausländischen Krediten profitiert hatten, verbreitete sich zunehmend Armut und Arbeitslosigkeit. Überhaupt stieg die Arbeitslosigkeit im ganzen Land während des Vorfrühlings gefährlich an. Aber die Berliner ignorierten die schlimmen Vorzeichen. Nur schwer konnten sie sich vorstellen, daß die Zeitungsmeldungen über einen plötzlichen Kurseinbruch an der Wall Street auch für sie verhängnisvoll werden sollten. Dafür war Amerika zu weit entfernt. Es war schwer zu glauben, daß die »goldenen« Jahre bald vorüber sein sollten.

Dr. Fritz Bamberger, Philosophieprofessor am Jüdischen Institut von Berlin, erinnert sich an das Jahr 1929 vor allem im Zusammenhang mit dem zweihundertsten Geburtstag von Moses Mendelssohn. Mendelssohn spielte als Philosoph keine überragende Rolle, um so wichtiger war sein Wirken für die Entwicklung der jüdischen Gemeinde in Deutschland. Als ein bedeutender Verfechter der Emanzipation und Assimilation übersetzte er den Pentateuch ins Deutsche und verfocht in zahlreichen Werken die religiöse und politische Toleranz. Gotthold Ephraim Lessing machte Mendelssohn zum Helden seines berühmten Dramas NATHAN DER WEISE.

Der Jahrestag war ein großes Ereignis, erzählt mir Dr. Bamberger. *Wir gaben eine Gesamtausgabe von Mendelssohns Schriften heraus, und in jedem deutschen Land und in jeder Stadt gab es irgendein Fest. Ich habe an verschiedenen Orten Vorlesungen über Mendelssohn gehalten. Das hat mir eine hübsche Stange Geld eingebracht, mich aber auch sehr erschöpft, so daß ich Ende des Jahres zum Skilaufen nach St. Moritz fuhr. Ich kann mich entsinnen, daß ich im Hotel Kulm wohnte. Dort logierten viele interessante Gäste wie Leopold Schwartzschild, Herausgeber der bekanntesten linksgerichteten Zeitschriften in Deutschland, und eine Menge wohlhabender Leute – ich erinnere mich an einen schwedischen Industriellen und seine Geliebte, eine Gräfin. Und ich erinnere mich, daß wir eines Abends einfach so zusammensaßen, es war wohl um Silvester herum, und wir alle waren wohlig müde vom Skilaufen in den Bergen. Wehmütig fühlten wir, daß der Höhepunkt überschritten war. Wir wußten: So schön wird es nie wieder sein.*

KAPITEL 14

»Dann werden auch Köpfe rollen«

1930

Wir waren einfach, weil das Volk einfach ist.
Wir dachten primitiv, weil das Volk
primitiv denkt. Wir waren aggressiv,
weil das Volk radikal ist.

JOSEPH GOEBBELS

Wir sind 70 000 Arbeiter in den Lennoxschen Fleischfabriken und wir / Können keinen Tag mehr mit so kleinen Löhnen weiterleben, rief der Chor in Brechts HEILIGER JOHANNA DER SCHLACHTHÖFE.

Gestern wurde wieder hurtig der Lohn gesenkt
Und heut hängt schon wieder die Tafel aus
Jeder kann weggehen, der
Mit unseren Löhnen nicht zufrieden ist.
... jetzt / Kann man für zwölf Stunden Arbeit nicht mehr
Das trockene Brot verdienen und
Die billigste Hose. Jetzt
Kann man gradsogut weggehn und
Schon gleich verrecken.

Brecht verlegt die Handlung seines Stücks in die Schlachthöfe von Chicago, aber natürlich waren nicht die Arbeitslosen in Chicago, sondern in Berlin gemeint. Nur wenige Monate nach dem Börsenkrach an der Wall Street im Jahr 1929 hatte eine weltweite Depression begonnen, und kein Land wurde vom Rückgang des Handels und der Kreditgeschäfte so empfindlich getroffen wie Deutschland. Ausländische Investoren zogen eiligst ihr Kapital ab, und die Deutschen brachten ihr Geld schnell im Ausland in Sicherheit. Betriebe wurden geschlossen, die Arbeiter auf die Straße geschickt. Allein im Januar 1930 stieg die Arbeitslosenzahl in Deutschland von eineinhalb auf fast zweieinhalb Millionen, und mit jedem Monat wurde die Zahl größer. Wer noch einen Arbeitsplatz hatte, mußte empfindliche Lohneinbußen hinnehmen.

Die Zeitungen räumten der Berichterstattung über die vielfältigen Symptome der Katastrophe großen Raum ein. Ende Januar beobachtete etwa die DEUTSCHE ALLGEMEINE ZEITUNG, daß sich die Kundenzahl der städtischen Pfandleiher in Berlin verdoppelt habe. Da jeder Kunde seine Beschäftigung angeben mußte, konnte die Zeitung daraus entnehmen – und sie hielt dies für mitteilenswert –, daß die meisten dieser Kunden, nämlich über neunundzwanzig Prozent, Ladenbesitzer waren, gefolgt von arbeitslosen Frauen mit fünfundzwanzig Prozent. Man konnte in den Zeitungen Anzeigen wie diese finden: *Geld für jedermann zu sechs Prozent p. a. Immobilien oder Mobiliar als Sicherheit bevorzugt.* Und Geschichten wie die folgende: *Der Bankier Max Cunow aus Berlin wurde Montag früh mit einem Kopfschuß in seinem Schlafzimmer tot aufgefunden. Die polizeilichen Ermittlungen ergaben, daß unzweifelhaft Selbstmord vorliegt. Es wurde ein Brief gefunden, aus dem eindeutig hervorgeht, daß Cunow wegen finanzieller Schwierigkeiten den Tod gesucht hat.* Innerhalb einer Woche wurden in Berlin fünf Selbstmorde bankrotter Geschäftsleute gezählt. Die Arbeitslosen drängten sich in den städtischen Wärmestuben. Eine davon befand sich in der Ackerstraße, immer zum Bersten gefüllt, und die Presse berichtete davon, daß die Polizei dort, aber auch in anderen Asylheimen *von ihren Schlagstöcken Gebrauch machen mußte.*

Ja, wie sah das Leben der Arbeitslosen aus? versucht der grauhaarige Pressesprecher des Springer Verlags sich an damals zu erinnern. Früher arbeitete der Dreiundsechzigjährige als Berlin-Korrespondent für Hamburger und Breslauer Zeitungen. *Nun, sie haben Karten gespielt. Sie gingen zu Demonstrationen. Manche sind kriminell geworden. Eine traurige Zeit. Man selbst ging arbeiten, und überall in den Straßen standen junge Männer und junge Mädchen ohne Arbeit herum. Allein in der Viermillionenstadt Berlin gab es eine drei viertel Million Arbeitsloser. Sie trafen sich auf ein Bier, streiften durch die Wälder, viele hatten Hunger.*

In den Wäldern um Berlin bildeten die Arbeitslosen einige Zeltkolonien, in denen sie vom Frühjahr bis zum ersten Frost lebten. Besucher waren stets erstaunt darüber, wie ordentlich und ruhig es in diesen Camps zuging. Die Zeltlager hatten ihre eigenen »Bürgermeister« und »Gemeindeparlamente«, es gab Suppenküchen und eine kollektive Müllabfuhr. Die Straßen verliefen schnurgerade und waren mit kleinen, säuberlichen Schildern gekennzeichnet. Die Frauen kochten Kohlrüben, die Kinder spielten auf eigens angelegten Spielplätzen. Ihre Väter saßen herum und bliesen Trübsal. Aber nicht alle Arbeitslosen blieben so harmlos. In den nahe gelegenen Feldern hielten die Bauern Wache, um Banden, die nach Eßbarem unterwegs waren, davon abzuhalten, ihr Gelände zu betreten und ihre Kartoffeln zu stehlen.

Diese Wirtschaftskrise brachte das Kabinett des Sozialdemokraten Hermann Müller bis an den Rand des Zusammenbruchs. Sogar angesichts optimistischster Schätzungen konnte niemand darüber hinwegsehen, daß allein die Zahlung von Arbeitslosenunterstützung zu einem Defizit von rund fünfhundert Millionen Reichsmark führen mußte. Die Konservativen verlangten eine Kürzung der Leistungen; die Linke forderte eine Erhöhung der Steuern für die Arbeitgeber. Die katholische Zentrumspartei, unter Vorsitz von Heinrich Brüning, arbeitete einen Kompromiß aus, der von beiden Seiten Opfer forderte, aber die SPD wollte in einer so grundsätzlichen Angelegenheit keine Kompromisse eingehen. Reichskanzler Müller war zu zermürbt, zu müde und zu krank, um den Kampf weiterzuführen. Zehn Jahre waren vergangen, seit er, kurz nach dem Kapp-Putsch, zum erstenmal für kurze Zeit Kanzler gewesen war, zehn Jahre, in denen sämtliche Wahlen immer wieder zu einem zersplitterten Reichstag führten, und zehn Jahre mühsamen Ringens um internationale Verträge – was zynische Gegner letztlich als »Kuhhandel« bezeichneten. Als er erfahren mußte, daß Hindenburg einen neuen Kanzler forderte, trat er zurück. Und mit dieser Abdankung stürzte auch die letzte wirklich parlamentarische Regierung der Weimarer Republik.

Hermann Müller hatte nur noch ein Jahr zu leben. Er verstarb an einem Leberleiden, das ihn schon Jahre hindurch während seiner Kanzlerschaft geplagt hatte. Die Berliner, inzwischen daran gewöhnt, daß ihre Oberhäupter dahinstarben, sahen ein weiteres Defilee von trauerbeflorten Staatsdienern. Das Begräbnis des vormaligen Reichskanzlers fand sogar literarischen Niederschlag. In Christopher Isherwoods BERLIN STORIES findet sich folgende Passage: *Wir traten zu dritt auf den Balkon von Clive's Zimmer. Tatsächlich war die Straße unten voller Menschen. Hermann Müller wurde begraben. Blasse, unentwegt Büroangestellte in Reih und Glied, Regierungsbeamte, Gewerkschaftssekretäre, der ganze müde Mummenschanz der preußischen Sozialdemokratie, zogen da mit ihren Bannern durch den scharf gezeichneten Bogen des Brandenburger Tores, von dem lange Trauerflore träge im Abendwind wehten.*

Mit einigen seiner Romane, Bühnenstücke und Sketche hat Christopher Isherwood für uns Amerikaner das Bild von Berlin in den zwanziger Jahren geprägt. 1951 fand ein Broadway-Autor an der Eingangspassage eines Romans von Isherwood Gefallen, und sie diente als Vorlage für ein Broadway-Stück: *Ich bin eine Kamera mit offenem Verschluß, nehme nur auf, registriere nur, denke nichts. Registriere den Mann, der sich am Fenster drüben rasiert, und die Frau im Kimono, die ihr Haar wäscht. Eines Tages werde ich alle diese Bilder entwickelt, sorgfältig kopiert und fixiert haben.*

Später entstand unter dem Titel I AM A CAMERA ein Erfolgsfilm und daraus, ergänzt mit einigen Songs, das populäre Musical CABARET. Während dieser Bearbeitungen verwandelten sich auch die von Isherwood beschriebenen Figuren und wurden zu »typischen Berlinern«, obwohl sie eigentlich nicht in Berlin geboren waren oder als Außenseiter in dieser Stadt lebten. Der Autor wollte deshalb seine Porträts ursprünglich DIE VERSTOSSENEN nennen.

Paradoxerweise gelang es Isherwood gerade durch die Zeichnung dieser verlorenen Außenseiter, ein äußerst stimmiges Bild von Berlin zu entwerfen. Aber die Broadway-Autoren von CABARET entschieden sich dafür, aus den differenzierten Figuren Typen und damit Karikaturen zu machen. Der gequälte, selbstzerstörerische Grundton jener Zeit in Berlin wurde zu einem rauschhaften Chor verfälscht: *Das Leben ist ein Kabarett.*

Auch W. H. Auden kam als junger Dichter nach Berlin. Seine Eltern ermöglichten ihm nach seinem Oxford-Examen ein Jahr Auslandsaufenthalt. *Alle gingen nach Paris, aber das wollte ich auf keinen Fall. Also ging ich nach Berlin. In der Tat kam ich gerade rechtzeitig, um in die Premiere der »Dreigroschenoper« zu gehen, obwohl ich gar kein Deutsch konnte*, erzählt mir Auden.

Er lebte sich schnell ein und schrieb sogar Gedichte in deutscher Sprache. In seinen Briefen nach England berichtete er davon, wie großartig Berlin sei. Isherwood, ein ehrfürchtiger Bewunderer von Audens

Schilderungen, folgte seinem Freund nach Berlin, wenn auch nicht des Klimas wegen. Er suchte vor allem das, wovor ihn seine Verwandten warnten: eine Stadt in orgiastischer Ekstase, Abenteuer im Rausch der Sinne.

Als der junge Dichter – fünfundzwanzigjährig – in seinem bescheidenen Zimmer eines Mietshauses versuchte seinen zweiten Roman THE MEMORIAL fertigzustellen, dämmerte es ihm allmählich, daß Berlin bei weitem nicht so verrucht ist, wie er es erwartet hatte. Er ernährte sich von billigem Essen wie Pferdefleisch und Lungensuppe, das nur ein paar Groschen kostete. In seinem Roman DAS DENKMAL beschreibt Isherwood diese dumpfe, beklemmende Atmosphäre aus Armut und schwelender politischer Unruhe äußerst treffend.

Jetzt, da ich ihn nach dieser Zeit befrage und er inzwischen Ende sechzig ist, blickt Isherwood mit gütiger Gleichmut auf Berlin und den Erfolg seiner Geschichten. *Ich war ja der einzige englischsprachige Schriftsteller, der ein Buch über jene Zeit schrieb. Es war nichts Besonderes und zuerst kein großer Erfolg. Es gab zwar einige gute Kritiken, aber so kurz vor Kriegsausbruch – das war ein ungünstiger Erscheinungstermin. Ich hatte nie sofort einen großen Erfolg mit meinen Büchern, ich meine, es war kein Bestseller dabei. Aber aus meinen Geschichten entstand eine eigene Welt. Und das lesen die Menschen gern. Sie wollen das Leben anderer Menschen beobachten wie in einem Aquarium.*

Isherwood ist noch einmal, 1952, in Berlin gewesen. Die vielen Tonnen Schutt haben ihn sehr beeindruckt. Er sah Menschen, die mit Energie, ohne über ihr Schicksal zu jammern, die Trümmer aufräumten und erkannte darin den alten Geist der Stadt.

Er traf seine alte Wirtin in der Nollendorfstraße, auch sie fand er ungebrochen. Sie berichtete ihm von den Bombenangriffen und der sowjetischen Besatzung.

Der in viele Parteien zersplitterte Reichstag konnte sich weder auf eine neue Regierung noch auf ein Programm zur Bekämpfung der Wirtschaftskrise einigen, so daß die Staatsmacht immer mehr in die Hände des Reichspräsidenten Paul von Hindenburg glitt. Und da Hindenburg mittlerweile dreiundachtzig Jahre alt war und sich zeitweise starke geistige Ausfallerscheinungen bemerkbar machten, ging die Präsidialmacht immer mehr in die Hände seiner Kamarilla über. Diese bestand aus drei Schlüsselfiguren: Hindenburgs korruptem und unfähigem Sohn Oskar, Staatssekretär Otto Meißner, einem derart wandlungsfähigen Faktotum, daß er unter Ebert wie unter Hitler in der gleichen Position diente, und schließlich – dem mächtigsten von allen – General Kurt von Schleicher.

Noch vor dem Sturz des Reichskanzlers Müller hatte Schleicher dessen Nachfolger, Dr. Heinrich Brüning, bestimmt. Als Führer der Zentrumsfraktion, die nie auch nur ein Fünftel der Reichstagsmandate errang, hatte Brüning schlechte Aussichten, eine Mehrheit in der Legislative für sich zu gewinnen. Aber er besaß andere Qualitäten, die ihm die Rückendeckung Schleichers und Hindenburgs einbrachten. Brünings Erfahrungen als Kommandeur einer Maschinengewehr-Scharfschützen-Abteilung – im Grunde eines »Himmelfahrtskommandos« – prägten sein übermenschliches Gefühl für Pflicht und Aufopferung und ließen ihn die »nationale Sache« über alles stellen. Er war ein gewissenhafter Mensch und nahm Anteil am nationalen Schicksal der Armen und Arbeitslosen. Schon bald wurde er – vor allem von seinen Gegnern – »Hungerkanzler« genannt.

Und gegen diesen Namen sollte er für den Rest seines Lebens ankämpfen. Viele Jahre lang lehrte er an der Harvard-Universität, wo er sehr zurückgezogen lebte. Schließlich setzte er sich in einem kleinen Landhaus bei Hanover in New Hampshire zur Ruhe und arbeitete an seinen Memoiren, die posthum seine Version der Katastrophe darlegten. *Er will die Menschen mit absoluter Leidenschaft davon überzeugen, daß er nicht für Hitlers Aufstieg verantwortlich war*, erzählt einer seiner Kollegen. *Das ist ein bißchen absurd, denn zum einen verlief Hitlers Aufstieg einer Flutwelle ähnlich, von niemandem mehr aufzuhalten. Zum andern trägt Brüning tatsächlich zum Teil für diese Entwicklung Verantwortung.*

Brüning übernahm einige Minister aus Müllers Kabinett, bildete innerhalb von drei Tagen eine neue Regierung, die am 30. März 1930 ihre Arbeit begann, und drohte dem Reichstag sogleich mit drastischen Maßnahmen: Es sei der letzte Versuch, mit diesem Reichstag zu einer Einigung zu kommen. Die SPD konterte sofort mit einem Mißtrauensantrag, den Brüning jedoch überstand. Das durch die Arbeitslosigkeit bedingte Haushaltsdefizit stieg noch immer – es war jetzt doppelt so hoch wie zu Jahresbeginn –, und Brüning kündigte ein Sparprogramm an. Die Beiträge zur Arbeitslosenversicherung sollten erhöht, dafür die Arbeitslosenunterstützung gekürzt werden, darüber hinaus wollte er die Einkommensteuer heraufsetzen und die Beamtengehälter kürzen.

Als der Reichstag sein Programm mehrheitlich ablehnte, griff Brüning zu einem Mittel, dessen Einsatz er offensichtlich schon von Anfang an geplant hatte. Der Artikel 48 der Weimarer Verfassung ermächtigte den Reichspräsidenten, per Notverordnung zu regieren, wann immer die Aufrechterhaltung der öffentlichen Sicherheit und Ordnung dies erforderte. Brüning legte diesen Artikel mit bis dato unbekannter Freizügigkeit aus und unterbreitete Hindenburg eine Reihe von Verordnungen zur Unterzeichnung. Hindenburgs Unterschrift ließ ein Gesetzesbündel als Notverordnung *zur Behebung finanzieller, wirtschaftlicher und sozialer Notstände* in Kraft treten. Die Mehrheit des Reichstags antwortete mit einem Antrag, die Notverordnungen für unwirksam zu erklären. Als der Antrag angenommen wurde, löste Hindenburg daraufhin auf Brünings Rat den Reichstag auf und setzte Neuwahlen an.

Brüning wurde von weitsichtigen Beratern gewarnt, daß sein Vorgehen selbstmörderisch sei und er keine Chance habe, die Wahlen mit einem Sparprogramm zu gewinnen. Jede Wahl in einer Zeit der Massenarbeitslosigkeit könne nur zu einem Sieg der Extremisten führen. Außenminister Julius Curtius wollte den Kanzler *von dem schicksalsschweren Schritt einer Parlamentsauflösung abhalten*, aber Brüning hätte dagegengehalten, er fühle sich verpflichtet, *die Autorität des Reichspräsidenten zu wahren, die durch die Ablehnung seiner Verordnung ins Wanken geraten war.*

Im Rückblick scheint dies ein dürftiger Grund gewesen zu sein, inmitten einer Wirtschaftskrise eine Reichstagswahl anzusetzen, aber der einstmalige Artillerist Brüning verspürte seinem Feldmarschall gegenüber offenbar eine blinde Loyalität. Die Wahlen setzte er für den letztmöglichen Termin, den 14. September, an, damit blieb ihm der Sommer, um mittels Notverordnungen wirtschaftliche Entlastungen zu erreichen. Er wußte, daß seine Chancen gering waren; wie sich zeigte, waren sie noch geringer, als er geglaubt hatte.

Zwischen 1926 und dem Frühjahr 1930 stieg die Mitgliederzahl der Nazipartei rasant an. Von lediglich siebzehntausend vergrößerte sich die Partei auf über zweihunderttausend Mitglieder. Im Herbst 1930 brüstete sich Hitler bereits mit einer Million. Und mit ihrem Prestigegewinn wurde die Partei zunehmend interessanter für Deutschlands Industrielle. Der Stahlmagnat Fritz Thyssen schätzte die Zuwendungen der Schwerindustrie an die NSDAP während der späten zwanziger Jahre vorsichtig auf zwei Millionen Mark im Jahr; die tatsächliche Zahl lag wahrscheinlich beachtlich höher.

Eine der NSDAP-Größen, die Thyssen persönlich subventionierte, war Hermann Göring. Nach dem Scheitern des Hitlerputsches war er nach Schweden geflohen und hatte es vor dem Herbst 1927, als Hindenburg eine politische Generalamnestie verkündete, nicht gewagt, nach Deutschland zurückzukehren. Dann kam er nach Berlin und wurde so etwas wie ein Lobbyist für einige Flugzeughersteller, darunter Heinkel, die Bayrischen Motorenwerke und, inoffiziell, die Lufthansa. Er hatte seine schwedische Frau in ihrer Heimat zurückgelassen und führte zunächst ein bescheideneres Leben. Als Thyssens Geld floß, holte Göring jedoch seine Frau nach Berlin und gab regelmäßig festliche Empfänge in seiner neuen, gut ausgestatteten Wohnung in der Badenschen Straße.

Die NSDAP blieb in einen rechten und einen linken Flügel gespalten, und Hitler tat sein Bestes, beide Seiten glauben zu machen, daß er sie bevorzuge. Er vermied klare Stellungnahmen und Entscheidungen und verfolgte seinen eigenen Weg.

Joseph Goebbels, der zum linken Flügel der Partei gehörte, berichtete einige Jahre später, auf seine Karriere zurückblickend, einem Verbündeten, er habe die Nationalsozialistische Bewegung in vier wesentlichen Punkten befördert: Indem er den Sozialismus einer Gruppe des Mittelstands nahebrachte, indem er *Berlin eroberte*, indem er das Zeremoniell der öffentlichen Parteiversammlungen ausarbeitete und indem er *den Hitler-Mythos schuf, Hitler die Gloriole der Unfehlbarkeit verlieh*.

Tatsächlich zeigten die Wahlen, daß sich Millionen Deutscher bereits der Illusion hingaben, daß Adolf Hitler – inkompetent und halbgebildet, ein Versager in allem, was er je unternommen hatte – die Fähigkeit und die Intelligenz besäße, die gravierenden Probleme der Nation zu lösen. Hitler, durch Goebbels tatkräftig unterstützt, schlug im Kampf um die Kontrolle der Nazibewegung auch seinen Widersacher Otto Strasser aus dem Feld. Vom Frühjahr 1930 an drängte Goebbels systematisch darauf, alle Anhänger Strassers aus der Organisation auszuschließen. Strasser verlangte eine Parteiversammlung, um über einen dieser Parteiausschlüsse zu verhandeln. Goebbels stimmte zwar zu, aber Strasser wurde am Eingang zum Saal abgewiesen. Daraufhin schied Strasser aus der Partei aus; sein Bruder Gregor weigerte sich, ihm zu folgen. Otto Strasser versuchte daraufhin eine Gegengruppe zur NSDAP aufzubauen, die er die Schwarze Front nannte.

Der Fall der Brüder Barmat, die Anfang der zwanziger Jahre Sozialdemokraten bestochen hatten, fand noch eine Fortsetzung. Die Sklarek-Brüder betrieben in Berlin eine Textilfabrik, in der sie Uniformen für Polizei, Feuerwehr und andere öffentliche Einrichtungen fertigten. Das Geschäft florierte, und die Sklareks lebten auf großem Fuße. Sie bewirteten führende Vertreter der Stadt und waren Freunde des hochangesehenen Berliner Bürgermeisters Gustav Böß, der 1921 in das Rathaus eingezogen war. Frau Böß beschenkten die Sklareks mit einem Pelzmantel. Sie hatten eine raffinierte Methode entwickelt, zu Geld zu kommen. Sie stellten Uniformen in Rechnung, die nie geliefert wurden. Daraus ergab sich ein Profit von mehr als acht Millionen Mark.

Bürgermeister Böß weilte gerade auf einer Dienstreise in den USA, als der Skandal ruchbar wurde. Bei seiner Rückkehr sah er sich am Bahnhof einem aufgebrachten Nazimob gegenüber, der jüdische Geschäftsleute und Beamte mit Schmähungen überhäufte. Bürgermeister Böß trat sofort zurück und leitete sogar ein Untersuchungsverfahren gegen sich selbst ein, das die Nationalisten fast über das ganze Jahr 1930 hinzogen. Böß wurde schließlich zu einer Geldstrafe verurteilt, und die Sklareks gingen in Konkurs, aber der politische Schaden war irreparabel. Genau das war es, was die Nazis erreichen wollten: die Erschütterung des Systems.

Die Wahlkampagne des Sommers 1930, die Brüning mit hochgesteckten Zielen begonnen hatte, wurde von Hitler als brutaler Machtkampf geführt. Die Wirtschaftskrise hatte Hitler ein ideales politisches Klima der Unzufriedenheit und Verbitterung verschafft. Jede Woche verloren Tausende ihre Anstellung, ihren Lohn und – schlimmer noch – ihr Selbstwertgefühl. Zweimal in der Woche mußten sie stundenlang anstehen, um ihre Unterstützung in Empfang zu nehmen, und danach zogen sie durch die Straßen oder lungerten in den Kneipen herum. Im selben Maß, wie die Gesellschaft sie ausstieß und chancenlos machte, wurden sie verführbar für Hitlers braune SA-Uniformen, die ihnen ein Gefühl von Bedeutung und Zusammengehörigkeit verlieh.

Sie versammelten sich zumeist in den Hinterzimmern von Kneipen. Dort hockten die arbeitslosen Braunhemden an den meisten Stunden des Tages vor halbleeren Biergläsern, wurden mittags für ein paar Pfennige gespeist und standen in Reih und Glied, wenn ein Vorgesetzter pfiff oder *Achtung!* schrie. Sie stampften durch die Straßen von Berlin, singend, Parolen brüllend, provozierend. Die Kommunisten mit ihrem Rotfrontkämpferbund waren nicht weniger aggressiv. Wann immer die fanatisierten und rivalisierenden Trupps aneinandergerieten, gab es Auseinandersetzungen, die nicht selten in einem Blutbad endeten.

Einige der Sturmabteilungen waren kaum von kriminellen Gruppen zu unterscheiden. Einer der »Märtyrer« aus jenen Straßenschlachten, der einundzwanzigjährige Horst Wessel, Sohn eines protestantischen Militärpfarrers, brachte es zu trauriger Berühmtheit: Wessel hatte mit seiner Familie gebrochen und sein Studium aufgegeben. Er lebte mit einer Prostituierten zusammen und verdiente seinen Unterhalt offenbar als Zuhälter. Um die nationalsozialistische Bewegung voranzubringen, schrieb er ein dreistrophiges Lied mit dem Titel DIE FAHNE HOCH, das zur Parteihymne deklariert wurde. Wessel wurde 1930 von einem Rivalen niedergeschossen. Ali Höhler, der Täter und gerade aus dem Gefängnis entlassen, gehörte einem kommunistischen Wehrverband an, was Goebbels zu Propagandazwecken auszunutzen verstand. Er machte aus der Schießerei einen niederträchtigen Akt von politischem Terrorismus. Als Wessel starb, inszenierte Goebbels ein gewaltiges Begräbnis. *Sein Lied macht ihn unsterblich*, schrie Goebbels vor der versammelten SA-Mannschaft. Diese Prophezeiung sollte sich erfüllen, denn das Horst-Wessel-Lied wurde zur offiziellen Hymne der Nazis erklärt, was den Verfasser auf fragwürdige Weise ehrte.

Ali Höhler wurde zu einer lebenslänglichen Haftstrafe verurteilt. Nachdem die Nazis an die Macht gekommen waren, holte die Gestapo Höhler aus dem Gefängnis und fuhr mit ihm in einen verlassenen Wald in Mecklenburg, wo sie ihn niederschossen.

In den ersten sechs Monaten des Jahres 1930 ergriffen die Behörden Maßnahmen, um den Kampf auf den Straßen zu beenden. Die preußische Regierung untersagte alle Paraden und öffentlichen Versammlungen im Land. Der Reichstag verabschiedete ein Republikschutzgesetz, das politische Unruhen verhindern sollte. Die preußischen Behörden verboten alle Uniformen und Abzeichen der NSDAP. Die Maßnahmen hatten jedoch keinerlei Wirkung. Die Nazis kleideten sich, um nur ein Beispiel zu nennen, anstatt mit braunen Hemden jetzt weiß.

In Christopher Isherwoods Erzählungen finden sich Beschreibungen, wie die Auseinandersetzungen eskalierten, bis der Haß plötzlich hervorbrach und die Gegner mit Messern, Bierkrügen und Stuhlbeinen aufeinander losgingen.

Straßendemonstrationen verliefen traditionell innerhalb gewisser lokaler Grenzen. Die Sozialisten und Kommunisten marschierten durch die Arbeitergegenden des Berliner Ostens, die Nationalisten und die übrigen Rechten paradierten in den Geschäftsvierteln des Westens.

Neukölln im Südosten war schon seit Generationen ein linksgerichteter Bezirk, und gewalttätige Auseinandersetzungen blieben hier keine Seltenheit. Für den 1. Mai 1929 hatten die Kommunisten einen Marsch durch den Bezirk angekündigt. Die Polizei verbot die Demonstration, die Kommunisten marschierten dennoch auf. Während der Auseinandersetzung schoß die Polizei in die Menge und tötete einunddreißig Menschen.

Haben Sie jemals solche Straßenkämpfe mit angesehen? frage ich Dr. Fritz Bamberger, Professor der Philosophie.

Oh, ja, antwortet Bamberger, *auch in Neukölln.*

Dr. Bamberger erzählt, woran er sich erinnert: *Neukölln war eine Hochburg der Kommunisten. Der Bezirk hatte große Probleme mit der Armut. Aber seine Erziehungsexperimente waren damals hochinteressant. Ein Freund lud mich ein, mit ihm die städtische Karl-Marx-Schule zu besichtigen. Die Schüler durften selbst entscheiden, womit sie sich beschäftigen wollten. Es gab keinen festen Stundenplan.*

Wie konnte das funktionieren?

Es funktionierte in einigen Bereichen phantastisch, beispielsweise in der sogenannten freien Ausdruckslehre. Die Kinder malten beeindrukkende Bilder aus ihrem Leben oder über ihre Wunschträume. Sie schrieben Geschichten, ohne daß ihnen jemand ein Thema vorgab. Ein elfjähriges Mädchen erzählte, wie es zu Hause auf seine kleine Schwester aufgepaßt und darauf gewartet hatte, daß ihre Mutter abends nach Hause käme. Sie beschrieb die Situation sehr spannend: Die Kinder schauen zur Uhr, sie hören Schritte auf der Treppe, aber es ist jemand anderes. Das Kleine fängt an zu weinen. Sie haben nichts zu essen, weil die Mutter erst auf dem Heimweg von der Arbeit einkaufen kann. Endlich kommt die Mutter nach Hause. Sie mußte länger arbeiten, um ihren Lohn zu bekommen. Das war schon alles, aber ich habe es nie vergessen können.

Der Vater wurde in der Geschichte nie erwähnt, fährt Bamberger fort. *In diesen Geschichten tauchten selten Väter auf. Die Kinder sprachen oft von sogenannten Onkeln, und es konnte gut möglich sein, daß es sich um Zuhälter handelte. Die Bilder der Kinder gaben einen äußerst realistischen Eindruck von ihrem Alltag wieder. Sie zeichneten Prostituierte, Mädchen aus dem Bezirk, wie sie ihnen täglich auf der Straße begegneten – mit ihren kleinen Regenschirmen und den hohen Stiefeln.*

Und wie war das mit den Straßenkämpfen?

Man wagte sich so nahe an die Barrikaden heran, bis man das Knattern der Gewehre hören konnte, erklärt mir Dr. Bamberger. *Dann ging man besser keinen Schritt weiter.*

Man mußte keine Straßenkämpfe sehen, um zu wissen, daß etwas nicht stimmte, äußert sich der Pianist Abram Chasins über jene Zeit. *Die Leute wußten, daß es eine Art Hitler-Untergrund gab, daß die Kinder indoktriniert wurden, daß demokratische Lehrer entlassen wurden, daß die Nazis besser organisiert waren, als es die Zeitungen je mitteilten. Die politischen Verhältnisse 1930 versetzten uns täglich in Spannung. Es gab hitzige Diskussionen, Demonstrationen und Straßenschlachten. Unser Alltag war davon bestimmt. Ich konnte es kaum erwarten wegzukommen. Dabei hatte ich Berlin geliebt.*

Bertolt Brecht war gerade bei einem Freund zu Besuch, der im dritten Stock eines Mietshauses in der Koblanckstraße wohnte, als er Zeuge einer Straßenschlacht wurde. Die beiden standen am Fenster und beobachteten, was unten geschah. Brecht sah, so der Freund, *wie die Demonstranten von der Polizei auseinandergetrieben und verfolgt wurden. Soweit wir feststellen konnten, waren diese Menschen nicht bewaffnet. Mehrfach schoß die Polizei … Als Brecht die Schüsse hörte, wurde er so weiß im Gesicht, wie ich ihn nie zuvor gesehen hatte. Ich glaube, es war nicht zuletzt dieses Erlebnis, das ihn dann immer stärker zu den Kommunisten trieb.*

1930 verfaßte Brecht ein Theaterstück, das offenbarte, wie nah er den Ideen des Kommunismus stand. DIE MASSNAHME ist eines seiner bewegendsten Stücke, mit dem überraschenderweise die Kommunisten selbst nie einverstanden waren. Es ist ein Bericht von vier Agitatoren, die von Rußland nach China reisen, um die Arbeiter zu organisieren. Unterwegs treffen sie einen jungen Genossen, der sich von ihnen Hilfe erhofft.

Unsere Lokomotiven sind in Bruch gefahren. Habt ihr Lokomotiven mitgebracht?

Nein.

… Dabei haben wir nichts, um unsere Äcker zu bestellen. Habt ihr Saatgut mitgebracht?

Nein.

So wollt ihr uns selber helfen?

Nein.

Die vier Agitatoren, die ihre Erlebnisse rückblickend wiedergeben, erzählen, daß sie den jungen Genossen mit auf ihre Mission nach China nahmen, doch zuvor mußten alle ihre *Gesichter auslöschen*. Der Leiter des Parteihauses sagt ihnen: *Dann seid ihr nicht mehr ihr selber … sondern allesamt ohne Namen und Mutter, leere Blätter, auf welche die Revolution ihre Anweisung schreibt*. Es folgt eine Reihe von Episoden, in denen der junge Genosse versucht, seinen Schwur zur Selbstverleugnung in die Tat umzusetzen, aber er scheitert. Als er sieht, wie Kulis mißhandelt werden, versucht er ihnen zu helfen. Um Fabrikarbeiter zu organisieren, ruft er sie zum Streik auf. Und als all seine Versuche, Gutes zu tun, die Mission der Agitatoren nur gefährden, beschließen sie, ihn zu erschießen und seine Leiche in eine Kalkgrube zu werfen. Der junge Genosse selbst fügt sich in sein Schicksal – *im Interesse des Kommunismus … ja sagend zur Revolutionierung der Welt*. Und der *Kontrollchor*, dem die vier Agitatoren ihre Geschichte erzählen, lobt die vier Mörder, denn

… eure Arbeit war glücklich.
Ihr habt verbreitet
Die Lehre der Klassiker
Das Abc des Kommunismus
Den Unwissenden Belehrung über ihre Lage
Den Unterdrückten das Klassenbewußtsein
Und den Klassenbewußten die Erfahrung der Revolution. …
Wir sind einverstanden mit euch.

Verständlicherweise schätzten die Kommunisten Brechts Version des Kommunismus nicht sonderlich, denn sie fanden keinen Gefallen an einem prophetischen Spiel, in dem die Partei ihre eigenen Mitglieder – noch dazu die besten – hinrichtet. Aber Brechts Stück entsprang seinem Hang zur Leidenschaftslosigkeit. Schon im CHORAL VOM GROSSEN BAAL sind die zentralen Metaphern Brechtscher Dichtung erkennbar: Himmel und Wasser als unbegrenzter Raum, in dem man Frieden finden kann. In den EXERZITIEN DER HAUSPOSTILLE schrieb er:

Man muß nicht schwimmen, nein, nur so tun, als
Gehöre man einfach zu Schottermassen.
Man soll den Himmel anschaun und so tun,
Als ob einen ein Weib trägt, und es stimmt.
Ganz ohne großen Umtrieb, wie der liebe Gott tut,
Wenn er am Abend noch in seinen Flüssen schwimmt.

In ERINNERUNGEN AN DIE MARIE A. kann sich der Dichter nicht an das Mädchen erinnern, das er küßte, aber um so genauer an die Wolke, die über ihr stand:

Die Pflaumenbäume blühn vielleicht noch immer
und jene Frau hat jetzt vielleicht das siebte Kind
Doch jene Wolke blühte nur Minuten
Und als ich aufsah, schwand sie schon im Wind.

Sich diesen riesigen Weiten auszuliefern heißt sterben. Aber Sterben ist, so gesehen, nicht so sehr eine Tragödie als vielmehr eine Rückkehr in das Nicht-Sein, aus dem man hervorging. So heißt es vom ertrunkenen Mädchen in den KLEINEN TAGZEITEN DER ABGESTORBENEN:

Als sie ertrunken war und hinunterschwamm
von den Bächen in die größeren Flüsse
Schien der Opal des Himmels sehr wundersam
als ob er die Leiche begütigen müsse.

Für MAHAGONNY schrieb Brecht ein Liebesduett, von dem Auden sagt, es sei *eines der schönsten Liebesgedichte, die je geschrieben wurden* – auch hier eine Metapher des Himmels:

Sieh jene Kraniche im großen Bogen!
Die Wolken, welche ihnen beigegeben
Zogen mit ihnen schon, als sie entflogen
Aus einem Leben in ein andres Leben.

Man kann davon ausgehen, daß Brecht natürlich nicht nur aufgrund der Straßenkämpfe von den Ideen des Kommunismus angezogen wurde. Auch wird er Behauptungen, es gäbe wirkungsvolle Programme gegen die Wirtschaftskrise wenig Glauben geschenkt haben.

Ihn faszinierte am Kommunismus die Unterordnung des einzelnen unter die Organisation der Partei. Viele Intellektuelle empfinden einen solchen Akt der Unterwerfung als eine seltsame Art der Befriedigung. Von seinem frühen Stück IM DICKICHT DER STÄDTE bis zur MASSNAHME, zum GALILEI und zur MUTTER COURAGE brachte Brecht, der von Beginn seines Schaffens an für radikal gehalten wurde, nicht Revolte, sondern Gleichmut und Unterwerfung auf die Bühne.

Was immer auch aus seinen Stücken zu lesen sein mag, offiziell hing Brecht den marxistischen Theorien an, die einen bedeutend aggressiveren Umgang mit der Welt fordern, und als er sah, wie erfolgreich die DREIGROSCHENOPER in kommerzieller Hinsicht war, stieg seine Unzufriedenheit. Vielleicht erkannte er in diesem Zusammenhang, daß Weills Musik die Grundstimmung des Stückes beträchtlich verändert hatte, oder vielleicht kränkten ihn Vorwürfe wie die eines linksgerichteten Kritikers, wonach Brechts Fassung weit weniger radikal sei als John Gays ursprüngliche Version – wie dem auch sei, als die Filmgesellschaft Nero-Film die Rechte für die Verfilmung kaufen wollte, überließ Brecht sie ihnen für vierzigtausend Mark, behielt sich für weitere vierzehntausend das Recht auf eine eigene Drehbuchfassung vor und machte sich dann daran, das Stück marxistisch linientreu zu überarbeiten. Unter anderem ließ er den Straßenräuber Macheath als erfolgreichen Bankier enden. Die Filmgesellschaft, die lediglich den Bühnenerfolg auf die Leinwand bringen wollte, stritt sich eine Zeit lang mit dem Autor herum und produzierte dann unter der Regie von G. W. Pabst mit einem üppigen Budget von achthunderttausend Mark. Die Filmgesellschaft machte Brecht das Angebot, ihn voll auszuzahlen, aber Brecht reichte Klage ein und stoppte damit die Dreharbeiten.

Das Gerichtsverfahren im Oktober 1930 war ein gesellschaftliches Großereignis. Theater- und Filmgrößen strömten in den Berliner Gerichtssaal, um dabei zu sein, wenn der berühmte Autor in eigener Sache plädierte, und Brecht lieferte ihnen all die Melodramatik, die sie von ihm erwarteten: Einmal lehnte er eine Abfindung von fünfundzwanzigtausend Mark ab, ein andermal stürmte er aus dem Gerichtssaal. Die Anwälte der Filmgesellschaft legten jedoch erfolgreich dar, daß Brecht tatsächlich nur sehr wenig an seinem Drehbuch gearbeitet habe und zu keinerlei Kompromissen bereit gewesen sei. Ohnehin wäre es schwer gewesen, ihn zu Gesprächen ausfindig zu machen. Das Gericht wies seine Klage zurück, was Brecht als ein Exempel kapitalistischer

Zwangsherrschaft anprangerte. Als die Filmgesellschaft ihm aber eine neuerliche Zahlung von sechzehntausend Mark anbot, vermutlich um den Instanzenweg zu vermeiden, folgte Brecht seinem gesunden Menschenverstand und nahm das Geld an. Zu seiner Entschuldigung erklärte er: *Die Öffentlichkeit sollte sehen, wie wir uns um Gerechtigkeit bemühten.*

Die Wahl vom 14. September 1930 brachte eine Katastrophe. Die Nationalsozialisten, die zuvor im Reichstag nur unbedeutende zwölf Sitze hielten, hatten sich etwa fünfzig Sitze erhofft. Statt dessen bekamen sie einhundertsieben Mandate, was sie mit einem Schlag zur zweitgrößten Partei in Deutschland machte. Ihre Wählerstimmen stiegen von achthundertzehntausend auf sechseinhalb Millionen. Die SPD war mit einhundertdreiundvierzig von insgesamt fünfhundertsiebenundsiebzig Sitzen noch immer die stärkste Partei, aber sie hatte zehn verloren und sah sich nun mit einer erstarkenden KPD konfrontiert, die immerhin auf siebenundsiebzig Sitze hatte zulegen können. Die Parteien der gemäßigten Mitte schnitten insgesamt schlecht ab.

Wie zahlreiche Berliner verbrachte auch Bruno Walter, Dirigent der Staatsoper, diesen Abend vor dem Radio. Sein Gast war der berühmte Cellist Emanuel Feuermann. *[D]ie triumphierende Stimme des Ansagers verkündete alle paar Minuten den Stand der Wahl*, erzählte Walter. *Etwa um drei Uhr früh wußten wir, daß Hitler sechseinhalb Millionen Stimmen erhalten hatte ... Der sonst so lustige Feuermann verließ uns mit den Worten: »Es ist aus mit Deutschland, aus mit Europa.«*

Manche Beobachter führten das Desaster auf formale Ursachen wie das deutsche Verhältniswahlrecht zurück. Hätte in Deutschland das amerikanische Mehrheitswahlprinzip Anwendung gefunden, wonach jeder Sitz demjenigen Kandidaten zufällt, der innerhalb eines bestimmten Bezirks die meisten Stimmen gewinnt, so wäre die NSDAP 1930 nicht mehr als auf zwanzig Mandate gekommen. Aber es ist müßig, nachträglich über das Verfahren zu debattieren. Es bleibt eine Tatsache, daß sechseinhalb Millionen Deutsche sich bei der Wahl für die NSDAP entschieden, und es sollten noch mehr werden. Hitler hatte in den verschiedensten sozialen Schichten neue Anhänger gefunden. Die traditionell liberal orientierten Landwirte von Schleswig-Holstein hatten ihm fünfundzwanzig Prozent ihrer Stimmen gegeben. Massen von Arbeitslosen – inzwischen auf mehr als drei Millionen angewachsen – stimmten für die Nazis. Ebenso die Konservativen, die mit Hugenbergs Deutschnationaler Volkspartei nicht mehr zufrieden waren. Dazu kamen viele Frauen, die rechts wählten. Besonders verheerend wirkte sich vermutlich aus, daß die Jugend sich von der NSDAP angezogen fühlte. 1930 gab es fast fünf Millionen Erstwähler, die – während des Krieges noch Kinder – in den Unruhen der zwanziger Jahre heranwuchsen und jetzt arbeitslos, ohne Wurzeln und voller Zorn waren. In ihren Augen mußte der einundvierzigjährige Hitler als Hoffnungsträger für eine grundlegende Erneuerung wirken.

Aber es sind noch tiefere Ursachen zu vermuten: der uneingestandene Hang der Nation zum nationalsozialistischen Bekenntnis zur Gewalt beispielsweise. Oder auch ein prophetischer Instinkt für kollektive Selbstzerstörung. Dr. Franz Alexander, erster Schüler des Berliner Instituts für Psychoanalyse und späterer Direktor eines entsprechenden Instituts in Chicago, meinte die Antwort in einigen seiner deutschen Patienten entdeckt zu haben, die sich deutlich distanziert zum Weimarer Regime verhielten. Alexander klassifizierte die nationalsozialistische Bewegung als *neurotischen Verteidigungsakt* gegen den zunehmend kosmopolitischen Trend und gegen den Identitätsverlust auf nationaler Ebene.

Auch andere Psychoanalytiker haben das Phänomen auf unterschiedliche Weise zu erklären versucht. In DIE FURCHT VOR DER FREIHEIT führte Erich Fromm die zunehmende Beliebtheit der Nazis beim deutschen Kleinbürger auf dessen Hang zum Autoritären zurück. Wilhelm Reich hielt es dagegen für abwegig, das Erstarken des Nationalsozialismus einer bestimmten Klasse oder Nation zuzuschreiben. Seiner Ansicht nach ist diese Bewegung der organisierte politische Ausdruck für die Mentalität des Durchschnittsmenschen.

Es mag allzu vereinfachend sein, ein ganzes Volk psychoanalytisch erklären zu wollen. Dr. Sandor Rado, der sein langes Leben damit verbracht hat, das Unbewußte und Irrationale zu erforschen, war schon Leiter des Berliner Instituts für Psychoanalyse, als sich Dr. Alexander und Wilhelm Reich dort noch in Ausbildung befanden. Rado, schon sehr alt und in New York lebend, reagiert mit einem langen Schweigen auf die Frage, warum damals so viele Deutsche die Nationalsozialisten gewählt hatten. Schließlich antwortet er sehr langsam, sehr vorsichtig: *Ich weiß es nicht.*

Der neue Reichstag trat am 13. Oktober 1930 zusammen, und die Nationalsozialisten demonstrierten unverzüglich, wie sie ihren Sieg zu nutzen gedachten. Tausende von Parteimitgliedern zogen vor dem Reichstagsgebäude auf, obwohl dort jede politische Demonstration verboten war. Drinnen präsentierten sich die Delegierten der NSDAP unmißverständlich in SA-Uniformen. Da die preußischen Behörden jegliche Parteiinsignien innerhalb des Reichstags untersagt hatten, schmuggelten sie ihre Uniformen in das Gebäude und zogen sich in den Waschräumen um. Im Reichstag selbst genossen die braunen Invasoren dann parlamentarische Immunität, und jede Debatte wurde zu einem Szenario wüster Beschimpfungen, lauter Kampfgesänge und Gewaltandrohungen. Als die Polizei an jenem ersten Tag die Menge vor dem Gebäude aus der Bannmeile vertrieb, verlegten die NS-Organisatoren den Aufmarsch zur nahegelegenen Leipziger Straße, wo sie Schaufenster jüdischer Kaufhäuser zertrümmerten und jeden Passanten angriffen, den sie für einen Juden hielten.

Aber ihr Sieg war erst ein Teilsieg, und je näher die Nazis den Verheißungen der Macht kamen, desto größer wurden die Spannungen innerhalb der Bewegung. Kurz vor den Wahlen kam es in der Berliner SA-Gruppe zu ziemlichen Unruhen. Die arbeitslosen SA-Männer waren mit ihren Bier- und Wurstrationen nicht mehr zufrieden. Sie forderten eine regelrechte Besoldung, und in einem spontanen Wutausbruch machten sie ihr Hauptquartier dem Erdboden gleich. Gauleiter Goebbels wagte nicht, seinen eigenen Soldaten die Stirn zu bieten. Er rief die Berliner Polizei, die er so haßte, zu Hilfe und ließ die SA-Zentrale räumen. Er bat Hitler, Ordnung zu schaffen, und Hitler eilte nach Berlin, zog eine Nacht lang von Kneipe zu Kneipe, wo er in den Hinterzimmern brüllend oder flehend, gelegentlich unter Tränen, Reden schwang und den verstimmten SA-Männern die Erfüllung ihrer Forderungen versprach. Er entließ den SA-Führer Franz Felix von Salomon Pfeffer und holte seinen alten Verbündeten, Hauptmann Ernst Röhm, der nach dem mißglückten Putschversuch von München als Militärberater nach Bolivien gegangen war, gnädig zurück ins Reich. Unter Röhms Führung sollte die SA in den nächsten drei Jahren zur größten bewaffneten Macht in Deutschland werden.

Röhm, ein vierschrötiger Mann mit rotem, narbenbedecktem Gesicht, besaß nicht das geringste politische Verständnis. Er wollte nichts anderes als ein einfacher Soldat sein, und man sagt ihm übereinstimmend eine gewisse Schläue und Furchtlosigkeit nach. Sein Ehrgeiz – und er war maßlos ehrgeizig – bestand darin, aus den heruntergekommenen SA-Truppen eine gut organisierte Armee zu machen und sie schließlich unter seinem Kommando mit der regulären Reichswehr zu verschmelzen. Er installierte einen Generalstab und richtete in München sogar eine Schule für höhere SA-Führer ein. Innerhalb von neun Monaten vervielfachte sich die Mitgliederzahl der SA von siebzigtausend auf hundertsiebzigtausend und war damit beinahe doppelt so hoch wie die der Reichswehr.

Den demokratischen Reichswehrminister Groener und seine Generäle erfüllten diese rivalisierenden SA-Truppen mit größter Sorge. Hitler hatte nach dem Scheitern des Putsches in München beschlossen, sich nie wieder gegen die Armee zu stellen. Als er nun die Möglichkeit sah, durch Wahlen an die Macht zu gelangen, versicherte er, es läge ihm nicht das geringste daran, seine Truppen zum Aufstand gegen die Weimarer Verfassung aufzuwiegeln. Wie zweifelhaft seine Äußerungen waren, verdeutlichte ein Gerichtsverfahren gegen drei junge Offiziere, die wegen nationalsozialistischer Agitation angeklagt waren, was innerhalb der Reichswehr ausdrücklich untersagt war. Der Verteidiger Hans Frank, der später als Generalgouverneur des besetzten Polen zweifelhaften Ruhm erlangte, rief Hitler als Zeugen der Verteidigung auf. Hitler sagte aus, keiner hätte ein Interesse an der Zersetzung der Reichswehr. Er erläuterte: *[W]enn wir zur Macht gekommen sind, werden wir dafür sorgen, daß aus der jetzigen Reichswehr die große deutsche Volksarmee hervorgeht.* Das solle auf ganz legale Weise vor sich gehen, betonte er, und in den Grenzen der Weimarer Verfassung. Aber wenn er erst an die Macht gekommen sei, fügte Hitler hinzu, *[d]ann wird ein nationalsozialistischer Staatsgerichtshof kommen, dann wird der November 1918 seine Sühne finden, dann werden auch Köpfe rollen.* Die drei Offiziere wurden schließlich zu achtzehn Monaten Haft verurteilt, aber die Zuschauer der Verhandlung begrüßten Hitlers Prophezeiungen mit lautem Applaus. Und seine Worte wurden auch von der Reichswehr gehört.

Willkürakte waren an der Tagesordnung: Als in Berlin der amerikanische Film IM WESTEN NICHTS NEUES von der zuständigen Zensurbehörde genehmigt wurde und Premiere hatte, zeigten sich die Nazis über die angeblich defätistische Darstellung deutscher Soldaten verärgert. Goebbels schickte ganze SA-Banden ins Kino, die jeden bedrohten und belästigten, der den Streifen sehen wollte. Als das erfolglos blieb, marschierten die Nazis ins Kino hinein, wo sie brüllten und pfiffen, Stinkbomben warfen und sogar weiße Mäuse unter den Sitzen herumlaufen ließen. Reichspräsident Hindenburg begrüßte diesen Tumult als ein Beispiel für den Zorn der nationalen Jugend, und als einige Veteranenvereine eine Petition gegen den Film einreichten, zog die Verleihfirma folgsam den Film zurück.

In dieser Atmosphäre brachten Brecht und Weill ihre Oper AUFSTIEG UND FALL DER STADT MAHAGONNY auf die Bühne, jene bittere Parabel auf eine Stadt, in der alles erlaubt ist, solange man zahlen kann, auf das Versagen der Menschen, mit der Freiheit umzugehen. Die Berliner fuhren in Scharen zur Uraufführung nach Leipzig. Der Musikverleger Hans Heinsheimer beschrieb seine Erfahrungen folgendermaßen: *Vielerorts rotteten sich die Braunhemden in der Stadt zusammen, mit Fahnen und Plakaten, die mit rüdem Gebrüll gegen das neue Stück protestierten. Die Spannung während der Probenarbeit, dann am Vortag, war anders, als wir es sonst gewohnt waren. Am Premierenabend brauchten wir nicht lange zu warten, bis die Demonstrationen im Zuschauerraum losgingen. Zuerst noch etwas unsicher, vielleicht nur Versuche, dann Lärm, Zwischenrufe, schließlich ein vielseitiges Protestgeheul. Ein paar Schauspieler unterbrachen ihren Part, liefen an die Rampe, schrien zurück.*

Auch Lotte Lenya erinnerte sich später an die Aufführung: *Die Vorstellung war schon eine Weile im Gange, als ich von einer merkwürdigen Spannung aus meiner Versunkenheit gerissen wurde. Um uns herum herrschte eine fast greifbare beklemmende, feindliche Atmosphäre. Als die Oper sich dem Ende näherte, fingen die Proteste an; man hörte Pfiffe und Buhrufe. Während der letzten Szene brach eine wilde Schlägerei in den Gängen aus, das Theater war eine einzige schreiende Masse von Menschen. Bald hatte der Tumult auf die Bühne übergegriffen; panische Zuschauer versuchten sich mit Händen und Füßen einen Fluchtweg zu verschaffen, und erst das Eingreifen einer starken Polizeieinheit machte es möglich, das Theater zu räumen … Die zweite Vorstellung gaben wir bei eingeschalteter Saalbeleuchtung und mit Polizeispalier an den Wänden des Zuschauerraums.*

Im letzten Akt wurde die Sache wirklich gewalttätig, erzählt auch John Gutman, der damals für den Berliner BÖRSEN-COURIER über die Premiere berichtete. *In dieser Szene, wo Gott höchstpersönlich auf die*

Bühne kommt und aussieht wie ein deutscher Kapitalist, mit einem dicken Pelzmantel, Hut und Zigarre, da wurde das Buhen und Pfeifen ohrenbetäubend. Und dann spricht Gott: »Gehet alle zur Hölle.« Das war einfach zuviel.

Brecht hatte dies alles mit den letzten Versen des Schlußchors vorweggenommen, die nicht nur die Oper beschließen, sondern einen resümierenden Blick auf eine ganze Ära werfen:

Können uns und euch und niemand helfen
Können uns und euch und niemand helfen.

Max Planck

Kurt Tucholsky

Albert Einstein

Wahlplakat der NSDAP zur Reichstagswahl am 20. Mai 1928

Wahlplakat der SDP im Dezember 1930

Joseph Goebbels als Gauleiter in Berlin, 1926

Carl von Ossietzky vor dem Tor der Berliner Strafanstalt Tegel am 10. Mai 1932

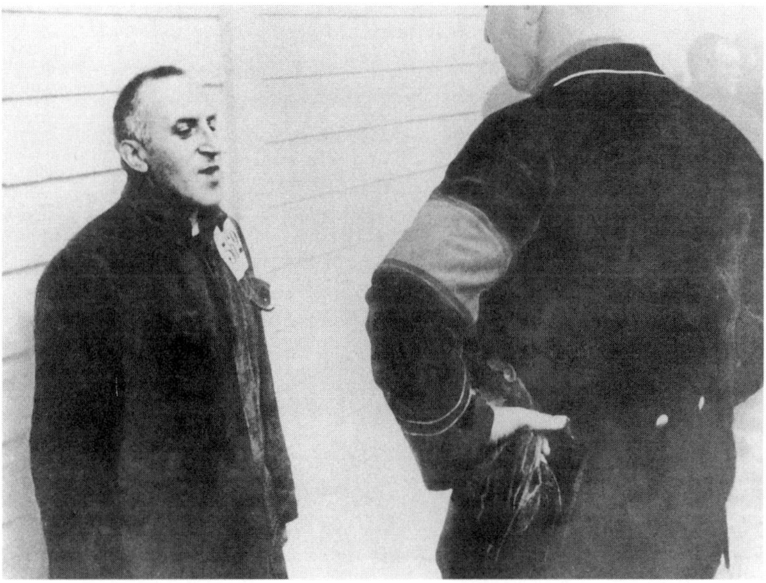

Carl von Ossietzky im Konzentrationslager Papenburg-Esterwegen, 1935

Synagoge in der Berliner Fasanenstraße

Bücherverbrennung auf dem Opernplatz in Berlin am 10. Mai 1933

Studenten und SA-Mitglieder mit beschlagnahmtem »undeutschen Schrifttum«

Am Abend der Bücherverbrennung

KAPITEL 15

»Ich hatte mich nicht mehr in der Gewalt«

1931

Und ich war glücklich; je mehr ich mich in Schmutz und Niedertracht suhlte, desto stärker entflammte meine Imagination in Lust.

MARQUIS DE SADE

Immer muß ich durch Straßen gehen, und immer spür' ich, es ist einer hinter mir her. Das bin ich selber! Manchmal ist mir, als ob ich selber hinter mir herliefe! Aber ich kann nicht! Kann mir nicht entkommen! Muß den Weg gehen, den es mich jagt! Muß rennen! Und mit mir rennen die Gespenster!

Wer je Fritz Langs eindrucksvollen Film M – EINE STADT SUCHT EINEN MÖRDER gesehen hat, wird wohl niemals die Schlußszene vergessen, in der der anonyme Kindermörder sich vor seinen kriminellen Kumpanen, die über ihn zu Gericht sitzen, schluchzend und jammernd zu erklären versucht, warum er sich getrieben fühlt, kleine Mädchen zu töten. Der Film war einer der größten Erfolge des Jahres 1931, und er machte den kleinen, untersetzten Schauspieler Peter Lorre zum Star. Dabei wäre der Film um ein Haar nicht gedreht worden.

Lang hatte der Presse angekündigt, daß sein neuer Film DIE MÖRDER SIND UNTER UNS heißen solle, und bald darauf bekam er Drohbriefe, die ihn davor warnten, den Film zu drehen. Noch seltsamer war, daß ihm die Benutzung des großen Filmstudios in Berlin-Staaken verweigert wurde. Der Regisseur verlangte eine Erklärung vom Studioleiter, dessen Begründungen während der heftigen Auseinandersetzung sehr diffus blieben. Es gäbe einige Leute, so hieß es, die Langs Projekt nicht gerne sehen würden.

Aber was soll diese eigenartige Verschwörung gegen einen Film über den Düsseldorfer Kindermörder Kürten? schrie Lang und packte den Studioleiter am Revers.

Ach so ist das, antwortete der erleichtert und lächelte.

Auch Lang hatte begriffen. Auf der Unterseite des Revers, wo zu jener Zeit viele bürgerliche Nazis ihr Parteiabzeichen halb verborgen trugen, hatte er die kleine Anstecknadel mit dem Hakenkreuz entdeckt. Jetzt, wo das Mißverständnis ausgeräumt war, jetzt, wo klar war, daß Langs Film keinen politischen Hintergrund hatte, stellte der Studioleiter bereitwillig das Studio zur Verfügung. *Das also war es: Die Partei hatte gefürchtet, daß ein Film dieses Titels ihre eigenen Untaten aufdecken werde. Erst an diesem Tage,* so beschrieb Lang seine Erfahrungen später, *bin ich politisch volljährig geworden.*

Ein merkwürdiges Mißverständnis, zumal es im eigentlichen Sinne nicht einmal ein Mißverständnis war, denn in der kommenden Dekade sollten sich nicht die SA-Schläger in ihren knarrenden Schaftstiefeln als die gefährlichsten Nazis erweisen, sondern Gestalten, wie Peter Lorre sie verkörperte: ruhig und äußerlich anständig, brav-bürgerlich, mitunter vielleicht sogar etwas feminin, innerlich aber von ihren Triebvorstellungen besessen. Typen dieser Art sollten im Laufe weniger Jahre die Macht ergreifen – mit einer Konsequenz, die unter dem NS-Regime die Bedeutung von Gesetz und Ordnung verkehrte. Daher mag es von einigem Interesse sein, einen Blick darauf zu werfen, wie es mit dem Verbrechen in Deutschland vor jener Zeit aussah, als es noch nicht alltäglich wurde. Selbst in der Weimarer Republik hatte die Justiz ihre dunklen Punkte. Während die rechtsgerichteten Attentäter in den frühen zwanziger Jahren beinahe ungestraft davongekommen waren, hatte es die Staatsanwaltschaft beispielsweise für angebracht gehalten, gegen George Grosz oder Carl Zuckmayer Verfahren einzuleiten. Aber anders als für ihre Nachfolger, war Mord für sie noch Mord.

Da Mord den fundamentalsten Gesetzesbruch darstellt, sagt dieses Verbrechen – wie jedes andere natürlich auch – einiges über die gesellschaftlichen Strukturen, in denen es begangen wird. Es ist nicht ohne Bedeutung, daß im Deutschland der zwanziger Jahre, in einer Nation, die noch die Narben vom Verlust zwei Millionen Kriegstoter trug, der zwanghafte Verbrecher in einigen bemerkenswerten Fällen ein Massenmörder war. Darunter gab es äußerst bemerkenswerte Fälle, die sogar kannibalische Auswüchse offenbarten.

Karl Denke beispielsweise hatte ein kleines Geschäft in Münsterberg bei Breslau. Er war ein angesehener Bürger und bekleidete sogar ein Amt in der evangelischen Gemeinde. Kurz vor Weihnachten 1924 wurden zwei Nachbarn vom Lärm und Streit in Denkes Wohnung angelockt und fanden ihn im Kampf mit einem schwerverletzten jungen Arbeiter. Denke gab an, der Arbeiter habe ihn angegriffen – trotzdem durchsuchte die Polizei sein Haus und stieß auf mehrere Tonnen mit geräuchertem Menschenfleisch, eine Kiste voller Knochen und einige Töpfe mit menschlichem Schmalz. In den Jahren der Hungersnot, als die Dorfbewohner gegrillte Hunde und Katzen verspeisten, hatte Denke mit dem Verkauf von geräuchertem »Schweinefleisch« ein gutes Geschäft gemacht, was die Dorfbewohner nachträglich in tiefes Entsetzen stürzte. Denke hängte sich auf und hinterließ ein Notizbuch, in dem sorgfältig dreißig Morde verzeichnet waren. Die Genauigkeit seiner Aufzeichnungen führte übrigens dazu, daß ein Mann freigelassen wurde, der bereits sechzehn Jahre unschuldig für einen der Morde im Gefängnis gesessen hatte.

Die Schreckenstat eines Psychopathen kann man durchaus als Einzelfall betrachten, aber es sollten noch mehr Verbrechen dieser Art folgen. Außerdem war Deutschland kein Land, in dem die Tat eines einzelnen bemäntelt werden konnte. Die Deutschen hatten sich schließlich stets gern als *Volk der Dichter und Denker* betrachtet, während der zwanziger Jahre aber mußte dieser Ausspruch für Wortspiele herhalten. Tucholsky zum Beispiel bezeichnete Deutschland jetzt als *Land der Richter und Henker*, und Brecht wollte das Wort *Denker* ersetzt wissen: *Deutschland ist das Land der Denkes,* war seine Meinung.

Auch in Berlin trat mit Carl Wilhelm Großmann der Typ des Massenmörders auf. Der untersetzte Fünfzigjährige war früher einmal Schlachter gewesen, aber nach dem Krieg hatte er versucht sich als Hausierer durchzuschlagen. Jeden Morgen brach er von seiner Mietwohnung unweit des Schlesischen Bahnhofs auf, bei sich einen verbeulten Koffer mit Schnürsenkeln, Kämmen, Spiegeln und Haarnadeln. Abends begab er sich oft zum Bahnhof, der einen steten Strom von Bauernmädchen aus dem Osten auf Arbeitssuche in die Stadt entließ. Die meisten davon waren hilflos und mittellos, und Großmann muß einen väterlichen Eindruck auf sie gemacht haben. Ohne Probleme konnte er die Mädchen als Haushälterinnen anstellen. Manchmal nahm er sie sogar zu einem nahegelegenen Rummelplatz mit und spendierte ihnen

Karussellfahrten. Wie viele solcher Hausmädchen er aufnahm, ist nie ganz klar geworden. Gelegentlich konnte eine von ihnen entkommen. Dann ging Großmann aufs Polizeirevier und beschuldigte die Vermißte, ihm Geld gestohlen zu haben. Insgesamt müssen es aber mehr als zwanzig gewesen sein. Sie waren verloren, wenn Großmann *sich nicht mehr beherrschen konnte*, wie er später aussagte.

Großmann weigerte sich lange, ein Geständnis abzulegen. Er zeigte wenig Reue und Teilnahme, als man die fachmännisch zerlegten Leichenteile zahlreicher Frauen in seiner Küche und in der Spree gefunden hatte. Einzig die Nachricht, daß sein Zeisig ihn vermisse, schien ihn zu berühren. Großmann erklärte sich bereit zu reden, wenn man ihm seinen Vogel brächte, also schaffte ein Polizist tatsächlich den Käfig heran. Großmann wurden die Handschellen abgenommen, und man gab ihm eine Stunde, um mit seinem Vogel Zwiesprache zu halten. Dann plauderte der Kriminalkommissar mit Großmann über den Vogel, und erreichte endlich, daß der Mörder gestand. Er vollendete sein Geständnis, indem er sich in seiner Zelle erhängte.

Aber auch Großmann war kein Einzelfall. Vielleicht war die Tat des mysteriösen Barons Winterfeld charakteristischer für Berlin, denn sie ereignete sich während der Feuergefechte des Spartakusaufstands. Dieser Winterfeld, ein großer, schlanker Mann, war mit einem Taxi vor dem berühmten Hotel Adlon vorgefahren. Er schien niemanden in Berlin zu kennen. Eines Tages bekam er eine Postanweisung, und der Geldbriefträger, der sie auf sein Zimmer brachte, war hocherfreut, in dieser Hungerszeit mit einer Schinkenstulle und einer Zigarre als Trinkgeld entlohnt zu werden.

Der Postbote brachte auch Lorenz und Louis Adlon, den Besitzern des Hotels, einen Brief, der die Warnung enthielt, die Spartakisten planten, am 4. Januar die Regierung zu stürzen und die Banken zu besetzen. Es sei ratsam, alle Ersparnisse abzuheben. Viele wohlhabende Berliner erhielten ähnliche Briefe, und einer wurde sogar in der BZ AM MITTAG veröffentlicht, um die Leser vor Trickbetrügern zu warnen.

Am jenem Tag, an dem der Spartakusaufstand erneut losbrach, verwandelte sich das Hotel Adlon in ein chaotisches Schlachtfeld. Abwechselnd wurde es von Spartakisten und Angehörigen des Freikorps besetzt – beide ließen es sich nicht nehmen, den berühmten Weinkeller zu inspizieren. Trotz der Schüsse, die Unter den Linden abgefeuert wurden, drehten die Postboten pflichtbewußt ihre Runden. Die Eilzusteller waren ganz besonders gewissenhaft. Einer von ihnen, ein fünfzigjähriger Beamter namens Lange, hatte das Adlon schon seit einem Jahrzehnt beliefert, und ließ sich nicht davon abhalten, einen Brief für Baron Winterfeld persönlich auszuhändigen. Vermutlich hatte er das Schinkenbrot und die Zigarre noch in guter Erinnerung.

Als Lange die Treppe in den zweiten Stock hinaufging, brach draußen Maschinengewehrfeuer los, und niemand dachte mehr an den Briefträger, bis nachmittags das Postamt nach ihm fragte. Er hatte einundvierzig Wertbriefe bei sich gehabt, die mehr als eine Viertelmillion Mark enthielten. Die Leiche des Postboten fand die Polizei im zweiten Stock, an einen Stuhl gefesselt und mit einer Vorhangschnur erdrosselt. Seine Posttasche war natürlich leer, und Baron Winterfeld, der im Nebenraum gewohnt hatte, verschwunden.

Drei Jahre vergingen, ehe ein gewisser Herr Blume in Dresden wegen Mordversuchs an einem Postboten festgenommen wurde. Er hatte ihn mit einem Hammer im Treppenhaus eines Mietshauses angefallen. Im Verlaufe weiterer Nachforschungen fand die Polizei heraus, daß Blume nicht nur den Mord im Adlon, sondern noch eine ähnliche Tat in Spandau begangen hatte. Vielleicht war das nicht besonders überraschend, neigen doch alle Verbrecher zur Wiederholung. Aber was den Fall außergewöhnlich machte, war der Umstand, daß der Mörder sich als Verfasser von Bühnenstücken entpuppte. Nur wenige Monate vor seiner Verhaftung hatte das Neustädter Theater in Dresden erfolgreich eine Komödie von ihm inszeniert. Diesen Erfolg wollte Blume fortsetzen und schickte dem Theater ein Manuskript mit dem Titel FLUCH DER VERGELTUNG, ein Melodrama über den Mord an einem Briefträger im Berliner Hotel Adlon.

Das haben Sie doch geschrieben, nicht wahr? wurde Blume später von einem Kriminalbeamten während des Verhörs gefragt.

Haben Sie es gelesen? fragte Blume stolz, der kurz nach seiner Verhaftung ebenfalls in seiner Zelle Selbstmord beging. *Ist es nicht ein großartiges Stück? Wenn es aufgeführt wird, bevor ich hingerichtet werde, wenn ich vor meinem Tod noch die Nachricht erhalte, daß es … mit Erfolg gespielt worden ist, dann scheide ich gerne, dann war mein Leben wert, gelebt zu werden.*

Von allen Massenmorden grub sich der Fall Georg Haarmann am tiefsten ins Gedächtnis der zwanziger Jahre ein. Haarmann war ein zurückhaltender und gewinnender Mann, der als Polizeispitzel Kleinverbrechern auf der Spur war. Wie Großmann trieb sich auch Haarmann gern in der Nähe von Bahnhöfen herum und suchte sich seine Opfer unter der Landjugend, die auf Arbeitssuche nach Hannover kam. Anders als Großmann mißbrauchte er allerdings nur junge Männer. Er bot ihnen Essen, Trinken und sonstige Hilfe an. Wenn er einen seiner Freunde nach Hause und ins Bett gelockt hatte, biß er ihm schließlich die Kehle durch. An die Tat selbst konnte er sich nie erinnern, wie er später aussagte. Ein Gefühl von Zorn würde ihn überwältigen, dann sei alles schwarz um ihn herum, bis er am nächsten Morgen erwacht wäre und wieder einen toten Jungen in seinem Zimmer entdeckt hätte.

Ein paar Kinder fanden einen Schädel am Ufer der Leine, ein paar Tage später wurde ein zweiter Schädel angeschwemmt. Als die Polizei den Fluß absuchte, entdeckte sie genügend Knochen, um daraus vierundzwanzig bis sechsundzwanzig Opfer zu konstruieren. Aber niemand brachte sie mit Haarmann in Verbindung, bis die Mutter eines vermißten Jungen die Jacke ihres Sohnes bei einem anderen erkannte, der ein Sohn von Haarmanns Wirtin war. Wie sich herausstellte, trieb auch Haarmann nicht nur mit den Kleidern seiner Opfer schwunghaften Handel.

Haarmanns Festnahme und das Verfahren führten zu einem Aufschrei im ganzen Land. Er selbst schien weder von seinen Verbrechen noch von der vorhersehbaren Hinrichtung berührt zu sein. Der Psychiater Theodor Lessing vertrat vehement die Ansicht, Haarmann sei krank und für seine Verbrechen nicht zur Verantwortung zu ziehen, aber das Gericht verwarf die Möglichkeit, ihn für unzurechnungsfähig zu erklären, und verurteilte Haarmann zum Tode. Nach der Beschreibung Arthur Koestlers wurde die Hinrichtung zur Demonstration der immer größer werdenden Macht der Nazis. *Jahrelang hatte die Ullstein-Presse eine energische Kampagne gegen die Todesstrafe geführt*, schrieb Koestler, der damals bei der BZ AM MITTAG arbeitete. *Infolge der Opposition aller fortschrittlichen Kräfte gegen die Todesstrafe waren seit einigen Jahren keine Todesurteile mehr vollstreckt worden. Da trieb 1931 der Fall des homosexuellen Massenmörders Haarmann die Kontroverse auf einen Höhepunkt, er wurde zu einer moralischen Kraftprobe … Der Verlagsdirektor führte aus, Haarmann sei ein unsympathischer Charakter, und wenn wir für seine Begnadigung einträten, so würde das die Öffentlichkeit gegen uns aufbringen, was wir uns zur*

Zeit nicht leisten könnten. Da sich die meisten Redakteure auf ihren Posten nicht mehr sicher fühlten, gab es keinen einzigen Protest. Ich erinnere mich, daß ich vor mich hin murmelte, nur wenige Mörder seien sympathische Charaktere ... aber mein Gemurmel wurde mit höflichem Schweigen übergangen. So wurde sang- und klanglos in wenigen Minuten eine Kampagne aufgegeben, die wir jahrelang aus tiefster Überzeugung geführt hatten. Es war das nur eine Kapitulation aus einer ganzen Serie, die aber um so auffälliger war, als sie keinen unmittelbaren Bezug auf politische Fragen hatte. Wir kapitulierten einfach vor der rapid wachsenden Brutalisierung der Masse.

Haarmann sollte also hingerichtet werden, und als der Tag der Exekution nahte, hörte man die Berliner Schulkinder ein Lied über ihn singen:

Warte, warte nur ein Weilchen,
Bald kommt Haarmann auch zu dir,
Mit dem kleinen Hackebeilchen
Macht er Pökelfleisch aus dir.

Brutalität wird respektiert, sagte Hitler. *Das braucht ein gesundes Maß an Furcht ... Habt ihr nicht überall gesehen, daß diejenigen, die bei den Schlägereien in den Kundgebungsstätten unterlagen, die ersten waren, die sich als neue Parteimitglieder aufnehmen ließen? Was soll das Geschwätz über Brutalität und die Empfindlichkeit gegen Quälereien? Die Massen wollen es so. Sie brauchen etwas, was ihnen Angstschauer über den Rücken jagt.*

Es liegt eine gewisse nihilistische Ironie darin, wie Fritz Lang in seinem Film sowohl die Polizei als auch die Unterwelt in Bewegung setzt, um den Mörder zu jagen. *Ein blendender Schnitt unterschneidet das Milieu der Polizei mit dem der Unterwelt*, bemerkte der Filmkritiker Siegfried Kracauer. *[W]ährend die Bandenführer ihre Pläne besprechen, besprechen Experten der Polizei die Lage, und diese beiden Konferenzen werden durch ständige Szenenwechsel in subtilen Assoziationen parallel geführt.* Mit anderen Worten: Lang beschrieb, ähnlich wie Brecht in der DREIGROSCHENOPER, die Organisation der Gesetzeshüter und der Gesetzesbrecher als mehr oder weniger die gleiche. Die Gegenüberstellung bzw. die Verflechtung der Szenen lieferte einen unaufdringlichen, unterschwellig gesellschaftskritischen Kommentar. Die offizielle Verbrechervereinigung mag mancher für einen ausgefallenen cineastischen Einfall gehalten haben. Es gab solche Vereinigungen jedoch tatsächlich in Berlin.

Zusammen mit einem anderen Schriftsteller habe ich zu jener Zeit ein surrealistisches Restaurant aufgemacht, sagt Ludwig Wronkow, der Herausgeber von New Yorks deutschsprachiger Zeitung AUFBAU. *Wir nannten es »Topp-Keller«, in der Schweriner Straße, in der Nähe vom Nollendorfplatz. Die Wände hingen voll mit Pop-art, und wir machten nichts als Blödsinn. Wir produzierten ununterbrochen Dada. Und oft hatten wir Ärger mit den Ringvereinen, das waren alles Kerle, die einige Zeit Gefängnis hinter sich hatten. Ich mußte meine Kellner aus diesen Clubs auswählen.*

Was wäre passiert, wenn Sie sich geweigert hätten?

Die Bande hätte bei mir getrunken, ohne zu zahlen. Verstehen Sie?

Wenn Sie einen Kellner aus diesem Verein anstellten, tat er dann seine Arbeit?

Darauf kam es gar nicht an, sagt Wronkow, zuckt mit den Schultern und schaut nachdenklich aus dem Fenster.

Wissen Sie, das Essen war ohnehin ziemlich mies, lächelt er. *Aber es war modern, in solche Läden zu gehen, wo das Essen nichts taugte und die Kellner etwas verrucht waren.*

Wie lange hatten Sie dieses Lokal?

Drei Monate. Dann kam irgendein Verrückter und wollte es kaufen, also verkauften wir.

Die Ringvereine entwickelten sich zunächst unter der Schirmherrschaft der Regierung, denn die Behörden billigten und förderten ihre Gründung. Bald darauf gab es mehr als fünfzig solcher Vereine in Berlin und anderen Städten, und sie taten sich zu größeren Verbänden zusammen. Offiziell widmeten sich diese Vereine der Rehabilitation von Kriminellen. Sie legten sich glanzvolle Namen zu, wie Deutsche Kraft und Immertreu, und in ihren Vereinssatzungen war – wie bei der SA, während sie verboten war – von sportlicher Betätigung, Sparvereinen und Geselligkeit die Rede. Der Verein Deutsche Kraft hielt im Restaurant Rheingold am Potsdamer Platz regelmäßig Sitzungen ab, zu denen prominente Rechtsanwälte und Vertreter der Polizei als Ehrengäste eingeladen wurden.

Die Ringvereine waren wohlhabend. Sie verlangten von ihren Mitgliedern straffe Aufnahmegebühren und ahndeten Verstöße gegen die Vereinssatzungen mit Geldstrafen. In ihren Vereinshäusern stellten sie Sportpokale und Gruppenbilder von harmlos wirkenden Ausflügen in den Grunewald aus. Die Mitglieder trugen besondere Goldringe und

Anstecknadeln und waren stolz auf ihre kostbaren Vereinsfahnen. Aber die Satzungen waren doppeldeutig. Sie erklärten etwa, daß jedes Mitglied ein Recht auf Hilfe im Krankheitsfalle und anderen Ausnahmesituationen habe. Das bedeutete nichts anderes, als daß der Ringverein einen Rechtsanwalt bezahlte, die Familie unterstützte und bei Gelegenheit die Gegenzeugen einschüchterte, wenn ein Mitglied festgenommen wurde. Viele Jahre lang tolerierte die Berliner Polizei diese Ganovenvereine, weil sie darin eine gute Möglichkeit sah, verdächtige Personen unter Kontrolle zu halten. Aber die Ringvereine wurden – angeblich unter dem Einfluß amerikanischer Gangsterfilme – immer umtriebiger. Einmal verurteilte ein Ringverein zwei abtrünnige Mitglieder in aller Form zum Tode, stellte ihnen das Urteil schriftlich zu und erschoß sie dann auf offener Straße.

Der dramatischste Gegenangriff der Polizei richtete sich gegen einen Ringverein, der sein Vereinsheim für den Sommer auf der Halbinsel Schmöckwitz im Südosten Berlins eingerichtet hatte. Die Ganoven, die vorgaben am Wassersport interessiert zu sein, hatten sich in ein paar Bootshäusern in der Nähe einer Gaststätte eingenistet. Die Gaststätte war nur auf dem Wasserwege zu erreichen, und die Ganoven kontrollierten den gesamten Bootsverkehr von und zum Ausflugslokal. Um die Aktion zu tarnen, trat die Polizei als Gesangverein auf und schickte eine schriftliche Vorankündigung an den Gasthof, daß man ein Chorkonzert geben wolle. Die Gangster empfingen die Zivilpolizisten herzlich und freuten sich auf das Konzert. Die Polizisten stellten sich in einer langen Reihe hin, klappten ihre Notenbücher auf und begannen zu singen. Während die Ganoven noch fröhlich Beifall spendeten, zogen die Polizisten ihre Pistolen, nahmen alle Anwesenden fest und brachten sie mit ihrem Dampfer ins Polizeipräsidium.

Carl Zuckmayer war völlig »abgebrannt«, als er zum erstenmal nach Berlin kam, und nahm deshalb eine Stellung als Türsteher an, wobei er *vorm »Trauben-Casino« oder hinterm Restaurant »Rheingold« den Herren in ihren dicken Ulstern zuflüsterte: »Vielleicht noch ein nettes kleines Nachtlokal besuchen? Intimer Betrieb, solide Preise ...?«*

Eines Winterabends tauchte Zuckmayers Chef auf, fuhr mit ihm in einem Taxi in die Tauentzienstraße und stopfte ihm unterwegs Zigarren- und Zigarettenpackungen sowie einige weiße Papiertütchen mit weißem Pulver in die Manteltaschen. Er wies Zuckmayer an, die Tauentzienstraße auf und ab zu laufen und den Passanten flüsternd und mit zischendem »*S*« *Zssigarren, Zssigaretten* anzubieten. Interessenten würden mit einem Schnüffeln antworten, meinte der Chef, und Zuckmayer könne ihnen dann eines der weißen Papiertütchen verkaufen. In den Tütchen befände sich *Schnee* – also Kokain. Aber Zuckmayer werde nicht in Schwierigkeiten kommen, weil die Päckchen in Wirklichkeit nur eine Mischung aus Kochsalz und Aspirin enthielten. Daraufhin sprang er aus dem Taxi und verschwand.

Zuckmayer schlug sich eine Weile mit moralischen Skrupeln herum wie auch mit der Frage, ob ihm die Wahrheit erzählt worden war, dann entschied er sich aus pragmatischen Gründen für den Handel – er brauchte das Geld zum Überleben. Also bezog er in der Dunkelheit vor dem Kaufhaus des Westens Stellung und versuchte sich darin, den Passanten die Worte *Zssigarren, Zssigaretten* in die kalte Nacht entgegenzuzischen. Die einzige Antwort erhielt er von einem dünnen, dunkelhaarigen polnischen Mädchen, die mit ihrer Handtasche schlenkerte und fragte: *Was willst denn du hier?*

Wen geht denn das nichts an? erwiderte Zuckmayer im Berliner Jargon.

Nimm dich in acht, Junge, sagte die Polin. *Die Bullen sind hier kitzlig. Du bist wohl neu im Geschäft?*

Zuckmayer entging nur knapp durch die Hilfe des Mädchens einer Verhaftung. Sie war es auch, die ihm dabei half, das Kokain abzusetzen, nicht ohne für sich ein Päckchen zu behalten. So hatte Zuckmayer einen authentischen Eindruck davon, welche Rolle der »Schnee« damals spielte. Kokain war im Berlin der zwanziger Jahre und auch noch zu Beginn der dreißiger die meistverbreitete Droge, und man stieß allerorten darauf. Mädchen boten es in Nachtklubs an, einbeinige Kriegsveteranen verkauften es an Straßenecken, und wollte jemand verreisen, wurde er über einschlägige Kontakte in der Fremde informiert: *Als ich nach Paris fuhr*, erzählt ein alter Berliner, gab man mir den Tip, *daß alles, was man wollte, direkt vor dem »Maxim« zu haben sei. Da stünde ein Mann mit einem gelben Hut, und der könnte jederzeit alles beschaffen.*

Wie war das, wenn Sie koksten?

Man fühlt sich davon so ungeheuer klug, erzählt Walter Slezak. *Man redet ununterbrochen und glaubt, die klügsten Dinge zu äußern. Am nächsten Tag fragen dich die Leute: »Was war denn mit dir gestern abend los? Du hast den größten Unsinn erzählt.«*

Slezak kam, wie viele in jenen Jahren, durch seinen Arzt in Kontakt mit der Droge, denn Kokain und Morphium wurden gern als Schmerzmittel verschrieben. Slezak war bemüht, den dichten Terminkalender der Filmproduktion einzuhalten, als er sich eine »Schmink-Infektion« zuzog, eine qualvoll juckende, überaus schmerzhafte Allergie. Damit er überhaupt schlafen konnte, verschrieb ihm sein Studioarzt Luminal, und als er eine Überdosis genommen hatte, verordnete er als Belebungsmittel Kokain. *Fünf Stunden später ließ die Wirkung des Kokains nach, und dann gab Dr. Hoellenreich, wie dieser Unhold hieß, mir eine zweite Dosis, und das setzte er fünf Tage lang fort, bis ich meinen Part zu Ende gespielt hatte. Er hatte mir gezeigt, wie ich das Zeug einnehmen mußte: einen kleinen Berg des weißen Pülverchens wie Schnupftabak auf den Handrücken, die Hand zur Nase führen, zweimal kurz hochziehen, dann die Hand ablecken, damit nichts verlorenging. Mit der Zeit wurden die Abstände der Einnahme kürzer. Ein paar Freunde warnten mich, ich könnte süchtig werden. Ich fühlte mich jedoch viel zu wohl und zu beschwingt, um auf sie zu hören.*

Dr. Hoellenreich brachte mich an die Bahn, als ich nach Paris mußte, und übergab mir einen kleinen Vorrat mit »Stoff«, damit ich die dortige Drehzeit überstünde ... Kurz bevor der Zug in Paris eintraf, setzten sich zwei französische Nonnen zu mir ins Abteil, und wir kamen ins Gespräch. In meiner Redseligkeit erzählte ich ihnen, daß ich Kokain nahm, auf Verordnung meines Arztes – die ganze Geschichte. Sie rieten mir, mich sofort in klinische Behandlung zu begeben, schon der Infektion wegen ... »Nehmen Sie jetzt noch eine kräftige Prise, und dann werfen Sie das ganze Zeug aus dem Fenster«, schlug eine von ihnen vor. Ich weiß heute noch nicht, wieso ich das tatsächlich machte. Sie versprachen auch, sie wollten für mich beten. Ihre Gebete müssen wirksam gewesen sein.

Morphium war noch gefährlicher als Kokain und beinahe ebenso verbreitet. Als zum Beispiel Hermann Göring während des Putschversuchs in München verwundet wurde, eiterte seine Wunde stark, und die Ärzte verabreichten ihm so viel Morphium als Schmerzmittel, daß er bald ein hilfloser Gefangener der Droge wurde. Als er sich Mitte der zwanziger Jahre als Flüchtling in Schweden aufhielt, wurde er als gefährlicher Abhängiger eingestuft. Einmal griff er eine Krankenschwester an, weil sie sich weigerte, ihm Morphium zu geben, und die Polizei brachte ihn daraufhin in eine Nervenklinik, wo man ihn in den

Trakt für Gewalttäter steckte. Auch als Hitlers Stellvertreter und Oberbefehlshaber der Luftwaffe kam er nie von seiner Abhängigkeit los.

Es gab wahnsinnig viele Abhängige, erzählt die Schauspielerin Salka Viertel. *Kokain, Morphium – alles wurde genommen. Ich hatte einen Freund, Dr. Joël. Er war als Kriegsgefangener in England gewesen, und vermutlich ist er dort abhängig geworden. In Berlin eröffnete er gemeinsam mit seinem Freund Dr. Fränkel eine Klinik für Drogenabhängige. Sie machten das Drogenproblem öffentlich. Erst als er sich umbrachte, erfuhren wir, daß er selbst abhängig gewesen war. Wir hatten davon nichts geahnt und ihm als unserem Hausarzt vertraut.*

Warum gab es so viele Abhängige? Weil das Leben so unerfreulich war, wie es eben oft ist. Unter den Süchtigen waren viele Soldaten und Kriegsgefangene, die mit der Droge ihre schrecklichen Erinnerungen verdrängen wollten …

Die Frage, ob es Völker mit einem angeborenen Hang zur Gewalt gibt, bewegt die Menschen nach den Erfahrungen der NS-Ära noch immer. Yehudi Menuhin unterbreitet mir zu diesem Thema in seinem New Yorker Hotelzimmer eine ungewöhnliche Theorie, die sich auf das wichtigste Charakteristikum eines Volksstammes – seine Sprache – bezieht.

Die deutsche Sprache ist eine Abstraktion, erklärt er mir. *Ich mag es überhaupt nicht, wie man im Deutschen über Musik spricht. Musik ist ein lebendiges Wesen, aber die deutschen Begriffe sind immer abstrakt. Das Deutsche hält genügend Worte für Philosophie oder romantische Dichtung bereit, aber nicht für Musik. Die Kultursprache der Deutschen ist zu größten Teilen aus dem Lateinischen abgeleitet: »Bibliothek«, »Eleganz«, alle Begriffe des zivilisierten Lebens haben lateinische Wurzeln.*

Und die Grammatik! Wenn man einen deutschen Satz beginnt, muß man anfangs schon genau wissen, wie er enden soll. Im Englischen durchlebt man einen Satz bis zu seinem Ende. Gefühl und Gedanke sind ein Paar. Im Deutschen sind sie sich fremd. Alles ist abstrakt. Auch die Juden wurden abstrahiert. Die Deutschen verkehrten menschliche Individuen auf diese Weise in eine Abstraktion. So töteten sie nicht menschliche Wesen, wie wir unsere Indianer erschossen, sondern eine Abstraktion davon.

Noch bevor die Nationalsozialisten Kriminalität zu ihrer Regierungspraktik erhoben, gab es einige Instanzen in den Weimarer Behörden, die das Gesetz gegen die Gesetzestreuen richteten. In vielerlei Hinsicht kann die Verhaftung und Strafverfolgung Carl von Ossietzkys, dem Herausgeber der WELTBÜHNE, als das bezeichnendste »gesetzliche« Verbrechen des Jahres 1931 angesehen werden.

Ossietzky war ein äußerst zurückhaltender, selbstquälerischer Mann, stellte aber mit jeder Handlung seine mutige Geisteshaltung unter Beweis. Fotografien aus der Mitte der zwanziger Jahre zeigen einen untersetzten jungen Mann mit nachdenklichen Augen, einer langen, spitz zulaufenden Nase und einem festen Kinn. Auf einem Foto, das zehn Jahre später im Konzentrationslager Papenburg aufgenommen wurde, sieht man einen SS-Mann in schwarzer Uniform, der, eine Hand in die Hüfte gestemmt, auf einen vor Angst erstarrten Gefangenen herabblickt, dessen dunkler Arbeitsanzug die Nummer fünfhundertzweiundsechzig trägt. Der Gefangene mit dieser Nummer war Carl von Ossietzky, zu jener Zeit kaum noch wiederzuerkennen. Als ihm 1935 der Nobelpreis verliehen wurde, verbot der aufgebrachte »Führer« offiziell jedem Deutschen, in Zukunft einen Nobelpreis entgegenzunehmen. Die Nazis ließen Ossietzky gerade rechtzeitig genug frei, daß er nicht im Konzentrationslager starb. In einer Berliner Privatklinik erlag er der Tuberkulose und den Folgen seiner erlittenen Martern. Es waren die Behörden der Weimarer Republik, die dafür sorgten, daß er ins Gefängnis kam.

Carl von Ossietzky kam 1889 als Sohn einer mittellosen Familie polnischer Abstammung zur Welt. Einem Freund erzählte er einmal, das *von* in seinem Namen würde von einem seiner Vorfahren stammen, der im siebzehnten Jahrhundert als Söldner unter dem Großen Kurfürsten von Brandenburg gedient hatte und dem es an Geld mangelte, seine Truppen zu besolden. Statt dessen verlieh er seinen Soldaten Adelstitel. Ossietzkys Vater, ein Stenograph, starb, als sein Sohn zwei Jahre alt war. Ossietzky ging vorzeitig von der Schule ab, arbeitete als Angestellter einer Behörde in Hamburg und diente als Reservist an der Westfront. Schon vor dem Krieg war er Pazifist, und wenn er auch kein radikaler Linker war, so glaubte er doch an soziale Gerechtigkeit. Er kam 1919 als Sekretär von Ludwig Quiddes Deutscher Friedensgesellschaft nach Berlin. Später, als er des endlosen internen Streits unter den Pazifisten überdrüssig war, begann er für verschiedene liberale Blätter zu schreiben, für die BERLINER VOLKSZEITUNG, das TAGEBUCH und schließlich für die WELTBÜHNE.

Die WELTBÜHNE war eine kleinformatige Wochenzeitschrift, die nie eine Auflage von mehr als zwanzigtausend Exemplaren erreichte. Trotzdem erwarb sie sich einen Ruhm als wichtigstes Organ der Linksintellektuellen, der ihr Format weit überschritt. Gegründet hatte das Blatt schon 1904 der leidenschaftliche Theaterkritiker Siegfried Jacobsohn. Der damals vierundzwanzigjährige Jacobsohn nannte seine neue Theaterzeitschrift DIE SCHAUBÜHNE, doch als er sich 1918 entschloß, die politische Berichterstattung zu erweitern, änderte er den Titel in WELTBÜHNE. Jacobsohn war oft wegen seiner exzentrischen Reaktionen in ein halbes Dutzend Verleumdungsklagen gleichzeitig verwickelt, andererseits zog er auch eine ganze Generation junger Schriftsteller an: Arnold Zweig, Walter Mehring, Ernst Toller und vor allem Kurt Tucholsky, der allein mehr als einhundert Artikel, Skizzen und Gedichte pro Jahr für die WELTBÜHNE verfaßte. Tucholsky prägte maßgeblich den sarkastischen, streitbaren Ton des Blattes: *Es wird uns Mitarbeitern der »Weltbühne« der Vorwurf gemacht, wir sagten zu allem Nein und seien nicht positiv genug*, schrieb Tucholsky. *Wir lehnten ab und kritisierten nur und beschmutzten gar das eigene deutsche Nest. Und bekämpften – und das sei das Schlimmste – Haß mit Haß, Gewalt mit Gewalt, Faust mit Faust ...*

Damit wir in der Welt geachtet werden, müssen wir zunächst zu Haus gründlich rein machen. Beschmutzen wir unser eigenes Nest? Aber einen Augiasstall kann man nicht beschmutzen ...

Wir können nicht Ja sagen. Wir können nicht einen Sinn stärken, der über dem Menschen die Menschlichkeit vergißt ...

Wir können noch nicht Ja sagen. Wir wissen nur das eine: es soll mit eisernem Besen jetzt, grade jetzt und heute ausgekehrt werden, was in Deutschland faul und vom Übel war und ist ...

Wir stehen vor einem Deutschland voll unerhörter Korruption, voll Schiebern und Schleichern, voll dreimalhunderttausend Teufeln ...

Wir kämpfen aus Liebe für die Unterdrückten, die nicht immer notwendigerweise Proletarier sein müssen, und wir lieben in den Menschen den Gedanken an die Menschheit.

Als Jacobsohn 1926 überraschend starb, überzeugte seine Witwe Tucholsky, mit Ossietzky als Chefredakteur die Herausgeberschaft zu übernehmen. Aber Tucholsky, der seit 1924 in Paris lebte, konnte sich weder mit den notwendigen redaktionellen Routinearbeiten anfreunden noch mit der Notwendigkeit, in Berlin zu bleiben. Kaum ein Jahr später trat er die Zeitschrift an Ossietzky ab und kehrte nach Paris zurück. Ossietzky war kein weniger scharfzüngiger Kritiker als sein Vorgänger. *Es ist kein billiger Pessimismus, sondern eine genaue Erkenntnis der Tatsachen, es öffentlich auszusprechen: Es gibt keine deutsche Republik!* schrieb Ossietzky. *Man hört, daß die Leute sagen, dies sei eine Republik ohne Republikaner. Unglücklicherweise ist die Situation genau umgekehrt. Die Republikaner sind ohne Republik.* Ossietzky war ein umsichtiger Herausgeber, mit ihm verdoppelte sich die Auflage der Zeitschrift nahezu, was ihm aber keinen nennenswerten Gewinn einbrachte. *Während Tucholsky in Paris lebte und für die Hälfte aller Berliner Zeitungen schrieb*, erinnert sich ein ehemaliger Mitarbeiter der WELTBÜHNE, *blieb Ossietzky der Ärmste. Er hatte nie ein sauberes Hemd oder einen guten Anzug. Er lebte von Kaffee und einem Stückchen Kuchen dann und wann.*

Ossietzky widmete sich aufopferungsvoll seiner kleinen Zeitschrift, und als er die Gelegenheit bekam, Deutschlands geheime Wiederaufrüstung zu enthüllen, zögerte er nicht mit der Veröffentlichung eines Artikels unter dem Titel WINDIGES AUS DER DEUTSCHEN LUFTFAHRT.

Der Verfasser Walter Kreiser, ein Flugzeugingenieur und Funktionär einer deutschen Pilotenvereinigung, deckte unter anderem auf, daß ein sogenanntes ziviles Institut für Meeresforschung namens Severa in Wahrheit von der Admiralität subventioniert wurde und daß eine sogenannte Abteilung M, die angeblich auf einem Flugfeld bei Berlin Flugzeuge testete, diese in Wirklichkeit zu geheimen militärischen Übungen außer Landes nach Rußland flog. Ossietzky schwächte den Schluß ab, strich alle Hinweise auf Rußland und schrieb lediglich: *Aber nicht alle Flugzeuge sind immer in Deutschland ...*

Die Reichswehr forderte heftig, Ossietzky und Kreiser wegen Spionage und Hochverrats anzuklagen. *Sie dürfen nicht vergessen*, sagt einer von Ossietzkys Mitarbeitern, *daß der Versailler Vertrag noch immer gültiges Gesetz war, der Deutschland den Besitz von Luftstreitkräften verbot, und jetzt wurde Ossietzky angeklagt, weil er das Geheimnis preisgegeben hatte, daß die deutsche Regierung sich nicht an die Verpflichtungen hielt und das Gesetz brach.* Die Staatsanwaltschaft leugnete nicht den Wahrheitsgehalt des Artikels – durch das russische Ausbildungsprogramm, das General von Seeckt begonnen hatte, verfügte Deutschland jetzt über drei voll einsatztaugliche Bombergeschwader, zwei Jagdflugzeuggeschwader und acht Aufklärungsstaffeln –, führte aber genau diese Tatsachen als Argument dafür an, daß die Enthüllungen als Verrat einzustufen seien. Und die Richter stimmten dem zu. Ossietzky und Kreiser wurden zu achtzehn Monaten Haft verurteilt. Kreiser flüchtete nach Paris, und Ossietzky erhielt von General Schleicher die Zusage, daß man ihn am Verlassen des Landes nicht hindern würde. Aber Ossietzky lehnte es ab, diesen Weg zu gehen. *Wir wollen diese Protestbewegung zu einer politischen Kampagne gegen die gewaltigen Mächte der Konterrevolution machen*, schrieb er. Und: *Ich bleibe hier: Insasse eines preußischen Gefängnisses, ein lebendiges Protestsymbol,* kommentierte er seine Entscheidung.

Sogar der Mond scheint in dieser Stadt, seufzt Fräulein Battenberg, als sie Arm in Arm mit ihrem neuen Freund, dem Helden aus Erich Kästners ironisch-beißendem Roman FABIAN von 1930, spazierengeht.

Ist es nicht fast wie zu Hause? fragt Fabian. Sie schlendern die Geisbergstraße entlang, südlich vom Kurfürstendamm. *Aber Sie täuschen sich. Der Mondschein und der Blumenduft, die Stille und der kleinstädtische Kuß im Torbogen sind Illusionen. Dort drüben, an dem Platz, ist ein Café, in dem Chinesen mit Berliner Huren zusammensitzen, nur Chinesen. Da vorn ist ein Lokal, wo parfümierte homosexuelle Burschen mit eleganten Schauspielern und smarten Engländern tanzen und ihre Fertigkeiten und den Preis bekanntgeben, und zum Schluß bezahlt das Ganze eine blondgefärbte Greisin, die dafür mitkommen darf. ... In einer der Nebenstraßen gibt es eine Pension, wo sich nachmittags minderjährige Gymnasiastinnen verkaufen, um ihr Taschengeld zu erhöhen. Vor einem halben Jahr gab es einen Skandal, der nur schlecht vertuscht wurde; ein älterer Herr fand in dem Zimmer, das er zu Vergnügungszwecken betrat, zwar, wie er erwartet hatte, ein sechzehnjähriges entkleidetes Mädchen vor, aber es war leider seine Tochter, und das hatte er nicht erwartet ... Soweit diese riesige Stadt aus Stein besteht, ist sie fast noch wie einst. Hinsichtlich der Bewohner gleicht sie längst einem Irrenhaus. Im Osten residiert das Verbrechen, im Zentrum die Gaunerei, im Norden das Elend, im Westen die Unzucht, und in allen Himmelsrichtungen wohnt der Untergang.*

Und was kommt nach dem Untergang? fragt Fräulein Battenberg.

Im Herbst 1931 erlag die dreiundzwanzigjährige Geli Raubal den Verletzungen durch einen Schuß ins Herz. Sie war die Nichte Adolf Hitlers und – soweit sich vermuten läßt – die große Liebe seines Lebens.

Hitlers Schwester Angela hatte für den »Führer« einige Jahre lang den Haushalt geführt. Anscheinend bemerkte sie nicht, daß ihre ältere Tochter, eine üppige und fröhliche Blondine mit Aussicht auf eine Gesangskarriere, die Gefühle ihres *Onkels Alf* ansprach. Anfang 1929 schrieb Hitler seiner Nichte einen Brief, in dem er ihr nicht nur seine Liebe gestand, sondern sie in düsteren Perversitäten zum Ausdruck brachte. Er schickte diesen Brief jedoch nie ab, sondern ließ ihn in seinem Zimmer herumliegen, wo ihn der Wirtssohn fand. Nach einer Reihe diffiziler Verhandlungen kaufte Hitler den Brief für eine beträchtliche Geldsumme zurück, und die Romanze ging, umständlicher als zuvor, weiter.

Geli war ein temperamentvolles Mädel und Hitler ein eifersüchtiger Onkel. Als er erfuhr, daß sie mit einem seiner Gefolgsleute ausgegangen war, erteilte er ihr Stubenarrest. Geli war entschlossen, sich von Hitler zu trennen, nach Wien zu gehen, um dort Gesang zu studieren. Hitler verbot es. Zum letztenmal sahen sie einander, bevor er nach Hamburg abreiste. Seine Nichte soll Pläne geschmiedet haben, ihre Mutter am Obersalzberg zu besuchen. Geli lief mit einem toten Kanarienvogel namens Hansi herum, den sie am nächsten Tag beerdigen wollte. Sie begann einen Brief an eine Freundin in Linz zu schreiben. Am nächsten Tag wurde sie tot aufgefunden.

Hitler war außer sich. Eine Woche lang schien er dem Wahnsinn nahe, und Gregor Strasser verfolgte ihn Tag und Nacht aus Angst, er könne sich Gewalt antun. Die offizielle Untersuchung bescheinigte den Selbstmord der Nichte, doch hatte es keinerlei Anzeichen dafür gegeben. Ihre Mutter deutete später einem Freund gegenüber an, daß Geli möglicherweise ermordet oder zum Selbstmord gezwungen wurde, da sie eine Gefahr für die »Bewegung« darstellte. Die Mutter verdächtigte nicht Hitler, sondern den SS-Führer Heinrich Himmler.

Etwa zu jener Zeit saß Klaus Mann im Carlton Tea Room in München. Gegenüber, im Café Luitpold, stopften uniformierte SA-Einheiten Gebäck in sich hinein, aber ihr »Führer« war nicht dabei. Auf der Suche nach etwas Ruhe, hatte sich Hitler auch in den Carlton Tea Room zurückgezogen. Er aß drei Erdbeertörtchen, eins nach dem anderen.

Der junge Schriftsteller schaute zu, wie Hitler in den Resten seines Kuchens stocherte, und es schien ihm, der Mann würde ihn an irgend jemanden erinnern, dessen Bild er in der Zeitung gesehen hatte. Es ärgerte ihn, daß er sich nicht genauer erinnern konnte.

Nur rosig diskretes Licht, beschrieb Klaus Mann später die Situation, *gedämpfte Musik, gehäufte Bäckereien und, inmitten dieses schlagrahmsüßen Idylls, ein unsympathischer, aber gewiß harmloser kleiner Mann mit komischem Schnurrbärtchen und eigensinniger Stirn, der im Kreise gleichfalls unbedeutender Kumpane seine Tasse Schokolade schlürfte. Ich fing Brocken ihrer Unterhaltung auf. Sie diskutierten die Besetzung eines musikalischen Schwankes, der am selben Abend in den Münchener Kammerspielen zum ersten Mal in Szene gehen sollte … Während ich die Kellnerin rief, um meine Konsumtion zu bezahlen, fiel mir plötzlich ein, an wen der Kerl mich erinnerte. Haarmann, selbstverständlich. Wieso war ich darauf nicht schon längst gekommen? Freilich doch, er sah aus wie der Knabenmörder von Hannover, dessen Prozeß unlängst Sensation gemacht hatte. Die Ähnlichkeit zwischen den beiden Tatmenschen frappierte mich. Schnurrbart und Locke, der verhangene Blick, der zugleich wehleidige und rohe Mund, die sture Stirn, ja sogar die anstößige Nase. Es war alles dasselbe!*

KAPITEL 16

»Deutschland braucht einen starken Mann«

1932

Es gibt heute kein zweites Volk, das des Führers so bedürftig ist, um auch etwas zu sein, um auch nur an sich glauben zu können, aber auch keines, das einem großen Führer so viel sein kann. In der richtigen Hand werden fast alle seine Fehler zu Vorzügen. Was dann in Bewegung kommen könnte, tritt aus dem Rahmen gewohnter politischer Berechnung heraus.

OSWALD SPENGLER

Sehr kalt ist es heute nacht, schrieb Christopher Isherwood in seinen BELRIN STORIES. *Die klirrende Kälte zwingt die Stadt zu völliger Stille, ähnlich der Stille sommerlicher Mittagsglut. Draußen, jenseits der letzten Betonblöcke neuerbauter Siedlungen, wo die Straßen in frierenden Schrebergärten enden, dehnt sich die preußische Weite. Rundherum kann man sie heute nacht spüren, diese riesige Öde eines unheimlichen Ozeans, wie sie die Stadt beschleicht … Berlin ist ein Skelett, das vor Kälte zittert: es ist mein eigenes Skelett, das zittert. Ich spüre in meinen Knochen die beißende Kälte in den Brückenträgern der Hochbahn, dem Eisenwerk der Balkone, der Überführungen und Leitungsmasten, der Straßenlaternen und der Pissoirs. Das Eisen pocht und schrumpft, Gestein und Mauerwerk fügt sich in dumpfen Schmerz, der Verputz ist wie betäubt …*

Dies sollte das letzte Jahr der Weimarer Republik sein, das letzte Jahr der Freiheit für Berlin, ein Jahr, in dem alles versucht wurde und alles fehlschlug. Ein Jahr, in dem die Berliner viel von Militärdiktatur redeten, von Generalstreik und Bürgerkrieg – aber es geschah nichts. Arthur Koestler versuchte den Zeitgeist in der makabren Geschichte des Wang Lun einzufangen, dem königlichen Henker während der Ming-Dynastie. Wang Lun erlangte Berühmtheit, weil er besonders schnell die Köpfe der Verurteilten abschlug, aber sein Ehrgeiz zielte darauf, einen Menschen so gekonnt hinzurichten, daß dessen abgeschlagener Kopf auf seinem Hals verharrte. Eines Tages vollzog Wang Lun zwölf Hinrichtungen und erreichte schließlich sein ehrgeiziges Ziel: Das Genick des letzten Mannes durchtrennte er dermaßen glatt, daß der Todeskandidat weiter auf dem Schafott dahinschritt. Oben angekommen, beschwerte er sich bei Wang Lun: *Warum verlängerst du meinen Todeskampf? Mit den anderen warst du so mitfühlend schnell.* Wang Lun lächelte über seinen Triumph und erwiderte: *Nur noch ein freundliches Nicken.*

Dies war das Jahr, in dem General Kurt von Schleicher alle Rivalen ausschalten konnte – mit Ausnahme eines einzigen. Schleicher wurde Chef der Reichswehr. Er ernannte Kanzler, er stürzte Kanzler, er wurde sogar selbst Kanzler. Aber er hatte keine zwingende Idee, wie er seinen letzten Rivalen, einen kleinen Weltkriegsgefreiten, aus dem Rennen schlagen könnte. *Zum Ende hin*, erzählt Hans-Joachim Kausch, der damals Reporter war, *empfing Schleicher drei Journalisten in der Reichskanzlei, und einer davon war ich. Schleicher machte seiner Wut auf Hitler Luft, indem er einen deftigen Ausdruck – den man nicht in einem Buch drucken kann – dafür fand, wie man jemanden seiner Männlichkeit beraubt. »Das werde ich entweder mit Hitler machen, oder Hitler wird es mit mir machen«, hörten wir Schleicher fluchen. Und damit hatte er ganz recht. Hitler machte es mit ihm.*

Kurt von Schleicher war ein Mann von ungeheurer Begabung, Intelligenz und Ausstrahlung, aber es haftete ihm auch jene schlangenhafte Eigenschaft an, die sein Name suggeriert. 1882 geboren, gehörte Schleicher einer alten brandenburgischen Militärfamilie an. Im Jahr 1900 bekam er sein Offizierspatent als Leutnant des 3. Garderegiments, das zufällig Hindenburgs altes Regiment war. Schleicher freundete sich mit seinem Kameraden Oskar von Hindenburg, dem Sohn des alten Generals, an. Nachdem der alte Hindenburg 1911 seinen Abschied genommen hatte, begleitete Schleicher Oskar oft bei seinen Besuchen im Hause des Generals. Schleicher setzte seinen Charme und seine Intelligenz in Szene, und der alte Mann war ganz von ihm eingenommen. Aber Schleichers eigentlicher Patron war General Groener, der zu jener Zeit an der Offiziersakademie lehrte und Schleicher für seinen fähigsten Schüler hielt. Nach Kriegsausbruch stellte er Schleicher als seinen persönlichen Adjutanten ein. Er nannte Schleicher liebevoll seinen Ziehsohn. Wenngleich Schleicher mitunter als »Schreibtischoffizier« verhöhnt wurde, machte ihn sein Talent für Stabsgeschäfte und politische Belange für seine Vorgesetzten unentbehrlich.

Als Groener von Spa nach Berlin fuhr, um mit Ebert über die Zukunft der Reichswehr zu diskutieren, war Schleicher an seiner Seite. Als Ebert im Truppenhauptquartier anrief, um Hilfe gegen die meuternde Marinedivision zu erbitten, war es Schleicher, der den Anruf entgegennahm und die Truppen auf den Weg schickte. Als die Reichswehr die Freikorps organisierte, war es Schleicher, der einen Großteil der Organisationsarbeit leistete. Als sich General von Seeckt nach Groeners Ausscheiden zu geheimen Verhandlungen mit der russischen Armee entschloß, fanden diese Treffen in Schleichers Berliner Wohnung statt. Als Groener 1928 aus dem Ruhestand zurückkehrte, um das Reichswehrministerium zu übernehmen, war es Schleicher, der sich für seine Ernennung eingesetzt hatte und Groeners politischer Berater wurde.

Groener schuf für Schleicher das Ministeramt, das für alle Verbindungen zwischen den Streitkräften und den zivilen Beamten sowie den politischen Parteien verantwortlich war. Von seinem kleinen Büro im Bendlerblock aus, mit Blick auf die Kastanienbäume entlang des Landwehrkanals, herrschte Schleicher nun über das ausgefeilteste Nachrichtensystem Berlins. Er hatte Spione in jedem Ministerium, er zapfte Telefonleitungen an, er kannte jedes wissenswerte Geheimnis. Außerdem hatte er in seiner Funktion als Informationsoffizier während des Krieges genügend Erfahrung gesammelt, um zu wissen, wie die Presse zu manipulieren war. Die Berichterstatter fanden in Schleicher eine gute Informationsquelle, und Schleicher erzählte ihnen nur, was sie erfahren sollten.

Bis heute ist unklar, ob Schleicher seine Vorgesetzten vorsätzlich sabotierte, doch seine Karriere ähnelt der eines modernen Macbeth – skrupellos räumte er alle aus dem Weg, die zwischen ihm und der Macht standen. General von Seeckt mußte zurücktreten, als die Presse großes Aufheben von einem geheimen Plan machte, den ältesten Enkel des Kaisers an einem Manöver zu beteiligen. Es wurde behauptet, daß Schleicher es gewesen sei, der die Presse davon informiert hätte. Den Reichswehrminister Otto Gessler ereilte ein ähnliches Schicksal als Folge von Zeitungsenthüllungen über die geheimen Machenschaften der Reichswehr zur Finanzierung der deutschen Wiederaufrüstung. Auch diesmal gab es großen Aufruhr und eine erzwungene Ablösung, und auch diesmal häuften sich die Gerüchte um Schleichers Verantwortung. Natürlich ist es nicht auszuschließen, daß Schleicher aus edlen Motiven handelte, als er geheime Militärabenteuer, die nie hätten unternommen werden dürfen, zu verhindern suchte. Möglich, daß es gar nicht Schleicher war, der die Informationen weitergegeben hatte, aber wie bei Macbeth glaubten nicht wenige wegen der systematischen Mißerfolge von Schleichers Vorgesetzten daran, daß der gerissene und geistreiche General im Ministeramt mit allergrößter Vorsicht zu genießen sei.

Auf dem Feld der Politik war Schleicher nicht weniger schlangenhaft. Den amtsmüden alten Sozialdemokraten Hermann Müller zu sabotieren war nicht sonderlich schwierig, denn Reichspräsident Hindenburg sympathisierte nie sonderlich mit den Sozialdemokraten. Er war erfreut, als Schleicher einen aufopferungsvollen Ex-Soldaten wie Heinrich Brüning als Kanzler vorschlug. Aber jetzt, im Frühjahr 1932, entschied Schleicher, daß auch Brüning gehen müsse. Es war eine unleugbare Tatsache, daß Brünings Politik der Deflation und Enthaltsamkeit keine Linderung der Wirtschaftskrise gebracht hatte. In jedem Monat war die Zahl der Arbeitslosen gewachsen: von knapp unter drei Millionen zu Beginn von Brünings Amtsantritt 1930 auf vier Millionen im folgenden Jahr. Jetzt betrug sie fünf Millionen und stieg noch immer.

Morgen für Morgen, schrieb Isherwood, *erwachten in dieser riesengroßen, nassen und trostlosen Stadt in den Bretterbuden der Elendsviertel die jungen Menschen zu einem weiteren Tag ohne Arbeit, nur um ihn irgendwie hinzubringen: verkauften Schnürsenkel, bettelten, vertrieben sich die sinnlose Zeit kartenspielend auf den Arbeitsämtern, lungerten um die Bedürfnisanstalten herum, öffneten galant Autotüren für ein Trinkgeld, versuchten sich als Handlanger auf den Wochenmärkten, diskutierten, strichen ziellos durch die Straßen, stahlen, spionierten Tips aus für die Pferderennen, sammelten Zigarettenstummel aus dem Rinnstein, sangen auf den Hinterhöfen oder zwischen zwei Stationen in der U-Bahn rührselige Lieder für ein paar Pfennige. Nach Neujahr fiel zwar Schnee, aber er blieb nicht liegen, also war auch kein Geld beim Schneeschippen zu verdienen. Alle Kaufleute prüften jede Münze aus Angst vor Falschgeld. Der Astrologe meiner Wirtin prophezeite den Weltuntergang.*

Für alle Wahrsager und Hellseher waren diese Jahre eine Blütezeit. An den Zeitungsständen gab es jetzt Wochenzeitschriften, die sich ausschließlich mit Astrologie befaßten. In einem Zimmer über einer Kneipe in der Friedrichstraße bot ein Medium, das sich Fatina nannte, Tag und Nacht seine Dienste an. In den Geschäftsvierteln Westberlins waren die Schicksalsdeuter schon etablierter und hatten ordentliche Büros mit regulären Öffnungszeiten. Der berühmteste von ihnen war ein kleiner dunkelhaariger Wiener namens Herschel Steinschneider, einst Journalist und in Erpressungsaffären mit Wahrsagern verstrickt, deren dubiose Geschäfte er entlarvt hatte. Dann schien es ihm aber profitabler, ihnen gleichzutun. Er färbte sein Haar blond, gab sich als dänischer Aristokrat aus und nahm den Namen Erik Jan Hanussen an. In Berlins großen Varietéveranstaltungen trat er als Hypnotiseur und Gedankenleser auf, sein Hauptquartier aber richtete er in einem eindrucksvollen Anwesen an der Lietzenburger Straße ein, das er Haus des Okkultismus nannte. Es war nicht nur mit den elegantesten Möbeln und schweren Vorhängen ausgestattet, sondern auch mit Mikrophonen, die Steinschneider alias Hanussen erlaubten, seine Angestellten zu belauschen, wenn sie den Klienten Informationen entlockten. Unter diesen Klienten befand sich Graf Wolf von Helldorf, SA-Führer in Berlin. In dessen Villa am Wannsee versenkte Hanussen, wie Arthur Koestler schreibt, *bei den nächtlichen Gelagen ... als Zeremonienmeister hübsche Schauspielerinnen in hypnotischen Schlaf ... und [ließ] sie die Gesten einer fiktiven Liebesumarmung ausführen.* Hanussen beging jedoch den Fehler, Graf Helldorf Geld zu leihen und die Schuldscheine in seiner Brieftasche aufzubewahren. Als die kugeldurchsiebte Leiche des Hellsehers schließlich in den Wäldern gefunden wurde, waren alle Schuldscheine verschwunden.

Die Auswirkungen der Wirtschaftskrise traten unter den Arbeitslosen besonders kraß hervor. Sie drängten sich in ihrer Hoffnungslosigkeit in Zeltlagern wie Kuhle Wampe am Rande Berlins zusammen, doch Armut und Leid herrschten ebenso in den schäbigen, kalten Wohnungen des Kleinbürgertums. Die Aktien von Fritz Thyssens Stahltrust beispielsweise waren auf ein Drittel ihres ehemaligen Wertes gefallen, die Stadtregierungen kamen ihren Zahlungsverpflichtungen nicht nach, kleine Ladenbesitzer fielen der Konkurrenz der riesigen Kaufhäuser zum Opfer. Insgesamt ging die Industrieproduktion um ein Drittel zurück. Manche der Banken mußten schließen. Die Krise der Banken nahm ihren Ausgang in Österreich, wo man versucht hatte, sich mit Deutschland zu einer Zollunion zu vereinigen. Die Franzosen waren entschlossen, jegliche Vereinigung zwischen Deutschland und Österreich zu verhindern, und zogen so viel Kapital aus Österreich ab, daß die Credit-Anstalt, größte Bank des Landes, bald darauf ihre Zahlungsunfähigkeit bekanntgeben mußte. Als andere Bankiers alle Kredite einforderten, die instabil schienen, breitete sich die Krise nach Norden hin aus. Der Nordwolle-Konzern in Bremen sollte als erster untergehen, mit Schulden von über einhundert Millionen Reichsmark. Beinahe die Hälfte davon schuldete das Unternehmen der Darmstädter und Nationalbank, einem der vier größten Bankhäuser Deutschlands, die nun verkündete, ihre Schalter schließen zu müssen.

Herr Isherwood, was glauben Sie, die Danat-Bank mußte zumachen, rief seine Wirtin eines Morgens, als sie ihn weckte. *Tausende sind doch jetzt ruiniert. Der Milchmann sagt, der Bürgerkrieg steht vor der Tür. Was sagen Sie dazu?*

Isherwood ging runter auf die Straße. Tatsächlich drängte sich vor der Bankfiliale am Nollendorfplatz eine dichte Menschenmenge. Die eisernen Rolläden waren heruntergelassen, und die Leute starrten wie gebannt und hilflos auf die verriegelte Tür. Exakt in der Mitte der Tür war eine Notiz in akkurater Schrift wie in einer deutschen Klassikerausgabe zu lesen, die darüber informierte, daß die Reichsregierung für die Geldeinlagen garantiere. Es schien alles in bester Ordnung zu sein. Nur die Bank blieb geschlossen.

Brüning mußte zwei »Bankfeiertage« ausrufen. Außerdem mußte er die deutschen Börsen für mehr als einen Monat schließen. Die Reichsbank erhöhte ihren Diskontsatz von sieben auf zehn Prozent. Brüning erließ eine Notverordnung nach der anderen, übernahm die Kontrolle über ausländische Investitionen, verschärfte die Steuergesetze und erhob sogar von jedem Deutschen, der ins Ausland reisen wollte, eine Gebühr – nichts von alledem hatte Erfolg. Die Krise spitzte sich zu. *Einen Großteil der Schuld laste ich diesem Mann an, der vor ein paar Tagen in Vermont gestorben ist: Brüning*, sagt der Wirtschaftsexperte Professor Lowe. *Als ehemaliger Kriegsteilnehmer war er besessen davon, Deutschland von den Fesseln des Versailler Vertrags zu erlösen.*

Doch wie konnte er so hartnäckig an seiner Deflationspolitik festhalten, obwohl ihm zu öffentlichen Ausgaben geraten wurde. Er war geprägt von einem tiefsitzenden Masochismus, glaubte, wieder einmal das Tal des Todes durchschreiten zu müssen ... Und er bekam, was er sich verdient hatte – wurde gefeuert wie ein Feldwebelanwärter.

General von Schleicher hatte schon Anfang 1932 beschlossen, daß Brüning gehen müsse, aber Brüning hatte noch eine letzte Mission zu erfüllen. Hindenburgs siebenjährige Amtszeit näherte sich dem Ende. Hitler bereitete sich auf die Präsidentschaftskandidatur vor, und Deutschland war in einem solchen Zustand, daß viele politische Größen mit einem Sieg Hitlers rechneten. Sie konnten sich keinen anderen Gegenkandidaten als den alten Hindenburg vorstellen. Der Generalfeldmarschall war inzwischen vierundachtzig Jahre alt, und die Anzeichen von Senilität waren unübersehbar. Er war nur noch wenige Stunden am Tag im Vollbesitz seiner geistigen Kräfte, was jedoch von seiner Umgebung gekonnt vertuscht wurde. Um Hindenburg vor den Strapazen der Kandidatur zu bewahren, strebte Brüning eine Verlängerung seiner Amtszeit mit Hilfe einer Zweidrittelmehrheit im Reichstag an. Im übrigen plante Brüning, Hindenburg zum Regenten zu machen, während er selbst mit dem Enkel des Kaisers eine Restauration der Monarchie aushandelte. Hindenburg stimmte zu, aber die NSDAP und die DNVP stellten sich dem entgegen, so daß jede Chance auf die notwendigen Mehrheitsverhältnisse im Reichstag hinfällig war. Diese Ablehnung verärgerte den greisen Feldmarschall so sehr, daß er sich einer Direktwahl durch das Volk stellte.

Hindenburgs Ankündigung versetzte Hitler in Schrecken. Er wagte nicht, sich dem Präsidentschaftswahlkampf zu entziehen, aber er fürchtete die Aussicht auf eine Niederlage. Einen ganzen Monat zögerte und orakelte er, und erst drei Wochen vor dem Wahltermin konnte Goebbels unter dem Jubel der versammelten Nazis im Berliner Sportpalast verkünden, daß Hitler für die Wahl kandidiere und er überzeugt davon sei, daß Hitler Reichspräsident werden würde.

Goebbels, der kurz zuvor die reiche, geschiedene Magda Quant geheiratet hatte, begann nun mit der Kampagne, die er monatelang geplant hatte – eine Kampagne, die beinahe ohne Unterbrechung alle fünf Wahlen überdauerte, die 1932 durchgeführt wurden. Reichskanzler Brüning, der Hindenburgs Truppe anführte, folgte der traditionellen Wahlkampfstrategie – man hielt gemäßigte Ansprachen zum

Tagesgeschehen. Hindenburg selbst gab nur eine kurze Radioansprache, in der er unter anderem sagte, daß ihn nicht wählen müsse, wer ihn nicht wählen wolle. Goebbels dagegen hatte einen ganz anderen Schlachtplan – er ging zum Dauerangriff mit großem Getöse über, das mit allen technischen Möglichkeiten verbreitet wurde.

Hitler eilte von einer Massenkundgebung zur nächsten und brüllte seine gefühlsschwangeren Parolen in die Menschenmenge, in der zuweilen hunderttausend Zuhörer gezählt wurden. Goebbels zelebrierte während des dreiwöchigen Wahlkampfes nicht nur neunzehn Auftritte in Berlin, sondern fuhr auch quer durchs Reich, um auf Zusammenkünften in neun anderen Städten zu sprechen.

Wo der »Führer« oder seine Mitstreiter nicht persönlich erscheinen konnten, verließ sich Goebbels auf die moderne Technik. Er organisierte in Dorfkneipen Aufführungen von Filmen, die Hitler auf den Wahlveranstaltungen zeigten, und ließ sogar Tausende von Tonaufnahmen per Post verschicken. Für diese Zwecke benutzte er auch eine Rede Brünings. Da der Reichskanzler es abgelehnt hatte, sich einer öffentlichen Debatte zu stellen, postierte Goebbels auf einer seiner Massenkundgebungen einen leeren Stuhl und spielte dann die Aufnahme einer Rede Brünings ab, um sie mit seinen eigenen Entgegnungen häufig zu unterbrechen. Innerhalb einer Woche gab Goebbels für diese neuen Propagandamittel mehr als zwei Millionen Reichsmark aus – so erfüllten die Beiträge der Ruhrbarone endlich ihren Zweck.

Aus der Wahl am 13. März ging Hindenburg mit 18,6 Millionen Stimmen als Sieger hervor, aber Hitlers 11,4 Millionen bewiesen, daß seine Anhängerschaft sich seit den Reichstagswahlen von 1930 nahezu verdoppelt hatte. Den Kandidaten der KPD Thälmann wählten rund fünf Millionen, Duesterberg von den Deutschnationalen 2,6 Millionen. Da Hindenburg die erforderliche Mehrheit um wenige Prozente verfehlte, wurde ein zweiter Wahlgang erforderlich.

Für diese Stichwahlen plante Goebbels, Hitler in einer klapprigen grauen Junkers-Maschine durch das Land fliegen zu lassen, so daß dieser zwanzig Städte pro Woche und eine Viertelmillion Menschen pro Tag erreichen konnte. Die Wahlen am 10. April brachten Hindenburg diesmal den Zuwachs von drei viertel Millionen Stimmen, womit er eine Mehrheit von dreiundfünfzig Prozent erreicht hatte. Auch Hitler verzeichnete einen erneuten Stimmengewinn von zwei Millionen und ging damit gestärkt aus dieser Wahl.

Hindenburg war zufrieden mit seiner Wiederwahl, nicht aber mit den Umständen. Er konnte sich nur schwer mit der Koalition aus Gewerkschaft und Presse, aus Katholiken und Juden abfinden, die Brüning zu seiner Wiederwahl zusammengebracht hatte. Schleicher bestärkte den Präsidenten in dieser Haltung, doch bevor er Brüning den Gnadenstoß versetzte, wollte er Brünings Militärchef, seinen früheren Beschützer Reichswehrminister Groener, loswerden.

Groener hatte beschlossen, die Gewalttätigkeiten der SA zu unterbinden und Brüning sowie Hindenburg davon zu überzeugen, sie aufzulösen. Schleicher aber sah in der SA – die inzwischen über dreihunderttausend Mann stark war – eine Quelle gewaltiger militärischer Macht, und bei seinem ersten Treffen mit Röhm kamen die beiden Verschwörer überein, daß die SA im Kriegsfalle sofort dem Kommando der Reichswehr unterstellt werden sollte.

Deshalb machte Schleicher Stimmung gegen Groeners Beschluß, die SA zu verbieten, und als Groener sich weigerte nachzugeben, intrigierte Schleicher auf breiter Ebene gegen ihn, verstreute Gerüchte in der Stadt über Groeners angeblich bedenklichen Gesundheitszustand und sorgte mit gezielten Informationen aus Groeners Privatleben für Spott und Empörung – auch bei Hindenburg.

Die Krise war perfekt, als der Reichstag am 10. Mai zusammentrat und Groener von Hermann Göring wegen seines Verbotes der SA scharf angegriffen wurde. Groener versuchte, sich zu verteidigen, aber er war kein guter Redner, und die Delegierten der NSDAP begegneten seinen Erklärungen mit Pfiffen und Gelächter. Als er den Reichstag verließ, begegnete er Schleicher, der ihn davon in Kenntnis setzte, daß er nicht mehr das Vertrauen der Reichswehr genieße, und ihm vorschlug, sich krank zu melden. Groener hielt noch drei Tage durch, aber als ihm klar wurde, daß Schleicher seine ganze Autorität untergraben hatte, trat er zurück.

Brüning setzte Schleicher davon in Kenntnis, daß es seine Pflicht sei, den Mann zu ersetzen, den er gerade gestürzt hatte. Den Vorschlag Brünings, Schleicher solle selbst den Posten des Reichswehrministers übernehmen, tat Schleicher mit einer arroganten Reaktion ab: Das könne er sich schon vorstellen, jedoch nicht in Brünings Kabinett. Schleicher hatte nicht nur einen Plan geschmiedet, sondern ihn bereits eine Woche zuvor Hitler unterbreitet. Zunächst sollte Groener hinausbefördert werden, danach Brüning, dann werde Hindenburg ein konservatives Präsidial-Kabinett einsetzen, das den Reichstag auflösen und das Verbot der SA aufheben solle. So ist es auch in Goebbels Tagebuch zu lesen.

Die Umstände von Brünings Sturz offenbarten, wie korrupt Hindenburg war, was der Reichskanzler nur schwer begreifen konnte. Interessant ist in diesem Zusammenhang, wie Hindenburg wieder in Besitz von Gut Neudeck kam. Seit Jahren hatten die aristokratischen Großgrundbesitzer in Ostpreußen über ihre Schwierigkeiten geklagt: den Preisverfall in der Landwirtschaft, die Landflucht der Bauern, die ansteigende Verschuldung der alten Güter. In den Jahren 1927 und 1928 hatte die Regierung ein Osthilfeprogramm verabschiedet, das den Junkern Subventionen und günstige Darlehen bot. Ein Untersuchungsausschuß des Reichstags kam zu dem Ergebnis, daß einige der preußischen Adligen ihre Osthilfe-Darlehen in Champagner, Rennwagen und Rivierareisen investiert hatten. Aber die Untersuchungsergebnisse wurden geheimgehalten, denn die Junker hatten es bestens verstanden, ihre Interessen zu sichern. Sie initiierten eine Spendenaktion zum Kauf von Gut Neudeck – einst im Besitz der Hindenburgs –, das sie dem Reichspräsidenten zu seinem achtzigsten Geburtstag schenken wollten.

Dieses Millionenunternehmen, das Hindenburgs persönliche finanzielle Interessen mit denen der Junker verband, war an sich schon dubios genug, aber die Spendensammler gingen noch einen Schritt weiter und schrieben die Schenkungsurkunde auf Hindenburgs Sohn Oskar aus, um die anfallende Steuer zu umgehen. Es ist ungewiß, in welchem Maß der alte Mann diese Vorgänge bewußt beeinflußte – die Presse, die einst Eberts unbedeutende Verbindung zu den Barmat-Brüdern aufgebauscht hatte, hielt sich mit jedem kritischen Wort zurück –, aber man darf annehmen, daß Hindenburg, wie jeder andere auch, möglichst wenig Steuern zahlen wollte. Wie dem auch sei, Hindenburg verbrachte viel Zeit auf Neudeck, wo seine Großgrundbesitzer-Nachbarn jede Gelegenheit wahrnahmen, Brünings mangelnde Anteilnahme an den Problemen der altehrwürdigen deutschen Familien zu beklagen. Die Pläne der Regierung, Arbeitslose auf Teilen der preußischen Güter wiederanzusiedeln, stellte sich in ihren Augen als »Agrarbolschewismus« dar.

In den letzten Monaten seiner Herrschaft versuchte Brüning seine Haut zu retten, indem er auf diplomatischer Ebene einen Triumph anstrebte. Er arbeitete auf die Abschaffung aller Reparationen hin bzw. auf die quantitative Angleichung der deutschen und französischen Streitkräfte. Wäre ihm ein wenig mehr Zeit geblieben, hätte Brüning zumindest eines dieser Ziele erreichen können – seiner Aussage nach war man schon nah vor dem Erfolg. General von Schleicher aber hatte die alliierten Diplomaten bereits davon in Kenntnis gesetzt, daß es wenig Sinn habe, mit Brüning zu verhandeln, da er bald ersetzt werde.

Als Hindenburg am 29. Mai von einem Aufenthalt auf Neudeck zurückkehrte, bestellte er seinen Kanzler ein. Brüning kam mit einer Liste von Notverordnungen, die der Präsident unterschreiben sollte, darunter ein großangelegtes Programm von Arbeitsbeschaffungsmaßnahmen. Hindenburg schnitt ihm das Wort ab und wies darauf hin, daß alle neuen Regierungsvorhaben den Reichstag passieren müßten. Beiden war vollauf klar, daß Brüning dort keine Mehrheit hatte. Darüber hinaus, erklärte der Generalfeldmarschall, halte er Brünings Regierung für zu liberal. Hindenburg las seine Ausführungen von einem Blatt Papier mit übergroßen Buchstaben ab, das jemand für ihn vorbereitet hatte. Von nun an, erklärte er, müsse die Politik des Reichskanzlers konservativ sein, Gewerkschaftsführer sollten aus der Regierung ausgeschlossen werden und »Agrarbolschewismus« dürfe es nicht mehr geben.

Brüning war entgeistert – nicht nur über die Forderungen des Reichspräsidenten, sondern auch über dessen kühlen und gebieterischen Tonfall, vielleicht aber auch angesichts der Erkenntnis, diese Entwicklung selbst mit eingeleitet zu haben. Dies war schließlich das Ende des Präsidialregimes, das Brüning zwei Jahre zuvor eingeführt hatte. Zu Beginn hatte es wie eine glänzende Idee ausgesehen, sich über die zerstrittenen Reichstagsfraktionen hinwegzusetzen und – vermeintlich im Interesse der Nation – per Notverordnung zu regieren. Aber Präsidialregime bedeutete letztendlich nichts anderes, als daß das Interesse der Nation ausschließlich von den Launen und Vorurteilen des greisen Reichspräsidenten oder seiner Berater beeinflußt wurde.

Brüning hatte sich selbst für den loyalsten Adjutanten Hindenburgs gehalten, nun, als die Absichten des Reichspräsidenten offenlagen, blieb ihm nur noch, Hindenburg nach den Gründen für sein Vorgehen zu fragen. Hindenburg gab keine konkrete Antwort, sondern teilte ihm lediglich grimmig mit, daß sein Gewissen es ihm verbiete, mit einer Regierung weiter zu kooperieren, die so wenig Rückhalt in der

Bevölkerung habe. Er schlug vor, Brüning könne unter einem anderen Kanzler Außenminister werden. Brüning wies das Angebot mit den Worten *Herr Reichspräsident, auch ich habe ein Gewissen* als einen Affront zurück. In seinem Büro berief der Kanzler unverzüglich eine Kabinettssitzung ein und schlug vor, daß alle sofort ihren Rücktritt erklärten. Das Kabinett stimmte zu. Brüning rief im Büro des Reichspräsidenten an und bat um einen Termin. Der Präsident sei bis zum nächsten Morgen um halb elf beschäftigt, hieß es. Am folgenden Tag wurde der Termin auf zehn Minuten vor zwölf verschoben. Brüning hatte damit ganze zehn Minuten Zeit, seinen Rücktritt vorzubringen, denn um zwölf Uhr paradierte die Skagerrak-Wache, und der Generalfeldmarschall wollte sich bei dem Vergnügen, seine Garde zu inspizieren, durch nichts stören lassen.

Im gleichen Frühjahr 1932 beobachtete der englische Militärhistoriker John Wheeler-Bennett in einem Restaurant am Kurfürstendamm, wie die Kellner einen Nebentisch für General von Schleicher und einige seiner Freunde vorbereiteten. Schleicher trat in Uniform auf und war bester Laune. Als die Musik plötzlich aussetzte, war seine tönende Stimme, die zuvor gegen das Orchester ansprechen mußte, laut und vernehmlich zu hören. *Was Deutschland braucht, ist ein starker Mann*, hörte Wheeler-Bennett ihn sagen, der sich ebenfalls darin erinnerte, daß sich Schleicher bei seinen Worten unmißverständlich auf die Brust geschlagen hatte.

General von Schleichers Kandidat für die nächste Reichskanzlerschaft war eine wenig überzeugende Persönlichkeit auf der politischen Bühne Berlins. Man sagte Franz von Papen nach, daß ihn weder seine Freunde noch seine Feinde ernst nehmen würden. Er hatte es geschafft, einen Sitz im preußischen Landtag zu gewinnen, aber war in seiner eigenen Partei, der katholischen Zentrumspartei, derart unbeliebt, daß er niemals in den Reichstag gelangte. Unter seinen schärfsten Gegenspielern war der über siebzigjährige Ehrenvorsitzende der Partei, Carl Herold.

Der dreiundfünfzigjährige Papen hatte einen schmalen grauen Schnurrbart und ein langes, knochiges Pferdegesicht, das zu seiner Eigenschaft als ehemaliger Kavallerieoffizier und nicht unbedeutender Amateurjockey paßte. Er stammte aus einer verarmten westfälischen Adelsfamilie und war durch die Verheiratung mit der Tochter eines

Saarindustriellen zu Wohlstand gelangt. Papen hatte den Herrenklub gegründet, dem auch Kurt von Schleicher und Oskar von Hindenburg angehörten und der sich als Zusammenschluß der politischen Prominenz Berlins verstand. Ein gewisses Ansehen hatte Papen sich während seiner Dienstzeit als Militärattaché in Washington erworben. Er wurde ausgewiesen, als man ihn bei der Sabotage ertappte.

Freilich hatte Papen auch Qualitäten. Er war lebhaft und amüsant, und es gelang ihm, sich bei Hindenburg beliebt zu machen. Der greise Generalfeldmarschall war äußerst angetan von seinem neuen Kanzler, den er Fränzchen nannte. Für Schleicher dagegen bestand Papens größter Vorzug darin, daß er tat, was von ihm verlangt wurde – so jedenfalls glaubte Schleicher. Als irgend jemand protestierte, Papen sei nicht der geeignete Kopf zum Regieren, erwiderte Schleicher, daß Papen nicht unbedingt einen Kopf haben müsse, ein Hut genüge vollauf. Und um diesen geschniegelten Kavallerie-Ulan scharte Schleicher ein Gespann von folgsamen Konservativen: Freiherr von Neurath wurde Außenminister, Freiherr von Gayl Minister des Innern – insgesamt stammten sieben von neun Ministern aus dem alten Adel, und kein einziger hatte Verbindungen zu den Gewerkschaften. Reichswehrminister wurde selbstverständlich General von Schleicher.

Papens erste größere Amtshandlung war die Auflösung des Reichstags, in dem er praktisch keine Unterstützung hatte, und die Ausrufung von Neuwahlen. Als zweiten Schritt hob er das Verbot der SA wieder auf. Beides war Hitler offensichtlich von Schleicher zugesagt worden, damit er im Gegenzug das neue Regime, das die Berliner bald als Kabinett der Barone bezeichneten, tolerierte. Es ist nicht leicht zu verstehen, was sich Papen von Neuwahlen versprach. Wahrscheinlich war er wie Brüning vor ihm versucht, eine Zeitlang per Notverordnung zu regieren.

In Lausanne mußte der neue Reichskanzler Brünings Rolle auf der internationalen Reparationskonferenz übernehmen. Die alliierten Staatsmänner hielten nicht viel von ihrem neuen Kollegen; sie hatten es aufgegeben, von ihren bankrotten Feinden Reparationszahlungen einzutreiben. Nur drei Jahre nachdem die Deutschen den Youngplan unterzeichnet hatten, der sie auf neunundfünfzig Jahre hinaus verpflichtet hatte, jährlich zwei Milliarden Goldmark zu zahlen, stimmten die Alliierten nun einer Zahlung von insgesamt drei Milliarden Mark zu, fällig nach drei Jahren. Doch zu diesem Zeitpunkt sollte

Hitler bereits an der Macht sein, was zur Folge hatte, daß nicht eine Mark gezahlt wurde.

Papen kehrte in triumphaler Stimmung nach Berlin zurück und fand die Stadt dem Kollaps nahe. Die Zahl der Arbeitslosen war auf über sechs Millionen – etwa ein Drittel der arbeitsfähigen Bevölkerung – gestiegen, und beinahe jeden Tag brachen Straßenschlachten zwischen uniformierten Gruppen der NSDAP und der KPD aus. Papen glaubte, seine unpopuläre Regierung am besten verteidigen zu können, indem er nach dem Reichstag auch die preußische Landesregierung auflöste. Das war ein noch nie dagewesenes Wagnis, denn die preußische Regierung stellte die Festung der SPD dar. Preußen umfaßte in den zwanziger Jahren drei Fünftel des deutschen Reichsgebiets und zwei Drittel der Bevölkerung. Und während die Reichsregierungen in die Reichskanzlei ein- und wieder auszogen, blieb die preußische Regierung auf der gegenüberliegenden Seite der Wilhelmstraße fest unter der Kontrolle der Sozialdemokraten und ihrer Verbündeten aus der politischen Mitte, der Zentrumspartei und der Deutschen Demokratischen Partei. Schon seit 1920 hatte der fähige Sozialdemokrat Otto Braun das Ministerpräsidentenamt inne, und die preußische Polizei war unter Carl Severing eine Streitmacht der Sozialdemokratie, nicht des preußischen Militarismus.

Die Nazis wußten, wie wichtig es war, Preußen zu erobern. Sobald die Präsidentschaftswahlen vorüber waren, konzentrierten sie deshalb all ihre Propaganda auf die Landtagswahlen. Die Ergebnisse vom 24. April 1932 waren für jeden Demokraten niederschmetternd. Die NSDAP, die in der preußischen Landesvertretung bis dahin nur neun Sitze innehatte, gewann nun einhundertzweiundsechzig und wurde mit Abstand zur größten Fraktion. Die SPD sackte von einhundertsiebenunddreißig Sitzen auf vierundneunzig ab. Die NSDAP und die KPD taten sich umgehend zu einem Mißtrauensvotum gegen Otto Braun zusammen, aber da sie sich nicht auf einen Nachfolger einigen konnten, bildeten die Sozialdemokraten eine provisorische Regierung. Otto Braun selbst hatte der Kampf jedoch zermürbt; er beantragte aus gesundheitlichen Gründen seine Beurlaubung.

Carl Severing und die anderen Minister bewahrten ihre Loyalität, aber auch sie waren müde und desillusioniert. Reichskanzler Papen entwarf mit Unterstützung Schleichers und Hitlers eine Notverordnung zur Übernahme der preußischen Regierungsgewalt durch das Reich. Es bedurfte dazu nur noch eines Vorwands. Den lieferten Tote und Verletzte unter den Nazis, die am 17. Juli in der kommunistischen Hochburg Hamburg-Altona aufmarschierten. Vergeblich hatte die preußische Polizei versucht die marschierenden SA-Männer zu schützen.

Drei Tage später setzte Papen die preußischen Amtsinhaber davon in Kenntnis, daß er, um Recht und Ordnung zu gewährleisten, als Reichskommissar für Preußen die Macht übernehme. Innenmminister Severing und seine Amtskollegen protestierten aufs heftigste und erklärten, daß Papens Staatsstreich gegen die Verfassung verstoße und sie nur der Gewalt weichen würden.

Darauf waren Schleicher und Papen vorbereitet. Sie erklärten den Ausnahmezustand und mobilisierten die Truppen des Generals Gerd von Rundstedt. Aber die preußischen Minister waren nicht kampfbereit. Sie hatten sich bereits einen Überblick über ihre Streitkräfte verschafft und sie für unzureichend befunden. Zwölf Jahre zuvor war es den Berliner Arbeitern gelungen, den Kapp-Putsch mit einem lähmenden Generalstreik zu bezwingen, jetzt zeigten die Gewerkschaften Zweifel an ihrer Stärke

Ich habe es kommen sehen, erzählt Dr. Hans Herschfeld, einstmals Beamter in Severings Innenministerium, als er sich an den Tag seiner Entlassung erinnert. *Ich war in Berlin, als ich von den Unruhen in Altona erfuhr. Severing war in Kiel, um auf einer Wahlveranstaltung zu reden, die in nur zwei Wochen stattfinden sollte. Ich rief ihn also an und sagte ihm, daß Papen einen Reichskommissar über Preußen einsetzen würde. Ich traf Severing am nächsten Tag auf dem Bahnhof, und wir nahmen Verbindung mit den Gewerkschaften und den übrigen Landesregierungen und der SPD auf. Die Sozialdemokraten rieten uns, nichts zu unternehmen, was die Reichstagswahlen verhindern könnte, weil Papen nicht gewinnen könne und deshalb jeden Vorwand ausnutzen würde, sie abzusagen. Und die Landesregierungen vertraten den Standpunkt, wir sollten nur juristische Schritte unternehmen und keine Gewalt anwenden. Und da die Arbeiter nicht im Besitz von Waffen waren, sagten wir zu uns selbst: »Was bleibt uns übrig? Nichts!«*

Am Abend nach Papens Ankündigung – um acht Uhr – tauchte der neue Polizeipräsident von Berlin mit zwei Männern bei uns in der Leipziger Straße auf und besetzte Severings Büro. Für mich gab es einen Brief von Bracht, Papens Assistent, in dem er mir untersagte, meine Arbeit zu tun. Wir weigerten uns, sie drohten mit Gewalt, also verließen wir das Gebäude. Wir konnten nichts mehr tun.

Die preußische Regierung brachte den Fall vor den Staatsgerichtshof, der von beiden Seiten ausführlichere Darstellungen forderte. In der Zwischenzeit richteten die Preußen eine Art Exilregierung im Wohlfahrtsministerium am Potsdamer Platz ein, wo sie Bulletins verfaßten und Pressekonferenzen abhielten. Zwei Monate später verkündete der Gerichtshof ein zweideutiges Urteil, in dem er erklärte, daß Papen das verfassungsmäßige Recht zustehe, sich zum Reichskommissar über Preußen zu erklären, und der entmachteten Regierung das Recht einräumte, Preußen im Reichsrat zu vertreten. *Aber es war alles vorbei*, sagt Dr. Herschfeld traurig. *Das war das Ende, Finis Germaniae. Braun und Severing wollten nicht Tausende Polizisten und Arbeiter sinnlos opfern. Aber ich denke, das war eine falsche Entscheidung. Ich war der Überzeugung, daß wir nicht aufgeben sollten – eher kämpfend untergehen. Aber was soll's ... Ich weiß, daß es gute Leute waren, die diese Entscheidung trafen, und daß es gute Gründe dafür gab.*

Die Wahlen vom 31. Juli bewiesen aufs neue, daß die NSDAP kontinuierlichen Zulauf hatte. Alle Demokraten waren zwei Jahre zuvor entsetzt über den sprunghaften Anstieg der Mandate der Nationalsozialisten von zwölf auf einhundertsieben – nun errangen sie zweihundertdreißig, deutlich mehr als ein Drittel. Die NSDAP war zur weitaus größten Fraktion geworden, beinahe doppelt so groß wie die an zweiter Stelle folgende SPD mit hundertdreiunddreißig Mandaten. Hitler mußte sich also keiner Gewalt oder Intrigen bedienen, um an die Macht zu gelangen, er brauchte nur sein verfassungsmäßiges Recht einfordern, Reichskanzler zu werden.

Hitler reiste umgehend zu einer Unterredung mit Schleicher nach Berlin. Er forderte, zum Kanzler und zum preußischen Ministerpräsidenten ernannt zu werden. Er schwor, daß er im neuen Reichstag eine Mehrheit gewinnen könne. Doch die Kamarilla um Hindenburg verwehrte ihm das Reichskanzleramt, was Hitler zu dramatischen Ausbrüchen bewegte. Hindenburg bestellte den zornigen Hitler zum Rapport in sein Büro. Hitler war ihm nur wenige Male zuvor begegnet und hatte überaus unsympathisch auf den Präsidenten gewirkt. Zu Schleicher hatte sich Hindenburg geäußert, daß er *diesen böhmischen Gefreiten* vielleicht als Postboten anstellen würde, aber nicht als Reichskanzler. Jetzt sah der Präsident mit Mißfallen, daß Hitler Röhm mitgebracht hatte, den er vollends verabscheute. Der fünfundachtzigjährige Generalfeldmarschall unterließ es, seinen Besuchern einen Platz anzubieten. Er empfing sie stehend, auf einen Stock gestützt, und kanzelte Hitler auf erniedrigende Weise ab, als würde er einen Laufburschen vor sich haben.

Nach zehn Minuten wies der Reichspräsident seinen niedergeschlagenen und gedemütigten Besuchern von der NSDAP die Tür.

Hitler war blind vor Wut, aber nicht wehrlos. Fürs erste übernahm er die Kontrolle über den Reichstag. Traditionsgemäß benannte die größte Fraktion den Reichstagspräsidenten – das Amt sollte der korpulente ehemalige Flieger Hermann Göring antreten, der wenige Jahre zuvor aus einer schwedischen Nervenklinik entlassen worden war, wie wir wissen.

Was folgte, war eine bemerkenswert groteske Szene in der kurzen Geschichte dieses glücklosen Parlaments. Reichskanzler Papen war mutig genug, mit einer Rede über sein Wirtschaftsprogramm vor die Abgeordneten zu treten: Arbeitsbeschaffungsmaßnahmen, Lohnreduzierungen und Steuervergünstigungen für jeden, der Arbeitslose einstellte. Die KPD, die wie die Nazis bei jeder Wahl dazugewann und nun neunundachtzig Mandate innehatte, beantragte prompt ein Mißtrauensvotum gegen Papens Kabinett der Barone. Daraufhin kündigte Papen die vertraute Waffe der Reichstagsauflösung an. Er war vorsichtig genug gewesen, Hindenburg den Erlaß noch vor der Eröffnung der Reichstagssitzung unterschreiben zu lassen, aber bezeichnenderweise hatte er vergessen, den Erlaß in die Sitzung mitzubringen.

Er konnte eine Sitzungspause von einer halben Stunde erwirken, in der er vom Reichstag in die Kanzlei und wieder zurück eilte. Als er erleichtert mit der roten Aktenmappe zurückkehrte, in der traditionell der Auflösungserlaß steckte, mußte er feststellen, daß der neue Reichstagspräsident Göring andere Ziele verfolgte. Die Abstimmung über den Mißtrauensantrag war bereits in vollem Gange. Der Reichskanzler versuchte, sich Beachtung zu verschaffen, rief und winkte, doch Göring übersah ihn beflissentlich. Ein Abgeordneter nach dem anderen entzog dem ignorierten Kanzler das Vertrauen – das Endergebnis lag bei fünfhundertzwölf gegen zweiundvierzig Stimmen –, und erst gegen Ende nahm Göring den empörten Papen zur Kenntnis und seinen Auflösungserlaß entgegen. Da der Reichstag soeben mit überwältigender Mehrheit gegen Papens Regime gestimmt hatte, erklärte Göring, daß Papen nicht mehr Reichskanzler und der Auflösungserlaß deshalb ungültig sei.

Kaum war diese Farce vorüber, machten die Nazis den Weg frei für Hindenburgs Auflösungserlaß. Wieder einmal wurde zu Wahlen aufgerufen, diesmal für den 6. November. Und wieder fand der Kampf um die Macht auf der Straße statt. Inzwischen war auch Papen besorgt über die allwöchentlichen Toten und Verwundeten und erließ ein Sondergesetz, das die Todesstrafe für alle verhängte, die im Verlaufe von politischen Krawallen Totschlagsvergehen begingen. Das Gesetz kam kaum zur Anwendung. Anfang August überfielen im schlesischen Potempa fünf SA-Schläger einen jungen kommunistischen Bergarbeiter und trampelten ihn zu Tode, während seine Mutter vergebens um Hilfe schrie. Zwei Wochen später wurden die fünf Mörder zum Tode verurteilt. Hitler schickte ihnen ein Telegramm, in dem es hieß: *Angesichts dieses ungeheuerlichen Bluturteils fühle ich mich Euch in unbegrenzter Treue verbunden. Eure Freiheit ist von diesem Augenblick an eine Frage unserer Ehre.* Ein paar Tage später wurde das Urteil gegen die Mörder in lebenslange Haft umgewandelt, und niemand zweifelte daran, daß Hitler sie, sobald er an der Macht wäre, freilassen werde.

Dr. Henry Lowenfeld, Psychoanalytiker in einem Krankenhaus im Bezirk Lankwitz, beobachtete bei seiner täglichen Arbeit mit Geistesgestörten zu jener Zeit eine merkwürdige Veränderung: *Als die Gefahr einer Machtergreifung durch die Nationalsozialisten größer und größer wurde*, berichtet er, *konnte ich die Auswirkungen sogar an meinen Patienten bemerken. Sie fingen an, in die Rolle von Nazis zu schlüpfen. Ein paar von ihnen waren es tatsächlich, aber die anderen wollten partout vorgeben, sie seien es auch. Einige bedrohten mich sogar, als ich mit ihnen reden wollte.*

Der alltägliche Wahnsinn ließ manche Deutsche daran denken, ihre Heimat zu verlassen. In Dessau, wo die Sozialdemokraten in gewisser Weise als Förderer für das Bauhaus aufgetreten waren, erzitterten die örtlichen Behörden nun bei jedem neuen Angriff der Nationalsozialisten auf den »Kulturbolschewismus«. Walter Gropius war schon 1928 zurückgetreten – er hoffte, dem Bauhaus würde es unter einem weniger umstrittenen Direktor besser ergehen. Sein Nachfolger, der schweizerische Architekt Hannes Meyer, war ein Pragmatiker, und er erhöhte die Produktion und die Einnahmen der Möbel-, Weberei- und Schmiedewerkstätten. Dieses Wachstum entsprang nicht einem Streben nach kapitalistischem Profit, sondern seiner tiefen Überzeugung vom Bauen als kollektiver Tätigkeit, wie er es formulierte. Binnen zwei Jahren spitzte sich der Konflikt mit den Dessauer Behörden so sehr zu, daß er sich zum Rücktritt gezwungen sah und mit einigen seiner besten Schüler in die Sowjetunion ging.

Auf Meyers Drängen hin hatten sich die Bauhausstudenten gründlich politisiert, und als Mies van der Rohe 1930 als neuer Direktor antrat, sah er sich mit radikalen Studentengruppen konfrontiert, die sich in der Mensa des Bauhauses versammelt hatten. Sie warfen Mies van der Rohe Formalismus vor und forderten von ihm eine Ausstellung seiner eigenen Arbeiten, damit sie beurteilen könnten, ob er zur Leitung des Bauhauses geeignet sei. Mies empfing eine Delegation und teilte ihnen mit, sie wären hier, um zu arbeiten, und er würde jeden von der Schule weisen, der nicht morgens in seiner Klasse anwesend sei. Letztlich mußte er nach der Dessauer Polizei rufen. Die Radikalen wurden entlassen, und Mies van der Rohe schloß das Bauhaus für mehrere Wochen, bis die Ordnung wieder hergestellt war.

Die eigentliche Gefahr ging jedoch von den Landtagswahlen im Frühling 1932 aus. Wie in Preußen legte die NSDAP auch im Land Anhalt kräftig zu, und die nun von den Nazis dominierten Dessauer Behörden forderten die Schließung des Bauhauses zum 30. September. Mies van der Rohe, der ohnehin seinen Wohnsitz in Berlin hatte, brachte die Reste des Bauhauses in einer leerstehenden Telefonfabrik in Berlin-Steglitz unter, wo das gefeierte Bauhaus seine wenigen letzten Monate in Deutschland fristete.

Während das Bauhaus sich noch in Berlin einrichtete, waren einige prominente Berliner schon dabei, die Stadt zu verlassen. *Ich wartete das Ende nicht ab*, liest man in Arthur Koestlers Erinnerungen. *Ich verließ Deutschland im Juli 1932, um nach Rußland zu gehen, einige Tage nachdem v. Papen die sozialdemokratische Regierung Preußens durch einen Leutnant und acht Mann aus dem Amt hatte jagen lassen.*

George Grosz hatte noch triftigere Gründe – Angriffe auf seine Person und sein Werk waren ihm schon längst nicht mehr neu. Eines Nachts hatte er einen Alptraum über die kommende Katastrophe, und im Vertrauen auf seine Intuition packte er kurz entschlossen seine Sachen und ging nach Amerika. *Wir hatten eine große Wohnung in der Trautenaustraße, und um die Ecke, in der Nassauischen Straße, hatte ich ein großes Atelier. Wir besaßen eine Menge schöner, alter Möbel …*

[aber] ich war nicht mehr recht froh während dieser letzten Monate in Deutschland.

Für manche Theaterleute war es etwas leichter fortzugehen. Marlene Dietrich beispielsweise, die sich bereits in Hollywood etabliert hatte, kam noch einmal 1932 in ihre Geburtsstadt und registrierte sehr genau die politische Lage und entschied in weiser Voraussicht, nach Amerika zurückzukehren.

Auch Albert Einstein sah die Zeit für den Aufbruch gekommen. Zwar war Einstein von Max Planck einst mit großartigen Angeboten nach Berlin geholt worden, doch die Zeiten hatten sich gründlich geändert. Anläßlich seines 50. Geburtstags hatte der Magistrat 1929 entschieden, dem international renommierten Wissenschaftler eine stadteigene Villa am Ufer der Havel zu schenken. In der Presse erschienen bereits zahlreiche Fotos vom zukünftigen Einsteinhaus. Als Frau Einstein das Gebäude besichtigen wollte, mußte sie jedoch erstaunt feststellen, daß bereits eine andere Familie darin wohnte. Das war der Beginn eines überaus peinlichen und zögerlichen Verfahrens mit dem Ergebnis, daß Einstein selbst ein Grundstück in Caputh erwarb und sich dort auf eigene Kosten ein Haus bauen ließ.

Es ist schwer zu beurteilen, ob hinter den Ereignissen mehr als behördliche Inkompetenz steckte, aber Einsteins Biograph Philipp Frank besteht darauf, daß es sich um eine Verschwörung handelte. In den Jahren 1930 und 1931 lehrte Einstein in Kalifornien, und bei jeder Rückkehr stellten sich die politischen Verhältnisse mehr und mehr bedrückender dar. Die Wahlergebnisse von 1932 erfüllten ihn mit Verzweiflung, und als er in jenem Herbst sein Haus in Caputh verließ, sagte er zu seiner Frau: *Schau es dir noch einmal gut an.*

Warum? fragte sie.

Weil du es nie wiedersehen wirst, antwortete Einstein.

Kurz vor den Neuwahlen am 6. November kündigten die städtischen Berliner Verkehrsbetriebe an, daß sie die Löhne senken müßten. Die sozialdemokratische Gewerkschaft ließ sich auf Verhandlungen ein, aber die Kommunisten riefen zum Streik auf, und die Nazis schlossen sich ihm an. So verbanden sich zwei erbitterte Feinde, die zusammen die traurige Mehrheit der Neinsager in Deutschland repräsentierten, um ihre Hauptstadt lahmzulegen. *Keine Straßenbahn, keine U-Bahn fährt mehr in Berlin*, notierte Goebbels stolz in seinem Tagebuch. *Die Öf-*

fentlichkeit beweist eine bewunderungswürdige Solidarität mit den Arbeitern ... Berlin bietet das Bild einer toten Stadt. Unsere Leute haben natürlich überall die Streikleitung übernommen. Das ist der einzige Weg: Wenn du sie schlagen willst, schlage sie hart.

In dieser verworrenen Lage gingen die Deutschen wieder einmal zu den Wahlurnen und produzierten die üblichen verblüffenden Ergebnisse. Reichskanzler Papen nahm den Verlust von NSDAP-Stimmen auf sein Erfolgskonto – von zweihundertdreißig blieben hundertsechsundneunzig Mandate, und in Berlin erreichten sie kaum fünfundzwanzig Prozent der Wählerstimmen, aber im neuen Reichstag bildeten sie wieder mit Abstand die stärkste Fraktion. Die kommunistische Opposition hatte von neunundachtzig auf einhundert Mandate ebenfalls zugelegt. Papen konnte lediglich mit der Unterstützung von etwa sechzig der insgesamt fünfhundertvierundachtzig Abgeordneten rechnen, und so hatten die Deutschen wieder einmal einen nicht regierungsfähigen Reichstag gewählt. Hindenburg wies Papen an, mit den Fraktionsvorsitzenden zu verhandeln, um breitere Unterstützung zu gewinnen. Er scheiterte vollkommen. Die SPD verabschiedete eine formale Resolution, in der sie jedes Treffen mit dem geächteten Kanzler ablehnte. Seine eigene Zentrumspartei erklärte in aller Form, daß unter der derzeitigen politischen Führung jede Möglichkeit einer Koalitionsregierung indiskutabel sei.

Jetzt hielt Schleicher die Zeit für gekommen, sich Papens zu entledigen, und mit einigen Winkelzügen wurde er am 2. Dezember schließlich der letzte Reichskanzler der Weimarer Republik. Schleicher glaubte, mit etwas diplomatischem Geschick die NSDAP spalten zu können, und wollte sich dazu seiner Verbindung zu Gregor Strasser, dem Reichsorganisationsleiter der NSDAP, bedienen.

Schleicher unterbreitete Strasser das Angebot, stellvertretender Kanzler und preußischer Ministerpräsident zu werden. Sollte er ablehnen, so machte Schleicher ihm klar, würde es abermals zur Auflösung des Reichstags kommen und die NSDAP in einen weiteren kostspieligen Wahlkampf stürzen.

Strasser war versucht anzunehmen. Er wußte, daß die NSDAP nahezu pleite war. Ohnehin mißbilligte er schon immer die Alles-oder-nichts-Methode von Hitler und Goebbels. Er vertrat die Ansicht, die NSDAP solle von der erreichten Macht- und Regierungsposition aus weiterarbeiten. Nun, als Schleicher ihm die Vizekanzlerschaft anbot, war er zu keiner Entscheidung fähig. Er müsse sich zunächst mit dem »Führer« beratschlagen.

Der »Führer« war außer sich. Bei einem Treffen im Hotel Kaiserhof beschuldigte er Strasser des Verrats und des Versuchs, die Partei zu spalten. Strasser hielt dagegen. Er wolle die Partei vor dem Ruin bewahren. Ihre heftige Auseinandersetzung zog sich über Stunden hin, dann verließ Strasser erbost das Hotel. Anstatt um die Macht zu kämpfen, schrieb er einen gefühlsbetonten Brief an Hitler, in dem er eine lange Liste von Mißständen aufführte und seinen Rücktritt vom Posten als Reichsorganisationsleiter erklärte. Anschließend packte er seinen Koffer und fuhr heim nach München.

General Schleichers Plan bestand darin, über alle Parteigrenzen im Reichstag hinweg eine nationale Koalition zu bilden. Auf der Rechten wollte er die weniger radikalen Nationalsozialisten in seine Regierung einbinden. Auf der Linken hatte er Verhandlungen mit dem Gewerkschaftsvorsitzenden Theodor Leipart aufgenommen, und Leipart zeigte sich sehr interessiert an Schleichers Vorschlag, an dem Entwurf eines Sozialprogramms mitzuarbeiten. In der Mitte sollte die Koalition von der Reichswehr zusammengehalten werden, von der Schleicher glaubte, daß sie eine Art überpolitische nationale Einheit darstelle. Das war keine schlechte Idee, und hätte sie sich umsetzen lassen, wäre General Schleicher der »starke Mann« gewesen, der Deutschland vor Hitler bewahrte.

Aber sein Plan sollte nicht funktionieren – vielleicht weil der General zu wenig vertrauenswürdig erschien und es ihm an politischer Erfahrung mangelte, vielleicht auch einfach deshalb, weil der Zusammenbruch der deutschen Verhältnisse für ein solches Vorhaben schon zu weit fortgeschritten war. Als dieses verhängnisvolle Jahr 1932 zu Ende ging, wußte Schleicher noch nicht, daß sein Plan bereits gescheitert war.

Inzwischen war Weihnachten nahe, und wie die meisten Menschen zogen die Berliner ihre Einkäufe zum Fest den politischen Geschäften vor. Sie feierten die Adventssonntage unter dem kerzengeschmückten Adventskranz, und trotz Armut und Hoffnungslosigkeit kamen sie irgendwie zu ihren Weihnachtsbäumen und sangen die alten Lieder.

In der Stille der Feiertage sandte Hindenburg ein Telegramm an Schleicher: *Nie bisher war Weihnachten so friedvoll. Dafür habe ich Ihnen zu danken, mein junger Freund.*

KAPITEL 17

»Ihr blaues Wunder«

1933

Nein, sagten die Männer von Mahagonny ...
... An den Haaren
Kannst du uns nicht in die Hölle ziehen
Weil wir immer in der Hölle waren,
Weil wir immer in der Hölle waren,
Weil wir immer in der Hölle waren.

BERTOLT BRECHT

Einen Monat vor seinem Sieg konnte nicht einmal Hitler ahnen, wie rasch und mühelos ihm dieser Erfolg zufallen würde. General von Schleicher schien, unterstützt vom Reichspräsidenten und von der Armee, auf dem Höhepunkt seiner Macht angelangt, und wenn Schleicher nicht erkannte, daß sein Regime bereits gescheitert war, so entging dies Hitler ganz und gar. Die Nazis waren sogar in ziemlich hoffnungsloser Stimmung ins neue Jahr gegangen. Hitler hatte den Treubruch Strassers überwunden, aber die Krise hatte die Partei schwer erschüttert. Sie war bankrott und erschöpft aus den Wahlen hervorgegangen, die sie nicht an die Macht gebracht hatten. Hindenburg hatte wiederholt erklärt, er werde Hitler nie zum Reichskanzler machen, und die letzten Wahlen hatten gezeigt, daß die Nazi-Flut gestoppt werden konnte.

In der ersten Januarwoche sollte sich alles ändern. Im Berliner Herrenklub hatte Papen eine Rede gehalten, in der er nachdrücklich forderte, daß die NSDAP ins Kabinett aufgenommen werden müsse. Auch wenn die Mehrzahl der Zuhörer seinen Vorschlag ignorierte, so hatte er doch einen Kölner Bankier namens Kurt von Schröder tief beeindruckt. Schröder lud Papen und Hitler zu einem Treffen in seinem Kölner Haus ein. Die Berichte über dieses Treffen weichen stark voneinander ab, aber will man Schröder Glauben schenken, dann fanden seine beiden Besucher schnell heraus, daß sie in Schleichers Sturz ein gemeinsames Ziel hatten. Papen schlug Hitler eine Koalition vor, in der sie beide gleichberechtigt sein sollten. Hitler bestand darauf, daß er allein der Führer werden und über unbeschränkte Macht verfügen müsse, um *die Ordnung wiederherzustellen*, was ohne Frage den Ausschluß aller Sozialdemokraten, Kommunisten und Juden aus dem öffentlichen Leben in Deutschland bedeutete. Papen akzeptierte Hitlers Konzept nicht, stimmte aber einer Zusammenarbeit zu, und Schröder ließ liebenswerterweise verlauten, daß er sich der Wahlkampfschulden der NSDAP annehmen wolle. *Wenn uns dieser Coup gelingt, wären wir von der totalen Macht nicht mehr weit entfernt*, notierte Goebbels.

Das Treffen sollte unter größter Geheimhaltung stattfinden – Hitler kam über Bonn und hatte unterwegs zweimal das Auto gewechselt –, aber einer von Schleichers Agenten stand vor Schröders Haus und fotografierte die Besucher. Am nächsten Tag war die Berliner Presse voller Spekulationen. Offiziell machten die Nazis weiter wie bisher, um durch Stimmenzuwachs Macht zu gewinnen. Hitler und Goebbels steckten jetzt all ihre Energie in die Kommunalwahlen im winzigen Land Lippe. Insgesamt gab es hier nur neunzigtausend Wähler, aber ihre Bemühungen brachten der NSDAP einen ziemlichen Gewinn, den Goebbels' Propagandamaschine als Erneuerung ihrer politischen Stärke hinstellte. Die eigentliche Gefahr, das wußte Schleicher, lag in der Möglichkeit, daß Hindenburg seinen Widerstand gegen Hitlers Einzug in die Reichskanzlei fallenlassen könnte. Schleicher versuchte vergeblich, den Einfluß Papens unter seine Kontrolle zu bringen. Papen hatte sich eine Wohnung unweit des Quartiers des Präsidenten genommen, und Hindenburg traf ihn öfter als den Reichskanzler, wenn die beiden im Garten des Präsidenten spazierengingen.

Gegen Ende Januar mußte Schleicher Hindenburg eingestehen, daß all seine Pläne mißglückt waren. Er hatte die NSDAP nicht spalten und keine Mehrheit im Reichstag gewinnen können. Daher konnte er nur eine abermalige Reichstagsauflösung vorschlagen. Damit hatte er bewiesen, daß er nicht mehr zuwege gebracht hatte als Papen, und wenn Hindenburg zwischen Papen und Schleicher wählen durfte, war ihm jetzt der erstere genehmer. Am 28. Januar, als Hindenburg es Schleicher abschlug, den Reichstag aufzulösen, reichte der General seinen Rücktritt ein. Hindenburg beauftragte Papen offiziell, Verhandlungen für eine Kabinettsneubildung aufzunehmen.

Papen war hocherfreut. Er spielte mit dem Gedanken, Hitler nochmals zu einer gemeinsamen Kanzlerschaft zu bewegen. Sollte das scheitern, war er sich sicher, Hitlers Kanzlerschaft durch ein Kabinett von Nicht-Nazis neutralisieren zu können. Nach und nach nahm der Plan Gestalt an: Hitler als Reichskanzler, aber von Papen als Vizekanzler und Ministerpräsident von Preußen. Freiherr von Neurath könnte man aus der Deutschen Botschaft in London heimrufen, damit er das Außenministerium übernehme, für Hugenberg war das Wirtschaftsressort gedacht. In einem elfköpfigen Kabinett sollte Hitler nur zwei weitere NSDAP-Mitglieder neben sich haben, seinen langjährigen Rechtsbeistand Wilhelm Frick als Innenminister und Göring als Innenminister von Preußen.

Der größte Unsicherheitsfaktor lag in der Reaktion Schleichers und der Reichswehr. An diesem Wochenende verbreiteten sich in Berlin Gerüchte über einen Militärputsch. Hitler behauptete später, er habe befürchtet, Schleicher würde das Kriegsrecht ausrufen. Um dieser Gefahr entgegenzutreten, befahl Hitler, die Berliner SA in Alarmbereitschaft zu versetzen. Tatsächlich unternahm Schleicher einen letzten, absurden Versuch, die Unterstützung der NSDAP zu erlangen. Er entsandte den Reichswehrkommandeur General Kurt von Hammerstein zu Hitler, um ihn vor Papen zu warnen. Aber Hitler wies den General mit einer zu nichts verpflichtenden Antwort ab.

Papens Plan hing wesentlich von der Entlassung Schleichers aus dem Reichswehrministerium ab. General Blomberg, dritthöchster Kommandeur der Reichswehr, wurde aus Lausanne, wo er als militärischer Berater der deutschen Delegation auf der letzten Abrüstungskonferenz fungiert hatte, nach Berlin berufen. Schleicher erfuhr davon erst durch sein Agentennetz. Am Morgen des 30. Januar schickte er einen Offizier, um Blomberg am Anhalter Bahnhof abzufangen und ihn unverzüglich zum Rapport ins Reichswehrministerium abzukommandieren. Auf demselben Bahnsteig stand jedoch Oskar von Hindenburg mit dem Befehl, Blomberg solle unverzüglich zum Rapport ins Präsidentenpalais kommen. Blomberg zögerte einen Augenblick angesichts der sich widersprechenden Befehle und ging dann mit Hindenburg.

Erst eine Woche zuvor hatte Hindenburg zu einigen Offizieren geäußert: *Sie werden mir doch nicht zutrauen, daß ich diesen öster-*

reichischen Gefreiten zum Reichskanzler berufe! Aber jetzt war er des Widerstands müde. Von Papen versicherte ihm, daß Hitler unter Kontrolle gehalten werden könne, Blomberg garantierte die Loyalität der Reichswehr, und niemand konnte bestreiten, daß Hitler mehr Stimmen auf sich vereinigt hatte als irgendein anderer politischer Führer in der Weimarer Republik. Also zuckte der alte Mann mit den Schultern und gab nach.

Hitler hatte gemeinsam mit Göring und Goebbels die ganze Nacht durchwacht – bewegt von der Frage, wie Hindenburg sich entscheiden würde.

Erst gegen elf Uhr am nächsten Vormittag wurde Hitler ins Büro des Reichspräsidenten bestellt. Im Vorzimmer hieß ihn Papen willkommen und begrüßte ihn als neuen Kanzler. Hitler dankte ihm und verkündete auf der Stelle, daß er seinerseits nun Neuwahlen ansetzen würde, die NSDAP solle an die Schalthebel. Hugenberg wandte auf der Stelle ein, daß es genug Wahlen gegeben habe, und schon stritten die beiden Verschwörer, die noch nicht einmal an der Macht waren – im Vorzimmer des Reichspräsidenten – darüber, wie sie das Land führen werden.

Im Hotel Kaiserhof, auf der anderen Straßenseite der Wilhelmstraße, warteten Hitlers Adjutanten noch immer im ungewissen darüber, was im Büro des Reichspräsidenten vor sich ging.

Auf der Straße, zwischen dem Kaiserhof und der Kanzlei, steht eine stumme wartende Menschenmenge, notierte Goebbels. *Was geht dort drüben vor? Wir schwanken zwischen Zweifel, Hoffnung, Freude und Ratlosigkeit. Wir haben zu viele Enttäuschungen erlebt, als daß wir noch mit ganzem Herzen an das große Wunder glauben könnten. Stabschef Röhm steht die ganze Zeit am Fenster und beobachtet die Tür, aus der der Führer kommen muß. Vielleicht können wir an seinem Gesicht ablesen, ob die Unterredung glücklich verlief. Qualvolle Stunden des Wartens. Endlich erscheint vor dem Haupteingang ein Wagen. Die Menge jubelt. Sie scheint zu fühlen, daß eine große Wendung … bereits begonnen hat …*

Ein paar Augenblicke später ist er schon bei uns. Er sagt nichts, und wir alle schweigen ebenfalls. Seine Augen sind voll Tränen. Es ist geschehen! Der Führer ist zum Kanzler berufen. Der Reichspräsident hat ihm bereits den Eid abgenommen. Die Entscheidung ist gefallen … Wir sind zu bewegt, um etwas zu sagen. Jeder ergreift die Hand des

Führers ... Draußen vorm Kaiserhof geraten die Massen außer sich ... Aus Tausenden werden bald Zehntausende. Endlose Ströme von Menschen drängen sich durch die Wilhelmstraße. Wir fangen sofort an zu arbeiten ...

Um sieben Uhr abends begann die große Siegesparade. Die Umzugsteilnehmer trafen sich unter den Bäumen im Tiergarten und stampften dann über die Charlottenburger Chaussee nach Osten zum Brandenburger Tor, auf dem die Siegesgöttin ihre Steinrosse vorwärtspeitschte. Die Umzugsteilnehmer schwangen ihre Fackeln und sangen mit der lüsternen Freude des triumphierenden Pöbels. Am Pariser Platz, gleich hinter dem Brandenburger Tor schwenkten sie nach rechts und marschierten die Wilhelmstraße hinunter zur Reichskanzlei, in der nun der dreiundvierzigjährige »Führer« herrschte.

Hedda Adlon, die Frau des Hotelbesitzers, ließ um sechs Uhr abends die Türen absperren, weil bereits alle Zimmer mit Menschen besetzt waren, die sich die Parade ansehen wollten. *Dichte Kolonnen tauchten aus dem Dunkel des Tiergartens auf,* erinnerte sie sich. *Zwischen den Kolonnen marschierten Musikkapellen, ihre großen Trommeln gaben dem Marsch den Rhythmus. Dazu erschollen militärische Weisen und die alten preußischen Märsche. Immer, wenn die Musikkapellen über den Pariser Platz marschierten, an dem bekanntlich die französische Botschaft lag, brachen sie ihre Musik ab, und nach einigen Takten dumpfen Trommelwirbels erklang die Melodie des herausfordernden Lieds »Siegreich wollen wir Frankreich schlagen«. Viele der Zuschauer, die das dichte Spalier bildeten, wurden von der Begeisterung mitgerissen und brachen in langanhaltenden Beifall aus, wenn vor der französischen Botschaft dieses Lied intoniert wurde. Einige Herren der Botschaft standen hinter herabgelassenen Jalousien und beobachteten, bedrückt und von dunklen Vorahnungen erfüllt, den Vorbeimarsch des Fackelzuges.*

Und damit begann der Exodus. Nicht sofort, denn niemand hätte sich in dieser Stunde vorstellen können, als welcher Dämon sich Hitler entpuppen sollte. Unter den demokratischen Deutschen sorgte die Nachricht zunächst für Verblüffung, später für Erschrecken, schließlich für Furcht. Dennoch beruhigten sich immer noch viele mit dem Gedanken, daß Hitler nicht lange an der Macht bleiben werde, daß die Konservativen, Hindenburg und die Reichswehr, die drohende Diktatur abwenden würden. Aber Hitler handelte zu rasch, als daß man ihn hätte in Schach halten können. Durch Frick und Göring hatte er die Polizeimacht an sich gebracht, durch den folgsamen General Blomberg die Reichswehr. Kaum einen Monat später zettelte Goebbels eine SA-Verschwörung an, die den Reichstag in Brand steckte und den Kommunisten die Brandstiftung in die Schuhe schob. Eine sofortige Verordnung zum Schutz von Volk und Staat setzte alle staatsbürgerlichen Grund- und Freiheitsrechte außer Kraft. Erst danach, im März, ließ er Wahlen abhalten. Er gewann vierundvierzig Prozent der Wählerstimmen und damit mehr als je zuvor. Zwar hatte die Wahl ihm keine parlamentarische Mehrheit verschafft, doch war dies kein Hindernis, da er die Kommunisten und ihre führenden Vertreter durch Ausschluß und Verhaftungen gezielt aus dem Weg räumte. Dann forderte Hitler – während vor der Kroll-Oper, in der sich die Legislative jetzt versammelte, SA-Banden Drohungen brüllten – von den eingeschüchterten Abgeordneten die Zustimmung zum sogenannten Ermächtigungsgesetz, das es ihm ermöglichte, per Notverordnung zu regieren, und ihm unbeschränkte Befugnis einräumte. Danach bestand keinerlei Notwendigkeit mehr für neue Wahlen.

Bertolt Brecht war einer der ersten, die Deutschland verließen. Am Tag nach dem Reichstagsbrand packte er seine Sachen und brach nach Wien auf. Kurt Weill und Lotte Lenya gingen kurze Zeit später nach Paris. Andere hofften und warteten noch etwas länger. Am 7. April veröffentlichte Frick den ersten antisemitischen Erlaß, der sich auf die Beamtenschaft und das Erziehungswesen bezog. *Beamte, die nichtarischer Abstammung sind, sind in den Ruhestand … zu versetzen*, hieß es darin.

Arnold Schönberg hielt sich in jenem Frühjahr in Paris auf und steckte mitten in der Arbeit an seiner Oper MOSES UND ARON, als er aus Berlin die Nachricht erhielt, daß er als Professor der Musikakademie entlassen sei und besser nicht nach Deutschland zurückkehren solle. Er war niedergeschmettert von der Erkenntnis, nun, mit neunundfünfzig Jahren, weder eine berufliche Sicherheit noch ein Vaterland zu haben. *Er war schließlich eine ziemliche Berühmtheit und äußerst einflußreich*, kommentiert der Komponist Virgil Thomson die zurückliegenden Ereignisse. *Und da saß er nun in Paris, mit einer jungen Frau und einem Baby. Ich besuchte ihn oft in seinem Hotel in der Rue de*

Rivoli und nahm ihn zu Spaziergängen mit. Die Franzosen – vor allem Milhaud – versuchten, nett zu ihm zu sein, aber zu jener Zeit machte er es einem sehr schwer. Er konnte es nicht fassen, aus seinem eigenen Land gedrängt worden zu sein. Schließlich ging er zur Pariser Hauptsynagoge und fragte nach dem Rabbi. Obwohl als Katholik erzogen, konvertierte Schönberg nun zum Judentum.

Im gleichen Monat sollte Artur Schnabel seinen Zyklus der zweiunddreißig Beethoven-Sonaten im Berliner Rundfunk wiederholen. Er hatte die ersten vier der sieben Konzerte gespielt, als die Nazis ihn überraschend aus dem Programm strichen. Die letzte Sonate, die gesendet wurde, war merkwürdigerweise die Sonate in Es-Dur, Opus 81 a, bekannt als LES ADIEUX. Schnabel hatte auch seine Teilnahme an einem Berliner Festival anläßlich Brahms' hundertsten Geburtstags zugesagt. Ein Quartett mit den Musikern Schnabel, Hubermann, Hindemith und Piatigorsky sollte Brahms' Kammermusik für Klavier und Streicher spielen, aber das städtische Kulturamt wußte das zu verhindern. *Da rief mich so ein Mann an*, erinnerte sich Schnabel, *und sagte: »Herr Schnabel, ich muß Ihnen leider sagen, daß ich mit dem Brahms-Festspielkonzert nichts mehr zu tun habe und daß die Planung sich geändert hat. Wenn Sie sich mit dem neuen Verantwortlichen in Verbindung setzen möchten, er ist ...« Ich unterbrach und sagte: »Das habe ich erwartet.« Und fügte so ziemlich die letzten Worte, die ich in Deutschland gesprochen habe, hinzu: »Wenn ich vielleicht auch nicht reinblütig sein mag, so bin ich doch glücklicherweise kaltblütig. Ich wünsche Ihnen alles Gute.«*

Rudolf Serkin und Adolf Busch wohnten zu jener Zeit in der Schweiz, aber sie sollten in Deutschland eine Reihe von Beethoven-Konzerten geben. *Man hat uns abgeraten zu fahren, viele haben uns abgeraten*, erzählt Serkin, *aber die Sponsoren der Konzerte schrieben uns, daß sie uns erwarteten. Und man wollte ja nicht für einen Feigling gehalten werden. Busch meinte: »Wir fahren, und wenn irgend jemand Ärger macht, schlag' ich ihm meine Geige über den Kopf.« Also fuhren wir, und er nahm eine neue Geige mit, nicht seine Stradivari. In Stuttgart stand ein Mann im Publikum auf und machte den Hitlergruß, und Busch hörte auf zu spielen und schrie ihn an: »Nehmen Sie den Arm runter!« Also nahm er den Arm runter, und wir spielten weiter. Dann sollte das Busch-Quartett ein Konzert in Hamburg geben, und es sprach sich rum, daß Hitler zuhören wollte. Die zuständigen*

Beamten schrieben Busch einen Brief, in dem sie ihn anwiesen, sich einen anderen Violinisten und einen anderen Cellisten zu suchen (letzterer war kein Jude, aber mit einer Jüdin verheiratet). Der Brief endete mit »Heil Hitler!«. Busch schrieb zurück, daß er sich weigere, sein Quartett umzubesetzen, und daß er die Worte »Heil Hitler« als Beleidigung für jeden anständigen Deutschen empfinde. Daraufhin entzog man ihm die Staatsbürgerschaft.

Bemerkenswerterweise richteten sich diese ersten Maßnahmen nicht ausschließlich gegen die Juden als solche – jüdische Geschäftsleute etwa konnten ihren Geschäften noch einige Jahre länger nachgehen –, sondern vor allem gegen die jüdische Intelligenz oder, wie im Fall Busch, gegen eine geistig unabhängige Intelligenz. Einer der Hauptgründe dafür dürfte die Tatsache sein, daß diese kulturelle Säuberungsaktion vor allem das Werk von Goebbels war, der es, obwohl nicht Angehöriger des ersten Kabinetts, im März durchsetzte, zum Leiter des neueingerichteten Ministeriums für Volksaufklärung und Propaganda ernannt zu werden. Dadurch wurde er gewissermaßen zum Gauleiter der deutschen Kultur, und nun war die Zeit gekommen, es allen Juden und »Kulturbolschewisten« heimzuzahlen, die einst seine Artikel abgelehnt und seinen Roman ausgelacht hatten.

Anfang Mai brachen jugendliche Nazis in sämtliche größeren Bibliotheken ein und entfernten die Werke aller Autoren, die Goebbels haßte. Sie karrten Bücher fuhrenweise Unter die Linden, auf den Platz zwischen Staatsoper und Universität, und steckten sie am 10. Mai in Brand. *Brenne, Karl Marx! Brenne, Sigmund Freud!* schrien die jungen SA-Burschen und tanzten um das Freudenfeuer. Sie verbrannten Bücher von Rathenau, Heine und Remarque, von Thomas und Heinrich Mann, Zweig, Gide, von Brecht und Tucholsky ... *Dies ist ein gewaltiger und symbolischer Akt*, kreischte Goebbels. *Nie hatten junge Menschen wie heute das Recht, sich zu beklagen; die Lehre gedeiht, der Geist ist erwacht, o Jahrhundert, es ist eine Freude zu leben.* Irgendwo in diesem lodernden Haufen stand, was Heine einst geschrieben hatte: *Wo immer man Bücher verbrennt, wird man früher oder später lebende Menschen verbrennen.*

Goebbels' besondere Aufmerksamkeit galt der Presse. Beim BERLINER TAGEBLATT übernahm die nationalsozialistische Arbeitsfront die Redaktionsgeschäfte und machte aus Berlins berühmtester liberaler Zeitung ein Naziorgan. Die WELTBÜHNE wurde sofort eingestellt und

Carl von Ossietzky, der nur wenige Monate zuvor begnadigt worden war, erneut inhaftiert. Kurt Tucholsky tötete sich in seinem schwedischen Exil mit Gift.

Das Ullstein-Unternehmen, Deutschlands größtes Verlagshaus, bemühte sich verzweifelt um Kompromisse mit der neuen Ordnungsmacht. Aber schließlich – im Jahre 1934 – verkündete Goebbels, daß die fünf Ullstein-Brüder ihr Unternehmen an »arische« Eigentümer verkaufen müßten, andernfalls würde man alle ihre Zeitungen und Zeitschriften verbieten. Hermann Ullstein schätzte die Familienanteile auf fünfzehn Millionen Dollar. Das beste Angebot eines »arischen« Käufers belief sich auf eineinhalb Millionen Dollar. Hermann Ullstein blieben nicht mehr als fünfundzwanzigtausend Dollar, und als er das Land verlassen wollte, ließ man ihn wissen, daß er ein weiteres »Opfer« bringen müsse, um einen Reisepaß zu erhalten, nämlich eine Spende in Höhe von fünfundzwanzigtausend Dollar an die Berliner Polizei. Seine Ausreise nach England trat er ohne einen Pfennig an.

Im April stürmten SA-Banden das Bauhaus und schlossen es mit der Begründung, dort seien kommunistische Flugblätter gedruckt worden. Mehrere Monate lang verhandelte Mies van der Rohe mit den NS-Behörden über eine Aufhebung des Verbots, aber als die Gestapo die Entlassung Kandinskys und einiger weiterer Lehrer forderte, um sie durch Nazis zu ersetzen, ließ Mies sie wissen, daß er das Bauhaus endgültig schließen werde. Mies und Gropius, Albers, Breuer und Moholy-Nagy – sie alle gingen schließlich nach Amerika.

Goebbels sorgte auch dafür, daß unter anderen die Bilder von van Gogh, Gris, Beckmann, Feininger, Grosz, Kandinsky und Kokoschka von den Wänden der Museen und Galerien genommen wurden. Goebbels stellte später eine Sammlung dieser Bilder zusammen, die er unter dem Titel ENTARTETE KUNST ausstellte. Sie erwies sich als äußerst populär. Die lebenden Künstler waren längst geflohen – Grosz und Feininger nach Amerika, Beckmann nach Holland, Kandinsky nach Paris.

Die Fähigkeiten einiger Künstler versuchte Goebbels für die Sache der Nazis einzusetzen. So bewunderte er beispielsweise Fritz Langs Filme, und kurz nachdem er Minister für Volksaufklärung geworden war, bestellte er den Regisseur zu sich ins Büro. *[E]r sagte mir, daß er und der Führer vor vielen Jahren meinen Film »Metropolis« in einer kleinen Stadt gesehen hätten*, erinnerte sich Lang, *und Hitler damals gesagt habe, daß ich die Nazifilme machen sollte*. Goebbels trug Lang eine bedeutende Position in der Filmproduktion der neuen Ära an. Als Antwort wies Lang darauf hin, daß er jüdische Vorfahren habe. Goebbels wiegelte ab, daß man aufgrund seines anerkannten Einsatzes im Krieg darüber hinwegsehen könne. Lang bat sich vierundzwanzig Stunden aus, um über das Angebot nachzudenken. Mit Hilfe eines Freundes buchte er unter falschem Namen eine Schlafwagenfahrt nach Paris und flüchtete noch in derselben Nacht aus Deutschland.

Harry Graf Kessler hielt sich bereits zu einem Besuch in Paris auf, als er erfuhr, daß man ihn festnehmen würde, wenn er nach Deutschland zurückkehre. Kessler, der 1937 im Exil sterben sollte, zog seine Runden nun durch die Gesellschaft der Flüchtlinge: Georg Bernhard, einst gefeierter Herausgeber der VOSSISCHEN ZEITUNG, der alte Präsident der Deutschen Friedensbewegung Ludwig Quidde, der Bankier Hugo Simon, ehemaliger Finanzminister Rudolf Hilferding, der Verleger Wieland Herzfelde, der Kunsthändler Alfred Flechtheim und auch Heinrich Brüning. Der Ex-Kanzler sprach verbittert über Hindenburg und hing seiner Idee nach, die Monarchie wiederzuerrichten. Er ging davon aus, daß Hitler nicht lange an der Macht bliebe.

In jener Nacht des 30. Januar dauerte die Parade Stunde um Stunde an. *Endlos*, konstatierte Goebbels, *endlos marschieren die Massen vorbei, SA, Hitlerjugend, Zivilisten, Männer und Frauen, Väter, die ihre Kinder emporhalten, damit sie das Fenster des Führers sehen können. Unbeschreibliche Begeisterung erfüllt die Straßen. Wenige Meter entfernt steht der Reichspräsident an seinem Fenster, eine hohe, greise Gestalt, wie ein Denkmal vergangener Zeiten. Hin und wieder schlägt er mit einem Stock den Takt zu den Militärmärschen. Tausende und Abertausende marschieren in nie endendem Gleichschritt unter unseren Fenstern vorbei. Eine Nation ist endlich erwacht!*

All die Berliner, die rechtzeitig weggingen, hatten Glück, waren klug oder gehörten nur aus Zufall zu den Überlebenden. *Dann werden auch Köpfe rollen*, hatte Hitler gesagt, und so sollte es kommen. Vom Tag an, da Hitler an die Macht gelangte und Göring die Kontrolle über die preußische Polizei übernahm, sahen die SA-Männer endlich ihren Traum erfüllt. In leerstehenden Lagerhäusern und Fabrikkellern hatten sie überall in Berlin endlich uneingeschränkte Macht und konnten Gewalt anwenden, ohne daß jemand sich wehren konnte – an Orten, die sie Sammellager nannten. Es handelte sich dabei noch nicht um die Stacheldrahtfestungen, die Hoffnungslosigkeit und Vernichtung brachten und die Deutschland zu einem Land von Verbrechern machte. Doch das war später und begann im Frühling 1934 mit der Forderung Görings, das Gefängnissystem unter der Gestapo zu »normalisieren«. Daraufhin wurden die ersten Konzentrationslager in Oranienburg bei Berlin und in Dachau bei München errichtet. In jenen frühen Tagen gab es vorerst nur die Lagerhäuser und Keller, wohin die »Braunhemden« jeden brachten, der ihnen nicht paßte, um ihn mit Totschlägern und Stahlrohren zu schlagen oder mit ihren schweren Stiefeln zu Tode zu trampeln.

Röhms Sturmabteilungen wurden jedoch zu groß und zu stark. Sie zählten mehr als dreihunderttausend Mann – das Dreifache der Reichswehr –, und die Generäle beargwöhnten Röhms Macht. Ebenso Heinrich Himmler, der Kommandeur der SS, und Göring, zu dessen »legalen« Polizeikräften die Gestapo gehörte. Mit vereinten Kräften suggerierten sie Hitler, daß sein alter Gefährte Röhm eine Verschwörung gegen ihn anzettele. So kam es im Juni 1934 zu Hitlers erster großer »Säuberungsaktion«: Reichswehr- und SS-Einheiten jagten Röhm aus seinem Bett in einem Hotel in Bad Wiessee bei München, wo er mit seinen Untergebenen, wie die Behörden später behaupteten, eine homosexuelle Orgie gefeiert hätte. Es gibt jedoch Beweise, daß die SS dies frei erfunden hatte wie auch Röhms angebliche Putschpläne. Zwei SS-Offiziere drückten Röhm eine Pistole in die Hand und ließen ihn allein in seiner Zelle zurück, damit er Selbstmord begehe. *Wenn ich getötet werden soll*, sagte Röhm, *dann soll Hitler es selber tun.* Daraufhin erschossen die beiden SS-Offiziere ihn aus nächster Nähe.

In Berlin hatten Göring und Goebbels schon Entscheidungen getroffen, die nicht nur die Liquidierung von SA-Führern nach sich zogen. Eine Bande von sechs SS-Männern in Zivil fuhr zu Schleichers Wannsee-Villa und erschoß den General und seine Frau. Ein anderer Trupp nahm Gregor Strasser fest und brachte ihn ins Gestapo-Hauptquartier in der Prinz-Albrecht-Straße. Dort schoß ein Polizist durch die Gitterstäbe der Zelle auf ihn, verwundete ihn dabei aber nur. Strasser, ein großer, schwerer Mann, lag mehrere Stunden in seinem Blut, bevor er starb. Eine weitere Bande von Attentätern drang in das Büro Franz von Papens ein, schoß zwei seiner Assistenten nieder und zertrümmerte das gesamte Mobiliar, Papen selbst überlebte und stand unter Hausarrest. Insgesamt wurden allein in Berlin einhundertfünfzig angebliche Staatsfeinde aufgetrieben und vor ein Erschießungskommando gestellt.

Zu jener Zeit erschien dies als ein schockierendes Massaker, aber wenn man auf die Untaten zurückschaut, die noch folgen sollten, hält sich die Trauer über manches Opfer der Säuberungsaktion in Grenzen. Röhm und seine Braunhemden, Gregor Strasser, sogar General Schleicher hätten ihre Feinde mit ebenso wenig Gnade getötet. Es sei darum an den Fall von Dr. Willi Schmidt erinnert, Musikkritiker einer Münchener Zeitung, der an jenem Abend des 30. Juni in seiner Wohnung Cello spielte, während seine Frau für ihre drei Kinder das Abendessen zubereitete. Vier SS-Männer erschienen und nahmen Dr. Schmidt mit, weil sie ihn mit einem SA-Sturmbannführer gleichen Namens verwechselten. Als Frau Schmidt die Leiche ihres Gatten überbracht wurde, warnten die Nazis sie, nicht in den Sarg zu schauen. Man zahlte ihr sogar eine Rente und teilte ihr mit, ihr Mann sei *ein Märtyrer für eine große Sache* gewesen.

Der unschuldige Willi Schmidt steht stellvertretend für alle Opfer des Terrors – für Anne Frank und Dietrich Bonhoeffer und die Millionen anderer, deren Namen wir vergessen oder nie gekannt haben, die endlose Reihe der Juden, die in die Gaskammern von Treblinka und Sobibor gestoßen wurden, die russischen Gefangenen, die zu Schießübungen mißbraucht wurden, die flüchtenden Frauen, die von den Messerschmidt-Fliegern im Tiefangriff auf französischen Straßen erschossen wurden, die Kinder aus dem Warschauer Ghetto, die ungarischen Zigeuner, die geistig Behinderten und die Adventisten, die sich weigerten, das Hakenkreuz zu grüßen, und all die anderen – insgesamt an die dreißig Millionen –, die in den kommenden Jahren ausgebombt oder erschossen, verbrannt oder ausgehungert wurden, ohne daß es irgendeinen Grund dafür gegeben hätte, außer dem einzigen, daß Adolf Hitler es so wollte.

Das Volk marschierte durch die Nacht, singend, Fackeln schwenkend – ein Strom aus Feuer und triumphierendem Jubel zog durch die dunkle Mitte von Berlin.

Aber das waren nicht die typischen Deutschen, sagt ein weißhaariger Berliner Historiker, der jetzt in New York lebt.

Was waren es dann für Menschen?

Die Nazis – SA-Männer und ähnliche Typen, sagt er.

Waren das nicht auch Deutsche?

Der Professor zuckt mit den Schultern. Es gibt viele Deutsche, die gern darauf verweisen, daß Hitler nie in einer freien Wahl die Mehrheit errungen habe, aber dennoch kam Hitler in einem ganz normalen Ablauf der konstitutionellen Demokratie an die Macht. Man kann feststellen, daß es ein entsetzlicher Irrtum war, daß niemand wirklich wußte, wie monströs seine Herrschaft sein würde, aber man kann nicht behaupten, es sei nicht auf legale und demokratische Weise geschehen.

Selten hat sich ein Volk mit gleicher Eilfertigkeit seiner Rechte und Freiheiten begeben, so Hans Gisevius, der als junger Rechtsanwalt Anhänger des völkischen Irrglaubens war, *wie alle Klassen und Stände des unsrigen in den ersten trunken-hoffnungsfrohen Monaten seiner neuen Tausendjährigkeit. Der verlorene Krieg, Unruhen, Inflation, kulturelle Verfallserscheinungen, eine bislang nicht für möglich gehaltene Arbeitslosigkeit, das alles hat sich in sechzig Millionen Seelen komprimiert. Dieser Druck scheint jetzt zu weichen. Alle seelische Not ... alles leibliche Elend soll in Arbeit, Brot und gutes Auskommen gewandelt werden ... Plötzlich werden die Menschen anders. Ein Freudentaumel ohnegleichen bricht über sie herein. Fahnen, Girlanden, Ehrenbürgerschaft Huldigungstelegramme, Straßenumbenennungen, Ergebenheitsadressen werden ebenso wie Aufmärsche und Volkskundgebungen zur Gewohnheit ... Das herrliche Gefühl einer neuen Brüderlichkeit übermannt alle Schichten und Stände. Der Professor neben der Kellnerin, der Arbeiter mit dem Großindustriellen, die Dienstmagd und der Kaufmann, Angestellte, Bauern, Soldaten und Beamte, vor allem aber Jugend, Jugend und noch einmal Jugend, sie alle erleben sich mit einem Male so, als ob sie soeben die größte Entdeckung ihres Jahrhunderts machten, als »Volksgenossen«.*

Und dann gab es all die Menschen, die blieben und ihr tägliches Leben weiterlebten und die all das durchstehen mußten. Was Gisevius anbelangt, so änderte er bald seine Meinung und wurde zu einem führenden Kopf der Widerstandsbewegung. Aber diese Bewegung war nie besonders breit, denn es erforderte außergewöhnlichen Mut, mit dem Risiko zu leben, der Gestapo in die Hände zu fallen. Selbst heute noch, wenn man die weißgetünchte Hinrichtungskammer im Gefängnis Plötzensee besichtigt und die sechs Fleischerhaken von der Decke hängen sieht, an denen die Verschwörer des 20. Juli mit Klaviersaiten erhängt und dabei von Filmkameras aufgezeichnet wurden – noch heute fragt man sich betroffen, wie überhaupt ein Mensch den Mut zum Widerstand aufbringen konnte.

Sogar zur Flucht brauchte man Mut – Mut und einiges Geld oder Freunde im Ausland oder zumindest den Glauben, daß man in der Lage sei, sich selbst und seiner Familie ein neues Leben in einem fremden Land aufzubauen. Der Flucht ging aber auch ein großes Maß an Hoffnungslosigkeit und Verzweiflung voraus, die Überzeugung, daß nichts sich zum Besseren ändern würde und als einzige Alternative der Tod blieb. Nicht alle emigrierten aus freier Entscheidung, und jene, die zurückblieben – um zu überleben oder um zu sterben –, hatten die landläufigsten Anlässe. Die meisten Menschen führen kein politisches Leben; sie tun ihr Bestes, die Politik zu umgehen. Und die Gründe, zu bleiben oder fortzugehen, waren höchst alltäglich: ein verlorener Arbeitsplatz oder ein Job, den man nicht aufgeben will, eine Scheidung, eine kranke Mutter, Lust auf Abenteuer oder mangelnde Bereitschaft zum Wagnis.

Der Wunsch, sein eigenes Leben so angenehm wie möglich zu verleben, seine Arbeit zu tun und seine Kinder großzuziehen, ist verständlich. Und will man den »normalen« Berliner des Jahres 1933 verstehen, muß man nur darüber nachdenken, was man selbst in einer vergleichbaren Situation getan hätte.

Für die Berliner muß es in jenen ersten Jahren so ausgesehen haben, als ob Hitler nicht nur große Erfolge erzielte, sondern auch die Anerkennung der übrigen Welt gewann. Über die Konzentrationslager in Dachau und Oranienburg verbreiteten sich nur sehr spärliche Nachrichten. Von weit größerem Interesse war die Aussicht, 1936 die Olympiade in Berlin zu haben, und obwohl Hitler vielleicht über die Siege von Jesse Owens verärgert war, konnten er und sein Volk stolz auf die Tatsache sein, daß Deutschland diese Olympiade für sich entschied. Als Hitler alle Reparationen aufkündigte, als Hitlers Truppen ins Rheinland einmarschierten, als Hitler den Völkerbund verließ, als Hitler den »Anschluß« Österreichs inszenierte – welche Großmacht der Welt unternahm da irgend etwas, um ihn aufzuhalten? Und welche Erkenntnisse sollte da ein ganz gewöhnlicher Berliner aus Hitlers Siegeszug gewinnen?

Manche von denen, die blieben, kollaborierten mit den Nazis – Wilhelm Furtwängler beispielsweise dirigierte bei den Parteitagen in Nürnberg Wagner-Konzerte. Andere taten das nicht – Käthe Kollwitz beispielsweise arbeitete an der Seite ihres Gatten in seiner Praxis in einem Arbeiterviertel im Berliner Osten, nebenher schuf sie mit ihren Zeichnungen und Graphiken ein eindringliches Porträt der Armen und Hungernden. Aber die meisten hatten gar nicht die Freiheit der Entscheidung, über die vielleicht so mancher bedeutende Künstler verfügte. Sie blieben, weil sie nirgendwo sonst hingehen konnten, und sie lebten, wie sie immer gelebt hatten, und versuchten, sich irgendwie durchzuschlagen.

Der Fackelzug hatte bis ein Uhr morgens gedauert. *Weit nach Mitternacht*, zeichnete Goebbels auf, *stehen noch immer Zehntausende Menschen vor der Reichskanzlei und singen das Horst-Wessel-Lied. Ich rede kurz zu den Massen und schließe mit einem Heil auf Hindenburg und auf den Führer. In einem sinnlosen Taumel der Begeisterung geht diese Nacht des großen Wunders zu Ende.*

Nun wird der Platz leer. Wir schließen die Fenster und sind nun von einer endlosen Stille umgeben. Der Führer legt mir die Hände auf die Schultern, ohne dabei ein Wort zu sagen …

Die deutsche Revolution beginnt!

Literaturhinweise

Otto Friedrich weist in der amerikanischen Ausgabe von 1972 darauf hin, daß die Veröffentlichungen zum Thema »Deutschland in den zwanziger Jahren« und im speziellen über Berlin zur selben Zeit kaum zu überblicken sind. Er führt die New York Public Library an, in der es einen äußerst umfangreichen Katalog zur Berlin-Literatur gibt, und nennt ebenfalls die 1965 auf Veranlassung der Freien Universität Berlin veröffentlichte Berlin-Bibliographie. Das Zentrum für Berlin-Studien bei der Zentral- und Landesbibliothek Berlin hat 1991 eine ergänzte Bibliothek zur Berlin-Literatur vorgelegt. Die Wiener Library London hatte zum damaligen Zeitpunkt zwei Bibliographien erstellt: From Weimar to Hitler, 269 S., 1951, erw. Ausg. 1964, und German Jewry, 279 S., 1958.

Der Autor hat es bewußt vermieden, einen wissenschaftlichen Apparat oder Fußnoten anzufügen. Von den mehr als dreihundert Buchveröffentlichungen, die Otto Friedrich für die vorliegende Arbeit berücksichtigt hat, seien hier die wichtigsten genannt. Ein Teil ist nach der Originalausgabe aufgeführt, ein weiterer gibt die entsprechenden deutschen Quellen bzw. Übersetzungen an.

Hedda Adlon: Hotel Adlon. Das Haus, in dem die Welt zu Gast war, München 1955

Franz Alexander and Sheldon Selesnick: Geschichte der Psychiatrie. Ein kritischer Abriß der psychiatr. Theorie und Praxis v. d. Frühgeschichte bis zur Gegenwart, Zürich 1969

An alle Künstler, Berlin 1919

Max von Baden: Erinnerungen und Dokumente, Berlin, Leipzig 1927
Vicki Baum: Es war alles ganz anders. Erinnerungen, Köln 1987
Der Berliner Antisemitismusstreit, hrsg. von Walter Boehlich, Frankfurt a. M. 1965
Peter Blake: Drei Meisterarchitekten: Le Corbusier, Mies van der Rohe, Frank Lloyd Wright, München 1962
Der Blaue Reiter, hrsg. von Wassily Kandinsky u. Franz Marc, München 1965
Max Born: My Life and Views, New York 1968
Ernest K. Bramstedt: Goebbels and National Socialist Propaganda, Lansing, Mich., 1965
Bertolt Brecht: Frühe Stücke, Stuttgart, Hamburg 1967
Bertolt Brecht: Große kommentierte Berliner und Frankfurter Ausgabe, hrsg. von Werner Hecht, Jan Knopf, Werner Mittenzwei u. Klaus-Detlef Müller, 30 Bde., Berlin, Weimar 1989
Heinrich Brüning: Memoiren. 1918–1934, Stuttgart 1970
Alan Bullock: Hitler. Eine Studie über Tyrannei, Düsseldorf 1972
Caligari und Caligarismus, hrsg. von Walter Kau, Berlin 1970
Abram Chasins: Speaking of Pianists, New York 1957
Ronald W. Clark: Einstein. The Life and Times, New York, Cleveland, 1971
Malcolm Cowley: Exile's Return, New York 1951
Edgar Vincent Viscount D'Abernon: Ein Botschafter der Zeitenwende, 2. Bd., Leipzig 1929
Dada Berlin. Texte, Manifeste, Aktionen, Stuttgart 1977
Dada. Eine literarische Dokumentation, hrsg. von Richard Huelsenbeck, Reinbeck bei Hamburg 1964
The Dada Painters and Poets, New York 1951
Ken Dallison: When Zeppelins Flew, New York 1965
Istvan Deak: Weimar Germany's Left-Wing Intellectuals. A Political History of the Weltbühne and Its Circle, Berkeley, Calif., 1968
Deutschland in der Weltwirtschaftskrise in Augenzeugenberichten, hrsg. von Wilhelm Treue, Düsseldorf 1967
Homer Dickens: The Films of Marlene Dietrich, New York 1968
Walter Dornberger: Peenemünde. Die Geschichte der V-Waffen, Frankfurt a. M. 1991
Ilja Ehrenburg: Menschen Jahre Leben, München 1962
Albert Einstein: Mein Weltbild, Zürich 1953

Klaus Epstein: Matthias Erzberger und das Dilemma der deutschen Demokratie, Berlin, Frankfurt a. M. 1962
Die Erste Republik. Dokumente zur Geschichte des Weimarer Staates, hrsg. von Peter Longerich, München 1992
Martin Esslin: Brecht. Das Paradox des politischen Dichters, München 1970
Erich Eyck: Geschichte der Weimarer Republik, 2 Bde., Erlenbach, Zürich 1954
Joachim Fest: Das Gesicht des Dritten Reiches, München 1969
Lion Feuchtwanger: Erfolg, Berlin 1930
Andrew Field: Nabokov. His Life and Art, Boston 1967
Heinrich Fraenkel u. Roger Manvell: Hermann Göring, Hannover 1964
Phillip Frank: Einstein. Sein Leben und seine Zeit, München, Leipzig, Freiburg 1949
Leslie Frewin: Marlene Dietrich. The Story of a Star, New York 1967
Erich Frey: Ich beantrage Freispruch, Hamburg 1959
Erich Fromm: Die Furcht vor der Freiheit, Frankfurt a. M. 1967
Peter Gay: Die Republik der Außenseiter, Frankfurt a. M. 1970
German Jewry. Its History, Life and Culture, hrsg. von Ilse R. Wolff, Wiener Library Bibliography, London 1958
Hans Bert Gisevius: Bis zum bitteren Ende, Zürich 1946
Josef Goebbels: Der Angriff. Aufsätze aus der Kampfzeit, hrsg. von Hans von Schwarz, München 1935
Josef Goebbels: Kampf um Berlin. I. Der Anfang (1926–1927), München 1932
Josef Goebbels: Michael. Ein deutsches Schicksal in Tagebuchblättern, München 1934
Josef Goebbels: Signale der neuen Zeit, München 1934
Josef Goebbels: Tagebücher. 1924–1945, 5 Bde., hrsg. von Ralf Georg Reuth, München, Zürich 1992
D. J. Goodspeed: Ludendorff. Genius of World War I, Boston 1966
Richard Griffith: Marlene Dietrich. Image and Legend, New York 1959
Willi Grohmann: Wassily Kandinsky. Leben und Werk, Köln 1958
Walter Gropius: Ausgewählte Schriften, hrsg. von Hartmut Probst u. Christian Schädlich, Berlin 1988
Walter Gropius: Die Neue Architektur und das Bauhaus, Mainz 1965

Kurt R. Grossmann: Ossietzky. Ein deutscher Patriot, München 1963
George Grosz: Ein kleines Ja und ein großes Nein. Sein Leben von ihm selbst erzählt, Hamburg 1955
Werner Haftmann: Paul Klee. Wege bildnerischen Denkens, München 1966
Otto Hahn: A Scientific Autobiography, New York 1966
S. William Halperin: Germany Tried Democracy. A Political History of the Reich from 1918 to 1933, New York 1946
Ben Hecht: Ein Kind des Jahrhunderts, Siegen 1985
Konrad Heiden: Adolf Hitler. Das Zeitalter der Verantwortungslosigkeit. Eine Biographie, Zürich 1936
Konrad Heiden: Der Führer. Hitler's Rise to Power, Boston 1944
Hans W. Heinsheimer: Schönste Grüße an Aida. Ein Leben nach Noten, München 1969
Werner Heisenberg: Gesammelte Werke, 4 Bde., hrsg. von Walter Blum, Hans-Dieter Dürr u. a., München 1984
Armin Hermann: Einstein, München 1994
Emil Herz: Before the Fury. Jews and Germans before Hitler, New York 1966
Paul Hindemith. Komponist in seiner Welt, Zürich 1959
Adolf Hitler: Mein Kampf, München 1932
Friedrich Holländer: Von Kopf bis Fuß. Mein Leben mit Text und Musik, München 1965
Sol Hurok: Impresario. A Memoir, New York 1946
Herbert Ihering: Von Reinhardt bis Brecht. Eine Auswahl der Theaterkritiken von 1909–1932, hrsg. von Rolf Badenhausen, Hamburg 1967
Herbert Ihering: Von Reinhardt bis Brecht. Vier Jahrzehnte Theater und Film, 3 Bde., Berlin 1961
Leopold Infeld: Albert Einstein. Sein Werk und sein Einfluß auf unsere Welt, Berlin 1957
David Irving: Der Traum von der deutschen Atombombe, Gütersloh 1967
Christoph Isherwood: Leb' wohl Berlin. Ein Roman in Episoden, Hamburg, Stuttgart, Berlin u. a. 1949
Ernest Jones: Sigmund Freud. Leben und Werk, Frankfurt a. M. 1969
Matthew Josephson: Life among the Surrealists. A Memoir, New York 1962

Robert Jungk: Heller als tausend Sonnen. Das Schicksal der Atomforscher, Bern o. J.
Kästner für Erwachsene. Ausgewählte Schriften, Zürich 1983
Georg Kaiser: Werke, 6 Bde., hrsg. von Walther Huder, Frankfurt a. M., Berlin, Wien 1971
Leo Katcher: Post-Mortem. The Jews in Germany Today, New York 1968
Harry Graf Kessler: Tagebücher 1918–1937. Politik, Kunst u. Gesellschaft der zwanziger Jahre, hrsg. von Wolfgang Pfeiffer-Belli, Frankfurt a. M. 1961
Harry Graf Kessler: Walther Rathenau. Sein Leben und sein Werk, Berlin 1928
John Maynard Keynes: Die wirtschaftlichen Folgen des Friedensvertrages, München, Leipzig 1921
Walter Kiaulehn: Berlin. Schicksal einer Weltstadt, München, Berlin 1958
Ernst Klee and Otto Merk: The Birth of the Missile. The Secrets of Peenemünde, New York 1965
Paul Klee: Pädagogisches Skizzenbuch; Mainz 1965
Helga Klumann: Die Novembergruppe, Berlin 1969
Arthur Koestler: Der Pfeil ins Blaue. Bericht eines Lebens 1905–1931, Wien, München, Basel 1952
Arthur Koestler: Ges. autobiographische Schriften, 2 Bde., Wien, München, Zürich 1971
Käthe Kollwitz: Tagebuchblätter und Briefe, hrsg. von Hans Kollwitz, Berlin 1948
Fritz Kortner: Aller Tage Abend, München 1959
Siegfried Kracauer: Schriften, hrsg. von Karsten Witte, Frankfurt a. M. 1971
Paul Laqueur: Russia and Germany. A Century of Conflict, Boston 1965
Walter Laqueur: Die deutsche Jugendbewegung. Eine historische Studie, Köln 1978
Imre Lazar: Der Fall Horst Wessel, Stuttgart, Zürich 1980
Maria Ley-Piscator: The Piscator Experiment. The Political Theatre, New York 1967
Louis P. Lochner: Stets das Unerwartete. Erinnerungen aus Deutschland 1921–1953, Darmstadt 1955

Anita Loos: A Girl like I, New York 1966
Marwin Lowenthal: The Jews of Germany. A Story of Sixteen Centuries, Philadelphia 1936
Ludwig Maerker: Vom Kaiserheer zur Reichswehr, Leipzig 1922
Klaus Mann: Der Wendepunkt. Ein Lebensbericht, München 1969
Thomas Mann: Doktor Faustus. Das Leben des deutschen Tonsetzers Adrian Leverkühn erzählt von einem Freunde, Frankfurt a. M. 1947
Roger Manwell u. Heinrich Fraenkel: Goebbels, München 1960
Roger Manwell u. Heinrich Fraenkel: Göring, Hannover 1964
Werner Maser: Friedrich Ebert. Der erste deutsche Reichspräsident, München 1987
Gerhard Masur: Das kaiserliche Berlin, Stuttgart 1971
Walter Mehring: Die verlorene Bibliothek. Autobiographie einer Kultur, München 1964
Friedrich Meinecke: Die deutsche Katastrophe. Betrachtungen und Erinnerungen, Wiesbaden 1946
Otto Meissner: Staatssekretär unter Ebert, Hindenburg, Hitler. Der Schicksalsweg des deutschen Volkes von 1918 bis 1945, wie ich ihn erlebte, Hamburg 1950
Erich Mendelsohn: Letters of an Architect, New York 1967
Peter Michelmore: Einstein. Profile of the Man, New York 1962
Sybil Moholy-Nagy: Moholy-Nagy. Experiment in Totality, Cambridge, Mass., 1950
Vladimir Nabokov: Sprich, Erinnerung, sprich, Darmstadt, Wien, Berlin, Zürich 1984
Pola Negri: Memoirs of a Star, New York 1970
Walter Henry Nelson: The Berliners. Their Saga and their City, New York 1969
Peter Nettl: Rosa Luxemburg, Köln 1967
Gustav Noske: Erlebtes aus Aufstieg und Niedergang einer Demokratie, Offenbach 1947
Gustav Noske: Von Kiel bis Kapp. Zur Geschichte der deutschen Revolution, Berlin 1920
Ernst Erich Noth: Erinnerungen eines Deutschen, Hamburg 1971
Rudolf Oertel: Macht und Magie des Films. Weltgeschichte einer Massensuggestion, Zürich 1959
Peter Ortag: Jüdische Kultur und Geschichte. Ein Überblick, Bonn 1997

Anthony Paine: Schoenberg, London 1968
Wilhelm Pieck: Reden und Aufsätze. Auswahl aus den Jahren 1908–1951, Berlin 1951
Gregor Piatigorsky: Mein Cello und ich, Tübingen 1968
Erwin Piscator: Politisches Theater, Reinbeck 1979
Harold L. Poor: Kurt Tucholsky and the Ordeal of Germany. 1914–1935, New York 1968
Ezra Pound: Personae – Masken, Zürich 1959
Joachim Prinz: Illustrierte jüdische Geschichte, Berlin 1930
Psychoanalytic Pioneers, hrsg. von Franz Alexander, Samuel Eisenstein u. Martin Grotjahn, New York 1966
Walther Rathenau: Gesamtausgabe. Hauptwerke und Gespräche, hrsg. von Hans Dieter Hellige und Ernst Schulin, München 1977
Walther Rathenau: Schriften, in: Schriften großer Berliner, 3. Bd., Berlin 1981
H. F. Redlich: Alban Berg. Versuch einer Würdigung, 1957
Wilhelm Reich: The Mass Psychology of Fascism, New York 1946
Willy Reich: Alban Berg. Leben und Werk, Zürich 1963
Willy Reich: Arnold Schönberg oder Der konservative Revolutionär, Wien 1968
Ralf Georg Reuth: Goebbels, München 1990
Curt Riess: Joseph Goebbels. Eine Biographie. Baden-Baden 1950
Arthur Rosenberg: Entstehung der Weimarer Republik, Frankfurt a. M. 1961
William S. Rubin: Dada, Surrealism and Their Heritage, New York 1968
Ernst von Salomon: Der Fragebogen, Hamburg 1951
Ernst von Salomon: Die Geächteten, Berlin 1930
Philipp Scheidemann: Memoiren eines Sozialdemokraten, Dresden 1928
Artur Schnabel: Aus dir wird nie ein Pianist, Hofheim 1991
Artur Schnabel: My Life and Music, New York 1963
Arnold Schönberg: Harmonielehre, Leipzig, Wien 1911
Harold C. Schonberg: Die großen Pianisten, Bern, München, Wien 1963
Hans von Seeckt: Gedanken eines Soldaten, Berlin 1929
Cäsar Saerchinger: Artur Schnabel. A Biography, New York 1957
William L. Shirer: Aufstieg und Fall des Dritten Reiches, Köln 1963
Albert Speer: Inside the Third Reich. Memoirs, New York 1970

Josef von Sternberg: Das Blau des Engels. Eine Autobiographie, München 1991
Josef von Sternberg: Ich, Josef von Sternberg. Erinnerungen, Hannover 1967
Otto Strasser: Hitler und ich, Buenos Aires 1940
H. H. Stuckenschmidt: Schönberg. Leben. Umwelt. Werk, Zürich 1951
Fritz Thyssen: I Paid Hitler, New York 1941
Ernst Toller: Gesammelte Werke, hrsg. von Wolfgang Frühwald u. John M. Spalek, 6 Bde., München 1978
Sergej Tretjakow: Gesichter der Avantgarde. Porträts – Essays, Berlin, Weimar 1991
Wilhelm Treue: Deutschland in der Weltwirtschaftskrise in Augenzeugenberichten, Düsseldorf 1967
Kurt Tucholsky: Gesammelte Werke, 4 Bde., hrsg. von Mary Gerold-Tucholsky, Reinbeck bei Hamburg 1960
Harry Ashby Turner jr.: Stresemann, Republikaner aus Vernunft, Frankfurt a. M. 1967
Hermann Ullstein: The Rise and Fall of the House of Ullstein, New York 1943
Antonia Vallentin: The Drama of Albert Einstein, New York 1954
Salka Viertel: Das unbelehrbare Herz. Ein Leben in der Welt des Theaters, der Literatur und des Films, Hamburg, Düsseldorf 1970
Erich Otto Volkmann: Revolution über Deutschland, Oldenburg 1930
Robert G. L. Waite: Vanguard of Nazisme. The Free Corps Movement in Postwar Germany. 1918–1923, Cambridge, Mass., 1952
Bruno Walter: Thema und Variationen. Erinnerungen und Gedanken, Stockholm 1947
Richard Watts: The Kings Depart. The Tragedy of Germany. Versailles and the German Revolution, New York 1968
Herman G. Weinberg: The Lubitsch Touch, New York 1968
Die Weltbühne: Wochenzeitschrift für Politik, Kunst, Wirtschaft, hrsg. von Siegfried Jacobsohn, vollst. Nachdruck der Jge. 1918–1933, Königstein/Ts 1978
Bruno E. Werner: Die Zwanziger Jahre, München 1962
John Wheeler-Bennett: Die Nemesis der Macht. Die deutsche Armee in der Politik 1918–1945, Düsseldorf 1954
John Wheeler Bennett: Der Hölzerne Titan. Paul von Hindenburg, Darmstadt 1969

Arnold Whittick: Eric Mendelsohn, New York 1940
Hans M. Wingler: Das Bauhaus, Bramsche 1962
Zehn Jahre Berliner Psychoanalytisches Institut, hrsg. von Sándor Radó, Wien 1930
Bruno Zevi: Erich Mendelsohn, Zürich, Berlin 1983
Georg Zivier: Das Romanische Café. Erscheinungen und Randerscheinungen rund um die Gedächtniskirche, Berlin 1965
Carl Zuckmayer: Als wär's ein Stück von mir, Wien 1966
Stefan Zweig: Die Welt von Gestern. Erinnerungen eines Europäers, Stockholm 1942

Danksagung

Der Verfasser spricht all denen besonderen Dank aus, die seine Arbeit durch Interviews und ausführliche Berichte sehr unterstützt haben. In alphabetischer Reihenfolge sind dies:

W. H. Auden, Fritz Bamberger, Stefan Brecht, Abram Chasins, Kurt R. Grossmann, John Gutman, Hans Hirschfeld, Sol Hurok, Christopher Isherwood, Helmut Jaeserich, Michael Josselson, Hans Joachim Kausch, Adolph Lowe, Mr. und Mrs. Henry Lowenfeld, Richard Lowenthal, Friedrich Luft, Yehudi Menuhin, Margaret Muehsam, Henry Pachter, Rabbi Joachim Prinz, Sandor Rado, Edwin Redslob, Franz Schoenberner, Rudolf Serkin, Walter Slezak, Rudi Springer, Hans Staudinger, Virgil Thomson, Salka Viertel, Hans Wallenberg, Hilde Walther, Otto Wolf und Ludwig Wronkow.

Weiterhin dankt der Autor denen, die ihm mit Rat und Tat hilfreich waren – so, ebenfalls in alphabetischer Reihenfolge: Gillon Aitken, Yakov Aviad vom Israelischen Konsulat in New York, Heinz und Inge Bondi, Francois Bondi, Erwin Böll vom Konsulat der BRD in New York, Christopher Davis, Martin Feinstein von der Agentur Sol Hurok, Lou Gittler vom Deutschen Informations-Büro in New York, Fred Grubel vom Leo-Baeck-Institut, Richard Hasder, Melvin Lasky als Herausgeber des ENCOUNTER, Johanna Lenhardt, Karin Lenhardt, Paul E. Marcus (Pem), Martin Mayer, Peter Meriton, Paul Moor, Nicholas Nabokov, James P. O'Donnell, John Peet, Francis Robinson von der Metropolitan Opera, Kenneth Tynan, Edgar Vincent, Tom Wallace, Peter Wyden, Mort Yarmon vom Amerikanischen Jüdischen Komitee und schließlich all seinen Verwandten und Freunden hier wie in Deutschland.

Zahlreiche Bibliotheken haben Otto Friedrich beraten und das Buch durch eigene Nachforschungen gefördert: die New York Public Library, die Widener Library in Harvard, die Wiener Library in London, die Hoover Library in Stanford und die Bibliotheken des Psychoanalytischen Instituts in New York, des Amerikanischen Jüdischen Komitees, des Goethe-Hauses und des Museums of Modern Art in New York – besonders haben Helen Land und ihre Mitarbeiter von der Locust Valley Public Library die Arbeit des Autors erleichtert, indem sie seine Wünsche in bezug auf wichtiges Quellenmaterial hilfsbereit erfüllten.

Bildnachweis

Sämtliche Fotos: bildarchiv preussischer kulturbesitz

Hans G. Casparius: S. 146
Hanns Hubmann: S. 346
Lotte Jacobi: S. 347 oben
Felix H. Mann: S. 145 unten
A. Pisarek: S. 352
R. Riebicke: S. 142 unten
Robertson: S. 152
W. Röhmer: S. 79
Franz Roth: S. 147
Erich Salomon: S. 202 unten, S. 206
Hans Schaller: S. 277
Friedrich Seidensticker: S. 83, S. 273
Carl Weinrother: S. 347